English
Français
Deutsche
Italiano
Español
Português

www.forgottenbooks.com

Mythology Photography **Fiction**
Fishing Christianity **Art** Cooking
Essays Buddhism Freemasonry
Medicine **Biology** Music **Ancient
Egypt** Evolution Carpentry Physics
Dance Geology **Mathematics** Fitness
Shakespeare **Folklore** Yoga Marketing
Confidence Immortality Biographies
Poetry **Psychology** Witchcraft
Electronics Chemistry History **Law**
Accounting **Philosophy** Anthropology
Alchemy Drama Quantum Mechanics
Atheism Sexual Health **Ancient History**
Entrepreneurship Languages Sport
Paleontology Needlework Islam
Metaphysics Investment Archaeology
Parenting Statistics Criminology
Motivational

Gesammelte Werke

von Peter Rosegger

Vom Verfasser neubearbeitete und neueingeteilte Ausgabe

Sechsunddreißigster Band

Gute Kameraden.

Persönliche Erinnerungen an berühmte und eigenartige Zeitgenossen

Verlag von L. Staackmann in Leipzig

Gute Kameraden

Persönliche Erinnerungen
an berühmte und eigenartige Zeitgenossen

von

Peter Rosegger

Verlag von L. Staackmann in Leipzig

Druck von Otto Hientzsch, Leipzig

Vorwort.

Wenn man so seine Siebzig lang herumregiert auf der Welt, da erlebt man etwas und lernt allerhand Leute kennen. Die Unbedeutenden und Gleichgültigen, und schon gar die Unguten läßt man abseits stehen, ganz abseits, und kümmert sich nicht weiter um sie. Die Tüchtigen und Warmherzigen und Treuen hat man lieb und vergilt ihnen die gute Kameradschaft wie man kann. Und wenn diese guten Kameraden nun gar bedeutende und berühmte Menschen sind, die bei aller Welt in Ansehen stehen und von denen alle Welt gerne recht Vieles und recht Trautsames erfahren möchte — und man hat die immerdar schreibfrohe Feder in der Hand, was wird geschehen? Man wird von denen, die mit ihrem guten Wesen und ihren schönen Taten in der Öffentlichkeit dastehen, öffentlich sprechen. Ihnen kann das nicht schaden, uns aber anregen, ergötzen und stärken, weil wir in ihnen Mitkämpfer, Führer, Künstler, Verschönerer des Lebens sehen — gute Kameraden.

Viele bedeutende Menschen zu Freunden zu haben, dieses unverdiente Glück gab mir der Himmel. Meine gegenwärtigen Aufzeichnungen gelten nur den Heimgegangenen. Und daß auch diese lebendig bleiben in unserer dankbaren Erinnerung, deshalb ist es, daß ich von ihnen sprechen will und sie in ihrer echten Menschlichkeit festhalten, so wahr und unbefangen es sein kann. Wenn dann die Biographen kommen, die haben es auch gerne, wenn unmittelbare Aufzeichnungen da sind zu ihrem Behelfe. Unmittelbar sind diese Aufzeichnungen, weil sie zumeist vom persönlichen Verhältnisse ausgehen; daraus folgt auch, daß von mir selbst viel die Rede sein muß. Wer mir das als Selbstbespiegelung auslegen wollte, der müßte mir erst sagen, wie das anders zu machen wäre.

Jene Freunde, die besonders stark in meine Geschicke und Entwickelung eingegriffen haben, sind in dem autobiographischen Werke „Mein Weltleben" charakterisiert. Dazu gehört freilich besonders Robert Hamerling, dessen ausführliche Schilderung aber äußerer Gründe wegen hier Platz findet.

So wie dieser bedeutende Mensch, sollen die übrigen Persönlichkeiten, mit denen ich lange Strecken meines Lebens wohlgemut gewandert bin, auch meines Lesers gute Kameraden werden.

Der Verfasser.

Robert Hamerling.

(1830—1889.)

Einleitung.

Zur Zeit, als sie Robert Hamerling in das Grab senkten und alle Blätter der deutschen Lande dem großen Toten begeisterte und wehmutsreiche Nachrufe hielten, hat der ihm Nahestehende schweigen müssen. Denn er hat keine Worte gefunden, um dem, was er zu sagen hatte und was zu sagen ihn drängte, auch nur einigermaßen gerecht zu werden. Es wird auch hier nicht versucht werden, die Trauer über den Verlust dieses seltenen Menschen, dieses geliebten Freundes, dieses treuen Kameraden Ausdruck zu geben; aber mich mit ihm, wie mit einem Lebendigen, wie mit einem Unsterblichen zu beschäftigen, von ihm zu sprechen und Wahrheit über ihn zu sagen, das ist eine Notwendigkeit meines Herzens.

In den „Stationen meiner Lebenspilgerschaft" hat der Dichter uns eine Selbstbiographie hinterlassen, wie so streng wahrheitsgemäß und rührend offenherzig seit Rousseau's „Bekenntnissen" wohl selten eine geschrieben worden sein wird. Nichts Schwereres gibt es für einen Dichter, als sein eigenes Leben rein sachlich und mit Verzichtleistung auf alle Effekte und poetische Zieraten zu beschreiben. Etwas, das selbst Goethe nicht getan, hat Hamerling vollbracht. Goethe schrieb „Wahrheit und Dichtung," Hamerling bloß „Wahrheit". Freilich wollte mancher Kritikus diese Wahrheit eines in stiller Verborgenheit hinfließenden Poetenlebens etwas mager finden; er vergaß eben, daß

ein geschichtliches Werk (und ein solches ist die Lebensge-
schichte) andere Zwecke verfolgt als ein poetisches. Erst als
der Dichter gestorben war, hat man den Wert der strengen
Wägung und Wahrheitsliebe bis ins kleinste, die in
seinen „Stationen" ist, erkannt. Der Mann, welcher sich
so sehr zurückgezogen und abgeschlossen hatte, dessen Leben
manchem rätselhaft erschienen war, der hatte seine General-
beichte abgelegt vor aller Welt, hatte den Schleier von
seiner Seele geworfen — wenige Monate, bevor das Bahr-
tuch seinen Leib deckte.

Hamerling hat in seinen „Stationen meiner Lebenspilgerschaft" die Höhen und Tiefen seines Wesens freilich
nur andeuten, aber nicht erschöpfen können; es war mehr
in ihm, als was ein Buch sagen kann oder zu sagen
pflegt. Solche Menschen mit großen Herzenseigenschaf-
ten können nur in dem persönlichen Verkehr ganz verstanden und gewürdigt werden.

Hamerling wurde, von halber Ferne aus gesehen,
nicht oft als menschlich bedeutend beurteilt; von weiter
Ferne aus gesehen erschien er als großer Dichter, und in
der nächsten Nähe als großer Mensch. Je näher man
diesem Menschen kam, je größer ward er. Wie er sein
Leben erfüllt, Verirrungen gesühnt, seinen sittlichen Idealen
sich nahegerungen hat, es dünkt mich fast beispiellos. Auf-
jubeln möchte man darüber, daß solches einzelnen von
uns noch möglich ist.

Diese Schrift kann bloß einen kleinen Beitrag zur
Biographie und zur Würdigung des so oft mißkannten
Mannes bedeuten. Einundzwanzig Jahre lang hatte ich das
Glück, mit Robert Hamerling persönlich zu verkehren. In
den ersten Jahren war dieser Verkehr kein vertraulicher, ich
blickte zu ihm auf wie ein dankbarer Schüler zum Meister,

mein Gefühl ihm gegenüber war das der Ehrfurcht, ich fühlte mich fast gedrückt in seiner ernsten Nähe und besuchte ihn nicht allzu oft. Allmählich, ohne daß ich es selbst merkte, kam ich ihm näher, der unterweisende Lehrer wurde zum ratenden Genossen und endlich zum vertrauenden Freunde. Ich erschrak, als er mich in einem Briefe das erstemal „lieber Freund" nannte. Ich nahm später diese Gunst des Himmels mit Demut an und suchte nach Kräften ihrer würdig zu sein.

Während etwa fünfzehn Jahren waren wir uns so nahe gestanden, daß ich ihm mein Innerstes anvertraute und daß auch er mich einweihte in die Bewegungen seines Gemütes. Ich glaube nicht zu viel zu behaupten, wenn ich sage, daß von seinen Freunden ihn keiner besser verstanden hat als ich. Unsere Temperamente waren nicht allzusehr verschieden, unsere Weltanschauung war von Haus aus fast dieselbe, und wenn ich manchmal nicht so dachte und nicht so handelte wie er, so war mir zumeist doch klar, daß ich an seiner Stelle, unter seinen Verhältnissen geradeso wie er gedacht und gehandelt haben würde.

Unsere Naturanlagen waren — abgesehen selbstverständlich von der Verschiedenheit der geistigen Befähigung — einander so ähnlich, daß ich behaupte: Wenn es mir nicht gegönnt gewesen wäre, so viele Jahre im Walblande zu verbringen, wenn ich verurteilt gewesen, die Jugendzeit in den Städten zu leben, über Büchern zu brüten, ich gerade so unglücklich geworden wäre wie er.

Oft und oft lasse ich an meiner nun einsamen Seele die Erinnerung vorüberwandeln an die Zeiten, da wir beisammen waren. Weil nichts vergessen werden soll, was ein bedeutender Mensch tut und sagt, so bedürfen die folgenden Aufzeichnungen zur Charakteristik seiner Persönlichkeit

keiner weiteren Begründung. Als ob er, der wahrheits-
strenge Mann, mir selbst über die Achsel sähe auf das
Blatt, so will ich mich befleißen, auf Grund meiner Aufzeichnungen und meines Gedächtnisses Tatsächliches ohne
Ausschmückung zu erzählen.

Er hat strenges Tagebuch geführt, und ich hoffe, daß
meine hier niedergelegten Erinnerungen demselben nicht
wesentlich widersprechen.

Wohl muß ich bekennen, daß, was seine Aussprüche
betrifft, soferne sie nicht in seinen Briefen an mich stehen,
ich manche nicht mehr ganz wörtlich zu geben weiß. Auch
die Zeit ist nicht immer genau zu bestimmen; übrigens suche
ich chronologisch vorzugehen, sofern nicht hie und da des
Überblicks wegen eine Ausnahme geboten ist. Die Gegenstände
selbst, von denen ich spreche, sind mir so klar im Gedächtnis,
als ob ich sie gestern geschaut, gehört hätte. Manches seiner
Worte machte auf mich einen so tiefen Eindruck, daß ich
mich tagelang mit ihm beschäftigte. Einige Erlebnisse mit
ihm sind für meine Entwickelung so wichtig geworden, daß
sie in „Mein Weltleben" aufzunehmen waren, als enge
Bestandteile meines eigenen Lebens. Manche seiner Äußerungen schrieb ich sogleich auf, manche einige Zeit später,
manche leider gar nicht. Hätte ich immer regelmäßiges
Tagebuch geführt, ich würde heute ein vielsagendes Werk
aufzuweisen haben; so muß ich warten, bis mir dies und das
nach und nach wieder in Erinnerung kommt, daher sind
meine Aufzeichnungen sprunghaft, lückenhaft, aber in tieferem
Sinne unrichtig gewiß nicht.

Briefe oder Teile von Briefen Hamerling's an mich,
welche ich zu seiner Charakteristik wähle, kommen mit Ein-
verständnis seiner Erben hier zum Abdruck. Meine Aufzeichnungen unterbreitete ich vor ihrer Drucklegung der ver-

trauten Freundin des Dichters, Frau Gstirner, in besonderem Falle auch seiner alten Mutter, falls doch irgendwelche Irrtümlichkeiten, vor denen das menschliche Gedächtnis nicht sicher ist, zu berichtigen wären. Auf jeden Fall suche ich mit der größten Gewissenhaftigkeit ein wahres Bild von dem merkwürdigen Manne zu geben.

Graz, im Eismonat 1891.

———

Erste Begegnung.
Seine Art zu tadeln.   Wohlwollen gegen Anfänger.
Frechheit junger Dichterlinge.

Hamerlings Bekanntschaft machte ich im Winter 1868. Es geschah, wie es eben geschieht. Ein junger Mensch, der ein schwärmerisches Poetenherz hat, aber noch nichts weiß und nichts kann und doch zur Höhe will, hört von dem berühmten Dichter. Er hat noch nichts von ihm gelesen; aber neugierig, wie so ein großer Mann aussieht, was er spricht, auch beabsichtigend, ihm einige selbstverfaßte Gedichte zu versetzen, über dieselben sein Urteil zu hören und vielleicht gar mit ihm in nähere vorteilhafte Bekanntschaft zu treten, besucht der junge Mensch den Dichter. Natürlich fragte ich vorher schriftlich an, ob und wann ich vorsprechen dürfe. Er antwortete mir postwendend, daß er zwar in seiner Zeit gerade etwas beschränkt sei, daß er mich aber abends 5½ bis 6½ Uhr mit wahrem Vergnügen bei sich sehen wolle. Für den Fall mir diese Zeit sehr unbequem, nannte er auch noch eine andere Stunde. Also trat ich eines Abends ins Haus Nummer 6 der Realschulgasse*) zu Graz. Er wohnte im dritten Stock, hofseitig. Ich wurde vor-

———
*) Heute Hamerlinggasse.

gelassen und in des Dichters Zimmer geführt. Da war es
so dunkel, daß ich die Züge des mittelgroßen hageren Mannes
nur verschwommen sah, als er von seinem Schreibtische aufstand und auf mich zuging. Auch frostig kam mir der
Raum vor. Ich mußte mich auf ein blumiges Sofa setzen,
er setzte sich mir gegenüber und nun schien es, als wüßte
keiner von uns, wie man ein Gespräch beginnt. Mein
Name war ihm nicht mehr ganz fremd, er hatte ihn mehrmals in der Zeitung gelesen unter mundartlichen Gedichtchen.
Natürlich gestand ich, daß ich mehr solche Sachen zu Hause
hätte — und ob ich sie einmal bringen dürfe? Heute kommt
mir diese Dreistigkeit ungeheuerlich vor. Ich wußte noch
nicht, was bei einem solchen Mann die Stunden wert sind.
— Mit seiner Erlaubnis brachte ich schon an einem der
nächsten Tage einen Stoß von Gedichten, Erzählungen und
meine — Selbstbiographie. Trotz des tiefen Ernstes, der
stets auf seinen Zügen lag, mußte er wohl doch ein wenig
lächeln darüber, wie der ganz und gar unflügge Bursche
von fünfundzwanzig Jahren sein eigenes „Leben und Taten" beschreibt. Er versprach die Sachen durchzusehen, ich
möchte nach einiger Zeit wiederkommen, sie abzuholen.

Im ganzen war bei dieser ersten Begegnung sein
Betragen gegen mich so förmlich, kühl und gemessen gewesen,
daß mir der Mut verging und ich vorhatte, nach Abholung
meiner Schriften ihn nicht mehr zu besuchen. Denn daß
meine „Werke" ihn wärmer für mich stimmen würden, dafür
war keine große Hoffnung vorhanden. Mittlerweile las
ich den „Ahasver in Rom," und als ich ihn gelesen hatte,
war der Rest des Mutes dahin, der Dichter kam mir dä-
monisch vor. Allein meine teuren Schriften konnte ich doch
nicht im Stiche lassen. Aus diesem Zwiespalt befreite mich
folgendes Brieflein:

„Liebwerter Freund Rosegger!

Aus dem Umstande, daß ich Ihre vier Bände in diesen Tagen völlig durchgelesen, ersehen Sie schon, daß mich die Lektüre interessiert hat. Nun kommen Sie, sobald es Ihre Zeit erlaubt, und hören Sie, was ich Ihnen im einzelnen darüber zu sagen habe.

Ihr

Hamerling.

Graz, 16. Feber 1868."

Natürlich war ich schon an demselben Tage bei ihm. Ich hatte gehört, daß er längere Besuche nicht liebe, allein diesmal ward nichts aus dem baldigen Fortgehen, er besprach meine literarischen Versuche eingehend, große Teile tadelte, ja verurteilte er, jedoch in einer Form, die nicht wehe tat. Er wußte in seinen Tadel so viel Wohlwollen und Güte hineinzulegen, daß solcher fast herzlicher klang als Anerkennung und Lob. Mehrere Gedichte waren es, von denen er sagte, daß er beim Lesen seine wahre Freude daran gehabt habe, vor allem die mundartlichen Gedichte wären danach, daß er mit aller Entschiedenheit und geradezu unwiderruflich (selbst wenn ich noch sobiel Verfehltes geschrieben hätte und schreiben würde) behaupten könne, ich sei ein Dichter. Was die Lebensbeschreibung betreffe, so pflegten die meisten großen Dichter eine solche nicht zu Anfang, sondern gegen Ende ihres Lebens hin zu verfassen; ich hätte noch ganz bequem Zeit, zuerst etwas zu erleben und dann erst es zu beschreiben. Das, was ich bereits im Walblande erlebt, sei zwar nicht unwesentlich, allein es wundere ihn, daß ich im Stile jene schlichte Einfachheit verschmäht hätte, die dazu gehöre; die Sache sei doch gar zu schwunghaft ausgefallen.

Ich merkte die Ironie augenblicklich, aber mir tat es doch wohl, daß er die Worte „Phrase" und „Schwulst" vermieden hatte. Er sprach nicht wie ein literarischer Schul-

meister, er sprach wie ein Dichter, der es wohl weiß, wie
empfindsam ein Poetenherz zu sein pflegt und daß rücksichtsloser Tadel um so weher tut, je begründeter er ist. Un-
zähligemale habe ich es später erfahren, wie strenge er in
seinem Urteile und wie milde und rücksichtsvoll er in der
Form des Tadels war. Das sah allemal fast wie ein
Lob aus, aber es war, scheinbar ganz nebensächlich, irgendein Wörtchen dabei, das man leicht verstand, wenn man es
verstehen wollte, welches saß und über welches man zu
grübeln hatte. Bei eitlen Menschen ist eine solche Art zu
tadeln vielleicht nicht immer angezeigt, diese merken nur
das Süße und nicht das Bittere, und tatsächlich habe ich
viele Dichter und Dichterlinge beiderlei Geschlechtes gesehen,
die eine völlige Verurteilung ihrer Erzeugnisse von Seite
Hamerlings für eitel Lob gehalten haben und mit diesem
Lobe hausieren gegangen sind.

Einmal sagte er über ein Gedicht von mir, das sehr
unklar und verworren war und unter allerlei gesuchten
Zieraten doch nur einen sehr gewöhnlichen Gedanken aussprach: „Das Gedicht würde ich vielleicht nicht veröffentlichen,
es ist zu fürchten, daß es in der Menge nicht das richtige Interesse und Verständnis finden dürfte, und das
um so weniger, als der Gedanke schon wiederholt und manchmal noch klarer und knapper behandelt worden ist.“ —
Das heißt soviel als: Sie haben hier einen alten Gedanken,
der von Dichtern meisterhaft behandelt worden, in stümper-
hafter Weise ungenügend ausgesprochen, also weg damit!
— Wie hätte das geschmerzt! Wozu so starke Pillen, wenn
leichte dieselbe Wirkung tun.

Man hat ihm den Vorwurf gemacht, daß er gegen
Anfänger und Dilettanten zu nachsichtig war, daß er manchen
literarisch empfohlen und eingeführt hat, der nichts be-

deutete und nachher enttäuschend und enttäuscht wieder verschwunden ist. Sein Wohlwollen in dieser Richtung ging
sicher zu weit. Er wurde mit Manuskripten dichtender Stümper und stümpernder Dichterinnen überhäuft, er las die
Sachen stets gewissenhaft durch, studierte und korrigierte
manches mit allem Fleiß und schrieb lange Briefe an die
Einsender. Was hätte er noch aus Eigenem leisten können
in der Zeit — und wäre sie auch nur zur Erholung gewesen
— die er mit so unfruchtbarem Geschäfte vergeudet hat!
Wiederholt habe ich ihm bemerkt, daß ich diesen Edelmut
nur schwer begreife, daß ich — den er selbst also gehoben —
leider nicht die Gabe hätte, so gut zu sein. Er lächelte und
sagte seufzend: „Was soll man machen? Wenn die Pakete
einmal im Hause sind, müssen sie doch durchgesehen werden.
Es ist kein Manuskript so gut, als daß man nicht noch etwas
Besseres hineinkorrigieren, und es ist keines so schlecht, als
daß man nicht etwas daraus lernen könnte."

Nun, ich bin ja auch der Meinung, daß man den
jungen strebsamen Geist zuerst einmal hinaufheben solle;
ob er sich oben dann behauptet oder nicht, das ist seine
Sache, und wie ihm etwa der Fall ins Nichts zurück bekommt, das ist auch seine Sache. Allein wie viele Mühe,
fruchtlose Arbeit, wie viele aufdringliche freche Zudringlinge,
wie viele Enttäuschungen, Unannehmlichkeiten und Undank!
— Hamerling wußte davon zu erzählen. Da liegt vor mir
ein Brief aus späterer Zeit (1887), in welchem er mir
dankt, für „liebe, sanfte Zeilen, die wie Öl wohltuend gewirkt auf sein Gemüt, das eben wieder einmal ziemlich rauhe
Stöße auszuhalten gehabt," und in welchem Briefe er klagt,
wie ihm von literarischen Dilettanten mitgespielt werde.
Er war damals schon schwer krank und hatte nur wenige
Stunden, in denen sein Leiden ihm erlaubte, zu arbeiten.

Da kamen sie und machten ihm Vorwürfe, daß er ihre
Manuskripte, Romane, Gedichte, Dramen nicht eingehend
lesen wolle, daß er ungnädig sei. Einer habe — wie er
geschrieben — vor Weib und Kind Tränen vergossen über
Hamerlings Undank, weil es diesem unmöglich gewesen, für
einen antisemitischen Volkskalender einen Beitrag zu liefern.
— „Ach Gott," fährt Hamerlings Brief fort, „was sind
wir heutigen Menschen doch für ein nervöses, aufgeregtes,
bissiges Geschlecht. Sähe man nicht manchmal an anderen,
wie häßlich diese Gereiztheit ist, man wüßte gar nicht,
wie sehr es sich empfiehlt, auch die begründete nach Kräften
zu zügeln. — Vor ein paar Monaten schickte mir ein junger
Mensch aus einem böhmischen Städtchen ein kurzes Gedicht
und bat demütig um ein Urteil über sein Talent. Ich antwortete ihm kurz, daß ich aus diesem Gedichte noch keinen
Schluß auf sein Talent zu machen wage. Darauf kam
von seiner Seite ein vier Quartseiten langer Brief voll
Flegeleien, der begann: „Also in meinem Gedicht wäre kein
Talent zu finden und ich wäre kein Dichter! Haha! Und
ich Tor glaubte seit Jahren Talent zu besitzen und ein
Dichter zu sein — ein besserer als mancher andere, ein
besserer sogar, verzeihen Sie, als Sie." — Buchstäblich
wahr! — Ich danke Gott herzlich, daß ich nun in der Lage
bin, mit Berufung auf diesen Flegel jede derartige Begut-
achtung fortan kurzweg abzulehnen."

Er hat's zwar nicht immer getan, hat selbst in seiner
Todeskrankheit die unbarmherzigen literarischen Beläsi-
gungen und Zumutungen geduldig über sich ergehen lassen
und unter schwersten Sorgen, ob er wohl sein großes philosophisches Werk noch werde vollenden können, hat er manche
Zeit noch den Schreibereien eitler Dichterlinge gewidmet.

Ob ich das Recht habe, diese seine allzu große Hingabe und Opferwilligkeit für zweifelhafte Erfolge zu bedauern? Hat er nicht auch meine unreifen Schriften also gelesen; hat er nicht auch mich in die Literatur eingeführt? Wenn er auch in einem Briefe vom 14. Juli 1869 in seiner Bescheidenheit schreibt, ich hätte meine Erfolge nur mir selbst zu verdanken, und er allen Dank ablehnt — so muß ich demgegenüber doch sagen, daß trotz anderer tatkräftiger Freunde meine Laufbahn mir schwerer geworden wäre, wenn Hamerling mich damals nicht öffentlich seinen jüngeren Sangesbruder genannt und nicht Achtung für mich begehrt hätte. Aber das muß ich auch sagen, daß ich ihm nie zudringlich, nie dreist unbescheiden, nie mit meinen Wünschen lästig gewesen bin, oder sein wollte. Im ersten Jahre besuchte ich ihn zwei- oder dreimal, und auch da nur auf seine schriftlichen Einladungen. Trotz der Milde seines Wesens fühlte ich mich, wie schon gesagt, doch gedrückt, wenn ich so vor ihm saß. Es war ein großer Ernst, eine beständig dämmernde Wehmut um ihn, obzwar auch wieder nicht selten ein schalkhaftes Wort von seinen Lippen kam. Seine Überlegenheit verdeckte er mit fast ängstlicher Sorgfalt. Im Jahre 1869 riet er mir, eine Sammlung von Dialektgedichten die er gemustert, herauszugeben, schlug mir für dieselbe den Titel „Zither und Hackbrett" vor und gewann dafür in Graz einen Verleger. Wie er zu dem Büchlein ein Vorwort schrieb, wie er in mehreren Blättern meine ersten Werke besprach und ihnen Freunde gewann, das ist bekannt.

Unverstanden. Mißachtung großer Männer.

Ist es zu glauben, daß der große Idealist, welcher so unzugänglich, so ablehnend schien, eine heiße Sehnsucht nach Menschen, nach Freundschaft in sich trug?

Es ist aber so. Wohl Hunderte von Menschen waren, die an ihn herankamen, die sich um seine Freundschaft beworben hatten und denen er auch aufrichtig zugetan war. Die wenigsten aber haben ihn verstanden. Sie bemaßen ihn, den außerordentlichen Mann, nach sich selbst, nach allgemeinen Anschauungen — ja, das konnte freilich nicht stimmen. Er war ihnen unbegreiflich, so mißkannten sie seine Vorzüge, so tadelten sie seine Eigenheiten, so vergrößerten sie seine Schwächen. Unter solchen Leuten mußte er sich freilich einsamer fühlen als in der Einsamkeit seiner stillen Wände und in der Geistergesellschaft seiner Bücher.

Ich habe keinen gekannt, der mit größerer Rücksicht und Wohlgesinnung über andere sprach, als ihn, und ich habe keinen gekannt, der von anderen mit größerer Lieblosigkeit beurteilt worden wäre. Die verbreitete Meinung über seinen Charakter und über sein Leben war absolut falsch. Selbst die Stadt, in der er lebte, hatte keine Ahnung von seinen tatsächlichen Eigenschaften und Verhältnissen und verschloß sich hartnäckig einer besseren Überzeugung. Hätte seine Krankheit, die seit vielen Jahren in ihm war, gestattet, in Gesellschaften zu gehen, der Welt sich zu zeigen und mit ihr auch äußere Gemeinsamkeit zu pflegen, es wäre ihm vielleicht nicht schwer geworden, den Leuten eine andere Anschauung über ihn beizubringen. Da ihm das nicht möglich war, so mußte er eben alle Art von Tratsch und Scheelsucht über sich ergehen lassen. Seine wahren Freunde werden sich wohl gehütet haben, ihm die Meinungen der Leute zu hinterbringen; aber manchmal erfuhr er doch davon oder ahnte sie, und daß er darunter schmerzlich litt, das hat er nicht bloß seinen wenigen Vertrauten bekannt, das ist auch in vielen seiner Gedichte und Schriften zu spüren. Im großen hat er sein Herz zu bewahren gewußt vor

Verbitterung und Geringschätzung der Menschen — und wenn nicht: Wunder wäre es keines gewesen. Am seltsamsten hat sich der Hoch—sinn ausgenommen, mit welchem manche Zunftgelehrte auf den armen Dichter ohne wirkliche Professoren- oder Doktorenwürde herabgeschaut haben. In seinen Dichtungen wird die Wissenschaft zwar hochgehalten, aber nicht als das Allerhöchste im Himmel und auf Erden. Das hat die Herren verdrossen. Als wir ihn zu Grabe trugen, waren wohl ein paar Professoren in Vertretung eines literarischen Vereines anwesend, allein die Grazer Universität als solche war nicht vertreten bei dem Leichenbegängnisse des in derselben Stadt verstorbenen größten deutschen Dichters der Gegenwart. — Das nageln wir aufs schwarze Brett.

Hamerling hat eines Tages geschrieben, daß das deutsche Volk vor allem geneigt ist, sich seiner großen Männer zu schämen, dieselben zu verhöhnen und zu verfolgen. Nun wäre es aber doch interessant, den Grund dieser Erscheinung zu erforschen. Vielleicht, weil der Deutsche zuviel Eitelkeit besitzt, weil er es nicht ertragen kann, wenn ein Größerer neben ihm steht. Und selbst wenn der Größere noch so harmlos und schlicht seinen Weg wandelt, dem Kleinen ist er unbequem, lästig, dieser sucht ihn zu verkleinern, damit seine eigene Kleinheit nicht auffalle oder damit sie entschuldigt werde. In allen deutschen Landen und Städten kann man es finden, daß die etwa vorkommenden bedeutenden Geister einsam stehen, daß man sie für Sonderlinge hält, sich über ihr Wesen lustig macht und sie herabzuziehen sucht. Wenn dann so ein Spießbürger einmal in die Fremde kommt, hört er mit Staunen, was in seiner Vaterstadt für ein großer, berühmter Mann lebt; auf der Stelle schlägt er um, gibt sich für den besten Bekannten und Freund des

2*

großen Mannes aus und sonnt sich selbstgefällig an dem
Ruhme, den er daheim stets zu schmälern gesucht. — Es
sind drollige Kumpane, diese Alltagsmenschen.

Ablehnung von Gefälligkeiten und Ratschlägen. Schutz vor Bosheit. Vereinsamung.

Für seine intimsten Freunde ist es stets schmerzlich
gewesen, daß Hamerling ihnen jede Gelegenheit benahm,
ihm Gutes zu tun. Er nahm nicht einmal einen Rat an,
geschweige eine Wohltat. Für jede kleine Aufmerksamkeit,
die ihm Freundschaft und Liebe zu bringen wagte, fühlte
er sich als Schuldner. Außer mit Büchern und Zeitschriften,
die er manchmal von mir entlehnte, weiß ich nichts, womit
ich ihm gefällig sein durfte. Und bemerkenswert ist es,
mit welcher Sorgfalt er die entlehnten Bücher bewahrte,
mit welcher Gewissenhaftigkeit er sie zurückstellte. Jedes
auch noch so gewöhnlich ausgestattete Buch, das er aus-
geliehen, versah er sorgfältigst mit einem papierenen Um-
schlag, auf den er den Namen des Eigentümers schrieb und
der erst weggenommen wurde, wenn er das Buch zurückgab.
Meine Liebe konnte ich ihm eigentlich nur in negativer
Art beweisen. Da er Gutes sich nicht tun ließ, so war ich
um so sorgfältiger auf der Hut, daß ihm nichts Böses geschehe.
Ich suchte, wo Gelegenheit war in der Gesellschaft, seinen
reinen Charakter, sein treues Herz, sein Wohlwollen für die
Welt, Eigenschaften, die freilich auch in seinen Werken klar
dokumentiert sind, ins rechte Licht zu stellen. Von den
Zeitungsbesprechungen seiner Werke, die ich ihm während
seiner schweren Krankheit zumittelte, waren es natürlich
nur die wohlgemeinten; die boshaften Rezensionen wurden
unterschlagen, und kann ich es manchem seiner Gegner zu

Trutz sagen, daß der giftige Pfeil, der nach ihm abgeschossen worden, von mir niederträchtigerweise nach anderen Zielen hin geleitet worden ist, ohne daß der Bedrohte etwas davon erfahren hat. Jahre hindurch hatte ich mich bemüht, ihn in Behandlung seiner Krankheit zu beeinflussen, als ich aber endlich die Überzeugung gewonnen, daß man ihn damit beunruhige, ohne im geringsten nützen zu können, gab ich die Ratschläge auf.

Eine Abneigung gegen Ärzte im allgemeinen war nicht vorhanden; fehlte seiner Mutter, mit der er beisammen wohnte, etwas, so hatte er nichts Eiligeres zu tun, als einen Arzt rufen zu lassen. „Aber m i r,“ sagte er, „mir können sie nicht helfen. Ich habe so viel Medizin studiert, daß ich meine Krankheit kenne und weiß, welche Mittel zur Linderung anzuwenden sind. Diese Mittel liegen in einer strengen Diät, und die wende ich an. Überlassen wir Weiteres dem Himmel.“

So lange sein Zustand es erlaubte, pflegte er's vorzuziehen, seine Bekannten zu besuchen, als von ihnen besucht zu werden.

Öfter als einmal geschah es, daß er in meiner Wohnung saß und den lustig spielenden Kindern zuschaute. In seinem Auge war Vergnügen und — wie mich dünkt — auch Trauer. Weib und Kind zu haben! Wie sehnte er sich danach, aber sein Herz war nicht dazu geschaffen. In seinen jüngeren Jahren täuschten ihn äußere, wie es schien für seine Ehe ungünstige Verhältnisse, er wäre freilich mit denselben geradesogut fertig geworden, wie jeder andere fertig werden muß. Ich glaube, daß der Idealist allzuhohe Anforderungen stellte an das Weib und daß, weil er bei seiner Beobachtung immer wieder Enttäuschungen erlebte oder zu erleben glaubte, ihm endlich der Mut gebrach, es zu wagen.

Also alterte er, begann immer mehr zu kränkeln, fühlte sich immer einsamer, und dann griff manchmal ein gewisser Mißmut Besitz von seinem goldenen Gemüte, ein Unmut, der sich bisweilen sogar auf seine Umgebung erstreckte und unter welchem er selbst am meisten litt.

Trösten, beruhigen ließ er sich nicht, ja er wurde nur aufgeregt, wenn man es versuchte, und er behauptete dann, man hätte kein Verständnis für sein Leid. Aber unzählige Male hat er mich dann um Geduld und Nachsicht mit seinem Gemütszustande gebeten, und am Neujahrstage 1889 sagte er das folgende, mich erschütternde Wort: „Ja, mein Lieber! Ihr größtes Kreuz, das auch ins neue Jahr herüberragt, ist Ihr kranker Freund. Nur Geduld, vielleicht können Sie in diesem Jahre das Kreuz ablasten auf einem Grabhügel.“

Sommerbriefe. Goldene Hochzeit der Eltern.

Ich fahre fort, einige lose aneinandergereihte Züge aus dem Leben Robert Hamerlings zu erzählen; es sind zumeist Briefe und Aussprüche, die ich verbürgen kann, weil sie persönlich an mich gingen. Ich wähle natürlich nur solche, welche die Diskretion nicht versiegelt hat und die seinen Charakter, sein Seelenleben beleuchten.

Unser Verhältnis gewann — wie schon angedeutet — erst in den vorgeschrittenen Jahren an Gehalt. Hier einige Züge aus früherer Zeit; sie seien begonnen mit einem einfachen Schreiben*) aus dem Jahre 1872, welches folgendermaßen lautet:

---

*) Die in diesem Buche enthaltenen Briefe sind mit Genehmigung der betreffenden Familien abgedruckt.

„Ich weiß nicht, wie es kommt, daß ich im Sommer regelmäßig um zwei Drittel. weniger Briefe erhalte als im Winter.
Es scheint, daß der Sommer eine Zeit der göttlichen Faulheit ist,
wo sich jeder behaglich unter grünen Bäumen reckt und streckt, und
dabei so egoistisch wird, daß er von jenem Behagen seinem Mitmenschen nicht einmal etwas kund und zu wissen tut. Diese sta-
tistische Bemerkung hatte ich eben einem Bekannten geg nüber gemacht, als mir der Postbote Ihren Krieglacher Brief, viellieber
Rosegger, überreichte. Und welch ein Brief! Schier vier Seiten
lang und wie herzig! Im Sommer geschrieben, zur Zeit der göttlichen Faulheit und des egoistischen Sichgütlichtuns! Gott segne
Ihnen so noch weiter die obersteirisch-ländliche Einsamkeit und
würze sie Ihnen ab und zu mit etwas Langeweile, damit Sie öfter
genötigt werden, sich Ihrer besten Freunde zu erinnern. Im
übrigen fahren Sie nur fort in dem süßen Nichtstun, das Sie mir
so verführerisch schildern. Machen Sie sich gar keinen Skrupel daraus. Mir kommen oft die Verse Hermanns von Gilm in den Sinn:
  ‚Wie kam doch nur unter die Sünden
    Der göttliche Müßiggang?‘
Ja, ja, ‚göttlich‘ — es ist schon das rechte Wort.

So recht mit Beruf Müßiggehen können eigentlich nur die
Götter. Wir Erdenkinder bleiben in dieser Kunst doch immer nur
Stümper. Indessen — tun wir, so viel wir können!

Wenn wir nicht arbeiten, wir Poeten, so arbeitet es in uns,
wird gar lebendig, bekommt Hände und Füße, und eh' wir's
denken, muß die Hebamme geholt werden in Gestalt eines braven
Buchverlegers. Wer also kann unsern Müßiggang von Arbeit
unterscheiden? Ich für meinen Teil wüßte es Ihnen wahrlich
nicht zu sagen, ob ich gegenwärtig müßig gehe, oder ob ich an meinem
philosophischen Werk, oder an meinem Roman „Aspasia“ arbeite.

Indem ich hoffe, daß Sie zur Ehre der Krieglacher Lokal-
post dies Schreiben samt Einlage*) richtig erhalten, verbleibe ich,
mich Ihrer ferneren freundlichen Erinnerung empfehlend,

Ihr

herzlich ergebener
Hamerling.

Graz, 15. Juni 1872.“

*) Eine gedruckte Besprechung meines neuesten Buches.

Als ich im Jahre 1872 aus meiner italienischen Reise von den Ruinen des Neronischen Palastes ihm ein Steinchen und eine getrocknete Pflanze mitgebracht hatte, schrieb er das launige Briefchen, welches beweist, daß man ihm mit kleinen Dingen größeren Spaß machen konnte, als mit Sachen, die er für kostspielig hielt:

„Herzlichen Dank, werter Freund, vorläufig auf diesem Wege, für Ihre schönen römischen Geschenke. Ist kein Stückchen Gold, daß Sie mir hätten bringen können, von Neros „goldenem Hause“ mehr übrig? — Nun, auch Pflanzen und Gestein vom palatinischen Trümmerhügel werden mir zeitlebens lieb und wert sein, und zwar doppelt, weil sie mir mein lieber, wackerer Rosegger aus der Weltstadt mitgebracht.

Ihr

dankbarer
Hamerling.

Graz, 29. Sept. 1872.“

Trotz dieses herzlichen Entgegenkommens von seiner Seite glaubte ich immer noch einer meiner Stellung und Bedeutung angemessenen Bescheidenheit mich befleißen zu sollen. Ich kam nur, wenn er mich rief, und in der Anrede nannte ich ihn Professor. Hierauf schrieb er mir am 18. September 1874, gelegentlich einer vergleichenden Erwähnung seiner geplanten „Aspasia“ und meines „Waldschulmeisters“:

„Nun eine Bitte noch: überschreiben Sie Ihre Briefe nicht mehr mit „Herr Professor!“ Ich bin Ihr Freund, glaube ich, und wenn Sie mir diesen meinen gehörigen Titel nicht geben, so sieht es aus, als ob Sie meine Freundschaft verschmähten. Aufrichtig gesagt, ich schätze es mir zur Ehre, wenn Sie mich als Ihresgleichen betrachten.“

Im Oktober desselben Jahres nahm er Anlaß, mir den folgenden Brief zu schreiben:

„Hochgeehrter Freund!

Am 9. kommenden Monats feiern meine Eltern, wie ich
Ihnen schon gesagt, ihre goldene Hochzeit. Ein kleines Familien-
fest wird, wie ich hoffe, meine hiesigen Freunde und Dichter-
kollegen für ein paar Stunden vereinigen. Ich rechne vor allem
auf Sie — und damit Sie sehen, daß dies ‚vor allem‘ keine leere
Phrase, beeile ich mich Ihnen anzukündigen, daß Sie und kein
anderer zum goldenen Brautführer designiert sind; wir hoffen,
daß Sie uns die Freude machen und die angebotene Würde nicht
ausschlagen. Pichler, Marx, Leitner, vielleicht auch ein paar
auswärtige Freunde werden dabei erscheinen — 25 bis 30 Personen etwa —, die Verheirateten natürlich mit ihren Frauen; diese
Einladung erstreckt sich also auch auf Ihre Frau Gemahlin, und
zwar in bringendster und feierlichster Form. Nach einer mittags
in der Stadtpfarrkirche gelesenen Messe fahren wir in den ‚Erzherzog Johann‘, und dort sind Sie für selben Mittag meine Gäste.

Nachdem wir gestern wieder die Stadtwohnung bezogen, wollte
ich heute mich persönlich zu Ihnen verfügen, um die Einladung
rechtskräftig zu machen. Aber mein Befinden ist für den Augenblick
ein schlechtes, und so entschloß ich mich lieber zu schreiben, als die
Sache länger hinauszuschieben. Ich zähle ganz bestimmt auf Sie
und Ihre Frau Gemahlin; Sie würden mich und meine Eltern
wirklich kränken, wenn Sie, sei es nun mit oder ohne Grund, sich
uns für jene festliche Stunde versagten.

Ihr

herzlich ergebener
Hamerling.

Graz, 11. Okt. 1874."

Bei der goldenen Hochzeit ist es recht heiter her-
gegangen, er allein blieb ernst. Die anwesenden Poeten be-
sangen ihn und sein Elternpaar, ihm sah man es wohl
an, wie peinlich es ihm war, der Mittelpunkt des Festes und
der Gegenstand von Huldigungen zu sein. Bei jener Gelegenheit tat er, anspielend auf die Huldigungsgedichte im

engen Festkreise und auf das Gebaren der Presse, die Bemerkung: „Ja, ja, so geht es. Unter vier Augen werde ich
gelobt, vor tausend Ohren werde ich gelästert."

Launiges. Rezensentendeutelung. Dichterhäuser. Der „Ganzherruntergerissene".

Vom 19. August 1875 datiert der folgende launige
Brief, welcher als Beweis gelten mag von seinem Humor,
den er Freunden gegenüber oft spielen ließ.

„Hochgeehrter Freund!

Es ist ein alter Brauch, daß Sie mir jährlich einmal von
Ihrem Sommeraufenthalte aus ein liebenswürdiges Brieflein senden,
und es ist ein ebenso alter Brauch, daß ich dieses Brieflein getreulich, aber — in sommerlicher Trägheit — immer etwas spät beantworte. Ich bin sehr dafür, alte schöne Bräuche nicht verfallen zu lassen. Ein solcher alter schöner Brauch war es z. B.
auch, daß wir beide einander immer ein Exemplar unseres neuesten
Werkes schenkten. Da Sie aber dabei ein wenig zu kurz kamen,
so ist es freilich kein Wunder, daß Sie endlich die Geduld verloren und sich mit Ihrem letzten Buche, dem ‚Volksleben in Steiermark‘, sachte, sachte an mir vorbei seitwärts in die Büsche von
Krieglach schlugen, nachdem Sie so gelegentlich mir gegenüber die
verschmitzte Äußerung hingeworfen, dies Buch sei nur die neue
Auflage eines früheren Werkes. Ich verspreche Ihnen aber hiermit
feierlich, daß ich künftig fleißiger sein werde, und bemerke nur
noch, daß Sie unklug handeln, gegen mich in dem Augenblicke zu
knausern, wo ich mit den drei Bänden der endlich erscheinenden
‚Aspasia‘ gleichsam schon vor Ihrer Tür stehe, um Sie für langes
und getreues Ausharren zu belohnen. Ich habe die letzte Durch-
arbeitung und Feile des Werkes nun endlich abgeschlossen, und
der Druck beginnt ehestens. Dies ist auch die einzige Nachricht,
die ich Ihnen zu geben habe; im übrigen geht alles im alten stillen
Geleise fort, wir sind gesund, und ginge nicht der schäbig-graue
Theater-Elephant zuweilen des Morgens mit seinem Wärter im

Stiftingtal spazieren (Tatsache!), so wäre Grün die einzige Farbe, die wir von der Welt zu sehen bekommen.

Mit herzlichem Gruß von mir und den Eltern

Ihr

Graz, 19. August 1875."

Hamerling.

Seit dem Bestande meines „Heimgarten" (1876) war Hamerling dessen treuester und gewissenhaftester Mitarbeiter. Seine Artikel haben viel zum Aufblühen dieser Zeitschrift beigetragen.

Empfindlich war er gegen Deuteleien und Verdrehungen, die seine Schriften manchmal erfuhren. Er sprach stets so klar und offen, daß seine Leser die Kunst, zwischen den Zeilen zu lesen, entbehren konnten. Wo aber doch einmal zwischen den Furchen die Samenkörner lagen, da gingen sie fruchtend auf; viel Suchen und Deuteln war nicht nötig.

In einem Briefe vom 9. Juli 1877 sagt er unter anderem:

„Haben Sie in * * * die Besprechung des letzten ‚Heimgarten'-Heftes gelesen, in welcher gesagt wird, daß man aus meinem ‚Ungemütlichen' (Beitrag für den Heimgarten. Der Herausg.) etwas herauslesen müsse, was ich nicht geschrieben, sondern bloß gedacht? Wenn Sie den Verfasser der Notiz kennen, so bitte ich sehr — im Ernste! — schreiben Sie mir, wer es ist; ich will ihn fragen, was ich mir bei diesem Artikel außer dem Geschriebenen noch sonst gedacht haben soll; ich selbst bringe es durchaus nicht heraus. Ein solches Mißverstehen und Deuteln am Klarsten und Einfachsten könnte einem alle Lust des Schaffens verleiden. — Der ‚Heimgarten' ist in der Tat eine treffliche Zeitschrift. Ich freue mich an seinem Gedeihen und möchte gerne recht viel dazu beitragen.

Mit bestem Glückauf für Ihren Haus- oder Häuschenbau (o diese heutigen Dichter! wo bleiben die Dachstübchen?)

Ihr

Hamerling.

Ich baute mir nämlich damals in Krieglach das lang geplante Landhäuschen, worüber Hamerling auch einmal folgende Äußerungen getan hat:

„Für niemanden ist ein eigenes Heim zweckmäßiger, als für den Dichter, denn es stärkt seinen Familiensinn und ist ein solider Schwerpunkt seiner Vaterlandsliebe. Es würde sich dem Staate nicht schlecht rentieren, wollte er seinen Dichtern Häuser bauen." —

Als Mitarbeiter des „Heimgarten" bezog er davon ein Exemplar, lehnte aber ein zweites Freiexemplar ab. War von ihm ein Beitrag gedruckt, so pflegte ich denselben aus einem anderen Exemplar herauszureißen und ihm zu schicken. Einmal machte ich das schlecht und er schrieb mir die Zeilen:

„Die Separatblätter mit meinem Aufsatze habe ich erhalten, nur fehlt leider das letzte Blatt. Ich bedauere, daß Sie noch ein Blatt herausreißen müssen, aber ich kann Ihnen nicht helfen! Meine Sachen sind gewohnt, ganz heruntergerissen zu werden. —
Ihr
H."

Des Dichters Vater.

Am 25. Mai 1879 starb Hamerlings Vater, der mit seiner Gattin, der Mutter, stets an des Dichters Seite ge- lebt hatte. Nach dessen Bestattung schrieb mir Hamerling den nachstehenden Brief:

„Ja, liebster Rosegger, wir haben ihn wirklich vorgestern aus der leuchtenden Frühlingspracht des Stiftingtales heraus in die dunkle Friedhofserde von St. Leonhard vergraben, den guten, jovialen Alten, der noch viel lieber weiter gelebt hätte als sein Sohn. Allen Ernstes will ich mich lieber selbst begraben lassen, als noch einmal einen lieben Angehörigen begraben. In der Stunde vor der Einsegnung ging mir's schlecht: da kamen Leute und es gab ein Hin- und Wiberlaufen im Trubel derselben, daß

raubte die Stimmung und das reine Gefühl des großen Augen-
blickes, man mußte den Toten über Nebendingen und Äußerlichkeiten vergessen, und es fehlte nicht der Schmerz, aber die Rührung, die sich in Tränen löst.

In derselben Stunde kam aber auch Ihr Brief und Ihre
Kranzspende. Mild und tröstlich war der Brief; aber der Kranz
zu schön und es störte mich der prosaische Gedanke, daß er Ihnen
eine große Auslage verursachte.*) Dafür war aber dieser Kranz
der schönste Sargschmuck und verdunkelte die übrigen.

Wärmsten Dank von mir und der Mutter. Ihre liebe junge
Frau schließe ich in diesen unseren Dank ein, wie Sie dieselbe in
Ihre Bezeigung des Beileides miteinschlossen; ich grüße Sie
herzlich.

Ihr

alter treuer
Hamerling.

Graz; 29. Mai 1879."

Hamerlings Vater war ein schlichtes munteres, stets
regsames Männlein gewesen. Er konnte mancherlei Holz-
schnitzarbeiten verfertigen und vertrieb sich in seinem Alter
damit die Zeit. In des Dichters Wohnung sah man zierlich
aus Holz geschnitzte Luster, Bilderrahmen usw., die von
der geübten Hand des Vaters herrührten. Ich weiß nicht, ob
der alte Mann seinen großen Sohn verstand, aber daß
er die Größe ahnte und freudigen Stolz empfand über sein
Kind, das weiß ich. Da dem Alten die Stadt nicht sehr
imponierte, so hielt er sich auch den Winter über gerne im
Sommerhause des Dichters auf. Ich sprach überaus gerne
mit dem greisen Manne, der über Welt und Leben manchmal

---

*) Diese Bemerkung mag ich darum nicht unterdrücken, weil
sie bezeichnend ist für den Briefschreiber. Denselben konnte nichts
mehr beunruhigen, als der Gedanke, daß jemand seinetwegen Un-
kosten gehabt haben könne. Hierin, glaube ich, legte er etwas zu viel
Schwerpunkt auf das Geld und etwas zu wenig auf die Absicht.

treffende und drastische Urteile hatte und dabei ein tief
gläubiges Gemüt besaß. Bei Gelegenheit seines achtzigsten
Geburtstages fragte ihn Frau Gstirner, ob er die Werke
seines Sohnes lese. „Verstehe sie ja nicht," rief er mit
rascher Handbewegung. „Aber ich weiß es, ich weiß es.
Ein Sohn, der seine Eltern so gestellt hat, wie der Robert
uns, der schreibt nichts Schlechtes in die Bücher. Der ist
ein Ganzer! Der ist ein Ganzer!" — Der alte Franz
Hamerling war kein Freund der Ärzte, und ich erinnere mich
an folgenden Ausspruch von ihm: „Wozu ein Arzt? Die
Krankheit kommt von unserem Herrgott. Will der sie heilen,
so brauche ich keinen Arzt, und will er sie nicht heilen, so
kann's auch der Arzt nicht. Der Obere ist stärker!"

Er kränkelte längere Zeit, stand aber trotzdem an Leib
und Seele aufrecht, bis er eines Morgens sanft und ruhig
entschlafen ist.

Güte. Schönheit. Ethische Größe.

Die ganze Innigkeit seines Gemütes offenbarte mir
Hamerling nach dem Tode meiner Frau im Jahre 1875.
Da kam er fast jeden Tag zu mir. Schon an seinem leisen
Anklopfen vor der Tür erkannte ich ihn. Dann setzte er sich
mir gegenüber, erforschte den kranken Zustand meines
Herzens und wußte mit seinen schlichten Worten — die
niemals phrasenhaft oder hochtrabend, immer volkstümlich
einfach und herzlich waren — mich wunderbar zu beruhigen.
Es schien, als ginge er ganz auf in Teilnahme und Sorge
für mich. Er suchte mich nicht abzulenken von dem, was
allein mich innerlich beschäftigte und beschäftigen konnte,
aber er fand in diesem Gegenstande selbst so viel Besänftigen=
des, Aufrichtendes und Trostreiches, daß es nachgerade zur

Seligkeit wurde, mit ihm über meine Heimgegangene zu sprechen.

Zu jener Zeit kam unser Gespräch das erstemal auf den Gegensatz zwischen Schön und Gut. Leider sind mir seine Äußerungen wörtlich nicht mehr klar erinnerlich, wohl aber ist es der Sinn derselben noch. Ich hatte die Bemerkung getan, daß mir das Gute höher stünde als das Schöne. Er meinte lächelnd, daß beides ziemlich auf das gleiche hinausläme. Bleibend schön wäre doch nur das, was auch gut ist. — Mich dünkt es, daß Hamerling, welcher nach seinen ersteren Werken als „Dichter der Schönheit" bezeichnet wird, im Laufe der Zeit zu einem Verherrlicher sittlicher Ideale geworden ist. Seltsam wollte es mir immer scheinen, daß dieser Mann mit dem glühenden Schönheitsideale persönlich so ganz auf Schönheit und Ausschmückung des Lebens verzichten konnte. Man vergesse aber nicht, daß ideal angelegte Menschen ihre Welt anderswo haben als dort, wo ihre Körpergestalt umhergeht. —

Das Leitmotiv von Hamerling's Leben und Dichtungen war das Schöne, das zum Guten führt, wie der Stern die Weisen aus dem Morgenlande zum Heilande geführt hat. Immer wieder erschallt in Hamerlings großen Dichtungen der Warnruf, der als Motto des „König von Sion" steht: „Wehe, wenn unsere Herzen rein nicht sind, wie sollen im riesigen Kampf wir bestehen!"

Vielleicht ist es gerade dieser Ruf, durch den der Dichter manchem so zuwider geworden!

Gewissenlose Kritik. Ehren in der Heimat. Zwei Stätten.

Bekannt ist Hamerlings Furcht vor dem Gefeiertwerden. Teils hatte diese Furcht ihren Grund in seiner persönlichen

Bescheidenheit, vor allem aber in seiner Kränklichkeit, die ihm keine Aufregung und keine Ausnahme von seiner strengen Tagesordnung erlaubte. Zu seinem fünfzigsten Geburtstage erwehrte er sich nur mit Mühe vor einer größeren Demonstration. Der „Heimgarten" wurde damals überflutet von Aufsätzen, die ihn feierten, von Gedichten, die ihn priesen, von Glückwünschen in allen Formen. Ich hatte noch die Vorsicht, ihn davon in Kenntnis zu setzen, worauf er mit zitternden Schriftzügen (er hatte sonst die schönste, gleichmäßigste Schrift) antwortete:

„Ich protestiere feierlich gegen die Veröffentlichung eines meine Wenigkeit betreffenden enthusiastischen Artikels im ‚Heimgarten'. Jede öffentliche Erwähnung meines fünfzigsten Geburtstages würde mich zu aufrichtigstem Zorn und sogar zur Grobheit reizen."

Zudem, bemerkte er einmal, sei er doch noch immer nicht genug tot, um anerkannt zu werden.

Er traute den Leuten nicht mehr, es war ihm zu oft arg mitgespielt worden. Ein wenig früher war es, daß mehrere Wiener Tagesblätter mit einer geradezu bübischen Frivolität über seine „Aspasia" herfielen. Manche Blätter hatten — nebenbei gesagt — um sich den Schein von Objektivität zu geben, die Gewohnheit, von jeher auf die Größe seiner vorhergegangenen Werke hinzuweisen, jedes neue Werk des Dichters aber als vollkommen mißlungen, als stümperhaft und in höchstem Grade krankhaft zu erklären. So mußte jedes neue Buch auf Anerkennung warten, bis das nächste erschien, um vor diesem stets allermißlungensten im Range aufzusteigen.

„Wenn ich," äußerte mir Hamerling eines Tages, „nie etwas drucken ließe, so würde ich als größter deutscher Dichter gelten. — Nach dem, was die meisten Zeitungen über mich sagen, müßte ich schamrot werden über den

Stümper in mir. Aber andere Anzeichen, daß ich im Herzen des Volkes lebe, trösten mich wieder."

Diese Zeitungslaune, bloß allemal sein neuestes Werk zu verreißen, war aber noch nicht einmal die schlechteste; ich mag die Blätter und Personen nicht nennen, die immer den Dichter mit Hohn bedeckten, mit Kot bewarfen, sooft er ein neues Werk erscheinen ließ. Und da hatte er auch einige gute Freunde jener Sorte, welche ihm jede mißgünstige Rezension zuschanzten. Jemand hatte einmal über ihn geschrieben, daß er trotz großen Lobes, welches er erfahre, kleinen Tadel nicht verwinden könne. „Lieber Gott!" sagte mir Hamerling darauf, „wie sieht aber dieser kleine Tadel aus? Da heißt es zum Beispiel: Hamerlings Genie kann allerdings nicht bestritten werden, seine gewaltige Phantasie und Gestaltenüppigkeit, seine glühende Sinnlichkeit machen ihn zu einem wirklich bedeutenden Dichter. Schade nur, daß seine Helden unwahr sind. — Oder auch es wird der König von Sion gerühmt, Danton und Robespierre gepriesen, die Aspasia bis in den Himmel erhoben und zum Schlusse nur das kleine Tadelchen ausgesprochen, daß der Mann nicht deutsch schreiben könne. — O krankhafte Empfindsamkeit eines Dichters, den der Vorwurf ärgert, daß seine Gestalten unwahr seien, daß er seine Muttersprache nicht schreiben könne und zu einem Untergymnasiasten in die Schule gehen solle, bevor er sich an einen griechischen Roman wage! Letzteren Rat hat mir tatsächlich einmal ein Wiener Rezensent erteilt."

Ein empfindliches Poetengemüt mußte darunter leiden, obwohl das seine groß genug war, um die Feinde mit dem zu entschuldigen, was sie eben waren oder nicht waren. Sein Herz befreite sich doch. Da schrieb er mir z. B. am 24. Juni 1880:

„Wir Poeten sind einmal gehetzte Leute. Aber wenn ich mich frage, warum ich doch niemals zum eigentlichen Pessimisten geworden, so muß ich mir sagen, daß ich mich zuletzt immer wieder erlabt und aufgerichtet habe an dem Gedanken, daß man Tausenden das Herz gerührt und ihnen lieb geworden, daß man nicht umsonst gelebt. Das bleibt trotz alledem, was ich selbst einzuwenden pflege, wenn ein anderer mich auf ein Endchen Unsterblichkeit vertröstet, doch immer ein Gedanke, geeignet, einen zu allen Stunden des Lebens, und vielleicht noch in der letzten, ein wenig froh zu machen."

Soweit ich in sein Herz blicken durfte, bestand sein einziges Erdenglück in dem bei Gott gerechtfertigten Bewußtsein, als Dichter Bedeutendes für die Mit- und Nachwelt geschaffen zu haben. Und auch dieses einzige Glück wollten sie ihm frech zerstören, die boshaften, federseilen, geistig impotenten Schreiberknechte!

Am 29. August 1880 schrieb mir Hamerling:

„Freund, eine Neuigkeit! Ich bin in Berlin gelobt worden! O. Bl. tat's, ich fürchte, er werde nicht mehr lange leben."

Wiederholt habe ich ihm bemerkt, daß er auf Zeitungsrezensionen zu viel Gewicht lege. Er antwortete:

„Auf die Rezensionen lege ich gar keines, aber die Bosheit der Menschen kränkt mich. Und ihre Dummheit verstimmt mich. Sie glauben es nicht, lieber R., welcher Borniertheit ein Rezensent fähig sein kann. Und dann spricht man von unfähigen Leuten! Jeder Mensch hat Grund, an seiner geistigen Zulänglichkeit zu zweifeln; doch wenn etwas instande ist, mein Selbstgefühl zu stärken, so ist es ein Rezensent, der mich gründlich vernichtet. — Allen Ernstes, was will man denn machen, wenn sie, die angeblich zu den oberen Zehntausend gehören und die öffentliche Meinung leiten, das Allereinfachste und Deutlichste vom Grunde aus mißverstehen oder absichtlich verdrehen und fälschen, um es dann für Unsinn erklären zu können!"

„Da soll man nichts machen," war meine Ansicht.

„So ein Zeitungsblatt ist eine Eintagsfliege, das Buch
wandelt durch sein Jahrhundert."

„Durch ein Jahrhundert voll von Philistern!" —

Im Jahre 1883 war ein Hamerling-Fest zu Schrems
im Waldviertel. Auf eine Bemerkung von mir, wie erfreulich
es sei, daß besonders seine Heimatgenossen den Dichter
zu würdigen wüßten, schrieb er mir den folgenden Brief:

„Sehr werter Freund!

Das Hamerling-Fest zu Schrems hat Ihnen ‚Freude‘ gemacht? Wirklich? Ei, ich hätte nicht gedacht, daß Sie einem so
guten Freunde gegenüber der Schadenfreude. fähig sind! Eine
Denkmalsbüste bei Lebzeiten — das wird die Mitwelt nie verzeihen. Daß ich physisch oft nur mehr halb am Leben und
literarisch zu verschiedenen Malen tot gemacht worden bin, gibt
mir noch kein Recht, die Ehre der ganz Toten zu beanspruchen.
Aber die Waldviertler, die mich seit vierzig Jahren nicht mehr
hatten und seit siebzehn Jahren nicht mehr sahen, bei denen ich
also fast eine mythische Person geworden, erblickten mich in
jener Entfernung, welche die Berühmtheiten bekanntlich ver-
größert, und dachten: wir wollen ihn wenigstens im Bilde auf-
zeigen können. Mir selbst verhehlten sie ihr Vorhaben weislich,
wohl wissend, daß ich mit Händen und Füßen dagegen mich sträu-
ben würde. Nun ist's geschehen und obgleich ich vielleicht so ungefähr die Größe habe, daß ein kleiner Geburtsort auf mich stolz
sein kann, wird es dieser Denkmalsgeschichte halber doch viel
„Geseeres" unter Juden und Christen geben.

In Ihrer Gesellschaft meine Heimat zu besuchen, wäre freilich
ein reizender Gedanke für mich; aber ich wage nicht zu hoffen, daß
er ausführbar. Dafür habe ich eine andere Idee, die wir, sobald
sie reif ist, mündlich besprechen werden.

Ihr

allergetreuester
Hamerling.

Graz, 27. Juli 1883."

Die Absicht der Waldviertler rührte ihn doch, denn
gerade in seiner Heimat geliebt zu sein, tut dem Dichter wohl.

3*

„Aber!" rief er aus, „gibt es denn für mich gar keinen anderen Weg! muß ich denn zu Tode verrissen und dann wie ein Toter ausgehauen werden?" — Er war, wie gesagt, kein Freund von Ehrenbezeigungen, welche nur die Gegner reizen und in selbstgeschaffener Zersplitterung unvollständig bleiben müssen. Was würde er dazu gesagt haben, als unmittelbar nach seinem Tode in unserem Lande zu gleicher Zeit für drei Hamerling-Denkmale gesammelt ward? — Nur gut, daß die Toten, die zwar unsterblich sind, sich um dieses Groß-Abdera nicht mehr kümmern; sonst müßten sie die Frage aufwerfen, ob es denn nicht möglich sei, im deutschen Volke so viel Selbstzucht und Gemeinsinn aufzutreiben, um mit vereinten Kräften dem Dichter ein würdiges Denkmal zu stiften? —

Ein interessantes Haus ist das des unteren Fuchswirtes auf der Ries bei Graz. In demselben wohnte Robert Hamerling mehrere Sommer hindurch. Es war ein heißer, schattenloser Weg dahin, den der Dichter jeden Tag wandelte, es war ein heißes, schiefwändiges Dachzimmer, in welchem er wohnte. In diesem Raume, bei dem Lärm des Wirtsgeschäftes und der Zecher, schrieb er an dem größten seiner Werke, dem „König von Sion." — Man sollte nun glauben, daß der Fuchswirt seinen Vorteil ausnutzen würde. Ein guter Freund riet ihm, sein Gasthaus „Zum König von Sion" zu nennen. „Ah na," meinte der Wirt, „den kennen die Leut' nit, der alte Fuchswirt ist ihnen lieber!" — Man muß sagen, der Mann versteht die Welt, er ist — der Fuchswirt.

Viel trautsamer wurde es, als der Dichter das Stiftinghaus im Stiftingtal bei Graz erwarb. Ein freundliches Haus im grünen Wiesentale, von Wäldern umrandet. Obstbäume, Weinranken, Rosen umkränzten das Haus, und da verließ ich es zur Sommerszeit selten, ohne daß er mir eine rote Rose oder eine schwellende Knospe in das Knopfloch gesteckt hatte. Im Herbste dann kamen die großen rotwangigen Äpfel. „Die Rosen für die Frau, die Äpfel für die Kinder!" sagte er einmal. „Und ich selbst gehe leer aus?" war mein Einwand. „Das gehört Ihnen," sagte er und schnitt mir einen Zweig ab, der grüne Blätter und spitze Dornen hatte. „Das Los des Familienvaters: Die Rose dem Weibe, die Frucht den Kindern, die Dornen sich selber. Geben Sie nur acht, daß Sie die Gaben nicht verwechseln!"

Für den Fall. Trauzeugenschaft. Mitfreunde.

Im Jahre 1880, als bei mir sich ein bedenkliches Brustübel eingestellt hatte, war ich daran, mein Haus zu bestellen. Es begann die Herausgabe meiner ausgewählten Schriften, deren Vollendung ich kaum mehr zu erleben hoffte. In solcher Bedrängnis wandte ich mich an Hamerling mit einer Bitte, die er wie folgt beantwortet hat:

„Hochgeehrter, lieber Freund!

Mit Vergnügen übernehme ich, Ihrem Wunsche gemäß, Ihnen und dem Verleger Ihrer ausgewählten gesammelten Werke gegenüber für den Fall, daß es Ihnen selbst aus was immer für einem Grunde schwer oder unmöglich sein würde, die Vollendung der besagten Gesamtausgabe zu besorgen und zu überwachen, die Verpflichtung, an Ihrer Stelle als Herausgeber einzutreten.

Dafür ein Honorar von Ihnen oder Ihren ‚Rechtsnachfolgern' zu beanspruchen, wäre ganz der freundschaftlichen Intention zuwider, mit welcher ich der Sache mich annehmen würde.

Ihr

Rob. Hamerling.

Graz, 4. August 1880."

Zu jener Zeit konnte nicht gedacht werden, daß ich ihn überleben würde; doch erinnere ich mich an eine beson-

bere Äußerung von ihm. Ich lag im Bette, weil keine Kraft
mehr da war, um aufrecht zu sein, und rang mit aller Kraft
nach Atem. Er war die drei Stiegen heraufgeeilt und saß
neben meinem Lager. Er war voller Teilnahme und Liebe,
und als er sich verabschiedete, sagte er die Worte: „Lieber
Rosegger, es geht Ihnen gerade nicht gut, aber ich versichere Sie, daß ich lieber in Ihrer Haut stecken möchte, als
in der meinen. Sie werden sehen!"

Von seiner Krankengeschichte später. Hier noch einige
Briefe über Dinge, die ihm das Herz bewegten oder ihn
sonst lebhaft beschäftigten. Daß er seinen Freunden gegenüber voller Zartsinn war, ist schon gesagt worden. Als
einer unserer gemeinsamen Freunde, Karl Kleinert, sich
vermählte, schrieb mir Hamerling in seiner fröhlichen Bedrängnis:

„Der Glückliche will uns zu Trauzeugen haben. Ich konnte
natürlich meine Zusage nur für den Fall geben, daß ich nicht
eben ans Krankenbett gefesselt bin. Er und seine Braut legen unendlich viel Gewicht darauf, daß wir beide gewiß erscheinen. Gedenken Sie sich vielleicht mit einem Hochzeitsgedicht einzufinden?
Dann möchte ich meinen Pegasus auch satteln, und das würde
mir äußerst schwer fallen. Vielleicht erwartet man, daß einer von
uns wenigstens einen Toast auf das Brautpaar ausbringt. Wollen
Sie das auf sich nehmen? Müßte ich's, so würde ich mich der
Sache in der einfachsten Weise mit drei Worten entledigen, denn
ich bin kein Redner. Wollen dann Sie (Sie sind einer!) noch ein
paar launige Worte in Ihrer Art hinzufügen — unter dem Vor-
wand, ich hätte Ihnen den Toast vom Munde weggenommen —
desto besser."

Zur Trauung hatte er sich eingefunden, doch bei dem
Festmahle jener Hochzeit zu sein, machte ihm sein leidender
Zustand nicht möglich.

„Ich bin darüber wirklich betrübt," schrieb er mir auf einer
Karte, „ich verzichte ja willig, selbst glücklich zu sein, nun ver-

wehrt mir das Geschick auch, Glückliche zu sehen. Sollte das junge
Paar an diesem Tage realen Glückes auch Geistern nicht ganz ab-
geneigt sein, so sagen Sie ihm, daß ich im Geiste bei ihm bin."

Er beglückte das junge Brautpaar mit einer Samm-
lung seiner bis zurzeit erschienenen Photographien, eine
Spende, welche seine Sympathie für das Paar auf das
Rührendste zum Ausdruck gebracht hat. —

Mit wahrer Herzlichkeit ist er auch meiner jungen
zweiten Frau entgegengekommen, als ich sie bei ihm aufführte. „Der liebe Himmel ist freigebig, mein Freund nicht
spröde," sagte er lächelnd, „und mir bleibt nur übrig,
mich ein wenig darüber zu freuen."

Meiner Frau schrieb er in das Gedenkbuch folgende
Zeilen:

> „Sagen möcht' ich jedem Frauenwesen,
> Das ein Dichterauge sich erlesen,
> Dem ein Dichterherz sich anvertraut:
> Sei ihm hold und mild und lieb und traut!
> Denk', so lang' er wandelt hier auf Erden,
> Durch entzückter Tausende Verein,
> Kann er groß, berühmt, unsterblich werden,
> Glücklich aber nur durch Dich allein."

Robert Hamerling.

Graz, 13. Febr. 1881.

Hamerling war in der Tat eines jener großen Herzen,
welche sich zufrieden geben können, wenn sie andere, geliebte
Menschen, glücklich wissen. Im Glücke, in der Freude, in der
Schönheit, gleichviel, ob sie ihm beschert oder einem anderen,
sah er die Gottheit, welche er mit Zuversicht bekannte.

Weltgläubigkeit. Der „Feuilletonist".

Einmal, nach einem längeren Gespräch über den Gottes-
keim im Menschen, über seine Fähigkeit, sich zu vervoll-

kommnen und über den endlichen Sieg des Guten, zu welchem uns die pessimistische Vorlesung eines bekannten Gelehrten veranlaßt hatte, schrieb Hamerling mir den nachstehenden bezeichnenden Brief:

„Liebster Rosegger!

Wie einem das Beste, das man bei einer Unterredung hätte vorbringen sollen, meist erst einfällt, wenn die Unterredung vorüber, so erging es mir gestern. Ich merkte, daß meine Behauptung, die Tendenz der Welt gehe doch eigentlich nur auf Verwirklichung des Vernünftigen und Rechten, Ihnen nicht ganz einleuchten wollte, weil ja die Menschheit im ganzen und großen sich mehr im Kreise dreht, als wirklich fortschreitet, und sich des Unvernünftigen und Unrechten genug realisiert. Ganz recht. Aber man darf nicht übersehen, wie viel unleidliche, unvernünftige und unrechte Zustände sich in der Welt bereits korrigiert haben! Allerdings rufen und trachten wir noch immer nach größerer staatlicher Freiheit, aber wie unendlich viel ist doch in dieser Beziehung schon errungen worden! Der Despotenwirtschaft früherer Jahrhunderte ist ein Ende gemacht, fast überall sind die Völker mündig geworden. Die Barbarei des Mittelalters ist überwunden. Das Los der arbeitenden Klassen läßt noch manches zu wünschen übrig; aber wie viel hat sich doch zugunsten derselben geändert! Wie selbstbewußt dürfen sie heute aufzutreten wagen! Das sind denn doch hübsche Erfolge, die wir nicht ignorieren dürfen, wenn wir uns auch sagen müssen, daß der Fortschritt nie zu einem Zustände des Glückes und der Zufriedenheit auf Erden führen wird. Immer wird der Mensch sich elend fühlen und, was die Hauptsache ist, immer wird er ein armer Sünder sein. Aber ohne die Tendenz zum Guten, Rechten und Vernünftigen, die durch die Welt und das Herz der Menschheit geht, könnten Welt und Menschheit überhaupt nicht drei Wochen bestehen. Selbst der Materialist behauptet, daß die Wunder der Naturexistenz darauf beruhen, daß nur das zufällig Zweckmäßige lebensfähig geblieben, alle monströsen Gebilde aber, d. h. das Unvernünftige, zugrunde gegangen ist. Sollte es in der moralischen Welt anders sein? Wer also für das Vernünftige und Rechte eintritt, der ist auch der „wahrhaft ‚Praktische‘. Glaubt einer, praktisch sei nur der indi-

viduelle Egoismus, gut, so wird sich ihm ein anderer individueller
Egoismus gegenüberstellen, und er wird sehen, wie weit er damit
kommt. Meiner Ansicht muß der Egoismus nicht wieder mit
Egoismus bekämpft werden — denn dann ist's eine gemeine Balgerei — und wenn ich sage, ich darf dir dein Recht nicht geben,
denn du könntest sonst noch mehr verlangen als dir gebührt, oder:
ich muß dich unterdrücken, sonst unterdrückst du mich, dann ist die
Balgerei verewigt und es gilt das brutale Recht des Stärkeren.

Übrigens ist der Mensch, der normale, so konstruiert, daß er
die Gerechtigkeit nicht bloß vom Nützlichkeitsstandpunkte aus ver-
sicht, sondern er ist, wie Sie mir gestern zu meiner Freude zu-
gaben — kapabel, zu sagen: ‚Gerechtigkeit muß sein, und sollte
die Welt darüber zugrunde gehen‘. Sie geht aber nicht darüber
zugrunde. Dies Ihnen deutlicher als gestern mündlich zu sagen,
fühlte ich mich gedrängt.

Ihr

Hamerling.

Graz, 30. Januar 1884.“

In einem anderen Schreiben aus jener Zeit ist er
schon wieder weniger Philosoph, er spricht sich über das
Mißkennen seiner Aufsätze in der Sammlung „Prosa“ aus:

„Meiner ‚Prosa‘ ist es nun schon widerfahren, von der
Kritik ziemlich seltsam auf- und angefaßt zu werden. Ein Artikel
des Pester Lloyd behandelt ‚Hamerling als Feuilletonist‘ recht
wohlwollend, meint jedoch, während ich als Dichter der Gegenwart schier nicht meinesgleichen hätte, wären mir als Feuilletonisten gar manche überlegen, z. B. Börne, Jules Janin, Spitzer,
Speidel und Paul Lindau. Du lieber Himmel! fiel es mir denn
ein, in meiner Prosa mit ‚Feuilletonisten‘ als ‚Feuilletonist‘ um
den Preis zu ringen? Wenn ein Dichter Prosa schreibt, so wird
er vielleicht nicht so amüsant plaudern wie Paul Lindau, und
nicht so witzig schreiben wie Spitzer, dafür aber wird er in kleinen
Prosastudien ein tieferes Denken, ein tieferes Empfinden
niederzulegen haben als das, worüber der Feuilletonist verfügt.
Wenn meine Skizzen, Gedenkblätter und Studien den Ton des
Feuilletons anschlagen, so führen sie ihr Thema doch immer bis

zu dem nachdenklichen Punkte, wo der Witz des Feuilletons aufhört und das Gemüt des Poeten oder der Ernst des Philosophen anfängt. Da reden freilich gewisse Leute hernach von ‚Dozieren‘, aber ich bin mir bewußt, daß der Vorwurf eines wirklich trocken-lehrhaften Tones mir nicht mit Recht gemacht werden kann. Was ich in der ‚Prosa‘ dem Publikum biete, sind Dokumente meines inneren und äußeren Lebens in den verschiedenen Epochen desselben, zur Ergänzung des Bildes, das man sich von mir als Dichter und Menschen macht. Ich kann nur wünschen, daß man über dem Inhalt nicht die Form, über der Form nicht den Inhalt unbeachtet lasse. Ich will weder als federfertiger Feuilletonist betrachtet sein, der aus nichts etwas macht, noch als einer, der Prosa nur so nebenbei zu Papier bringt und damit bloß ein stoffliches Interesse beansprucht.

Glückliche Pfingsten! Der hl. Geist ist ja Schutzpatron derer von der Feder!

Es grüßt Sie herzlich

Ihr

Rob. Hamerling.

Graz, 31. Mai 1884.

Die unsterblichen Toten. Weihnachtsfreuden. Schalkhaftes.

Da steht in meinen Aufzeichnungen aus jenen Tagen auch eine mündliche Unterhaltung, in welcher wir auf seinen bekannten Ausspruch: „Die Toten allein sind unsterblich“ zu sprechen kamen. Er hatte ihn 1876 in einem Gedichte auf den Tod Anastasius Grüns getan. Nun sagte er: „Ist es Ihnen nie aufgefallen, wie pathetisch man dieses Sprüchlein zu behandeln pflegt? Ich hatte es zur Gelegenheit allerdings ganz ernst gemeint, aber den leichten Humor doch nicht zurückhalten mögen, der darin steckt. Meines Wissens haben ihn nicht viele herausgefunden.“

„Da die Lebenden alle sterblich sind, so werden die Toten alle unsterblich sein,“ war meine Bemerkung. Er schmunzelte. —

Von seinem Sichgenügen an der inneren Welt das folgende Beispiel: Einmal hatte ich ihm für den Christbaum seiner kleinen Mündel Berta ein paar Büchlein geschickt, deren Empfang er mit nachstehenden Zeilen bestätigte:

„Recht schönen Dank, liebster Rosegger, für die reizenden Büchlein; ich habe aber den Kalender an meine Mutter und die Bilderbücher an die kleine Berta weitergegeben. Es ist nämlich seit ein paar Jahren gegen meine Grundsätze, mir zu Weihnachten etwas schenken zu lassen; ich habe Grund gehabt, es denjenigen, die mir etwas zu schenken pflegten, zu verbieten, und bekomme deshalb in der Tat nichts mehr. Das ist nicht so langweilig, als es auf den ersten Blick aussieht. Warum sollen wir Poeten uns etwas schenken lassen? Haben wir doch gewissermaßen alles. Die ganze Welt ist, wenn auch durchaus nicht im besonderen, doch im allgemeinen unser. Wir haben zwar den ganzen Jammer der Welt, aber auch die ganze Weihnachts- und sonstige Lust derselben sozusagen im kleinen Finger. Die äußere Weihnachtsfeier besteht bei mir in der Regel darin, daß meine Mutter in dem einen, und meine Wenigkeit in dem anderen Zimmer krank liegt. So war es auch diesmal; da ich aber den Weihnachtsbaum für Berta vorher hatte in Bereitschaft setzen können, so ging alles gut und es blieb nichts zu wünschen übrig. Hoffend, daß mindestens das gleiche bei Ihnen der Fall gewesen, verbleibe ich Ihr

dankschuldigst ergebener
Rob. Hamerling.

Graz, 25. Dez. 1884."

In ähnlicher Weise verhielt er sich ablehnend bei jeder, auch der kleinsten Spende. Nichts war ihm unangenehmer, als wenn er Geschenke erhielt, was — besonders vom Ausland her — sehr oft geschah. Blumen, Lorbeerkränze, Eßwaren, Weine, Bilder usw. mußten oft mit großer Umständlichkeit von der Post geholt, ausgelöst, verzollt werden, um sie dann, als sie manchmal schon halb verdorben waren, in Empfang nehmen zu können. Er hatte nichts, genoß nichts davon und mußte sich dazu noch auf das artigste bedanken und auf das Ausführlichste beweisen, daß und warum er bitte, ihm nichts mehr zu schicken. Nur kleine Geschenke, die seiner Berta gemacht wurden, erfreuten ihn.

Unter den Postsendungen, die ihm zugingen, gab es oft Pakete kleineren und größeren Umfanges, in welchen sich Handschriften-Albums befanden, die mit seiner Handschrift zu bereichern und wieder zurückzuschicken er ersucht wurde. Zumeist mußte, weil er niemanden zum Schicken und Packen hatte, er die Sachen persönlich den weiten Weg von der Post oder dem Zollamte holen, aus- und einpacken und wieder aufgeben. Wenn seine Verehrer geahnt hätten, wie viele Last, Arbeit, Umständlichkeit, Geldauslagen dem kranken Manne solche Autographenjägerei verursachte, sie würden ihn vielleicht mehr verschont haben. Vielleicht auch nicht; es ist unglaublich, was gewisse „Verehrer" an rücksichtsloser Zudringlichkeit zu leisten imstande sind! —

Im Jahre 1885 hatte ein literarischer Hochstapler eine meiner gedruckten Erzählungen abgeschrieben, an die „Fliegenden Blätter" geschickt und gegen Honorar drucken lassen. Die Heldentat kam ans Licht und die „Fliegenden Blätter" schickten das Honorar dafür nicht an den Gauner, sondern an mich als Abfindungsbetrag. Ein ähnlicher Fall mit einem mir gestohlenen Aufsatze hatte sich bald darauf in Wien ereignet. Auf diese Geschehnisse bezieht sich der nachstehend muntere Brief Hamerlings:

„Hochgeehrter Freund!

Die ausschweifenden Phantasiebilder am Eingange Ihres Schreibens, in welchem Sie von einem in den hiesigen Wäldern gesund und vergnügt herumspazierenden Hamerling schwärmen, sind hinausgeworfenes Geld: mit demselben Aufwande von Einbildungskraft konnten Sie eine Novelle von Hans Malser für den

‚Heimgarten' schreiben oder in einem anderen Blatte ein schönes Honorar verdienen. Freilich brauchen Sie nicht so zu knausern wie ich, da Sie bequem schon von den Abfindungssummen leben können, welche Ihnen die Redaktionen für die von Spitzbuben aus Ihren Werken abgeschriebenen und eingesandten Sachen schließlich immer auszuzahlen sich bereit finden. Ich argwöhne, daß Sie mit diesen Spitzbuben unter einer Decke stecken, und das von denselben für Sie ergaunerte Honorar mit ihnen heimlich teilen. Solche Mittel, reich zu werden, verschmähe ich. Lieber ehrlich verhungern! Ich muß alles, was ich für den „Heimgarten' liefere, nicht bloß selbst verfassen, sondern auch selbst abschreiben, was der schwerere Teil der Arbeit ist; Sie brauchen Ihre Sachen bloß drucken zu lassen, ein anderer schreibt sie ab und Sie beziehen doppeltes Honorar dafür.

Mit herzlichem Gruß der Mutter an Sie und die Ihrigen

Ihr getreuer

Rob. Hamerling.

Graz, 17. Juni 1885."

Zu jener Zeit veröffentlichte Helene Stöckl einen Aufsatz über Hamerling und mich, in welchem die sinnige Schriftstellerin zwischen uns beiden eine launige Parallele zieht. Darüber äußerte Hamerling sich mir gegenüber brieflich ebenso lustig, wie folgt:

„Das Heft mit der Stöcklschen Scherzparallele sende ich Ihnen hierbei schönstens dankend zurück. Ich habe mir dieselbe von der kleinen Berta vorlesen lassen. Als sie an die Stelle kam: ‚Hamerling bietet Champagner', da rief sie mit ernstlichem Unwillen: ‚Das ist nicht wahr!' Sie hat nämlich erst bei einer einzigen feierlichen Gelegenheit etwas aus einer Flasche steirischen Champagners zu kosten bekommen und immer sehr bedauert, daß sich dergleichen seither nicht wiederholte. Auch daß ich aus Marmor meißle und Sie aus Knieholz schnitzen, wollte sie nicht gelten lassen. Sie behauptet, der aus Holz schnitzt, das sei ich, weil ich ihr auf Spaziergängen im Walde aus Baumrinde Männchen zu schnitzeln pflege. — Daß ich ‚ganz Gedanke' bin, ist vielleicht so wahr und so falsch, als daß sie ‚lauter Gemüt' sind. Ich habe es immer bedauert, das gedankliche Element in Ihren Schriften, das z. B. im ‚Gottsucher‘ fast grüblerisch wird, verkannt zu sehen. Was mich betrifft, du lieber Himmel, so bin ich ja auch gemütlich, wenn's verlangt wird; und wenn ich nicht dann und wann etwas Weniges joble und juchheze, so ist es nicht die Stimmung, sondern bloß die Stimme, die mir dazu fehlt.

Ihr getreuester
R. Hamerling.

Graz, 15. August 1885."

Porträte. Ordnungsliebe. Kleine Spenden.

Oft trat an Hamerling die Notwendigkeit heran, sich porträtieren zu lassen. Von den zwei vorhandenen Ölgegemälden ist das von Prinzhofer das beste. Dasselbe stammt aus dem Jahre 1867. Es ist ein ideal schöner Kopf, in welchem auch des Dichters Genius leuchtenden Ausdruck gefunden. Unter den zwei lebensgroßen Büsten Hamerlings dürfte die Brandstetterische (1882) jene sein, welche zukünftigen Bildhauern für Hamerling-Monumente zum Vorbilde dient. Photographieren ließ sich der Dichter im Ganzen breiundreißigmal. Die erste Photographie stammt aus dem Jahre 1854 vom Photographen Brückner in Graz; sie zeigt das Profil eines schönen, an hellenischen Typus gemahnenden bartlosen Jünglingskopfes. Im Jahre 1855 ließ er sich in Graz mit seinen Triester Kollegen photographieren, ein charakteristisches Bild aus seiner Jugendzeit. Auf einer anderen Photographie sitzt er beisammen mit seiner treuen Freundin, Frau Gstirner. Auf einer weiteren hatte er sich 1861 zu irgendeiner drolligen Gelegenheit den Spaß gemacht, sich in Stellung und Anzug eines Roués photographieren zu lassen, der ganz an die Gestalten der heutigen Gigerln erinnert. Man würde in diesem Bilde den großen Poeten unmöglich wiedererkennen, wenn es nicht von ihm selbst in die Reihe seiner Porträte sorgfältig eingegliedert

und mit der Jahreszahl versehen worden wäre. Das beste
Bild aus seinen letzten Lebensjahren ist die Photographie
von Otto Zintl in Graz. Die vierunddreißigste Photographie
zeigt den Dichter auf der Bahre. Trefflich ist eine Pastell=
zeichnung von R. Schwinger, die das Antlitz des Toten mit
großer Treue wiedergibt. Diese „Totenmaske" ist ebenfalls
photographisch vervielfältigt worden. Außer angedeuteten
Bildern des Dichters sind noch unzählige Handzeichnungen
aller Methoden vorhanden. —

Die äußerste, manchmal fast ans Peinliche grenzende
Ordnungsliebe Hamerlings ist mehr oder weniger bekannt.
Dieselbe findet sich in allen seinen Schriften, Büchern und
Sammlungen, in den Studienblättern, Manuskripten, Tage=
büchern und Briefen. Alles aufs beste geordnet, in Mappen
oder anderen Umschlägen verwahrt, mit Gummibändern um=
wunden, genauest numeriert und mit orientierenden No=
tizen versehen. Von sehr vielen Briefen, die er geschrieben,
hatte er sich eine Abschrift zurückbehalten; alle Briefe, Kar=
ten, Depeschen, Visitkarten usw., die er erhalten, hatte er in
chronologischer Ordnung in großen Schubladen aufbewahrt.
Besonders wichtige oder intime Korrespondenzen hatte er
in eigene Mappen getan.

In meinem Notizbüchlein finde ich folgende Bemerkung
Hamerlings: „Die Privatbriefe sind unsere besten Lebens=
zeugen. Niemandem glaubt man so gerne, sei es Dichtung
oder Memoire oder Tagebuchnotiz, als den Privatbriefen.
Solche können nach unserem Tode zum Ankläger, aber auch
zum Verteidiger werden."

Selten ein Leben wird der Nachwelt so offen und
klar daliegen, als das Robert Hamerlings; seine hinter=
lassenen Papiere werfen ein reines Licht auf diese so oft
mißkannte und mißdeutete Menschenseele.

Ein besonderer Beweis seines treuen Gemütes ist eine sorgfältige Sammlung kleiner Liebesgaben, die er von Freunden und Verehrern erhielt. Alles, was er zur Spende, zum Andenken oder auch nur zu einem Gruße erhielt, war's ein Bildchen, ein Blatt, eine Blume, ein Stückchen Stein, war es etwas an sich noch so Unbedeutendes, er bewahrte es auf. Zu jedem dieser Dinge schrieb er den Namen des Spenders und die Zeit und Gelegenheit, zu welcher er die Gabe erhalten. Seine Wohnung war alles Prunkes bar, aber sie war voll von geringen Gegenständen, die er als Zeichen der Verehrung erhalten und die er als Andenken hochhielt. Also war er in seiner einsamen Stube förmlich eingemauert in lauter Liebe.

„Die Seelen derer, die mir gut sind!" sagte er einmal darüber. „In der Tat, diese Dinge haben zu wenig materiellen Wert, um eine Sache zu sein; sie sind Seelen, lebendige Hausgenossen. Ich halte es überhaupt für unklug, ein einmal angenommenes Geschenk wegzuwerfen. Das Annehmen ist daran das Schlimmste; wenn man es einmal von der Post geholt, verzollt, dankend den Empfang bestätigt hat, dann ist das Ärgste vorüber und die freundlich anwesenden Geschenke belästigen nicht weiter, sondern vergeistigen sich in der Erinnerung an den Spender. Nur sollte man nicht geplagt sein von der Vorstellung, daß der Spender oder die Spenderin sich als Gläubiger betrachtet und eine Gegengabe oder einen Gegendienst erwartet."

„Darüber lasse ich mir kein graues Haar wachsen," war meine Entgegnung. „Die wahren Verehrer eines Dichters empfinden es als eine innere Notwendigkeit, dem Dichter zu danken und sind ihm doppelt dankbar, wenn er sich danken läßt. Und wer etwa aus Eitelkeit oder Eigennutz dem Dichter Aufmerksamkeiten erweist, der wird damit am

schicklichsten gestraft, wenn er sich in der Gegenleistung getäuscht sieht." —

Bücherfreuden. Büchernutzen und Schaden.

Hamerling besaß eine große Büchersammlung aus allen
Fächern der Literatur, aus allen Kulturvölkern, in verschiedenen Sprachen. Er hat darüber ein genaues Ver-
zeichnis angelegt. Nebst der schöngeistigen Literatur waren
die Philologie, Philosophie, Geschichte und Medizin mit
besonders zahlreichen Werken vertreten; aber auch Schriften, die man bei einem Dichter kaum vermuten möchte,
über Numismatik, Nationalökonomie, Finanzwissenschaft,
Strafrecht und Polizei besaß er in großer Anzahl, ebenso
auch über Magie, Somnambulismus, Hypnotismus usw.

Was Bücher betrifft, so liebte Hamerling steifgebundene
Bände nicht; die broschierten waren ihm für den Gebrauch
handlicher; so hat er mich allemal, ihm von meinen neu-
erschienenen Büchern kein gebundenes, sondern ein bro-
schiertes Exemplar zu geben. Auch er gab von seinen Werken stets broschierte Exemplare in Freundeshände, nachdem er sie sorgfältigst aufgeschnitten, die Druckfehler mit
Bleistift ausgebessert und mit einer eigenhändig geschriebenen
Widmung versehen hatte.

Hamerling vertraute mir einmal, daß die Büchersammlung „eine seiner wenigen irdischen Freuden sei." Außer
diesen seinen Büchern las er alles, was er habhaft werden
konnte; besonders in wissenschaftlichen Dingen, deren Entwickelung er strenge verfolgte, stand er auf der Höhe der Zeit.
Er beobachtete, studierte alles, um darüber sich seine Meinung bilden zu können, die manchmal sehr von anderen
Meinungen abstach. Vor allem befaßte er sich mit natur-

geschichtlichen Gegenständen, die ihn aber nicht dem Materialismus zuführten, sondern die seinen hohen Idealismus erst recht klärten. Er sah hinter allem, was andere Natur oder Materie, Stoff und Kraft nennen, den Geist Gottes. —

„Ist es Ihr Ernst," sagte er einmal zu mir, gelegentlich einer Bemerkung über Bücher-Kalamität; „ist es Ihr Ernst, daß Sie die Bücher nicht mögen?"

„Ich habe nur wenige Lieblingsbücher, die ich immer wieder lese," war meine Antwort. „Im übrigen haben mich Bücher weder in meiner geistigen Entwickelung, noch in meinen literarischen Arbeiten wesentlich gefördert. Mir fehlt die Gabe, aus Büchern zu lernen, ich muß mich mehr an Leben und Erfahrung halten."

„Ist keine schlechte Schule," antwortete er. „Allein zu eng begrenzt. Was finge ich in meiner Krankenstube an, wenn die Bücher nicht wären! Die Bücher gehören zu den wenigen meiner wirklichen Freuden. Ich habe sie zu Tausenden gesammelt und gebe nicht ein einziges fort. Hätte man nur auch das Gedächtnis, alles zu behalten, was man liest!"

„Ich stehe der Literatur nicht mit dem richtigen Vertrauen gegenüber," war mein Einwand. „Es kommt mir beim Lesen manchmal vor, als ob ich zu meinen eigenen Irrtümern auch noch fremde auf mich lüde."

„Man liest ja nicht immer, um auf das Gelesene zu schwören," versetzte Hamerling, „man muß nur die Meinungen anderer Menschen mit anderen Erlebnissen hören, um daran beliebig seine eigenen zu stählen oder zu korrigieren. Und dann erst die Wissenschaften!"

„Es gibt gar so wenig Erforschtes, Erfahrenes, Ausgesprochenes und Sichergestelltes, in welchem alle gebildeten

Menschen gleicher Meinung wären. Selbst in den Naturwissenschaften überall Zwiespalt und Parteistreit, das macht
mich stutzig."

Auf diese meine Bemerkung antwortete er: „Man kann
Ihren Skeptizismus, der ein Faustischer ist, teilen, ohne
sich die Freude an der geistigen Arbeit des Menschenge-
schlechtes verleiben zu lassen. Ich beglückwünsche Sie, daß
Sie rüstig auf des Lebens goldenem Baum umherklettern
können und sich nicht, wie manch anderer, mit den dürren
Blättern begnügen müssen, die der Herbstwind ihm in die
einsame Kammer wirft. Lesen Sie Trauben anstatt Worte,
Sie haben wahrlich recht."

Dieses kleine Gespräch führten wir an einem dämme-
rigen Wintertage 1885.

Einige Zeit nachher kam er auf den Gegenstand noch
einmal zurück.

„Zu Ihrem Troste muß ich Ihnen einen Ausspruch
Theodor Storm's mitteilen. Da haben Sie die Stelle aus
einem Briefe von Storm. — Gelernt aus Büchern, heißt es
hier, habe ich niemals etwas Ordentliches. Auch das Arbeiten habe ich erst als Poet gelernt. Das Talent des Lernens
fehlt mir gänzlich, das ist buchstäblich wahr. — Storm ist
ja doch kein Taugenichts, sondern gegenwärtig der vielleicht
meist anerkannte deutsche Dichter. Sind Sie zufrieden?"

„Das beruhigt mich in der Tat," war meine Antwort. „Ich wiederhole, daß ich nicht lernen und studieren
kann in dem Sinne, wie es Schulmänner meinen. Was
ich lese, mag mich für den Augenblick wohl interessieren, aber
der Eindruck ist nicht tief genug, als daß er bleibend wäre
und für die Länge wirken könnte. Ich habe in jüngeren
Jahren alle denkbaren Methoden, theoretisch zu studieren,
versucht, es war verlorene Mühe; ich sagte mir, daß meine

4*

Existenz davon abhänge, es war umsonst; ich lernte heute etwas mit harter Mühe, um es morgen wieder vergessen zu haben. Nach vielen Jahren habe ich die Quälerei mit Lehrbüchern aufgegeben. Was und wie ich aus eigener Wahl las, das trug bessere Früchte; was ich aus lebendigem Munde hörte, das blieb länger im Gedächtnis; aber wirklich mein ward nur das, was ich sinnlich erfahren habe. Das Wenige, was ich bin und weiß und kann, ich habe es nicht aus Büchern, ich habe es vom Leben. Darum bin ich auch kein Bücherfreund, obwohl die wenigen Bücher, die ich besitze, mir aus irgendeinem Grunde teuere Kleinodien sind. Ich bin ein Freund des warmen Lebens und der freien, nicht in wissenschaftliche Systeme eingeschachtelten Natur. — Mit mir selbst komme ich also leidlich zurecht, aber zu meinem Kummer erfahre ich, daß dieselbe Eigenschaft des Nichtlernenkönnens zum Teile sich auch auf meine Kinder vererbt hat. Für das reale Leben die offensten, fassungslustigsten Sinne, für den Buchstaben wenig Neigung und Schick. Wie sollen diese sich durch das papier- und druckerschwärzgesättigte Jahrhundert helfen, das sein Heil nur im Studium und Vielwissen sieht!"

„Darüber," antwortete Hamerling mir auf dieses Bekenntnis, „machen Sie sich keine große Sorge. Sie haben es ja selbst wiederholt gesagt, daß Sie auf Charaktertüchtigkeit mehr Wert legen als auf das Vielwissen. Danach erziehen Sie Ihre Kinder. Übrigens glauben Sie ja nicht, daß Sie aus Büchern nichts gelernt hätten. Ich möchte wissen, wo Sie heute wären, wenn Sie zwar dieselben Lebenserfahrungen gemacht hätten, die Sie gemacht haben, wenn Sie aber kein Buch angesehen, keine Studien gemacht hätten! Schon in Ihrer Jugend haben Sie laut eigenen Geständnisses nach Büchern Jagd gemacht, bis heute stecken

Sie mitten in Büchern, Sie mögen wollen oder nicht, Sie
können ohne Buch so wenig leben als ich. Man studiert
freilich ungeheuer viel zusammen, das man wieder scheinbar
vergißt, oft nur scheinbar! Unbewußt bleibt das Studierte
in uns, geht wie körperliche Nahrung unwillkürlich gleichsam
in Fleisch und Blut über. Wir wissen manches nicht mehr,
aber wir handeln danach, als ob wir es wüßten, und das
ist genug."

Wenn ich in mir Neigung empfand, über einen bestimmten Gegenstand oder eine bestimmte Idee meine Gedanken aufzuschreiben, so pflegte ich alle Lektüre zu vermeiden, die über dieselbe Sache handelte bevor ich meine
Meinung aufgeschrieben hatte. Ich wollte mich so vor jeder
fremden Beeinflussung hüten.

"Sie handeln hierin aber nicht klug." sagte mir Hamerling einmal. "Warum wollen Sie sich das nicht zunutze
machen, was andere vorgearbeitet haben? Wollen wir in
die Höhe kommen, so müssen wir unseren Vormännern auf
die Achsel steigen. Nicht einer neben dem anderen, sondern
einer über dem anderen, so geht's. Glauben Sie, daß unsere
größten Dichter und Denker alles aus sich selbst geschöpft
haben? Sie haben es verstanden, frühere Geistesarbeiten
in sich zu verdichten, ihnen die passendste und ihrer Zeit
mundgerechteste Form zu geben. Ich stehe nicht an, viele
Gedanken meiner besten Gedichte als von anderen stammend
zu bezeichnen und glaube dadurch den Wert der Gedichte
nicht zu schmälern." —

Literarische Gegenseitigkeit.

Über Werke, die in dem einen oder dem anderen von
uns eben im Entstehen waren, wurde fast nie ein Wort ge-

sprochen. „Mir entging es nicht,“ sagte Hamerling im Herbste 1881 zu mir, „wie im vorigen Jahre der Gottsucher in Ihnen gärte. Ich verstand Ihre Teilnahmslosigkeit gegen alles andere recht wohl, beobachtete mit stiller Freude an Ihren gelegentlichen Äußerungen die Entwickelung des Romans, in welchem Sie Ihr Glaubensbekenntnis niedergelegt, hütete mich aber, in dieselbe einzugreifen, weil ich an mir selbst weiß, daß in einer ausgeprägten Dichtersubjektivität derlei äußere Einwände und Ratschläge, selbst wenn es die besten und zweckmäßigsten wären, wie Störungen empfunden werden. Eine Poetenseele ist gar subtil! Das Werk muß aus dem Dichter heraus-, nicht in ihn hineinwachsen. Man kann ihm während des Entstehens manches nahelegen, aber das muß so diskret geschehen, daß der Schaffende die Absicht nicht merkt, sondern aus Eigenem die äußere Anregung auffaßt und dieselbe wie ein in ihm selbst Entstandenes empfindet. Heute gestehe ich, daß ich vor etwa einem Jahre Ihnen einmal einen einzigen Gedanken so scheinbar recht absichtslos hinlegte, und es freut mich, denselben nun in dem fertigen Romane ganz vortrefflich angebracht wiedergefunden zu haben.“ Er erklärte sich nicht näher, und so weiß ich bis heute nicht, welchen Gedanken im „Gottsucher“ ich seiner Anregung verdanke.

Er setzte damals noch bei: „Machen Sie sich aber nichts draus, wenn Sie das Kuckuckzeichen in Ihrem Roman einmal entdecken sollten. Hat doch auch mich von Ihnen ein Sprüchlein zu einem Gedichte begeistert, das Ihnen hernach im „Heimgarten“ so gut gefallen. Raten Sie, welches es ist.“

Auch das habe ich nicht erraten können, war es ja doch nichts Seltenes, daß wir über dieselben Dinge die gleichen Gedanken hatten.

Einmal machte er mir den Vorschlag, daß wir zusammen ein Theaterstück schreiben sollten, ein Volksstück, an dem er die Idee, den Aufbau, ich die Dialoge zu besorgen hätte. In der Charakteristik der Personen hätten wir gemeinsame Sache. Mir wollte das nicht gefallen, wir wären für eine solche Kompaniearbeit beide zu selbständige, zu wenig schmiegsame Naturen gewesen. Unsere Gegenseitigkeit äußerte sich doch ganz anders. —

„Der Dichter pflegt manchmal während des Produzierens an bestimmte Personen zu denken, als ob er das Gedicht, den Aufsatz vor allem für dieselben schriebe," so sagte Hamerling einmal und traf damit vielleicht unbewußt mich. Da ich niemanden wußte, der von mir alles las, was ich schrieb, als ihn, da ich niemanden kannte, der meine volkstümliche Seite so genau verstand, der meinen Hang in allem, was da bewegte und drückte, sich auszusprechen, auszuschreiben, auf das innigste begriff, so dachte ich während meiner literarischen Arbeit viel an ihn: Wird er's billigen? Wird es ihm gefallen? Was wird er darüber sagen? — Und zu meinem Stolze gestehe ich's, daß auch er mir einmal sagte, er sei immer begierig zu erfahren, welchen Eindruck dieses oder jenes Werk von ihm auf R. machen werde. Nun geschah es einigemale, daß meine Auffassung ihm nicht gerecht wurde, besonders meine Meinung über den „Homunkulus" befriedigte ihn nicht. Ich war bei dem ersten Lesen des Werkes zu sehr an den polemischen Äußerlichkeiten haften geblieben und hatte darob den tiefen philosophischen Gedanken übersehen. „Es wundert mich," äußerte er gelegentlich einer Besprechung darüber, „daß Sie glauben können, ich würde ein Spottbuch nur über den Zank, die Irrtümer und die Lächerlichkeiten des Tages schreiben. Dazu haben wir ja die Witzblätter. Der Dichter wird doch wohl eine größere Absicht haben müssen. Sollten Sie gelegentlich das Buch noch einmal durchblättern, so bitte ich Sie, diese größere Absicht ein bißchen zu suchen; sie ist in dem Buche von Anfang bis zum Schlusse und dürfte, denke ich, doch nicht gar so schwer zu finden sein."

Eines Tages, im Jahre 1884, wurde ihm mein größeres mundartliches Gedicht „Mei Voda" als in Hexametern geschrieben bezeichnet. „Das sind ja doch keine Hexameter!" rief Hamerling. „Übrigens verlange man ja nur von Epigonen, den Formen der Meister genau gerecht zu werden. Starke, selbstschöpferische Geister kehren sich nicht an vorgeschriebene Form, sondern erfinden sich eine, die ihnen bequem ist und ihrem Gehalte entspricht. Dieser Form Namen geben, sie messen, klassifizieren und eichen, das ist Sache der Herren Literaturprofessoren, die doch auch nicht ganz müßig stehen wollen in der literarischen Welt." —

Als mein Buch „Bergpredigten" erschienen war und sich darüber in den Blättern und auch im Publikum vieles Mißfallen äußerte, machte Hamerling folgende Bemerkung: „Ja, manchmal muß man ihnen einen Brocken hinwerfen, in den sie sich verbeißen können, dann lassen sie uns andere Werke lieber in Ruhe. Übrigens wird man Ihnen das Buch bald wieder verziehen haben. Sie mögen tun, was Sie wollen, werden immer der „liebenswürdige Volksdichter" bleiben. Hätte nur ich die Bergpredigten geschrieben, mir würfen sie die Fenster ein."

Auf meine Frage um seine Meinung über das Buch versetzte er: „Ich habe es zweimal gelesen, zuerst im „Heimgarten" und nun in der Buchausgabe. Was den Inhalt der Bergpredigten anbelangt, möchte ich jedes Wort verantworten. Sie wissen ja, daß wir in allen ethischen Fragen gleicher Meinung sind; weniger vielleicht befreunde ich mich

hie und da mit der Form. Es macht mir den Eindruck,
als ob Sie Ihre Gedanken manchmal nicht in Zucht zu
halten vermöchten, so daß sie gerne ein bißchen wirr durch-
einanderlaufen. Da es schon Predigten sein sollen, so hätten
Sie vielleicht ganz gut einem Dorfpfarrer bei seiner Predigt
die Art abhorchen können, wie man einen Stoff einteilt:
Anfangs die Einleitung, dann erster Teil, der handelt von
dem; zweiter Teil von dem, und dritter Teil von dem;
endlich nochmaliges Zusammenfassen und Schluß. Den
Lesern wie den Zuhörern kann man's gar nie klar und bequem genug machen, wenn sie auffassen sollen." —

So gewissenhaft, wie in der dichterischen Form, war
er bei seinen eigenen Arbeiten in der technischen. Zuerst
zeichnete er ein entstehendes Werk stenographisch auf, er
war ein sehr gewandter Jünger Gabelsbergers, dann schrieb
er es ordnend ab, änderte, fügte neues ein, strich und feilte,
um es schließlich in eine sehr gefällige Reinschrift zu bringen. Seine Manuskripte sind ein Muster von Ordnung und
Deutlichkeit, eine seltene Freude der Schriftsetzer.

Dichter-Kollegialität. Freundschaftliche Besorgnisse.

Hamerling, der seiner Kränklichkeit wegen persönlich
kaum in die Öffentlichkeit trat, hatte doch stets Interesse
für die Vorgänge in der Stadt. Ich, scheinbar viel in der
Gesellschaft lebend, wußte weniger von dieser als er, und
ich verlangte auch nicht viel zu wissen.

„Sie erzählen mir so wenig, was draußen vorgeht,"
sagte er einmal.

Ich legte den alltäglichen Vorgängen nicht genug Bedeutung bei, um davon mit ihm zu sprechen. Nur über
das Theater berichtete ich manchmal des Näheren. Über

das Volksstück hörte er gerne sprechen, besonders die Volksstücke von Anzengruber und Morre erregten sein Interesse
stets, und sooft ein solches im Druck erschienen war, mußte
ich es ihm bringen. Er las es genau durch, verlangte auch
einmal die Bildnisse der beiden Autoren zu sehen und
fragte bei deren Betrachtung: „Das sind wohl zwei gute
persönliche Freunde miteinander?"

„Soviel ich weiß, kennen sie sich gar nicht persönlich und stehen in keinerlei Verkehr miteinander."

Hamerling schüttelte den Kopf und sagte: „Das ist
merkwürdig. Bei dem gleichen Zwecke, den sie sich gestellt,
haben sie so viel Verschiedenartiges und sich gegenseitig
Ersetzendes an sich, daß ich geglaubt hätte, sie würden zueinander hingezogen sein und im geistigen Verkehr sich
gegenseitig fördern." — Er dachte dabei vielleicht an unser
Verhältnis und fügte noch die allgemein gehaltene Bemerkung bei: „Es wäre wünschenswert, wenn die Dichter unter
sich zusammenhalten wollten. Es würde auch mit den Stan-
desinteressen besser bestellt sein."

Hierauf erlaubte ich mir die Entgegnung, daß die
Dichter, gerade die hervorragenden, zumeist eigenartige Leute
seien, die selbständig ihre besonderen Wege gingen und
nicht das Zeug hätten, sich einander anzubequemen. „Wir
sehen auch, daß fast jeder für sich einen Kreis hat von Leuten,
die nicht eigentlich seinem Stande angehören, sondern nur
Liebhaber der Person sind."

„Ich gebe zu, daß es im allgemeinen so ist," sagte
er, „aber ich behaupte, daß es stets zum Guten geführt hat,
wenn Dichter mitsammen Freundschaft geschlossen haben."

„Das kann keiner höher schätzen als ich," war meine
Antwort.

„Nun, leben Sie nur mit Freunden auch außerhalb

der vier Wände. Sie sind ein gesunder, glücklicher Mensch," sagte Hamerling ablenkend. „Sie können munter wie die Biene umherfliegen und Honig sammeln aus Blumen und Disteln. Ich bin der an den Felsen Geschmiedete, sehe von ferne die Freuden der Welt, die Früchte des Lebens und kann sie nicht erreichen. Geduldig warten muß ich, bis es einem mitleidigen Freunde einfällt, zu mir zu kommen und mir, dem Verschmachtenden, zu erzählen, wie süß die Früchte sind, die andere genießen."

Solche Reden von ihm gingen mir allemal tief zu Herzen. Und es war ihm wirklich wie eine Labe in seiner Einsamkeit, wenn er vernahm vom Glücke solcher, die er liebhatte. —

Zur ungewohnten Stunde trat Hamerling eines Tages bei mir ein. „Trotzdem mir heute nicht wohl ist," sagte er, „muß ich zu Ihnen, ich bin Ihretwegen einigermaßen in Sorge. Gehen Sie heute nicht aus, es weht ein empfindlich kalter Wind. Gehen Sie auch nicht nach Wien, das ist ebenso ungesund."

Ich hätte ja gar nicht die Absicht, nach Wien zu gehen, war meine Antwort. Er blickte mich fest an.

„Eben vor einer halben Stunde hat mir jemand erzählt, daß Sie wieder nach Wien gingen, um für ein gutes Mittagsessen irgendwo vorzulesen."

„Wer hat das gesagt?" fuhr ich auf, „das ist ja eine ganz infame Lüge!"

„Regen Sie sich nicht auf," versetzte er, mir gewissermaßen in den Arm fallend, „mehr will ich nicht hören, ich bin ganz beruhigt. Ich hatte es eigentlich auch nicht geglaubt, aber der N. hat es so bestimmt gesagt." —

„Den N. wollen wir rufen lassen und den N. werde ich in ihrer Gegenwart einen niederträchtigen Lügner heißen!"

„Ich bitte Sie um Gotteswillen, tun Sie das nicht!"
bat Hamerling. „Vielleicht ist er schlecht berichtet worden,
klären Sie ihn brieflich auf, nur keine Szene. Mir genügt Ihr Wort vollkommen. Ich danke Ihnen. Ich bin
ganz beruhigt. Und nun will ich nach Hause gehen und dem
N. meine Meinung schreiben. Leben Sie wohl."

Damit war er fort.

Dieser Auftritt ist ein Beispiel davon, wie besorgt
er um mich und meinen Ruf war und wie gewissenhaft
er darüber wachte. Bei einer späteren Gelegenheit tat er
über denselben Gegenstand die folgende Bemerkung: „Es
hätte ja möglich sein können, daß Sie sich in aller Naivität
einmal hätten fangen lassen. Aufrichtig gestanden, ich fände
nichts Schlimmes daran, allein uns Dichter verübelt die
Welt manches, was sie selbst tut, anderen erlaubt, an anderen sogar charmant findet, und also müssen wir uns den
Launen der Leute fügen. An uns Dichter wird der denkbar strengste Maßstab gelegt. Wir müssen in unserem Leben
und Betragen viel besser sein, als die Philister es selbst sind,
wenn wir in ihren Augen nicht als viel schlechter gelten wollen."

„Man kümmere sich um die Leute nicht," war meine
fast kecke Antwort. „Die Leute und ihre Meinungen imponieren nur von der Ferne und solchen, die wenig mit der
Menge in Berührung kommen. Wer täglich durch ein Heer von
Richtlingen sich zu schlagen hat, der wird ungeniert und gleichgültig dafür, was die Leute sagen; sie legen ja auch selbst kein
Gewicht darauf, was sie schwatzen, und widersprechen sich in
jedem Augenblick. Daß wir auf offener Warte Stehenden
doppelte Pflicht haben, makellos zu sein, das ist gewiß."

Vielleicht war das von mir ein wenig vorlaut gesprochen, er aber entgegnete: „Es freut mich, daß wir auch
in diesem Punkte gleicher Meinung sind."

Dieses war eines der sehr wenigen Gespräche zwischen uns, die einen ganz leichten Beigeschmack von Gereiztheit hatten. Heute rührt mich die besorgte Liebe des älteren Freundes zu dem jüngeren und sein Bestreben, diesen an sittlichem Werte ihm ebenbürtig zu machen. —

Über Frauengesellschaft.

Sie machen sich doch gar zu interessant bei mir, durch Ihr seltenes Erscheinen!" so sprach er mich eines Tages an. „Aber wissen Sie, Männern imponiert man nicht mit dem Schmollwinkel, nur Frauen."

„Schmollwinkel?"

„Na, ich weiß es ja. Sie leben in der Welt und denken nur nicht daran, wie es manchmal dem Einsamen zumute ist. Vielleicht auch dünkt Ihnen die Gesellschaft schöner Frauen unterhaltender, als die des kranken Mannes."

Eine lebhafte Einwendung von mir unterbrach er rasch: „Und Sie hätten wahrlich recht. Auch ich hatte eine Zeit, wo ich nur mit Frauen umging. Ja, ja, Männer waren mir zuwider; die Dummen langweilten mich mit ihrer Dummheit, und die Gescheiten langweilten mich noch mehr mit ihrer Gescheitheit. Ich bin im ganzen gar nicht neugierig zu wissen, was andere Leute denken. Gedankenaustausch! Mir sind meine eigenen Gedanken gerade recht, ich tausche mit niemand. Was ich brauche, ist ja nicht Belehrung, ich brauche eine Stelle, wo ich mein müdes Haupt hinlegen und ein wenig ausrasten darf; eine Stelle, wo ich mich nicht anzuspannen, wo ich nicht zu debattieren brauche, sondern wo ich Neigung und Nachsicht finde, wo mir ein Stündchen vergeht in traulichem Geplauder und Zusammen-

sein. Das fand ich nur bei Frauen. — Aber die Zeiten haben
sich geändert, lieber Freund, eine zwar ist mir treu geblieben, Frau Muse. Und obzwar Sie bei dieser mein
Nebenbuhler sind, so empfinde ich doch noch immer nicht
genug Feindseligkeiten gegen Sie, um mich über Ihr so
langes Ausbleiben zu freuen."

Ich ließ mir's gesagt sein, folgte dem Drange meines
eigenen Herzens und besuchte ihn von nun an fast jeden
Tag, bis der Mai uns wieder auseinanderführte. —

Die „Stationen".

Als ich im Sommer 1883 eines Tages auf Besuch
im Stiftinghause war und von seinem im „Heimgarten"
veröffentlichten Aufsatz: „Eine Station meiner Lebenspilgerschaft" gesprochen wurde, sagte Hamerling plötzlich: „Sind
Sie einverstanden, wenn ich mit den Erinnerungen aus
meinem Leben im „Heimgarten" fortfahre? Ich möchte
meine Lebensbeschreibung nicht fremden, sensationssüchtigen,
nach Notizenkram und bloßem Hörensagen arbeitenden Leuten überlassen, sondern sie selbst besorgen. Mein Leben ist
äußerlich nur ein enger Kreis, aber auch in einem solchen
kann man innerlich einen langen und bedeutungsvollen
Weg zurücklegen. Ich werde mehr die inneren Keime und
die seelische Entfaltung berücksichtigen, als die äußeren Verhältnisse und Erlebnisse. Äußere Verhältnisse ähnlicher Art
wie ich haben Tausende erfahren, sie sind darum noch keine
Dichter geworden. Ich möchte fast sagen, daß äußere Verhältnisse weniger harter Natur mir besser zustatten gekommen wären, als der Druck der Armut, der besonders in
meiner Jugendzeit auf mir gelastet hat. Ich wäre keiner von
denen, die ein gewisses Wohlleben verweichlicht und geistig

träge macht, ich glaube, daß wir, ich wie Sie, unter allen
Umständen dichten müssen, und zwar so gut wir können."

Dann fuhr er fort: „Sie sind ja auch aus kleinen
Verhältnissen hervorgegangen, aber so arm wie ich sind Sie
nie gewesen. Das Kind eines freien ansässigen Bauers führt
eine fürstliche Existenz gegenüber dem Kinde eines Tag-
löhner-Ehepaares, das bisweilen eine Art von Nomaden-
leben führen muß. Aus gewissen Rücksichten darf ich es
einstweilen gar nicht verraten, wie arm wir gewesen sind.
Ich bin der festen Meinung, daß meine Krankheit ihren
ersten Grund in der entbehrungsreichen Kindheit hat. Nur
den einen Vorteil mögen meine vielen äußeren Kämpfe ums
Dasein für mich gehabt haben, nämlich den, daß ich nicht Zeit
hatte, innere zu führen. Von Blasiertheit, Zerrissenheit,
Lebensüberdruß und dergleichen schönen Sachen reicher Leute
weiß ich nichts. Innerlich habe ich mich stets wohlbefunden,
abgerechnet die Stimmungen des Weltleides, denen jeder
ernste Dichter unterworfen ist.*) Es sind viele Leidens-
stationen von jener Zeit an bis heute, und so möchte
ich meine Selbstbiographie „Stationen meiner Lebenspilgerschaft" nennen. Ich schreibe sie allmählich, Sie drucken sie
allmählich ab und den Lesern wollen wir gestatten, sich
weidlich zu ärgern, wenn die Biographie weder pikante
Abenteuer, noch niedliche Genrebilder zu erzählen hat. Vielleicht kommt einmal eine Zeit, in der den Leuten meine
Lebensbeschreibung geradeso recht sein wird, wie ich sie
verfaßt haben werde."

Nun, diese Zeit ist bereits gekommen. Die „Stationen"
sind uns das wertvollste Dokument seines Lebens und Strebens und der Schlüssel zu seinen Werken. —

---

*) Diese Gedanken fand ich später in den „Stationen" näher
ausgeführt.   Der Herausg.

Gespräche über Popularität. Ermutigungen.

Als 1885 im Grazer Stadtpark Brandstätters Bronze-
statue meiner „Waldlilie" aufgestellt wurde, fühlte ich mich
dadurch geehrt. Doch lag über meiner Freude der eine
Schatten: Sind Leitner und Hamerling in Graz schon also
ausgezeichnet worden? Wohl wußte ich, daß die Auszeichnung für mich mehr zufällig war und dem Meisterwerke
des Künstlers als solchem zugeschrieben werden mußte, aber
ein wenig peinlich war mir's doch, daß ich früher als die
älteren und hochverdienten Männer, und gleich bei lebendigem Leibe, hier ein „Denkmal" haben sollte.

Wenige Tage nach der Enthüllung fand zwischen
Hamerling und mir das folgende Gespräch statt:

„Sie gehen jetzt wohl recht fleißig im Stadtpark spazieren?" fragte er schalkhaft.

„Gar nicht kann ich das mehr!" antwortete ich. „Soll
ich an der Waldlilie vorübergehen und mich von den Leuten anschauen lassen? Und den Bescheidenen spielen, oder
den Stolzen? Ich habe mir die Statue noch gar nicht
ordentlich ansehen können, es stehen immer Leute dort,
und vor diesen sozusagen meine eigene Denksäule zu bewundern — es geht nicht."

„Ich stand gestern fast eine Stunde vor der Waldlilie,"
entgegnete er, „und ergötzte mich an der Kritik des Publikums. Dem einen ist an der Statue die rechte Hand
nicht recht, dem anderen die linke nicht. Der hat am Fuß
des Mädchens etwas auszusetzen, der andere am Fuß des
Rehes. Einem war die Nase zu kurz, einem anderen zu
spitzig. Der fand den Sockel zu hoch, der andere zu niedrig,
und ein Herr — Sie kennen ihn recht gut — behauptete:
Das ganze Ding habe nur den einen Hauptfehler, nämlich

ben, daß es da sei. Ich glaube, der Mann wird Sie von
nun an hassen, weil Sie im Stadtpark Ihr Denkmal haben,
und er keines. Auszeichnungen bei Lebzeiten sind immer
gefährlich, statt die Achtung vor dem Ausgezeichneten, erwecken sie den Neid. Ich höre, daß Brandstätter als Seiten-
stück zur Waldlilie meine Kora aus der Aspasia bilden und
im Stadtpark aufstellen lassen will; der talentvolle Künster
würde seine Sache sehr gut machen, aber ich bitte Sie, als
Freund das unter allen Umständen zu verhindern. Das
wenn es geschähe, würde jenem Herrn und manchem seiner
Kollegen den schönen Stadtpark ganz und gar verleiden.
Ich will niemandem Böses."

Mit harmloser Ironie äußerte er sich, als er erfahren, daß in Ottakring bei Wien eine Gasse und in
Simmering eine Gasse nach meinem Namen benannt worden sei.

„Wo nehmen Sie nur die Bescheidenheit her," sagte
Hamerling, „mit unsereinem noch ein freundliches Wort
zu reden! Es vergeht ja kaum eine Woche, ohne daß
Ihnen zu Ehren irgendwo eine Gasse getauft, ein Stand-
bild gesetzt, ein Ehrenbürgerdiplom überreicht wird."

„Traurig genug," war allen Ernstes meine Antwort.
„Soweit ich die Welt kenne, darf ich mir kein langes
Leben wünschen, um die frühzeitigen Auszeichnungen nicht
zu überdauern."

„Guter Weltbrauch ist es sonst," sagte er, „bei Lebzeiten unterschätzt und nach dem Tode überschätzt zu werden.
Nicht durch ein großes Werk verdient der Dichter ein Denkmal, sondern dadurch, daß er sich hinlegt, stirbt und sich
begraben läßt. Nun, nun, ein Unglück ist es gerade nicht,
wenn es einmal umgekehrt kommt. Ich gestehe, daß ich
eine Freude, eine wirklich herzliche Freude habe, wenn ich

sehe, wie man Sie achtet und gerne hat. Besonders die
Steirer. Wen sollen sie denn lieben, wenn nicht den Mann,
der Steiermark besingt, wie man seine Geliebte besingt!
Dieser Tage habe ich wieder einmal in Ihren alten Schriften gelesen, die noch von Ihrer Kindheit stammen, und habe
neuerdings mit Rührung beobachtet, wie Sie schon damals
halb unbewußt vielleicht, aber unermüdlich bestrebt waren,
Ihrem Volke etwas zu sein, zu werden. Nach meiner Meinung haben Sie der Steiermark unschätzbare Dienste geleistet,
des müssen Sie sich als Mann auch bewußt sein."

Das Obige als Beispiel, wie mein großer Freund
bestrebt war, mir Mut und Selbstvertrauen einzuflößen
und zu erhalten, Eigenschaften, die ich nicht immer in
genügendem Maße besitze, die aber nötig sind zu ersprieß-
lichem Schaffen. —

Ich weiß nicht mehr, bei welcher meiner kleineren
Dorfgeschichten Hamerling einmal ausrief: „R., das schreibt
Ihnen keiner nach!"

„Im Gegenteil," war, auf gewisse „Epigonen" anspielend, mein Einwand, „sehr viele schreiben es mir nach."

„Um so besser, so machen Sie Schule. Traurig steht
es um den Dichter, der nicht Schule macht. Unsere Epigonen, ja ich sage sogar unsere Plagiatoren begründen
erst unsere Unsterblichkeit, sie tragen unsere Art auch in
jene flachen breiten Regionen hinab, in die wir selbst nicht
sinken können, und zwar mit der gehörigen Verwässerung,
die für die Menge nötig ist."

Die Mehrzahl, von der er hier sprach, drückte mich
ein wenig, ich glaubte mich nicht zu denen rechnen zu
dürfen, die nicht in die flachen Regionen sinken können.
Ich muß ihm das angedeutet und vielleicht mit einiger
Beklommenheit auf meine enge Begrenzung im Volkstüm-

lichen hingewiesen haben, er machte eine Bewegung mit der Hand und sagte: „Ich bitte Sie, sagen nicht auch Sie die dumme Phrase nach von der engen Begrenzung, in die man Sie immer einsperren will und über die ich mich schon so oft geärgert habe. Wären Sie hübsch in der engen Begrenzung geblieben, welche eine löbliche Kritik nach Erscheinen Ihres Zither und Hackbrett und Ihrer Steirischen Sittenbilder mit einem Federstrich um Sie gezogen hat, so hätten Sie keinen Waldschulmeister und keinen Gottsucher geschrieben. Lassen Sie sich von den Literaturbonzen die Grenzen Ihres Könnens nur ruhig ziehen und springen Sie nur immer frisch darüber hinaus, so wie Sie es bisher getan haben. Der Dichterruhm liegt nicht innerhalb, sondern außerhalb gezogener Grenzen."

Vielleicht war es infolge dieses Gespräches. An einem der darauffolgenden Tage sandte mir Hamerling den französischen „Figaro", in welchem eine meiner Novellen ins Französische übersetzt gedruckt stand; dabei war ein Zettel mit Hamerlings Handschrift: „Wie man hier sieht, überspringen Sie nicht bloß die vom literarischen Kritiker W. gezogenen ästhetischen, sondern auch die von Bismarck gezogenen politischen Grenzen." Auf das Zeitungsblatt hatte er mit Bleistift den Spruch geschrieben:

„Meister ist jeder und gleich ein jeder der Größten und Besten,
Wenn er das Eigenste gibt, was er wie keiner vermag."

Ich brauche wohl nicht zu sagen, wie solche doch vielleicht mehr seinem guten Herzen als seiner Ueberzeugung entsprungenen Bemerkungen mich allemal ermutigten und stärkten, daß sie wie erquickender Wein waren für mein oft zagendes Wesen. —

Strenge Lehre.

Einmal nach dem Erscheinen eines meiner Bücher kam Hamerling zu mir in die Wohnung und zog sofort das neue Buch aus dem Sacke.

Aha, dachte ich, jetzt wird die Dichtung besprochen. Er schmunzelte ein wenig, setzte sich mir gegenüber an den Tisch, nahm einen Bleistift zur Hand und sagte: „Ja, mein Lieber, heute ist der Schulmeister in mich gefahren. Jetzt will ich Ihnen einmal Unterricht geben in der deutschen Grammatik und Rechtschreibung. Warten Sie einmal, da haben wir gleich etwas. Man sagt nicht von Kirschkernen, daß sie zwischen den Zweigen herabsickern; sickern kann nur Flüssigkeit. Schreiben Sie anstatt sickern: rieseln. Hier ist die Rede von einer Volkstype aus den Alpen. Typen, das sind Buchstaben, wie sie der Schriftsetzer aus Blei hat; Sie meinen Typus und müssen daher Volkstypus schreiben. Dann hier gibt es auf einer Seite nicht weniger als fünf Austriacismen, die nicht deutsch sind und in Norddeutschland nicht verstanden werden. Wo Sie nicht Ihre Bauern sprechen lassen, sondern als Erzähler selbst zum Leser sprechen, da haben Sie ein tabelloses Deutsch zu schreiben. Hier sprechen Sie vom Verkühlen, man verkühlt sich aber nicht, selbst bei sibirischer Kälte nicht, aber vor dem Erkälten muß man sich in acht nehmen. Nun kommen wir auf diese Seite. Da steht ein verworrener Satz. Ich weiß genau, was Sie sagen wollen, andere aber dürften nicht klug daraus werden. Dann hier und hier und hier: Meist grammatikalische Fehler, man kann sie auch Druckfehler nennen; ich strich sie bloß an und empfehle sie Ihrer freundlichen Beachtung. Sie haben einen Stil, um den man Sie beneiden kann, allein Sie wenden zu wenig

Sorgfalt darauf an. Bei uns Dichtern kommt es nicht so sehr darauf an, was man sagt, sondern vielmehr wie man es sagt. Wir können die größten Wunderlichkeiten sagen, haben sie eine künstlerische Form, so werden sie nicht allein verziehen, sondern auch geglaubt. — Über den Inhalt des Buches das nächste Mal."

Nie vorher und nie nachher hatte er so bestimmt und scharf über Fehler von mir gesprochen. Es machte auf mich auch den gehörigen Eindruck. Schon am nächsten Tage kam von ihm ein Briefchen, welches nicht mehr in meinem Besitze ist, ungefähr aber so gelautet hat:

Sie haben mir in dieser Nacht einige schlaflose Stunden verursacht. Nicht Ihrer Sprachfehler, sondern der meinen wegen. Ich habe gestern Kleinigkeiten, wie sie fast in jedem Buche unserer rasch produzierenden Zeit vorkommen, in einer Weise zur Sprache gebracht, die Sie am Ende verletzt hat. Zu meiner Entschuldigung bitte ich Sie, sich daran zu erinnern, daß der philologische Schulmeister in mir, der schon seit länger als 20 Jahren den Mund halten muß, manchmal ungebärdig wird. Der Dichter hat ihn nun hoffentlich für lange Zeit ins Ausgedingstübchen zurückgejagt. Also kommen Sie bald zu mir; Sie haben nichts mehr zu fürchten. —

Es ist aber schade, daß er seine Unterrichtsstunden in der Grammatik bei mir nicht fortgesetzt hat; ein bißchen hätten sie vielleicht doch beigetragen, die Eiligkeit, die ich mir im Schreiben nur schwer abgewöhnen kann, einzudämmen.

Mangelnder Sinn für bildende Kunst. Neigung zur Musik.

In seinen „Stationen" ergeht Hamerling sich irgendwo in eitel Lob über mein „hübsches Zeichen- und Malertalent." Er hatte nämlich mehrmals geblättert in jenen literarischen Erzeugnissen, die ich im Waldhause als Knabe hervorgebracht und reichlich mit „Illustrationen" versehen hatte. Ich gestehe, daß ein gewisses Geschick in mir war, mit Bleistift oder Feder allerlei Bildchen zu zeichnen und sie dann mit Wasserfarben zu bemalen, was durch kleine, aus eigenem Haupthaare verfertigte Pinsel bewerkstelligt wurde; aber daß diese meine „Kunstwerke" in Hamerlings Lebensbeschreibung ausdrückliche und fast ernsthafte Würdigung fanden, hat mich doch ein wenig überrascht. Als ich später aber Gelegenheit hatte, Einsicht in seine Zeichenmappe zu nehmen, da begriff ich, daß meine Bilder ihm imponieren konnten. Ich habe von einem erwachsenen Menschen wohl selten so unbehilfliche, geradezu kindliche Handzeichnungen gesehen, als von unserem Dichter. Dieselben könnten allenfalls von einem müßigen Maurergesellen oder von einem launigen Schuhmacher stammen, wenn nicht sehr deutlich des Künstlers Namenszug dabei stünde und nicht mit seiner Schrift der Gegenstand erläutert wäre. Gegenstand der mit Feder gezeichneten und mit Bleistift schraffierten Bildchen ist stets sein liebes Mündel Berta. So ist dargestellt, wie Hamerling gravitätisch mit dem kleinen Mädchen spazieren geht, wie das Kind von der Schule kommend aussieht, wie es als siebzehnjährige, züchtige Jungfrau zu schauen sein wird, und auch das Porträt des künftigen Bräutigams fehlt nicht. Alles höchst einfältig, ohne Spur von Schattierung oder Perspektive, ich glaube, die Figuren stehen sogar in der Luft. Die Auffassung ist geradezu rührend kindlich und die Formen und Verhältnisse sind derart verzeichnet, daß man anfangs glaubt, er habe dem Kinde zuliebe und sich zum Scherze Karikaturen zeichnen wollen. Doch sehr bald wird dem Beschauer klar, daß es dem Künstler

Ernst damit gewesen, gute und ähnliche Bilder zu erzeugen, und daß ihm das Können leidig im Stiche gelassen. Um diese Bildchen, die einst im Hamerling-Museum eine höchst interessante Nummer sein werden, am besten für die Leser zu charakterisieren, darf ich nur bitten, sich an die Kreidezeichnungen zu erinnern, die auf den schwarzen Tafeln der Volksschulzimmer in den Zwischenstunden zustande kommen.

Auch kleine Schnitzereien von Baumrinden sind vorhanden von seiner Hand. Eines Tages war er mit Berta in den Mariatroster Wald gegangen, um auf Wunsch des Kindes eine wundertätige Alraunwurzel zu suchen. Da eine solche trotz alles Umherguckens nicht zu finden war, so brach Hamerling ein Stück Kiefernrinde vom Baum und schnitzte daraus mit dem Taschenmesser eine wundertätige Alraunwurzel. Die Einfalt dieser Bildnereien wirkt verwirrend auf den Beschauer, wenn er sich erinnert an die gewaltige Gestaltungskraft, an die glühende, sinnberückende Farbenpracht, die in dem Dichter des „Ahasver in Rom" und des „Königs von Sion" sich geoffenbart hat. Die bildende Kunst hat er nirgends bevorzugt. In seiner Wohnung war zwar manches Bild, an das sich persönliche Erinnerungen knüpften, aber kein eigentliches Kunstwerk. Auch an den illustrierten Ausgaben seiner Werke zeigte er keine besondere Freude, wie auch konnte seine Phantasie an derlei Genüge finden! Am meisten befriedigten ihn Thumann's Zeichnungen zu seiner Dichtung „Amor und Psyche", an denen ihm das Ideale und Liebliche gefiel.

Mehr Sinn als für die bildende Kunst, hatte er für Musik. Mit Musik beschäftigte er sich gerne und häufig, doch war er darin Autodidakt. Er lernte die Noten, er lernte, abgesehen von geringer Beihilfe in der Jugend, das Klavierspielen fast ganz durch sich selber. Auch die

Geige verstand er einmal zu handhaben. Er spielte Beethoven, Bach, Mendelssohn und vor allem Chopin, der sein besonderer Liebling war. Manchmal, wenn ich bei ihm eintreten wollte und ihn drinnen spielen hörte, horchte ich ein wenig vor der Tür. Leicht sprang er von den Noten ab und kam in ein Phantasieren, das manchmal lieblich, manchmal wunderlich, manchmal großartig war. Wenn man dann leise anklopfte, war es mit allem vorbei, befangen stand er vom Klavier auf, als schäme er sich seines Spieles. Und doch hätte ich ihm gern ruhig und lange zugehört.

Im Frühjahr 1875 war es, als ich eines Tages vom Grabe meiner wenige Wochen vorher verstorbenen Gattin in meine Wohnung zurückkehrend, vor der Tür stutzend stehen blieb. Drinnen auf meinem Pianino ertönte das Weihnachtslied: „Dies ist der Tag von Gott gemacht." Es war das letzte gewesen, was meine Frau gespielt hatte, und nun klang es genau wieder so, mit derselben frommfreudigen Innigkeit. . . . Wer konnte das sein? — Heftig begann mir das Herz zu pochen, und als ich die Tür öffnete, saß am Pianino Robert Hamerling.

„Es war ihr Lieblingslied!" sagte ich, ihm die Hand reichend.

„Ich habe eine Wunde aufgerissen?" entgegnete er leise, „verzeihen Sie mir, die Noten waren aufgeschlagen."

„Bitte, spielen Sie es noch einmal."

Da war es das erste- und letztemal, daß er mir vorspielte. Es dauerte aber nicht lange. Ich vermochte meine Rührung nicht zu bezähmen, da brach er plötzlich ab, trat ans Fenster. Dann sagte er, tief Atem schöpfend: „Ja, die Musik! — Kein Wort und kein Bild führt uns Vergangenes und Verlorenes so klar und lebendig wieder vor die Seele, als die Musik."

„Musik schläfert Kinder ein, Musik weckt Tote auf.
Es hat einen tiefen Sinn, wenn es heißt, daß am Jüngsten
Tage nicht durch einer Stimme Ruf oder durch das Krachen
des Donners, sondern durch Posaunenschall die Toten auf-
geweckt werden."

„Man spricht von einer Zukunftsmusik," bemerkte er
nach einer Weile, „ich kann auch von einer Vergangen-
heitsmusik sprechen, das heißt von einer solchen, auf deren
Schwingen man in die Vergangenheit zurückfliegt."

Seine Vergangenheit voll materieller Not und voll
von himmelstürmendem Idealismus — er dachte oft an
sie. — „Mit Musikbegleitung wird sie erträglich."

Herakliusbrüder.   Schreibung der Eigennamen.

In den „Stationen meiner Lebenspilgerschaft" erzählt
Hamerling von seinem Freunde Anton Bruckner, mit dem
er in Jugendjahren zur ewigen Freundschaft den Bund
„die Herakliusbrüder" geschlossen hatte. Von der Schließung
dieses Bundes liegt mir die Urkunde vor, ein gar merkwürdiges Schriftstück, welches den Idealismus und die
Sehnsucht nach geistigen Taten und Ruhm der beiden jungen
Männer so vortrefflich kennzeichnet, daß es hier Platz finden soll.

„Contract.

Einen Wunsch nur vernimm, freundlich gewähre mir ihn,
Laß nicht ungerühmt mich zu den Schatten hinabgeh'n
Nur die Muse gewährt einiges Leben dem Tod.
Goethe.

Die Unterzeichneten, da sie beyde als Freunde sympathisch nach
einem hohen Ziele streben, von dem gemeinschaftlichen Wunsche beseelt, das Lob der Nachwelt zu erringen, und es mehr als Alles
fürchten, ruhm- und spurlos in das Dunkel des Todes und der Ver-

geſſenheit hinabzuſinken, von einem frühzeitigen Tode jedoch für ihre
Wünſche und Pläne das meiſte befürchten zu müſſen glaubten, haben,
um die böſen Wirkungen einer ſo traurigen Störung nach Kräften
zu mindern Folgendes bei dem Genius ihrer Freundſchaft ſich zuge-
ſchworen am Tage des heil. Heraklius, den 11. März 1846:

Wenn Einer von ihnen im Jugendalter mit Tod abginge, ohne
bevor ſeinen Ruhm feſt gegründet zu haben, ſo iſt der Hinterbliebene
verpflichtet, den literariſchen Nachlaß des verblichenen Freundes
ſammt einer Biographie desſelben mit ſeinen eigenen Schriften ans
Licht zu fördern, ihn würdig zu feiern, auf jede Weiſe zu ſtreben,
den Ruhm des Bruders mit dem eigenen zu vereinigen und der Nachwelt ans Herz zu legen, daß ſie dieſes Bündniß ehre, und fortwährend
in allen ſpäteren Auflagen die Erzeugniſſe beyder Freunde vereinigt
beſtehen laſſe, wenn ſie längſt ſchon in beſſeren Regionen ſich
wiedergefunden.

Sie haben zu dieſem Behufe ſich außerdem zu folgenden Punkten vereinigt:

1. Es iſt Jeder verpflichtet, dem Freunde eine gedrängte
Skizze ſeines Lebens ſchriftlich mitzuteilen, um ihm die Data zum
Lebensabriſſe zu liefern.

2. Es hat der Hinterbliebene das vollſte Eigentumsrecht über
die Papiere des Verblichenen, ausgenommen, wenn dieſer mit einigen
derſelben eine beſondere Verfügung vor ſeinem Tode getroffen haben
ſollte.

Wenn die Eltern, Verwandten, oder ſonſt Jemand, deſſen Wille
nicht zu umgehen iſt, den literariſchen Verlaß des Verblichenen aus-
drücklich und bringend verlangten, ſo hat der Hinterbliebene nach
Beſchaffenheit der Umſtände dieſen Bitten Gehör zu geben und die
Papiere nach genommener Abſchrift zurückzuſtellen, doch nur dann,
wenn er dafür halten kann, daß ſie in die beſten Hände gekommen
ſind. Wenn von einem Werke, Gedichte u. ſ. w. ſich Dupplikate
vorfinden, ſo hat der Hinterbliebene nur ein Exemplar für ſich zu
nehmen und das übrige den Eltern, Verwandten u. ſ. w. wenn ſie
es wünſchen, zur beliebigen Verfügung zu überlaſſen.

3. Die Contrahenten geloben, zum Andenken des Tages, an
dem dieſer Contract geſchloſſen wurde, nämlich am Tage des heil.
Heraklius, ſich mit dem gemeinſchaftlichen Nahmen „Heraklius-Brüder“
zu benennen. Jedes Jahr ſoll überdies an dieſem Tage gegenwärtiger

Contract aufs Neue abgeschrieben, und die neue Abschrift mit den Exemplaren der vorigen Jahre aufbewahrt werden, wenn keiner der Contrahenten zurücktritt, was jährlich an diesem Tage gestattet sein soll. Es haben die contrahirenden Freunde an diesem Tage die Exemplare der vorigen Contracte vorzuweisen, sie werden jeden etwaigen Groll vergessen, den Bund der Freundschaft erneuern und übrigens diesen Tag jährlich als ein frohes, heiliges Fest feyern, mit einem Herzen voll unvertilgbarer Liebe, Treue und Sympathie.

Wien, am Gedächtnißtage des heil. Heraklius, den 11. März 1846 (Eintausend, achthundert, vierzig und sechs).

Anton Abalbert Pruggner,
Heraklius-Bruder.

Rupert Johann Hammerling,
Heraklius-Bruder."

Also lautet der Heraklius-Kontrakt. Robert Hamerling wäre der Mann dazu gewesen, im Überlebungsfalle den Verdiensten des Freundes auf das gewissenhafteste gerecht zu werden. Allein, als in den Sechzigerjahren der Freund verschollen war, „man glaubt, daß er den Tod in den Wellen der Donau gesucht," fand sich nichts von ihm vor, was „das Lob der Nachwelt" herausgefordert hätte. Doch hat der „Rupert Johann Hammerling" sein Wort eingelöst und dem Heraklius-Bruder in den „Stationen" ein bleibendes Denkmal gesetzt.

Franz Stelzhamer hat sich einmal darüber beklagt, daß die Welt seiner Person zu wenig und seinem Namen zu viel gebe, nämlich letzterem ein zweites m. Eine ähnliche Beschwerde konnte auch Hamerling erheben. Es war ihm keine große Freude, wenn er seinen Namen mit mm geschrieben sah; den begeistertsten Zuschriften, die seinen Namen wie: Hammerling schrieben, legte er kein Gewicht bei. „Wer," sagte er einmal, „den Namen des Dichters nicht schreiben kann, der kann auch seine Gedichte nicht lesen, ober hat kein Interesse an ihnen. Der beste Beweis einer Scheinverehrung ist das falsche Schreiben des Namens dessen, den man zu verehren vorgibt. Finden denn Sie nie ein zweites s in Ihrem Namen?"

„Oft genug," antwortete ich, „und bei mir haben in diesem Falle die Schreiber gar nicht unrecht. Mein Familienname ist stets mit ß geschrieben worden. Weil es aber zu meiner Jugendzeit nicht weniger als fünf Peter Roßegger in meiner Heimatsgegend gab, wovon gar nicht einmal jeder mit mir verwandt war, und ich nicht mit diesem oder jenem verwechselt werden wollte, so brach ich zur Zeit, als mein Name anfing gedruckt zu werden, demselben das s aus. Jetzt tut es mir manchmal fast leid, den bezeichnenden Bauernnamen eines Mannes, der mit dem Roß eggt, geändert zu haben. Und ich weiß auch gar nicht, ob man das Recht dazu hat."

„Wer sich selbst einen Namen macht, der kann ihn auch schreiben wie er will," versetzte hierauf Hamerling. „Bei mir ist ja derselbe Fall, mein Name ward ursprünglich mit mm geschrieben, ich habe aus ähnlichen Gründen wie Sie, und auch der Vereinfachung wegen, das eine m gestrichen."

Tatsächlich findet sich nicht bloß im Heraklius-Kontrakt, sondern auch im Trauscheine der Eltern Hamerlings, sowie in seinem Taufscheine der Name: Hammerling. —

Literarischer Wunsch. Philosophisches Werk.

Das Gefühl des Neides, glaube ich, hat Hamerling an sich nie gekannt. Und doch sagte er eines Tages zu mir: „Um eines beneide ich Sie wirklich. Es gehört natürlich auch zu Ihrem Glücke, das erreicht zu haben, so wie es zu meinem Unglücke gehört, für mich es nicht erreichen zu können. Ihr Verleger hat da eine billige Volksausgabe Ihrer Werke gemacht, deren gleichmäßig hübsch und handlich ausgestattete Bände sich so appetitlich lesen, daß man es immer bedauert, sie schon gelesen zu haben. Eine solche Ausgabe hätte ich auch immer bei meinen Werken gewünscht, habe sie aber nie erreichen können. Meine Bücher sind viel zu teuer, die meisten Leute, und oft gerade solche, die für Literatur noch Genußfähigkeit haben, können sie nicht kaufen. Und am Ende bleibt es doch einer der Hauptwünsche des Dichters, ins Volk zu bringen und im Volke zu wirken."

Diese seine später oft wiederholte Äußerung gebe ich heute (1891) mit besonderer Absicht wieder. Was Hamerling selbst nicht erlebt hat, das wollen wir, das will das deutsche Volk erleben: eine billige Ausgabe seiner Werke. Dieser Dichter hat sich seinem Verleger stets so wahrhaft freundschaftlich entgegenkommend und vertrauend erwiesen, hat ihm in jeder Beziehung stets solche Vorteile gelassen, daß man fast versucht ist zu sagen, er habe seinen Verleger zum Universalerben eingesetzt. Da andererseits auch die Coulance der Verlagsanstalt und Druckerei-Aktiengesellschaft (vormals J. F. Richter) in Hamburg bekannt ist, steht es wohl außer Zweifel, daß eine billige und dabei würdig ausgestattete Volksausgabe der Werke Robert Hamerlings in kurzer Zeit erwartet werden kann. Der Verlag wird seinem großen Autor mit einer solchen Ausgabe ein auch ihn selbst ehrendes Denkmal gründen im deutschen Volke. Der erhebende, stärkere und erlösende Geist, den Hamerlings Werke atmen, sollte besonders in unseren Tagen die größte Verbreitung finden. —*)

---

*) Eine Ausgabe von R. Hamerlings sämtlichen Werken ist erst viel später im Verlage Hesse & Becker in Leipzig erschienen.

„Wenn ich," sagte Hamerling eines Tages, „mein wissenschaftliches, philosophisches Werk herausgebe, so werden sich die Leute wundern, daß es nicht in Versen ist. Sie werden sich sehr schwer an den Gedanken gewöhnen, daß es diesmal nicht der gestaltende Dichter, sondern der kühle scharfe Denker ist, der zu ihnen spricht. Bei diesem Werke wird es sich nicht handeln um Schönheit, sondern um Wahrheit, um nackte, harte Wahrheit, allein der Wahrheit willen."

„Das Werk wird jene wohl aussöhnen," bemerkte ich, „die sich bisher beklagt, daß Sie das Gute und Schöne bevorzugt haben, der Wissenschaft gegenüber."

„Glauben Sie das nicht," antwortete er. „Ganz im Gegenteil wird es heißen: Schuster bleib' bei deinem Leisten! Ich würde Ihnen den Gefallenen auch gerne getan haben, wenn neben dem poetischen Hamerling nicht auch noch ein wissenschaftlicher Hamerling in mir stäke, der etwas gelernt und gedacht hat und auch einmal ums Wort bittet. Ich habe über meine Welt- und Lebensanschauung, die so manchem nicht gefallen will, Rechenschaft zu geben. Jeder hat das Recht, zu sagen, was er von der Welt denkt, was er vom menschlichen Wesen hält."

Dann fuhr er fort: „In ein Gewerbe, in eine Fachwissenschaft kann und darf freilich nicht ein jeder dreinreden, die Philosophie aber geht den Menschen als solchen an; obwohl die meisten sie für etwas Müßiges halten, treibt doch fast jeder auf eigene Faust ein wenig Philosophie, es mag daher vielleicht doch nicht allzusehr überraschen, wenn der Dichter nicht immer nur dichtet, sondern auch einmal denkt."

Das philosophische Werk, von dem hier die Rede war, ist die „Atomistik des Willens."

Parteisachen. Deutsche Taten.

Als eine gewisse Partei, gegen die wir uns ablehnend verhielten, einen Zeitungsartikel erscheinen ließ, der mir durchaus anständig, ehrlich und von bester Absicht beseelt schien, fühlte ich mich von diesem Aufsatze so hingerissen, daß ich einem Führer jener Partei meine Bestimmung aussprach zu den Gedanken, die in dem Aufsatze erörtert waren. Alsogleich schlugen sie Kapital daraus, veröffentlichten meine Bemerkungen verstümmelt und führten mich in einem ihrer Wochenblätter als den Ihren auf.

„Das kann Ihnen zur Witzigung dienen," sagte bei solcher Gelegenheit Hamerling zu mir. „Sie sind zu vertrauensselig. Der Artikel war ja nichts als Bauernfängerei. Merken Sie sich, daß es im Parteileben kein Recht, keine Ehrlichkeit, kein Sittengesetz gibt. Alliieren Sie sich mit keiner, auch mit der Ihnen am nächsten stehenden nicht. Wir Poeten gehören zur Gruppe der Parteilosen, und sollte sich auch diese Gruppe einmal zu einer Partei der Parteilosen verknöchern, so müßten wir sofort auch gegen sie Front machen. Der Pegasus im Parteijoche ist ein ganz gewöhnliches Pferd."

„Also sollen wir die Parteien ignorieren?" fragte ich, „sollen wir ihnen nicht manchmal ein deutsches Wort sagen?"

„Das kann uns niemand verbieten," antwortete er. „Ich habe eins im Köcher. Warten Sie, bis mein Homunkel erschienen sein wird."

Der Pfeil im Homunkel traf, aber anders, als der Dichter geglaubt, er traf jeden, doch selten einer bekannte sich für getroffen, jeder heuchelte Unschuld und tat, als gelte der Pfeil dem Gegner. Das Verhältnis und das

Gebaren der Lesewelt zu dieser Satire gestaltete sich so überraschend wunderlich, daß der Dichter eines Tages sang: „Ehe den Homunkel ich schrieb, da kannt' ich leiblich die Welt erst, kennen lernt' ich sie ganz, seit den Homunkel ich schrieb!" —

„Ja, lieber Freund, die Leute sind drollig!" bemerkte Hamerling einmal, „denken Sie, meine größeren Werke zusammen haben mir nicht so viel Beifall eingebracht, als ein paar nationale Gelegenheitsgedichte, die ich in letzterer Zeit verfaßt habe. Daraus ersieht man, wie leicht es für uns wäre, die Gunst der Zeitgenossen zu erlangen."

An diesen Ausspruch muß ich oft denken, wenn ich sehe, daß Hamerling bei uns fast nur als deutsch-nationaler Dichter gefeiert wird. Unleugbar, er ist für uns bedeutsam als Verfasser des „Teut", des „Germanenzug" und anderer Gedichte nationalen Inhaltes, aber größer noch und deutscher ist er als Verfasser des „König von Sion". Freilich sind alle seine Werke im deutschen Geiste geschrieben und bringen im Auslande das deutsche Volk zu Ehren, aber das ist nicht genug heutzutage, oder besser, es ist zu viel. Man begnügt sich mit dem Worte: „Deutsch." Doch das muß so oft als möglich betont werden.

„Ja!" rief Hamerling, „deutsche Worte hör' ich, Worte! Doch wo bleibt der deutsche Sinn? Die deutsche Tat!"

Seine Dichtung war mehr als ein deutsches Wort, sie war eine deutsche Tat.

Eines Tages, es war im Jahre 1884, fand ich ihn sehr erregt. „In solchen Momenten," sagte er, „weiß man es, wohin man gehört."

Ich verstand ihn anfangs nicht. Da hielt er mir ein Zeitungsblatt vor, in welchem eine Notiz mit Bleistift angestrichen war. Die Notiz berichtete, daß zu Paris vor dem Standbilde der Stadt Straßburg die Franzosen aus Rachgier eine deutsche Fahne verbrannt hätten.

„Wahrlich, das hitzt das Blut!" sagte ich.

„Nicht wahr!" gab er bei. „Aber sie mögen machen, was sie wollen. Straßburg werden sie nicht haben, Straßburg nimmermehr!"

Kurze Zeit darauf las ich sein berühmt gewordenes Straßburglied. Das Lied zündete durch ganz Deutschland.

Verrohung des Zeitgeistes. Mißverstandener Nationalitätengeist.

So aufmerksam er die großen geistigen Bewegungen der Zeit zu verfolgen pflegte, so fremd stand er manchmal dem Treiben des Tages gegenüber. Also fragte er mich einmal, ob es denn wahr sei, daß ein großer Teil der studierenden Jugend antifreiheitlich gesinnt wäre?

„Von der studierenden Jugend wüßte ich das nicht zu sagen," war meine Antwort, „die nicht studierende aber gibt fast täglich schallende Beweise davon."

Hierauf sagte er: „Wie sich die Zeiten ändern! Wenn dem so ist, so glaube ich, daß Leute wie wir zwei, auf der Welt recht bald überflüssig sein werden."

„Oder doppelt vonnöten."

„Bilden wir uns das nicht ein. Sehr wohl würden sie sich fühlen, wenn sie der lästigen Mahner und Warner los wären, auf ein Weilchen sehr wohl. Ich mache die Beobachtung, daß die antiliberale Presse sich wenig mit Literatur abgibt. Die liberale Presse schreibt uns manchmal tapfer tot, die antiliberale schweigt uns tot, weil sie weiß, daß letztere Todesart die gründlichste ist.

Oft sah ich ihn bekümmert über die Verrohung, die im geistigen Leben der Völker wieder einzureißen droht. Dann zog der edle Idealist sich zurück zu seinen Büchern und lebte mit denselben unter Krankheit und Schmerzen ein schöneres Leben, als manch körperlich gesundes Weltkind inmitten seiner grobsinnigen Genüsse. —

Im Oktober-Hefte des elften „Heimgarten"-Jahrganges druckte ich aus dem Schorer'schen Familienblatte ein Gedicht von Hamerling ab. Da dieses Gedicht im Familienblatte unter dem Titel „Kornblume" erschienen war, nachher im „Heimgarten" aber die Überschrift: „Ich liebe mein Österreich!" trug, so wurden Stimmen laut, als hätte ein „schwarzgelber" Redakteur des „Heimgarten" den Titel aus eigener Machtvollkommenheit geändert. Ich nahm die Gelegenheit wahr, um diese Annahme durch folgende Karte Hamerlings zu widerlegen:

„Hochgeehrter Freund!

Gegen die Benutzung der ‚Kornblume' habe ich gar nichts einzuwenden; nur bitte ich, statt ‚Kornblume' als Titel: ‚Ich liebe mein Österreich!' darüberzusetzen. Schon im Schorer'schen Blatte wollte ich dies so geändert haben, kam aber mit meiner Willensäußerung zu spät. Mit vielen herzlichen Grüßen aus dem St.-Hause.

Ihr

R. H

Graz, 18. September 1886."

Ich wüßte keinen lebenden deutschen Dichter, in dessen Werken der nationale Gedanke, die deutsche Gesinnung so oft zum Ausdruck gelangt, als bei Hamerling; ja, er war ein deutsch-nationaler Dichter, aber ganz gewiß nicht im Sinne einer gewissen Partei, deren Liebe zum eigenen Volke im Haß gegen andere Völker besteht. „Es kennt, wie der germanische Gedanke, das deutsche Herz auch keine Völkerschranke," sang dieser Dichter. Klar genug hat der deutsche Österreicher Robert Hamerling seinen nationalen Standpunkt ausgedrückt, gerade in dem: „Ich liebe mein Österreich!" sowie in dem altbekannten Gedichte: „Deutschland ist mein Vaterland und Österreich mein Mutterland", welch letzteres er dem Deutschen Schulvereine gewidmet hat. Wenn Hamerling keinen österreichischen Orden erhielt, während der deutsche Dichter Wildenbruch für ein dem Kaiser Franz Joseph huldigendes Gedicht sich eines solchen erfreute, so dürfen wir daraus noch nicht folgern, daß Hamerling kein guter Österreicher gewesen wäre. Man hält es eben für selbstverständlich, daß der Dichter seinem Landesherrn huldigt, was Hamerling wiederholt getan hat. Was der österreichische Kaiser dem preußischen Dichter getan, das hat der deutsche Kaiser unserem Dichter gegenüber freilich unterlassen, und es ist gut, daß der „Germanenzug", der „Teut" usw. nicht durch fürstliche Dekorierung in das Bereich des Tages gezogen worden. —

Eine überraschende Mitteilung. Erbschaftssorgen.

Ein paar Jahre vor seinem Tode war es, als Hamerling mich eines Abends rufen ließ. Er lag im Bette und bat wie gewöhnlich, wenn er mich zu sich beschied, „um Entschuldigung, daß er mich bemühen mußte."

„Ich habe Ihnen," sagte er dann, „heute ein für einen deutschen Dichter merkwürdiges Geständnis zu machen."

Diese Einleitung erweckte meine Neugierde.

„Lieber Freund," fuhr er mit einiger Verlegenheit fort, „ich besitze ein Vermögen. Es ist größer, als es bei Poeten vorzukommen pflegt, aber es ist nicht so groß, als ob ich Operettenschreiber gewesen wäre. Nun denke ich für alle Fälle daran, mein Haus zu bestellen. Wenn ich

6*

heute mit Tod abgehe, so sind ein paar Personen da, für
die ich zu sorgen habe, die aber außerhalb der gesetzlichen
Erbfolge stehen. Ich habe also ein Testament verfaßt. Nun
weiß ich nicht, wo ich dieses Testament deponieren soll, daß
es im Falle meines Todes sofort zur Hand ist, und da sollen
Sie mir einen Rat geben.''

Ich meinte, daß man ein Testament vielleicht bei Gericht niederlegen oder es einem Advokaten anvertrauen könne,
und nannte ihm mehrere der letzteren, die wir beide persönlich kannten und achteten. Er entschied sich auch für
einen solchen.

Nach einiger Zeit kam er auf diese Sache wieder
zurück. „Ich habe,'' sagte er, „in meiner bewußten Angelegenheit noch nichts verfügt. Bei näherem Nachdenken
wurde mir klar, daß der Advokat, dem man sein Testament zur Aufbewahrung gibt, auch als Testamentsvollstrecker zu bestimmen ist. Nun erfahre ich aber, daß der
Herr, dem ich vorhatte alles zu übergeben, in neuester Zeit
bei der antisemitischen Partei sich so stark engagiert hat,
daß ich glaube, er würde für meine Angelegenheit weder
Zeit noch Interesse finden. Wir müssen also einen anderen
suchen.''

Ich wies darauf hin, daß in seiner nächsten Nachbarschaft, in dem Hause selbst, in welchem er wohnte, ein Mann
sei, der mir vollkommen geeignet schien.

„Ich habe schon an ihn gedacht,'' unterbrach er mich,
„und es ist mir angenehm, daß Sie seiner erwähnen. Ich
habe zu ihm mein volles Vertrauen und werde ihm alles
übergeben. Sie sollen davon wissen.''

Hierauf weihte er mich in manche intimere Verhältnisse ein, orientierte mich über manches, für den Fall er
plötzlich sterben müsse. „Und jetzt,'' so sprang er auf ein-

mal über, „jetzt, mein Lieber, erzählen Sie mir von Ihren
Kindern. Bei Ihnen blüht es so trostreich nach; Sie stehen
nebst Ihrer eigenen und nebst der Person Ihrer Frau in vier
frischen Exemplaren fest auf Erden. Ich sollte eigentlich
meinen Spruch: Die Toten allein sind unsterblich, dahin
abändern: Eheleute allein sind unsterblich. Es muß doch
köstlich sein, seine Liebe, seinen Ruhm und anderes Eigentum auf Kinder vererben zu können ohne Testament und
Advokaten, ja ohne sich erst darüber entschuldigen zu müssen,
daß man etwas zu vererben hat und an bestimmte Personen
vererben will.“

Der Mann, welcher in der nächsten Nachbarschaft mit
Hamerling wohnte, in demselben Hause, nur um zwei Stock
tiefer, der Mann, dem er sein volles Vertrauen schenkte
und dem er alles übergab, war der Hof- und Gerichtsadvokat
Dr. J. B. Holzinger. Ich glaube, unser Dichter hätte keinen
geeigneteren Vollführer seiner Bestimmungen und seines
letzten Willens finden können, als diesen Mann, der seit
jeher dem Dichter und dem Menschen Hamerling in wahrer
Verehrung zugetan gewesen, der denn den Nachlaß bis ins
kleinste mit treuester Pietät bewachte und die Verordnungen
und Wünsche des Hingegangenen, soweit sie bekannt geworden sind, mit strenger Gewissenhaftigkeit zu vollführen
trachtete. Es war bei Robert Hamerling, der ohne legitime
Nachfolger und Hüter seiner Interessen sterben mußte, dessen
Name und geistiges Erbe in Gefahr stand, im Zanke der
Parteien entstellt, freibeuterisch mißbraucht zu werden, es
war hier doppelt wichtig, daß ein ernster, objektiver und un-
beugsamer Mann im Sinne des verewigten Geistes über dem
Nachlasse waltete und Mitwache hielt, daß des edlen Dichters
Bild, so wie es war, in das Eigentum des deutschen Volkes
übergehe.

Arme Schelme. „Dichtereitelkeit".

Eines Tages (1887) war wieder einmal die Rede von den Kritikern. Hamerling lächelte ein wenig und sagte dann: „Der echte Dichter wird sich seiner Bedeutung erst bewußt, wenn er von Rezensenten dumm behandelt wird. Ich habe immer erst aus den Kritiken meiner Sachen gesehen, um wieviel ich gescheiter bin als diese Leute. Es ist nur schade, daß wir die Schwäche haben, uns wegen einer albernen Kritik unser einfaches Mittagsessen verleiden zu lassen. Wir glauben immer, sie hassen uns, wenn sie uns verreißen. Du lieber Gott, es ist ja ihr Geschäft, alles besser zu wissen als der Meister, und allem womöglich die schlimmste Seite abzugewinnen. Daß ein Mensch bei solchem Geschäft geistig und im Gemüte nicht gedeihen kann, versteht sich von selbst."

Ich merkte es ihm an, daß er über diesen Punkt noch manches zu sagen hätte, aber er brach ab. Wir kamen über Dichtereitelkeit zu sprechen und Hamerling sagte: „Jedem wird die Freude an seinem Geschäfte und an seinem Werke gegönnt, nur dem Dichter nicht. Wenn der Poet sich seiner Schöpfung freut, so ist das Dichtereitelkeit. Vom Dichter verlangt man, daß ihm wohl sein soll in einer Gesellschaft von Leuten, die stets an seinen Werken nörgeln oder für dieselben kein Interesse haben. Man findet es sonderbar, wenn ein Dichter oder Maler oder Musiker oder Schauspieler seine Berufsgenossen oder deren Kritiker gesellschaftlich meidet und sich mit naiven Menschen umgibt, auf die seine Werke und Leistungen wirken und die ihm Achtung und Liebe zollen. Daß der Künstler wie die Rebe Sonnenschein bedarf, um guten Wein zu geben, ist ein abgebrauchtes, deshalb jedoch nicht minder treffendes Gleichnis. Glücklich jeder Künstler, der im Leben Kreise findet,

die ihn „beräuchern"; Weihrauch ist unserem körperlichen
wie geistigen Gedeihen zuträglicher als Schwefelsäure. Am
allerbesten ist freilich jener dran, der am schlechtesten dran
ist, nämlich den Krankheit und Gebrechen in seinen vier
Wänden gefangen halten und vor dem Weihrauch wie vor
dem Scheidewasser schützen."

Förmlichkeiten. Über Tabakrauchen und Zechen. Humor. Heimatliebe.

Einem gemeinsamen Freunde soll der Dichter einmal
geäußert haben, daß mein Benehmen ihm gegenüber manchmal so förmlich sei. Und zu mir sagte er gelegentlich: „Hoch-
achtung? Geachtet will man von aller Welt sein, von
Freunden heischt man auch ein wenig Liebe. Ich weiß
nun zwar recht gut, daß mein Haupt mit den weißen Locken
und den pergamentfarbigen Wangen*) eher ehrwürdig als
liebenswürdig aussieht." Er brach ab. In der Tat, ich konnte
es ihm viel zu selten bekennen, wie lieb ich ihn hatte.

„Hätten Sie mich nur gekannt in meiner Jugend,"
sagte er (1887) eines Tages, „da war mir kein Zaun zu
hoch und kein Mutwille zu groß, und selbst heute noch,
wenn mein Leiden etwas erträglicher ist, will ich es an
Bummelwitzigkeit mit manchem Jungen aufnehmen. Tan-
zen? Warum denn nicht! Und denken Sie, ich habe sogar
einmal Tabak geraucht." Als er merkte, wie dieses Bekenntnis mich wirklich überraschte (denn es war unmöglich,
mir in seinen klassisch schönen Gesichtsformen einen Zi-
garrenstengel, oder gar eine Tabakspfeife vorzustellen), setzte
er bei: „Einmal habe ich eine Geliebte gehabt, die be-

---

*) Anspielung auf eine Bemerkung, die ich einmal über sein Aus-
sehen gemacht.

hauptete: Wenn ich rauchte, so sei es ihr nicht anders, als
sähe sie in der Kirche einen Heiligen Tabak rauchen."

„Ausgezeichnet!" rief ich lachend.

„Sehen Sie," fuhr er fort, „und wäre es Ihnen
nicht auch unangenehm, von Ihrer Geliebten für einen
Heiligen, anstatt für einen sündigen Menschen gehalten zu
werden?"

Derlei Scherzworte führte er nicht selten und dabei
pflegte er das Haupt mit dem geistsprühenden Glutauge
munter in die Höhe zu halten.

Das eine hätte ich gewünscht, ihn einmal bei einem
Glase Wein zu sehen. Doch ein frohes Zechen lag ganz
außerhalb seiner Art. In den einundzwanzig Jahren unserer
Bekanntschaft sah ich ihn nicht ein einzigmal einen Tropfen
trinken oder einen Bissen essen. Er betrieb die Ernährung
mit einer Art Schamhaftigkeit, und wenn man ihn zufällig bei einer Mahlzeit überraschte, so stand er auf und
war nicht zu bewegen, weiter zu essen. So vertraulich er
sonst mir gegenüber zu sein pflegte, wenn es sich um
Geistes- oder Herzensdinge handelte, in seinem äußeren
Verkehr ließ er eine gewisse Höflichkeit nie aus dem Auge,
und wenn er einen dadurch im Banne der Förmlichkeit
festhielt, so durfte er sich eigentlich nicht ernstlich darüber
wundern, daß man ihm mit gewissen Förmlichkeiten entgegnete.

Darum sagte ich einmal zu ihm: „Ganz kennen lernen
würden wir uns erst, wenn wir zusammen eine Flasche
Wein ausstechen könnten."

„Das Kranksein ist mein Schutzengel," antwortete er,
„sonst hätten Sie mich schon längst zu weiß was für
Allotrias verführt. Theoretisch wäre ich gar kein Feind
munterer Tafelrunde, allein diesmal ist die Theorie grün,

und grau die Wirklichkeit in der Krankenstube. Ich muß schon zufrieden sein, wenn Freunde manchmal meiner flüchtig gedenken beim Glase Wein."

Seiner gedenken! Das geschah oft in unserem Kreise, aber nicht flüchtig, sondern meist recht gründlich und voller Liebe. —

Öfter, als ich zu ihm, kam er zu mir. Weil mich das beschämte, so gestand er mir einmal, daß es ihm lieber sei, wenn er bei mir in meiner Stube sitze, als in der seinen. Bei solchen Zusammenkünften konnte er sehr gemütlich und heiter sein, und meine Hausgenossen wunderten sich nicht selten über das Gelächter, das aus meinem Zimmer schallte. Eines Tages, als meine Frau die neue Köchin fragte, wer denn drin sei? antwortete die Köchin: „Ach Gott, dieser Mensch mit dem langen Haar ist wieder da. Ich habe ihn nicht hereinlassen wollen, aber er ließ sich nicht fortschaffen." —

Leute, die Hamerling nur aus einem oder dem anderen seiner tief ernsten Werke kannten, sprachen ihm allen Humor ab. Dem entgegen habe ich erfahren, daß er einen überaus feinen, sarkastischen Humor besaß; er liebte in persönlichem Umgang dem Gespräche oft eine humoristische Würze, eine geistvolle Pointe zu geben. Sein intimstes Werk, die „Stationen", ist ein gutes Beispiel seines scharfen Witzes, seines feinen Humors. Aber diese Geistes- und Herzensblitze ließ er persönlich nur spielen, wenn er unbefangen war. Bei fremden Menschen konnte er eine gewisse Steifheit und Unbehilflichkeit in Gehaben und Ausdruck nicht überwinden. Ja er war in fremden Kreisen in seiner Ausdrucksweise überaus zurückhaltend, vorsichtig, fast ängstlich, daß er die gewöhnliche Umgangsform nicht verletze. Also unterschied er sich von jenen Genies, welche

in Gesellschaften ihre außerordentliche Natur zur Schau
zu tragen lieben, daraufhin sündigen, mit ihren Werken
aber ihrer persönlich zur Schau getragenen Genialität nicht
zu entsprechen vermögen. —

Sein Gemüt offenbarte sich häufig in seinen Erinnerungen an die Kindheit, an die Heimat, die er einmal mit mir besuchen wollte.

An seiner Heimat hing er mit Liebe, obzwar in derselben nur wenige Menschen aus seiner Jugendzeit mehr
lebten. Er kam oft darauf zu sprechen. „Die Heimat-
liebe,“ sagte er einmal, „knüpft sich nicht so sehr an die
Menschen, als an die Scholle. Ich habe ja meine Eltern
mit in die Fremde genommen, und bin doch nicht frei von
Sehnsucht nach dem Waldviertel. Die Liebe zur heimatlichen Scholle ist dem Poeten lebhafter zu eigen, als anderen Menschen. Sie sind auch in dieser Hinsicht ein Glückskind, daß es Ihre Verhältnisse gestattet haben, in Ihrer
engsten Heimat sich eine neue Heimat selbst zu gründen,
in der Sie — entgegen dem Sprichworte vom Poeten im
Vaterlande — geachtet und geliebt leben können und hoffentlich ein recht hohes Alter erreichen werden. Blicken Sie
einmal in die Runde, und Sie werden sehen, wie wenigen
unseresgleichen ein solches Glück beschieden ist.“ —

Übereinstimmung. Philisterrat und Dichtermuß. Strenge Rüge. Chiffern-Skrupel.

Rührend war es, wie Hamerling — selbst in schwerer
Krankheit und bis an sein Lebensende — meinen litetarischen
Bestrebungen die wärmste Aufmerksamkeit geschenkt hat. Zu
rügen fand er, wie schon gesagt, manchmal besonders an
der Form, die Austriacismen und mundartlichen Ausdrücke,

deren er zu viele in meinen hochdeutschen Schriften fand.
Lieber ergriff er die Gelegenheit, zu ermuntern. Beispielsweise erinnere ich mich einer Äußerung über einen im 5.
Jahrgange des „Heimgarten" unter dem Decknamen E.
Hirtner veröffentlichten Aufsatz: „Wahrheit oder Glück."

„Da haben Sie ja jetzt wieder einen neuen Mitarbeiter" — sagte Hamerling bei der nächsten Begegnung
— „ich befürchte nur, daß der Name des Verfassers nicht
ganz so redlich ist, wie sein Aufsatz." Da ich darauf schwieg,
fuhr er fort: „Den Artikel können nur Sie oder ich geschrieben haben. Da ich ihn nicht geschrieben habe, so —!"

In der Weltanschauung, in philosophischen, religiösen,
politischen und sozialen Meinungen waren wir völlig eins,
ohne daß einer den anderen hierin zu beeinflussen brauchte;
ihm wie mir waren die Grundzüge angeboren im Charakter,
nur daß bei ihm, dem großen, scharfen Denker und normal
geschulten Mann, dieselben sich viel klarer entwickelten konnten. —

Von wohlwollenden Freunden wurde mir oft geraten,
nichts zu schreiben und drucken zu lassen, was mir irgendwelche Unannehmlichkeiten zuziehen, mir nach irgendeiner
Richtung Feinde machen könnte. Diese philiströse Zumutung verletzte mich. Einmal sprach ich darüber mit Hamerling.

„Solche Ratschläge sind auch mir erteilt worden," antwortete er. „Die Leute können sich eben gar nicht vorstellen, daß man auch höhere Interessen haben könne als
die, behaglich und unangefochten dahinzuleben. Die Herren,
welche uns den Rat geben, anders zu schreiben als wir
schreiben, die verlangen weiter nichts von uns, als anders
zu sein, als wir sind." „Mein Interesse für alles das,
was ich als wahr empfinde, ist so groß," schrieb er eines

Tages, „daß ich es aussprechen muß, und daß gegen diesen Drang mir alle anderen Rücksichten der Welt in nichts verschwinden. — Verschweigen Sie nichts, was Sie glauben, sagen zu sollen, dann aber wappnen Sie sich tapfer gegen die Feinde!

Strenge war er im Urteile über den sittlichen Inhalt meiner Schriften. Manchem, der durch Vorurteil und Nachbeten verurteilt worden, ihn selbst für einen unsittlichen Dichter halten zu müssen, wird das sonderbar vorkommen.

Eines Tages, im März 1887, fragte mich Hamerling, ob dem zuletzt erschienenen „Heimgarten“-Hefte denn kein Unglück passiert sei? Da ich ihn fragend anblickte, fuhr er fort: „Ich habe schon mancherlei gelesen, ich habe Boccaccio, Dumas, Zola gelesen, aber etwas so Starkes ist mir noch nicht vorgekommen, als die Szene ist, welche Sie in Jakob dem letzten, ich glaube auf Seite 419, beschrieben.“ Ich erschrak. „Die Szene beim Kirschenessen!“ setzte er bei. „Da haben Sie sich in dem Bestreben, realistisch wahr zu sein, vielleicht doch zu weit vorgewagt. Realistisch wahr ist es freilich, ja, es ist wahr, seit die Welt steht und soweit es junge Leute gibt, und wird auch wahr bleiben, aber beschreiblich ist es nicht in dieser Weise, wie Sie es getan haben.“ Freilich sah ich nun ein, bei der Absicht, das Volk in allen seinen Lebensäußerungen naturgetreu zu schildern, in meiner Sorglosigkeit zu weit gegangen zu sein; doch ließ sich weiter nichts mehr machen, als in meinem Exemplar die arge Druckseite zu durchstreichen, damit sie wenigstens nicht in die bevorstehende Buchausgabe kommen konnte.

Während im „Heimgarten“ die Erzählung: „Martin der Mann“ lief, war er auch etwas beunruhigt über einzelnes in derselben. Als sie voll erschienen und, mit einzel-

nen Änderungen versehen, wieder von ihm geprüft worden
war, schrieb er mir am 11. Juni 1888: „Sie haben durch
die Art der Ausführung mich mit dem Bedenklichen ver-
söhnt, welches der Stoff für sich hatte. Diesem Romane
ist der Vorzug eigen, daß — obgleich er in mancher Beziehung der Psychologie Hohn zu sprechen scheint — die
beiden Hauptfiguren doch mit so meisterlicher Folgerichtig-
keit gezeichnet und durchgeführt sind, daß alles so kommen
konnte und mußte, wie es kam." —

Dem „Heimgarten" war er stets warm zugetan, doch
konnte es ihn ärgern, wenn man ihn für einen Mitredak-
teur desselben hielt, seinen Einfluß bei dem Blatte an-
rief, oder ihm gar in demselben anonym oder pseudonym
erschienene Artikel zuschrieb. Da war einmal ein kleines
lustiges Mißverständnis. Ein ungarisches Blatt hatte aus
dem „Heimgarten" ein tolles Schwänklein abgedruckt. Hamerling zeigte mir das Blatt und rief: „Da haben Sie es,
jetzt bin ich ein Schwänkedichter geworden, diese närrische
Geschichte soll ich geschrieben haben! Es ist unerhört, was
man mir alles antut. Bei meinen Gedichten, wenn man sie
stahl, hat man mehrmals schon meinen Namen weggelassen,
bei fremden Erzeugnissen hängt man ihn an." — „Wieso?" war meine Frage. — „Da sehen Sie?" sprach er
in Aufregung, „hier steht meine genaue Chiffre R. H. darunter.". — „Ei!" entgegnete ich, „das soll doch nicht heißen:
Robert Hamerling, sondern Roseggers Heimgarten. Diese
freibeuterischen Blätter deuten zwar manchmal die Quelle
an, aber womöglich so, daß man sie nicht erraten kann,
sondern etwa auf bekannte Namen verfällt, die sich unter
solcher Fassung wie Mitarbeiter des langfingerigen Blattes
ausnehmen." — Er war beruhigt, doch mußte das betreffende ungarische Blatt in einer Notiz erklären, daß die

Chiffre R. H. unter dem tollen Schwank nicht Robert Hamerling bedeuten könne.

Freundschaftsdenkmal. Törichtes Verlangen. Unentschlossenheit. Liebesbrünstige Frauen.

Seit vielen Jahren schon standen wir zusammen in dem traulichsten Verhältnisse. „Wir müssen das gelegentlich doch auch öffentlich dokumentieren,“ sagte er (1888), „damit man weiß, daß es bei uns nicht angeht, den einen auf Kosten des anderen zu behandeln.“

Zur Zeit, als er an seinen „Stationen meiner Lebenspilgerschaft“ schrieb, die dann im „Heimgarten“ veröffentlicht wurden, erhielt ich eines Tages von ihm die folgende bezeichnende Karte:

„Hochgeehrter Freund!

Im Schlußartikel meiner Lebensbeschreibung gebe ich auch ein bißchen Rechenschaft von meinem ‚geselligen Verkehr‘, und bei dieser Gelegenheit habe ich auch mit einigen Worten eines besonders guten Freundes gedacht. Ich hoffe und wünsche sehr, daß der Herausgeber des ‚H.‘ von diesen wenigen Worten keines streiche, noch durch eine Redaktionsnote die einfache reine Wirkung des Gesagten abschwäche. Er hat weder die Pflicht noch das Recht zu merken und zu behaupten, daß die Sache ihn angehe — kann also mit feinem Takt darüber schweigend hinweggehen und sie passieren lassen. Ich bin nach wie vor ins Krankenbett gebannt; mit um so herzlicherem Interesse und Vergnügen lese ich, wie Sie in Gottes schöner Welt umhergaukeln und sich des Lebens freuen.

Ihr

R. H.

Graz, 5. September 1888.“

Dieses Schreiben bezog sich auf das, was Robert Hamerling in den „Stationen“ (später Buchausgabe, 1. Auflage, Seite 420—421) über unser gegenseitiges persönliches Ver-

hältnis gesagt hat. Kurze Zeit vor seinem Hinscheiden hat
er gewissermaßen Arm in Arm mich der Welt vorgestellt
als seinen Freund. Also fühlte ich mich doppelt verpflichtet,
dem vom Leben einst Zurückgezogenen und jetzt Abgeschiede-
nen, dem nur von wenigen ihm nahestehenden Personen
Gekannten, nach bestem Wissen und Gewissen wahr und
klar ein schlichtes Andenken zu setzen in diesen Erinnerungen.

Bald nach Veröffentlichung der „Stationen" im „Heimgarten" kam uns eine später sich wiederholende Zeitungs-
stimme zu, des Sinnes, daß Hamerling seine Angelegenheiten
intimster Natur zu flüchtig berührt habe. Gerade über das
Intimste wünsche man die erschöpfendste Darstellung.

„Es ist doch drollig," bemerkte Hamerling darauf, „was
die Leute alles wissen möchten! Und würde einer sich auf
das äußerste enthüllen, wie hier verlangt wird, so wären
diese Neugierigen die ersten, die nach Befriedigung ihrer
leichtsinnigen Wißbegierde laut nach der Polizei schrien gegen
den indiskreten Schriftsteller, der nicht anstehe, sich und
andere Personen zu kompromittieren. Persönliche Intimi-
täten nach jeder Richtung hin gründlichst der Welt erzählen
— sieht man denn nicht selbst ein, was dies für ein lächer-
liches, ja geradezu häßliches Verlangen ist? — Rousseau wäre
ganz freimütig gewesen, und das eben habe seine Bekenntnisse so groß gemacht, heißt es. Lieber Gott, wer da glaubt,
daß Rousseau alles gesagt habe, was ich sagen soll, der kennt
den Menschen nicht. Was nötig war, um meine geistige
Entwickelung, meinen Charakter, das Werden und die Erfolge meiner Werke klarzustellen, das und noch einiges
andere ist geschehen. Für die Befriedigung sensationslüster-
ner Neugierde ist nicht gesorgt worden."

Ich glaube solcher Bemerkung beisetzen zu können, daß,
wenn unser Dichter seine Herzensgeheimnisse bis auf die

Reige den Leuten vorgeschüttet hätte, diese davon sehr enttäuscht sein würden. Man hat dem Verfasser des „Ahasver"
ein Leben angedichtet, wie er es nie geführt hat, nie führen
konnte. Wollte man einem Poeten gestatten, was jeder
Lebemann, als zum „guten Ton" gehörig tun zu dürfen
glaubt, so würde hier überhaupt nicht weiter davon gesprochen, daran gedeutelt, danach gefragt werden. Wenn
Hamerling Konflikte zu bestehen hatte, wie wir alle sie an uns
selber kennen, so waren gewiß die Unbeholfenheit, Zaghaftigkeit und der ideale Zug seines Wesens daran hervorragende
Ursache. Es wird vielleicht nicht alles vollen Beifall finden,
was der Dichter in den nachher erschienenen „Lehrjahren
der Liebe" erzählt (diese Bekenntnisse sind gewiß freimütig
genug), doch zu begreifen ist alles vom Standpunkte seiner
Natur aus.

Was die Gründung seines häuslichen Glückes anbelangt, glaube ich, daß er nicht energisch genug gewesen ist.
Seine Liebesverhältnisse haben den Charakter des Zagens,
das Bedenken spielte eine große Rolle. Manches Frauenherz hing an ihm mit Glut; er aber ließ immer wieder
Bedenken, Rücksichten und Zweifel walten, bis die Gelegenheit vorüber war. Sein Leben, seine Herzensangelegenheiten,
seine häuslichen Verhältnisse wurden bestimmt fast einzig
durch energische Frauen, und zwar nicht immer zu seines
Glückes Gunsten. Seine Tatkraft vereinigte sich ganz in seinem
geistigen Schaffen. Einmal bemerkte ich ihm scherzend, er
sei ein Mann, der „geheiratet werden" müsse. Er antwortete mit einer fast unwilligen Handbewegung: „Sie haben
leicht reden," und damit war dieses Gespräch abgeschnitten.

Häufig belästigt wurde Hamerling von der Zudringlichkeit fremder Leute weiblichen Geschlechtes. Da lasen sie
seine ungestillte Sehnsucht nach Schönheit und Liebe und

wollten beispringen, aushelfen. Wenn ein Vogel von Liebe singt, da kommen die Weibchen gerne heran, auch solche, die nicht gemeint und nicht gerufen sind. Mancher Poet wird also mißverstanden, und wörtlich, persönlich genommen wird sein Ausdruck allgemeiner Stimmungen des Menschenherzens. Ich habe Weiber gesehen, die der Persönlichkeit Hamerlings vollkommen, manchmal hundert und noch mehr Meilen weit fernstanden, die ihn außer im Bilde nie gesehen, außer in seinen Dichtungen nie sprechen gehört hatten und die von einer Art Liebesraserei für ihn erfüllt waren. Da kamen sie denn geflogen, die schwärmerischen, duftigen Briefchen, die getrockneten Rosen und Vergißmeinnichte, die Handstickereien und Federzeichnungen, selbst Haarlocken dabei, welche unter Tauschbedingung gegeben wurden, und die Angebote von Besuchen und Stelldichein, von Wärterdiensten, unter den Schwüren, daß sie ihr Leben und Blut für ihn lassen wollten! Mancher Singvogel geht auf solche Leimspindeln; von Hamerling darf wohl gesagt werden, daß er für derlei zu ernst und zu gewissenhaft war, doch konnte und wollte er nicht immer mit der nötigen Entschiedenheit ja Herbheit abbrechen, die bei der standhaften Schwärmerei solcher Verehrerinnen nötig gewesen wäre. Noch in den letzten Wochen seines Lebens konnte er sich der Gunstbezeugungen fremder Verehrerinnen kaum erwehren, und eines seiner allerletzten Gedichte galt in bitterer Ironie solchen Anbeterinnen, die eingeladen werden zu einem Tänzchen auf seinem Grabe. —

„Es bestürmt — o Ironie des Geschicks! —
Mit sehnsuchtsvollem Gestöhne
Den Poeten in seiner Matratzengruft
Brieflich eine reizende Schöne.

— — — — — — —

O warte, Kind, jetzt bin ich krank,
Jetzt kann ich dir leider nicht helfen!
Warte, bis ich gestorben bin,
Und das Grab mir schmücken die Elfen.

Und ich auferstehe zur Geisterstund',
Und mitten im nächtlichen Schweigen,
Im Gehege des ewigen Friedens walzt
Der bekannte knöcherne Reigen.

Dann komm zu mir, du schönes Kind,
Mit Kränzen und duftigen Salben!
Dann mach' ich, heissa, ein Tänzchen mit dir
Im Mondesglanze, dem falben......"

——— — —— — ———

Hier sei noch erwähnt des geistigen Verkehrs, den Hamerling im Laufe der Zeit mit edlen Frauen gepflogen hat. Mehrmals nahm er Gelegenheit, mir zu bemerken, welch großer Gewinn für den Poeten der Briefwechsel mit einer Frau sei, die Kopf und Herz auf dem rechten Fleck habe. —

Ehrengabe. Sparsamkeit.

Hamerling und ich erhielten alljährlich vom Kultusministerium eine Unterstützung für „verdienstvolle Leistungen auf dem Gebiete der Dichtkunst." Nun kam im Jahre 1887 eine Verordnung heraus, nach welcher jeder Schriftsteller oder Künstler, der das Stipendium weiter zu beziehen wünsche, um dasselbe alljährlich von neuem ansuchen müsse. Dazu konnte sich denn Hamerling nicht entschließen. „Wenn sie mir," sagte er, „den Betrag nicht als Ehrengabe zuweisen können, betteln um ein Almosen will ich nicht. Ich bin ja Hausbesitzer, ich habe auch etwelches in der Sparkasse liegen, ich beziehe eine Pension und verdiene mir noch fortwährend Honorare, wie kann ich denn um Unterstützungen ansuchen?" Auf meine Bemerkung, daß ich in der ähnlichen Lage sei, antwortete er: "Bei Ihnen ist es doch etwas anderes, Sie beziehen keine Pension und werden auch niemals eine beziehen, Sie sind ganz auf Ihren schriftstellerischen Erwerb angewiesen. Sie haben eine große Familie, Kinder, die erzogen und versorgt sein wollen. Sie dürfen auf das Stipendium nicht so leichthin verzichten." Trotzdem schloß ich mich ihm an, als er amtlicherseits die Erklärung abgab, daß er nicht arm genug sei, um Unterstützungen erbitten zu müssen. Der Betrag blieb aber nicht aus, er lief von nun an als „Ehrengabe" ein. —

Mehrmals hatte mein Freund mich verblüfft mit Andeutungen, daß er gezwungen sei, sehr zu sparen, obwohl er ein größeres Vermögen hinterlassen werde, als ich ahnen dürfte. Wie sich's herausgestellt hat, waren im Hinblick auf seine Verpflichtungen gegen drei erwerbsunfähige Personen seine materiellen Sorgen nicht ganz unbegründet. Unter den Leuten geht der Aberglaube um, daß berühmte Dichter auch wohlhabend oder gar reich sein müßten, obschon nach alter Erfahrung Gold und Lorbeer, besonders in deutschem Klima, selten auf einem Fleck wachsen. Hamerling freute sich stets an den Vorteilen seines Verlegers und war gegen diesen überaus loyal. Was er von ihm wünschte, das war, wie schon erwähnt, eine billige Ausgabe seiner Werke in gleichmäßigem Formate, die er zwar nicht erlebte. Illustrierte Prachtausgaben seiner Werke schlug er nicht hoch an, das vom Verleger ihm überreichte Autorenexemplar der Prachtausgaben verkaufte er stets und verwendete den Erlös für den Haushalt.

Hamerling pflegte manche Kleinigkeiten seines häuslichen Bedarfes persönlich einzukaufen und wußte dabei tapfer zu feilschen. Auf eine spaßhafte Bemerkung darüber gab er mir einmal folgende Antwort: „Natürlich, Sie sind ein hoher Herr und haben das Geld zum Hinauswerfen." Auf meine Entgegnung, daß man gerade uns Poeten, selbst wenn wir bettelarm sind, die Wahrung unserer materiellen Interessen so leicht für übel nimmt, sagte er: „Mit meinesgleichen würde ich nicht feilschen, aber den Kaufmann behandle ich nicht nach meinem, sondern nach seinem Maßstabe. Er müßte mich für einen Dummkopf halten, wenn ich aus Höflichkeit oder Zaghaftigkeit um meine Sache nicht reden wollte, denn er ist aufs Feilschen eingerichtet. Festgesetzte Preise, jawohl, aber die muß der Käufer selbst zu erraten suchen. Nie wird ein müßiges Wort so gut honoriert, als beim Kaufmann. Und das mögen Sie sich auch merken, lieber Freund, wollen Sie einem Geschäftsmann als honorig imponieren, so dürfen Sie nicht etwa ein großes Epos oder ein gutes Drama schreiben, sondern Sie müssen wirtschaften und sich nach Geld umtun können." —

Geschäftshaltung. Vorwurf wegen Verschwendung.

Eines Tages wurde Hamerling angegangen, für eine ihm ganz fernestehende Familie das Gelegenheitsgedicht zu einer Hochzeit zu machen. Er tat's. Hernach kam eine Frau der betreffenden Familie zu ihm, bemerkte, daß das Gedicht gerade nicht übel gewesen sei, aber auch keinen besonderen Eindruck gemacht habe und fragte, ob es etwas koste? Der Dichter antwortete, daß selbst der reichste Bäcker sich jede Semmel bezahlen lasse, daß auch der Schuster die bei ihm bestellten Stiefel nicht umsonst liefere und daß er gewohnt sei, Leuten gegenüber, die bei Dichtern Gedichte wie Ware bestellten, sich auch dementsprechend zu benehmen.

— Das Weitere soll die Frau nicht abgewartet, sondern eilends die Türe gesucht haben.

Gelegentlich dieser kleinen Begebenheit äußerte Hamerling mißmutig, er wolle für bestellte Gelegenheitsgedichte, gewünschte Beiträge zu Festzeitungen, für verlangte Autographen und Albumblätter usw. eine bestimmte Taxe aufstellen; denn die Ansinnen und Betteleien gehen tatsächlich manchmal ins Ungeheuerliche. Aufgestellt hat er die Taxe meines Wissens nicht.

Mich hielt mein großer Freund in mancher Beziehung für einen Verschwender. Das nicht so sehr wegen meiner etwas größer und behaglicher, also auch kostspieliger angelegten Häuslichkeit, die gegen seine tatsächlich ärmliche Umgebung und vollkommen anspruchslose Lebensführung — ich sage es mit Beschämung — unverhältnismäßig abstach. Noch weniger wegen meiner persönlichen Bedürfnisse und Genüsse, die in mancher Beziehung seiner Enthaltsamkeit nicht ferne standen. Er hielt mich für einen Verschwender, weil ich durch meine öffentlichen Vorlesungen zum Vorteile anderer das Geld zum Fenster hinauswürfe. Den Einwand, daß es meinem Gefühle widerstrebe, nur zu meinem eigenen Vorteile Vorlesungen zu veranstalten, bekämpfte er mündlich und brieflich wiederholt, und freilich so treffend, daß ich ihm endlich nicht widersprechen konnte. Er sprach mir, dem Familienvater, nachgerade das Recht ab, meine Kräfte für andere zu vergeuden, und behauptete, daß ein Wohltätigkeitssinn, der seiner Nächsten vergesse, um für Gesellschaften, Vereine usw. zu wirken, nichts Sittliches, sondern eher etwas Unsittliches an sich habe. „Sie werden sich," schrieb er am 25. August 1885, „mit Rücksicht auf Ihre höheren Pflichten nach und nach wohl auch an das peinliche Neinsagen gewöhnen. Könnten wir der Welt nur dadurch etwas sein, daß wir Barfonds vermehren helfen, so verzichten wir auf Liebe und Popularität."

Einmal schickte er mir „das Leben Charles Dickens", damit ich aus demselben ersehen sollte, wie ein Vorleser durch Vorlesereisen sich zugrunde richten könne.

Bezähmung des Unmuts.

Sein Wohlwollen für die Mitmenschen war groß.

Nie habe ich aus seinem Munde ein böses Wort über Abwesende gehört, und wenn er schon manchmal dem gekränkten Herzen Luft machen mußte, so geschah es in sarkastisch-humoristischer Weise, aber immer mit Achtung. Häufig geschah es, daß er Böses, so ihm zugefügt worden, vom Standpunkte des Gegners aus entschuldigte. Auch habe ich aus seinem Munde fast nie ein unbedachtes Wort vernommen, und wenn er glaubte, ein solches gesagt zu haben, so beeilte er sich, es mündlich oder schriftlich auf das gewissenhafteste zu berichtigen. Also gehörten im Verkehr mit ihm Mißverständnisse zu den größten Seltenheiten. Er ließ nichts im Schwanken, er litt keine Halbheit, er wollte klare Stellung in allem. Denen er Freund war, denen blieb er's, soweit es an ihm war, auf lebelang; Beleidigungen konnte er leicht vergeben, aber schwer vergessen. — Oft gedachte er in unserem Gespräche der Freunde, die wir gemeinsam hatten, so des Schriftstellers Dr. Svoboda, des Komponisten Kienzl, des Redakteurs Kleinert, der Dichterin Sophie v. Khuenburg, des Advokaten Doktor Holzinger, der Dichter Albert Möser, Aurelius Polzer und anderer, und mit welchem Wohlwollen, mit welchem Behagen, wenn ihnen etwas Gutes widerfahren, mit welcher Teilnahme, wenn das Gegenteil war! —

Daß er manches an sich zu überwinden hatte, daß es innerlich oft kochte und tobte, erhellt aus einer Bemerkung. Ich hatte ihm einmal gesagt, daß ich weder Luft noch Wut in mir stecken lassen dürfe, sondern daß ich alles herausrufen oder herausschreiben müsse, um nicht daran zu ersticken. „Ja," antwortete er, „wir sind nun einmal so. Das Herausschreiben seines Gemütsaffektes ist ganz gut, aber das Verbreiten desselben nicht immer. Wenn wir auch das stets verantworten, was wir sagen, so doch nicht immer, wie wir es sagen. Man soll keinen gärenden Wein und keinen gärenden Brief verschicken, sondern beides abliegen lassen. Der Wein klärt sich, die Stimmung ebenfalls, und aus dem leidenschaftlichen Schreiben machen wir ein ruhig und würdig gehaltenes, und darum wirksames. Ja, lieber R., mir geht es genau so und ich pflege nichts in mir stecken zu lassen. Aber, wenn alle Briefe, die ich schreibe, auch abgeschickt würden, welch ein Unheil! — Man schreibe in der Leidenschaft die wütendsten Briefe an den oder die, schlafe einmal darüber und stecke sie am nächsten Morgen anstatt in den Briefkasten, in den Ofen — so ist's für beide Teile am besten."

Krankheit. Abneigung gegen ärztliche Hilfe und Ratschläge.

An der Schwelle der letzten Station glaube ich noch einen Rückblick machen zu sollen auf seine Krankheitsgeschichte, die er freilich selbst in den „Stationen" näher angedeutet hat. Da aber manche seiner Charaktereigenschaften nur durch seine Krankheit, und diese vielleicht in gewissem Sinne durch seine Charaktereigenschaften erklärbar ist, so fällt der körperliche Zustand des Dichters und manche seiner gelegentlichen Äußerungen darüber für das Verständnis Hamerlings sehr ins Gewicht. Geordnete Berichte über seine Krankheit kann ich nicht geben, das kann nicht einmal der Arzt, denn er hatte keinen gehabt.

Ich habe ihn nie gesund gesehen, er war schon viele Jahre lang krank gewesen, bevor ich ihn kennen gelernt hatte. In der ersten Zeit meiner Bekanntschaft klagte er häufig über Rheumatismus und schlechten Magen. Sein Leben und seine Diät war im höchsten Grade regelmäßig und ängstlich, und wie ich glaube, durchaus dem Zustande entsprechend. Allmählich begann er von Darmkatarrh zu sprechen, war aber zu keiner Kur zu bewegen. Im Jahre 1872 wurde ich von einer ihm nahestehenden Persönlichkeit, der Frau Klothilde v. Gstirner, das erstemal ersucht, ihn zur Annahme eines Arztes zu bestimmen. Ich dachte, daß das bei einem Leidenden ein leichtes sein würde, schlug sogar selbst einen bestimmten Arzt vor, kam damit aber schön an! In einer ziemlich heftigen Weise machte er mir meinen Standpunkt klar, daß ich mich um mich selbst bekümmern möge. In einem seiner Briefe hierüber heißt es:

„Daß ich bisher keinen Arzt gerufen, hat seine guten Gründe. Ich kenne die medizinische Wissenschaft und kenne die Ärzte, ich habe mit ihnen zeitlebens die unglaublichsten, traurigsten Erfahrungen gemacht. Ich weiß genau, wann und wo ein Arzt wirklich etwas helfen kann und wo nicht. Ich kenne genau meinen Zustand und die Mittel, die man anwenden kann. Er gehört zu jenen, bei welchen die strengste Diät und rationellste Haltung des Kranken Hauptsache, medizinische Modetränklein aber überflüssig sind. Also kein Attentat mehr auf meine persönliche Freiheit, lieber Rosegger! Ich müßte es als eine Beleidigung aufnehmen.

Ihr

ergebener
Hamerling.

Graz, am 1. Februar 1872.“

Freilich folgte diesem Schreiben sehr bald ein weiterer Brief, in welchem er sich ob seiner Heftigkeit entschuldigte. Wie viele rührende Brieflein der Abbitte besitze ich von ihm und es war nichts abzubitten, nur vielleicht ein- oder zweimal ein Mißverständnis aufzuklären. Größeres Bedenken macht es mir, ob nicht ich ihm manchmal, aber freilich unwissentlich, wehe getan habe.

Eine schlechte Zeit für ihn war der Sommer 1878, wie er sich überhaupt zur Sommerszeit unwohler fühlte als im Winter. Da schrieb er mir viel über sein übles Befinden, hatte aber noch die Absicht, es einmal mit dem „Krieglacher Klima" zu versuchen. Mündlich wurde sein Leiden zwischen uns fast bei jedesmaliger Zusammenkunft besprochen. Hier teile ich vor allem nur das mit, was mir über seine Krankheit von ihm schriftlich vorliegt. Aus dem Jahre 1880 finde ich einen Brief, in welchem er mir von seinem Stiftinghause aus mitteilte, daß er an einer kleinen Rippenfellentzündung daniederliege.

Im Mai 1880 schrieb er:

„Mein Befinden ist nach der gewöhnlichen winterlichen Erfrischung auch wieder ganz elend; das unbeschreibliche körperliche Mißbehagen, das mir die Sommerzeit immer bringt, kündigt sich diesmal ungewöhnlich früh und mit einer Heftigkeit an, die mich ängstigt. Mein Allgemeinbefinden ist sehr oft das eines Schwerkranken und ich weiß nicht, soll ich es beklagen oder mich darüber freuen, daß der eigentliche Herd des Übels sich noch nicht angeben läßt. Dieser Zustand lähmt meine Tätigkeit und macht allen guten Willen zuschanden. Meine Studien schreiten noch so leidlich vor, aber zum Schaffen vermisse ich die rechte, volle Kraft. Sie müssen deshalb fort und fort Geduld mit mir haben und mir auch für den Augustbeitrag (zum Heimgarten) wieder eine oder zwei Wochen Frist zugeben. Wir sprechen noch davon. Zum Schlusse tausend Dank für die ‚Handwerkergeschichten!' Da ich das meiste des Inhalts schon kannte, so gehöre ich zu jenen, für welche Sie die Vorrede geschrieben haben, und an dieser habe ich mich denn auch wirklich sehr ergötzt. Die kleine Plauderei hebt das Buch gleich anfangs in ein höheres Bereich, und was Sie da über sich und das Publikum und die Kritik usw. sagen, das ist alles — mit Ausnahme der Stellen, wo Sie sich zu klein machen — herzig und sinnig und treffend.

Gott schenke Ihnen — und, wenn möglich uns beiden — ein paar besser als wir denken ausfallende Monate im Grünen und bei mildem Sonnenschein.

.Ihr

treu ergebener
Rob. Hamerling.

Graz, am 21. Mai 1880."

Im Sommer 1883 teilte er mit, daß er viel an Gastricismus leide und die meiste Zeit das Bett hüten müsse. Einen interessanten Brief über seinen Zustand besitze ich aus dem Jahre 1886. Derselbe lautet:

Sehr lieber Freund!

Ich bedaure Sie, daß Sie so viel von Besuchen zu leiden haben, aber noch mehr beneide ich Sie, daß Sie es aushalten. Meine im vorigen Schreiben ausgesprochene Voraussetzung, es könne mit meinem Befinden nicht mehr schlechter gehen, hat mich leider getäuscht. Sie deuten an, daß Sie einigen guten Rat für mich in Vorrat haben. Heraus damit — aber ich fürchte, Sie werden mir auch nicht helfen können. Ich besitze eine schöne, reichhaltige Sammlung von Ratschlägen und von wundertätigen Tropfen, die mir von teilnehmenden Personen aus Näh' und Ferne zugekommen sind. Was die Ratschläge betrifft, so sind sie in der Regel überflüssig insofern, als sie, soweit sie gut und vernünftig, mir nichts Neues sagen und eben dieselben sind, die auch ich einem anderen geben würde, dessen Krankheit ich mir so vorstelle, wie andere sich die meinige vorstellen. Manches davon ist bei meinen persönlichen und häuslichen Verhältnissen schlechterdings nicht ausführbar; anderes ist längst von mir erprobt worden und ich allein weiß, wie z. B. Reisen mir angeschlagen, wie teuer ich schon vor Jahren derlei Versuche bezahlen mußte. Das Fatalste aber bleibt, daß meine Bekannten, Besucher, Ratgeber und Tropfeneinsender nicht die leiseste Ahnung von meinem wirklichen Zustand haben — auch nicht die leiseste Ahnung davon, daß sie von meinem Zustand nicht die leiseste Ahnung haben. Was man so gelegentlich von seinem Befinden erzählt, das nimmt kein Mensch wörtlich, das halten die Leute für Redensarten, zumal da man ja immer wieder auf der Straße gesehen wird und noch kein „hippokratisches Gesicht“ macht.

Bedeutend erschwert wird meine Stellung den Ratgebern gegenüber durch die Unkenntnis meiner häuslichen Verhältnisse in betreff meines Befindens. In meinen schlimmsten Stunden fällt mir das Reden schwer und ich brauche ungestörte Ruhe. Erst wenn das Schlimmste vorüber, möchte ich gerne solchen, die Teilnahme und Verständnis haben, mich darüber aussprechen. Aber meine Mutter ist, von ihrem hohen Alter abgesehen, selbst sehr leidend. Für die Einzelheiten und den Verlauf eines so langwierigen chronischen Leidens wie das meinige kann man eine wirklich erquickliche oder hilfreiche Art Teilnahme von der achtzigjährigen und, wie gesagt, selbst kranken Frau nicht in Anspruch nehmen.

Einen fast erheiternden Eindruck macht es mir, daß, während die Laien so voll des besten Rates für mich sind, die Ärzte meinen Übeln völlig ratlos und hilflos gegenüberstehen. Als ich dieses Frühjahr durch eine Gesichtsgeschwulst einen Arzt zu Rate zu ziehen genötigt war, unterrichtete ich denselben nebenbei auch von allem Wesentlichen meines chronischen Leidens. Er untersuchte und beklopfte mich am ganzen Ober- und Unterleibe; aber da sich herausstellte, daß der Herd des Hauptübels nicht so gelegen ist, um sich äußerlich zu verraten, so konnte er kein bestimmtes Urteil fällen und schloß sich meiner Ansicht an, daß eine so zweckmäßige Diät, wie ich sie beobachte, so ziemlich auch das einzige Mittel ist, das man unter diesen Umständen mit Sicherheit gutheißen kann.

Meine Lebensweise ist die geregeltste, meine Diät die vernünftigste, ich gehe sooft als nur immer möglich ins Freie, ich bringe den Sommer auf dem Lande zu. Was will man mehr? Bäder und Arzneien helfen mir nichts. Die Frage, ob ich die heftigeren Anfälle und Beschwerden, zu welchen mein beständiges Leiden sich täglich steigert, nicht auch auf dem Sofa, statt im Bette, überstehen könnte, muß ich mit dem entschiedensten Nein beantworten. Nur völlig entkleidet und in der Bettwärme finde ich Linderung.

Mein Verhalten, so seltsam es manchen bedünkt, ist ganz und gar das notwendige Ergebnis des Eigentümlichen meiner Zustände.

Das wollt' ich Ihnen einmal schriftlich geben, damit Sie es im Gedächtnisse behalten und mich vorkommendenfalls verteidigen können.

Mit herzlichen Grüßen der Insassen des Stiftinghauses

Ihr

vertrauensvoller Freund
Robert Hamerling.

Graz, am 30. August 1886."

„Der Schwelger". Einzige Labnis. Erschütternde Klagen.

Unter den zahllosen Ratschlägen über Heilverfahren, die während seiner Krankheit ihm zugingen und die ihn immer höchst unangenehm berührten, war der Brief eines Vegetariers aus Berlin, den ich erhielt mit der Bitte, ihn dem Freunde mitzuteilen. Ich tat's ganz ausnahmsweise, weil die Sache zu drollig war, bereute es aber nachher. In dem Schreiben wurde der Dichter beschworen, den Genuß von Fleisch und Spirituosen aufzugeben, sich überhaupt einer mäßigen Lebensweise zu befleißigen, denn Üppigkeit und Schwelgerei sei die Ursache aller Krankheiten. Hamerling lachte laut auf über diesen Brief, es war ein Lachen, das mir durchs Herz ging. Er war sozusagen weder Fleischesser noch Vegetarier, er genoß in schlimmen Zeiten einfach sonst gar nichts, als etwas Kakao und Wasser. Von Spirituosengenuß konnte bei Hamerling überhaupt nie die Rede sein, selbst in seiner Jugend nicht, er war zu arm und zu ernst, um auch nur im entferntesten selbst dem Bierkultus zu huldigen. Eine Zeitlang trank er des abends zu seiner

Suppe ein ganz kleines Glas Bier, eine „Schwelgerei", die er längst aufgegeben hatte. Üppigkeit! Er, der fern aller Bequemlichkeit und Behaglichkeit, deren sich andere Kranke noch zeitweilig zu erfreuen haben, verlassen auf dem Marterbette lag! — Gut gemeint war der Rat des Berliners, und doch empörend! Wie einer, der so gar keine Ahnung von den Zuständen und Verhältnissen hat, sich erlauben kann, da in solcher Weise drein zu reden!

Die einzige Labnis in seinem Leiden war das tägliche halbe Stündchen, in welchem die kleine Bertha, sein Liebling (er nannte sie „Mündel"), und seine bewährte Freundin Frau Klothilde Gstirner um ihn sein durften. Frau Klothilde, der er schon vor vielen Jahren in seinem schönen Gedichte „An Minona" ein Denkmal gesetzt hat, war ihm allmählich alles geworden, seine liebevollste Pflegerin, seine Besorgerin äußerer Angelegenheiten, seine Vorleserin, seine Vertraute in literarischen Dingen. Frau Klothilde war seine rechte Hand, wie die kleine Bertha sein Augapfel war. Es wird wohl einmal offenbar werden, was dieses opferfreudige Frauenherz unserem Dichter gewesen; dann wird das deutsche Volk eine rührende Gestalt mehr zählen im Kranze seiner edlen Frauen.

Im Jahre 1888 nahm die Krankheit so sehr überhand, daß er kaum mehr aus seiner Wohnung kam. Als er das letztemal in meiner Stube war (im Herbst 1888), setzte er sich nicht mehr in seinen Lehnsessel, er klagte über Schmerzen, gab nur ein paar Bücher ab, die er entlehnt hatte, und eilte alsbald wieder fort. Als ich ihn ein Viertelstündchen später besuchte, lag er im Bette, wie fast immer, wenn er zu Hause war. Die Lage und die gleichmäßige Wärme taten ihm wohl, andererseits wollte er Bewegung machen, frische Luft genießen, so lange es möglich war. Also konnte es geschehen, daß man ihn jetzt an seinem Krankenlager besuchte, eine Stunde später ihm auf der Gasse begegnete. Dieser Umstand trug dazu bei, daß manche Leute eine ganz schiefe Ansicht von dem Wesen seiner Krankheit gewannen und ihr nicht jene Bedeutung beimaßen, die sie hatte. Das kränkte ihn oft und er suchte bei jeder Gelegenheit sein Verhalten zu begründen, denn er wollte nicht für einen Hypochonder, noch weniger für einen Sonderling gelten.

„Sie halten mich für gesund!" rief er einmal aus, „und verlangen von dem Kranken, was nicht einmal ein Gesunder leisten kann!" — Er wurde nämlich selbst jetzt noch mit Gesuchen um Autographen und Stammbuchverse, um literarische Beiträge für Zeitschriften, um Gelegenheitsgedichte usw., mit Bitten um Beurteilung von Manuskripten und Büchern, mit anspruchsvollen Korrespondenzen überhäuft. Und er wollte allen Wünschen gerecht werden. Da hätte ich ihn mögen zum Eigennutze mahnen, so wie er mir oft getan hatte.

Schon im August 1887 drückte er mir die Besorgnis aus, daß bald eine Zeit kommen dürfte, wo er nicht mehr schreiben könne, er versah mich daher im voraus mit mehreren Artikeln für den Heimgarten. Ich teilte ihm damals die Nachricht eines Wiener Blattes mit, nach welcher Hamerling um jene Zeit in Reichenau unter den Kurgästen wandelnd gesehen worden wäre. Hierauf antwortete er: „Daß ich in Reichenau umgehe, ist ein neuer Beweis, wie tot ich bin."

Am 11. Juni 1888 schrieb er:

„Auf die Augenblicke, wo ich die mir meist einzig erträgliche Rücklage im Bette mit eingezogenen Beinen verlassen und etwas schreiben kann, laure ich jetzt Tag und Nacht wie der Jäger auf das Wild. (Diese Anfangszeilen meines Briefes schreibe ich um 2 Uhr Nachts. Gott helfe weiter!) Mein Befinden ist derart, daß ich zwar nicht Pessimist, aber verrückt oder blödsinnig zu werden fürchte. Die ununterbrochene, niemals eine wirkliche Pause gönnende Dauer jämmerlicher Beschwerden, denen schlechterdings mit keinem Mittel beizukommen ist, hat etwas unsäglich Aufreibendes, Nervenaufregendes, Seele und Leib Verstörendes."

Auf einem meiner Besuche bei ihm (im Juni 1888) äußerte er: „Am meisten Bedenken macht mir meine manchmal zutage tretende Aufgeregtheit und Betäubungssucht; es liegt die Gefahr nicht ferne, daß ich wahnsinnig werde. Oft habe ich den Drang mich auszusprechen, aber ich bin allein. Ich bin ganz verlassen, nur mein Elend ist bei mir, meine Schmerzen, die nie mehr ruhen. Wie war ich im vorigen Jahre noch glücklich! Ich konnte manchmal eine halbe Stunde im Garten sein. Ich wußte es nicht, wie glücklich ich war. Lieber Freund, genießen Sie das Leben, solange Sie können!"

Seelenleiden. Weinender Humor. Nahendes Ende.

Nun ging es rascher abwärts. Die Winter 1887 und 1888 waren schlimm, er brachte, wie schon mitgeteilt, die meiste Zeit im Bette zu, aber immer studierend und arbeitend, jedes Stündchen verhältnismäßiger Erleichterung ausnutzend. Da schrieb er mir — ich wohnte ganz in seiner Nähe — häufig Briefchen wie das folgende:

„In diesem Augenblicke befinde ich mich erträglich. Wenn es Ihre Zeit und Ihr eigenes Befinden zulassen, so kommen Sie jetzt zu mir."

Es waren Stunden tiefer Beklommenheit, die ich in dieser Zeit oft bei ihm zugebracht. Je seltener sein Zustand die Besuche ermöglichte, je kürzer sie sein mußten,

je mehr hatte er zu sagen, je gesprächiger war er.
An einem Schnürchen hatte er um den Hals ein kleines
Paket von Papierblättchen hängen; bei diesen Blättchen
für Notizen aller Art war auch eines, auf welchem er sich
die Gegenstände anzumerken pflegte, die mit mir, wenn
ich kommen würde, zu besprechen waren. Manchmal hatte
er nur eine oder zwei Fragen, ein anderes Mal, wieder eine
ganze Reihe von Darlegungen und Bekenntnissen, von Be-
sorgnissen und Anliegen, wobei er oft lebhaft und so aufgeregt wurde, daß seine Hände zitterten, daß ihm Tränen
in den Augen standen. Niemals aber begehrte er einen
Dienst, wie oft ich mich auch erbot, ihm Schreiber- oder
Botendienste zu leisten; er lehnte sie auf das entschiedenste
ab. Es waren Zeiten, wo er tatsächlich keinen Menschen
zur Verfügung hatte, welcher ihm Postgänge und dergleichen
besorgte. Erst als seine treue Freundin Frau Gstirner täglich zu ihm kommen konnte, schlichteten sich diese kleinen
äußeren Sorgen ein wenig.

Seine betagte, unter der Last des Alters gedrückte
Mutter wohnte im Nebenzimmer, doch konnte sie fast so
selten zu ihm, als er zu ihr. Die alte Frau hatte ein
starkes Herz, freilich litt sie um ihn, doch noch in er-
höhtem Maße litt er um sie. Wenn es auch nicht zutrifft,
was gesagt worden ist, daß Hamerlings einzige Liebe seine
Mutter war, so ist es doch im gewissen Sinne richtig, daß
er ihr sein Leben zum Opfer gebracht, daß die größte
Rücksicht und die drückendste Sorge und die heftigsten Gemütsbewegungen seiner letzten Jahre der Mutter galten.
Sie war eine kluge, willensstarke, harte Frau, die den
weißhaarigen Sohn noch wie ein störrisches Kind erziehen
wollte. So lebten die zwei Personen, jede in ihrer Art ein
Charakter, nebeneinander im Leide dahin.

Ich besuchte ihn jetzt sehr oft. Fremde konnten nicht mehr vorgelassen werden; bei trauten Freunden, meinte er, erlaube er sich, sie rasch zu verabschieden, wenn die Schmerzen zu arg würden. Häufig äußerte er, daß er Besuche bekomme, wenn ihm besonders schlecht sei, und wenn er sprechen und hören könne, liege er tagelang einsam da. Bisweilen mußte ich lange bei ihm sitzen, ihm erzählen, was draußen vorgehe, den Ausdruck seiner Leiden hören, der oft erschütternd war, und konnte auch wieder seine rührende Geduld beobachten, die größer und heldenmütiger war, als sie mir je bei einem anderen Menschen vorgekommen ist. Die Gespräche, die wir in solchen Stunden miteinander führten, sind mir in der Erinnerung ein Heiligtum. Es waren zumeist wohl persönliche Angelegenheiten, die wir behandelten. Einmal beklagte er sich, daß ich ihm von mir und meinen Arbeiten so wenig erzähle. Ich fand aber meine Angelegenheiten nicht wichtig genug, um dem Schwerkranken damit lästig zu fallen, und das um so weniger, als ich selbst ganz mit seinen Anliegen erfüllt war. Er sah sein Ende nahe und machte kein Hehl daraus. Die Sorgen um seinen literarischen Nachlaß quälten ihn, bis eine sachliche Beruhigung von meiner Seite und ein Besuch seines Verlegers dieselben schlichtete. Oft hatte er die Befürchtung ausgesprochen, sein großes philosophisches Werk nicht mehr vollenden zu können, und immer wieder beigesetzt: „So lange muß ich leben, bis dieses Werk vollendet ist." Er arbeitete daran unter den heftigsten körperlichen Leiden.

Zum Christfeste pflegte Hamerling alljährlich der kleinen Bertha ein Tannenbäumchen aufzurichten, welches er selbst in schwerer Krankheit noch persönlich besorgt und aufgeputzt hatte. Zum Weihnachtsfeste 1888 war er das nicht mehr imstande, Frau Ostirner tat es; aber als das

Bäumchen fertig war, ließ er es sich ans Bett stellen, das Licht reichen und zündete mit zitternder Hand die Kerzlein an.

„Es war eine harte Stunde, diese Weihnachtsstunde," sagte er am nächsten Tage zu mir. „So weit kommt es mit dem Menschen, daß ihm nicht allein die Leiden, sondern auch die Freuden wehe tun." Er hat es nicht ausgesprochen, mochte sich's aber gedacht haben: 's ist der letzte Weihnachtsbaum gewesen.

Als ich den Freund am Vormittag des 12. Jänner 1889 besuchte, fand ich ihn verzagt und düster, wie früher noch nie. Wir wissen, daß Hamerling dem lieben Optimismus huldigte. Um so mehr überraschten, erschreckten mich an diesem Tage die folgenden Worte. Wir hatten über Zola gesprochen, da rief er plötzlich: „Einen Materialisten nennt ihr Zola! Einen Naturalisten nennt ihr ihn! O, das ist er nicht. Zola ist Idealist, kindlicher Idealist. Er schildert die Menschen viel zu gut. Die Menschen sind unsagbar schlecht. Sie, lieber Rosegger, leben in Ihren vier Wänden still dahin und haben keine Ahnung davon, wie schlecht die Menschen sind! Die kindischen Dichter mit ihrem Glück, mit ihrer Liebe, mit ihrer Weibestreue, mit ihrer Mutterliebe! Es gibt kein Glück, es gibt keine Treue, es gibt nicht einmal eine Mutterliebe. Lassen Sie's, ich will nichts.... !" Mit der Hand winkte er mir zu gehen. Ich ging und war unaussprechlich traurig, ich sah nun furchtbar deutlich, daß dieser geliebte Freund der unglücklichste Mensch auf Erden war. Am nächsten Morgen erhielt ich von ihm ein überaus warm und innig geschriebenes Briefchen, in welchem er mich um Verzeihung bat wegen der gestrigen Aufwallung. Wenn er leider im ganzen auch recht behalten werde, daß es keine Treue gäbe, das widerrufe er, es gäbe eine Freundestreue, welche der größte und letzte Trost seines verlöschenden Lebens sei.

In Hamerling's letzten Lebensmonaten war es, als ich einmal an seinem Bette saß. Er litt große Schmerzen, ich wollte fortgehen.

„Bleiben Sie doch, ich muß noch etwas sagen," sprach er, „blicken Sie einstweilen zum Fenster hinaus, ob die Bäume schon grünen; es wird bald ein wenig nach= lassen."

Ich blickte hinaus. Die Bäume grünten freilich.

Als ich nach einem Weilchen zu ihm hintrat, sagte er ohne allen besonderen Anlaß: „Lieber Freund! Sie kennen mich. Wenn ich unrichtig beurteilt werde, so stellen Sie es richtig!"

Sonst sprach er nichts mehr an diesem Tage. —

Im März 1889, also wenige Monate vor seinem Tode, schrieb er, infolge einer Anzeige, daß auch ich im Bett liege, mir den folgenden schmerzlich=launigen Brief:

„Sehr werter Freund!

Auch mir setzt der März sehr, sehr, übel zu, obgleich er sich durchs Schlüsselloch zu mir schleichen muß. Es bleibt dabei: der März — wie die Ärzte sagen — hat kein Herz. Allerdings tut der April — auch noch was er will — Und im Mai — ist auch noch nicht alles Unheil vorbei — Und im Juni — ist's auch noch nicht immer juni und wuni — Und im Juli — ist's mitunter schon wieder gar zu schwuli — Und im August — ist auch nicht alles eitel Freud' und Lust usw. Setzen Sie das in den Heimgarten als: ,Verse aus der Vorhölle. Von einer Fleder= maus'. Ach, was ist der Mensch! Ich leistete einst Besseres!

Daß Sie meine Heimgarten=Aufsätze noch immer nur in der durch die sinnentstellenden Originaldruckfehler verstümmelten Gestalt und ohne die Änderungen, die ich bei der Korrektur an=

8*

bringe, lesen, tut mir leid, um so mehr, da Sie vielleicht der einzige Mensch sind, der diese Aufsätze wirklich liest.

Daß Sie selber den Heimgarten mit immer schöneren und geistreicheren Prosabetrachtungen schmücken, und nicht bloß köstliche Bauerngeschichten schreiben, davon dämmert jetzt schon in den vernageltsten Köpfen eine Ahnung auf. Auf Ihr Mittel, die ,Verneinung des Willens' (Erzählung im Heimgarten) zustande zu bringen, bin ich im Homunkel leider nicht verfallen. Man läßt sich denselben durch sein Weib verneinen! Hurra!

Den mit Dank zurückgesandten Blättern lege ich leihweise die Nummer eines Antisemitenblattes bei mit einem Artikel, aus welchem Sie ersehen werden, wer den armen Kronprinzen Rudolf so weit gebracht hat. Die Juden taten's — natürlich die Juden!.

Kommen Sie, sobald Ihr Katarrh vorüber ist!

Ihr

allzeit getreuer
Hamerling.

Geschrieben zu Graz am 5. März 1889, in den einzigen fünf erträglichen Minuten des Tages."

Am Karfreitag 1889 sagte er, bald nachdem ich bei ihm eingetreten war: „Ich habe gestern eine angenehme Entdeckung gemacht. Bei Ordnung des Manuskriptes habe ich gesehen, daß mein philosophisches Werk doch weiter vorgeschritten ist, als ich gedacht habe. Nun die Hauptsache desselben vollendet, darf ich ans Sterben denken."

Das war das letztemal, daß ich ihn in seinem seit einem Jahre gleichmäßig schwerkranken Zustande sah. Ich zog bald hernach aufs Land und verkehrte mit ihm nur brieflich. Doch war es in allem fühlbar, daß die Katastrophe nahte.

In den letzten zwei Monaten seines Lebens schrieb er mir noch mit sicherer Hand eine Anzahl von Briefen und Karten. Am 5. Mai unter anderem:

„Ich befinde mich jeden Abend zwischen 5 und 7 Uhr in einem Zustande von unbeschreiblich qualvoller Art, wo ich meiner nur halb bewußt bin."

Auf meinen Rat zur baldigen Übersiedelung in sein Sommerhaus, antwortete er aufgeregt durch eine Karte, das verstehe sich von selbst, daß er nicht in der Stadt bleiben werde. Und gleichzeitig erhielt ich auch ein zweites Schreiben, in welchem er mich der Bemerkung auf der schon abgeschickten Karte wegen um Verzeihung bat. In seinem übergroßen Zartgefühl hatte er befürchtet, daß er mir durch die doch so harmlose Äußerung wehe getan haben könnte. Er mußte, weiß Gott aus welchem Grunde, dieser Meinung gewesen sein, denn der Brief schloß:

„Grollen Sie nicht länger Ihrem ohnedies vom Schicksal schwer geprüften und gestraften   Hamerling."

Einundzwanzig Jahre lang in denkbar bestem Einvernehmen, und wenige Wochen vor seinem Tode, unter den Qualen der Krankheit, im Gefühle der Verlassenheit glaubte er plötzlich, ich grolle ihm! Dies ist das einzige Unrecht, so er mir angetan. —

Am 10. Juni teilte er mir seine Übersiedelung ins Sommerhaus mit: „Auch eine Station, und wahrlich nicht eine der leichtesten meines Lebens." Zwei Dienstmänner hatten ihn über die Treppen in den Wagen geführt, wobei er der Ohnmacht nahe war. Als er im Wagen lehnend unterwegs die grünenden Bäume, die geschäftigen Leute sah, sagte er: „Ach, wie angenehm, so zu fahren. Nur nicht so krank, nicht so krank!" Wenige Tage später schickte er mir eine Notiz mit der Bitte, sie im Heimgarten zu veröffentlichen. In derselben teilte er mit, daß sein Zustand sich derart verschlimmert habe, daß die Möglichkeit persönlicher Begegnungen und Unterredung völlig ausgeschlossen

sei. In bezug auf sein Verhalten verwies er auf die Darlegungen in den „Stationen". Die Notiz ist im Juli-
Heft 1889, auf Seite 799 abgedruckt. Die Gleichgültigkeit
mit welcher damals noch Zeitungen und Publikum an dieser
Notiz vorübergegangen sind, beweist, wie wenig man die
nahende Katastrophe geahnt hat.

Ganz unnötigerweise hatte ich um diese Zeit den Tot-
kranken mit einer unbedachten Äußerung aufgeregt. In
einem Schreiben an ihn bemerkte ich nebenbei, daß der
Verleger mir seine mittlerweile in Buchform erschienenen
„Stationen" noch nicht geschickt habe. Sofort ließ er mir
das mit einer innigen Widmung versehene Buch schicken
und schrieb mir, sich entschuldigend, umständlich und erregt die Gründe, warum mir das Buch bisher nicht zuge-
gangen. Diese mit Bleistift, aber doch mit sicherer Hand
geschriebenen Zeilen datieren vom 17. Juni. Es ist die
letzte Schrift an mich, die ich von ihm besitze.

In denselben Tagen drückte man ihm gegenüber die
Verwunderung aus, daß er trotz des schweren Leidens und
völliger Erschöpfung im Schreiben noch seine sichere Hand
habe; seine schöne, überaus deutliche Handschrift, jeder Buch-
stabe wie gestochen, war sich gleichgeblieben. Er antwortete:
„So wird es bis zum letzten Tage sein. Ich zittere nicht."

Abschied. Tod.

Als nun von ihm kein Schreiben eintraf, wurde mir
bange, ich fuhr am 26. Juni nach Graz und ins Stiftinghaus. Seine Mutter und Frau Gstirner fand ich in
Tränen aufgelöst im Garten, sie wollten, daß ich sofort
zu ihm gehe und es ihnen dann mitteilte, wie ich ihn
gefunden. Als ich vor ihm stand, war es mir kaum mög-

lich, meinen Schreck zu verbergen. Mit tiefeingefallenen
Wangen und Augen, lehmblaß, fast bleifarbig die Lippen
und die Nasenhöhlen, sein langes, weißes Haar nach rückwärts geschmiegt, so lag er bewegungslos da. Als er mühe-
voll die Hand hob, um sie mir zu reichen, war sie ganz kalt,
als er anhub, unter schwerer Brustbeklemmung zu sprechen,
hörte ich eine fast fremde, dumpfe, lallende Stimme. An
beiden Seiten seines Bettes waren Tische mit Bücherhaufen,
denn jeden Augenblick geringster Linderung benutzte er noch
zur Arbeit. Da er in der Nacht ganz allein und einge-
schlossen in seinem Zimmer lag und selbst im Nebenzimmer
niemanden duldete, so stellte ich ihm das Unzweckmäßige
dieser Anordnung vor. Seine Antwort war, er wolle Ruhe
haben, hätte keine Salben und Pflaster nötig und könne
sich schon noch allein behelfen. (Erst in der letzten Zeit
durfte der Pächter von Hamerlings kleiner Landwirtschaft,
Franz Hirzer, ein braver williger Mann, im Nebenzimmer
weilen und ihm behilflich sein. In den allerletzten Nächten
konnte auch Frau Gstirner in seinem Zimmer wachen.)

Da es darauf ankam, seine Schmerzen zu lindern, so
wagte ich etwas, das man vor ihm kaum mehr zu wagen
den Mut hatte. Ich bat ihn mit gefalteten Händen, einen
Arzt rufen zu lassen. Glaube er schon, daß der Arzt nicht
helfen könne, so gebe es doch schmerzstillende, beruhigende
Mittel. Die körperlichen Schmerzen, antwortete er mit einer
Träne im Auge, seien ja nicht die Hauptsache. Ich wußte
wohl, was er damit sagen wollte. — Nun suchte ich ihm
von einer anderen Seite beizukommen und bat, er möge
einen Arzt wenigstens zur Beruhigung für seine nächste
Umgebung nehmen, er möge an die Rat- und Trostlosigkeit
der zwei Frauen denken. Auch sei er es der Öffentlichkeit
schuldig, damit man nicht sagen könne, es wäre anders, wenn

er aus Eigensinn nicht die ärztliche Hilfe abgelehnt hätte. —
Ich erschrak selbst, als es so herauskam, denn ich wußte,
wie aufgeregt er bei diesem Thema zu werden pflegte.
Diesmal aber hatte er nur ein bitteres Lächeln. „Die
Offentlichkeit!“ sagte er. „Sagen Sie den Leuten, die sich
um mich zu kümmern die Güte haben, ich ließe sie grüßen
und sie möchten mich für keinen Sonderling halten und
auch für keinen Dummkopf, der aus Eigensinn zugrunde geht.
Ich weiß bestimmt, daß Ärzte mir nichts nutzen können, und
kommt die Stunde, wo ich glaube, daß der Arzt angezeigt
sei, so werde ich ihn rufen lassen, darauf gebe ich Ihnen
mein Wort.“ Das war alles, was ich ausrichtete. Noch
fragte er mich um mein Befinden, um meine Arbeiten, um
den Heimgarten, dem er für die nächsten Hefte Beiträge zu-
sicherte. Ich merkte, daß jetzt mehr Lebenshoffnung in ihm
war, als früher. Während der letzten Wochen seiner Krankheit mußten seine Kleider, selbst Stiefel und Hut, immer
neben dem Bette bereit sein, als wolle er jeden Augenblick
aufstehen und ausgehen. Kleine Schäden an seinen Kleidern pflegte er früher selbst auszubessern; zu solchem Zwecke
hatte er bei seinem Bette ein Nadelkissen mit Nadel und
Zwirn am Schnürchen hängen. — Bei diesem meinen Besuche vertraute er mir in fast geheimnisvoller Weise, daß
sein Zustand sich gewendet habe. Ich deutete das einen
Augenblick lang in günstigem Sinne.

Er sprach dann von seinem wissenschaftlichen Werke, von
neuen Ausgaben und Büchern, die er im Plane habe und
von Gedanken und Gedichten, die ihm fortwährend im Kopfe
umgingen. Aber oft mußte er das Gespräch vor Erschöpfung
unterbrechen, bis ich eine solche Pause wahrnahm und mich
verabschiedete, um ihn nicht weiter anzustrengen. Ich war
ziemlich tapfer und ließ nichts merken davon, was ich bei

diesem Abschiede empfand. Zu den Frauen in den Garten zurückgekehrt, merkten sie es wohl an meinem Aussehen, wie hoffnungslos ich das Krankenzimmer verlassen hatte. •

Eine Woche später, am 4. Juli, war ich schon früh morgens am Stiftinghause. Ich hatte nicht die Absicht, durch mein wiederholtes Erscheinen ihn zu beunruhigen, aber die Frauen ließen ihm meine Anwesenheit melden. Er bat mich zu sich hinein. Ich fand ihn wie acht Tage früher, doch schien er noch gesprächiger, und als er meine Hand ergriffen hatte, hielt er sie lange fest, was sonst nicht seine Art war. Die Gegenstände, die er besprach, waren so aufregender Natur, daß ich sie gerne abgebrochen und, um seine erschütternden Gemütsbewegungen zu vermeiden, ihn allein gelassen hätte. Allein er hielt mich fest an der Hand und erging sich mit oft schluchzender Stimme in der Klage über sein unglückliches Leben. Endlich sank er dahin und schwieg. Ich suchte diesen Augenblick zu benutzen und mich zu verabschieden, da hauchte er: „Warten Sie noch ein wenig. Ich bin erschöpft und werde mich bald erholen. Ich habe Ihnen noch etwas zu sagen."

Also saß ich ihm gegenüber und sah ihn an. Er lag mit geschlossenen Augen wie eine Leiche da; mir wollte die Beklommenheit das Herz abdrücken. So währte es etwa fünf Minuten, da öffnete er sein müdes Auge, hob die Hand nach der meinen und sagte: „Lieber Rosegger, so müssen wir voneinander scheiden. Leben Sie wohl!"

Das war an mich sein letztes Wort gewesen. — Ich taumelte hinaus und reiste fast betäubt zurück auf meinen obersteirischen Landsitz.

Am 10. Juli erhielt ich von seiner Mutter die Depesche: „Bitte schnell zu kommen." Ich eilte ins Stiftingtal. Schlimme Anzeichen waren eingetreten, die Frauen baten mich, es noch einmal zu versuchen, ihn für einen Arzt zu bestimmen. Ich wagte es aber nicht mehr, ihm mit diesem Ansinnen neuerdings vor Augen zu treten, ganz überzeugt, daß die dabei unvermeidliche Aufregung ihm weit mehr schaden müßte, als bei der vorgeschrittenen Krankheit selbst der beste Arzt noch nutzen konnte. Ich ging nicht mehr zu dem Kranken hinein, sondern ließ ihn nachher meinen Gruß überbringen. Er winkte nur mehr matt mit der Hand. Ruhe! das war das einzige, was er noch wollte.

Hierauf eilte ich zu einem ihm persönlich näher bekannten Arzte mit der Bitte, daß derselbe täglich — ohne aber bei dem Kranken einzutreten — ins Stiftinghaus zu den Frauen gehe, sich über seinen Zustand berichten lasse und Verhaltungsmaßregeln gebe. — Das konnte nur dreimal geschehen.

Am 13. Juli morgens erhielt ich in Krieglach das Telegramm:

„Er ist seit 10½ Uhr abends im Todeskampf." Drei Stunden später die Nachricht: „Hamerling tot."

Sursum corda!

„Habt nur noch ein bißchen Geduld! Adieu!" Das war eines seiner letzten Worte gewesen. Er sagte es zu Frau Gstirner und der kleinen Bertha. — Er war bis zu seiner letzten Stunde unendlich bedürfnislos, anspruchslos gewesen. Am 12. Juli, den ganzen Tag über hatte er sich wohler gefühlt, hatte laut und wieder deutlich gesprochen, hatte geschlafen und etwas Nahrung zu sich genommen. Wiederholt hatte er sich in diesen letzten Wochen Briefe und Zeitungen aus dem Waldviertel vorlesen lassen; in dem Sterben-

den regte sich Sehnsucht nach der Heimat. Und zugleich
wieder Lebenshoffnung. „Meinen sechzigsten Geburtstag,"
äußerte er zu Frau Gstirner, „den werde ich doch erleben."
Am Abende des 12. Tages im Juli, nachdem er um noch
ein bißchen Geduld gebeten, fiel er in Agonie, nach deren
neunstündiger Dauer sein Leben ruhig ausgeloschen ist. Bei
ihm waren in der Todesstunde seine alte Mutter, Frau
Gstirner und die zwölfjährige Bertha. Erst nach eingetre-
tenem Tode kam auch der Arzt ins Zimmer, um seinen
Patienten also das erstemal zu sehen.

Aufgebahrt haben sie ihn in seinem Sterbezimmer.
Sein Antlitz war schön und mild, fast jugendlich schien es
am ersten Tage der Bahresruh'. Er lag in einfachem schwarzen Anzuge, in den gefalteten Händen ein Kreuz, welches
einst sein Vater geschnitzt hatte. Keine äußere Auszeichnung
schmückte seine Leiche, kein Zeichen fürstlicher Huld, kein
Doktorhut, kein Professorendiplom, nichts als des Genius
göttlicher Stern über der Stirne. Das Volk kam und über-
schüttete die Leiche des Dichters mit Rosen.

Mir stand nach Eröffnung des Testamentes eine herz-
bewegte Überraschung bevor. In demselben hieß es unter
§ 5: „Meinen Freund P. K. Rosegger bitte ich, meinen
Siegelring, welcher den mir am Beginne meiner literarischen
Laufbahn von Graf Prokesch-Osten geschenkten türkischen
Talisman enthält, und den ich viele Jahre am Finger ge-
tragen, als Andenken an mich freundlichst anzunehmen."
Der in einen goldenen Ring gefaßte Stein hat türkische
Schriftzeichen, die in deutscher Übersetzung lauten: „Hilfe
von Gott und naher Sieg!"

Nicht unerwähnt kann ich ein merkwürdiges Zeichen
lassen, welches am Morgen des 13. Juli, genau um die
Stunde seines Todes, in Krieglach geschehen ist. Dort vor

den Fenstern meiner Stube steht eine Gruppe junger Weiß-
birken. Dieselben waren wie immer so auch zu dieser Zeit
frisch grün gewesen. Plötzlich, am Morgen des 13. Juli,
waren an diesen Birken fast alle Blätter gelb und fielen in
großer Menge ab. Mehrere dieser Blätter trug der Morgen-
wind zum offenen Fenster herein. Auf dem Tische lag neben
anderen Büchern Hamerlings neues Buch: „Stationen
meiner Lebenspilgerschaft", das er mir wenige Tage früher
zugeschickt. In diesem Buche blätterte der Wind und schlug
jene Seite auf, wo von dem Siegelring mit dem Talisman
die Rede ist. Ich warf vorübergehend einen Blick darauf,
ohne eine Ahnung zu haben, daß mir hier der letzte Gruß
meines großen Freundes angekündet worden. — Wenige
Stunden später erhielt ich die Todesnachricht.

Die gelben Blätter waren zur Erde gefallen, die Birken
grünten wieder und blieben frisch bis in den späten Herbst.
Viele meiner Ortsgenossen haben die seltsame Naturer-
scheinung an diesen Bäumen mit Verwunderung gesehen,
keiner hat sie erklären können. —

Am 15. Juli haben wir ihn zu Grabe getragen, und
zwar um die heißeste Nachmittagsstunde, da man eine spätere
Stunde nicht zur Verfügung gestellt. Trotzdem fand sich
eine große Menschenmenge ein, viele Kränze gab's, auch verschiedene Körperschaften waren vertreten. Im ganzen aber
haben sie keinen Wunsch dieses Dichters je so buchstäblich
erfüllt, als seinen letzten: ein einfaches Begräbnis. Das
einzige, was, außer einer schwungvollen Rede des Vorstandes
der Grazer „Concordia", dieses Begräbnis von gewöhnlichen Bestattungen unterschied, war eine Abordnung aus
der Heimat des Dichters, deren Sprechwart am Grabe
Worte der Liebe und Verehrung gesprochen.

Nie noch ist mir der Umschwung der öffentlichen Mei-

nung so deutlich vor Augen getreten, als gelegentlich des
Todes Hamerlings. Der Bestgescholtene, durch Ohren-
bläsereien Verleumdete, durch die Kritik Mißachtete, war
nun, mit einer einzigen Ausnahme, auch öffentlich das
geworden, was er in Wirklichkeit immer gewesen: ein großer
Dichter, ein edler Menschenfreund, ein heldenmütiger Dul=
der. Hamerling war nicht so hochmütig gewesen, um sich
über die Meinungen seiner Mitmenschen leicht hinwegzu-
setzen, er fühlte sich zu innig verwachsen mit den Menschen,
er hatte sie zu lieb, als daß ihre Bosheiten ihm nicht
hätten wehe tun, ihre Anerkennung ihn nicht hätte beglücken
sollen. Was in seinen Gewohnheiten manchmal etwa wie
„kleinlich" ausgesehen hat, das war nichts als strenge
Gewissenhaftigkeit, Ordnungsliebe und feinfühlige Rücksicht-
nahme auf andere. Außer etwa manchmal sich selbst hat
er niemandem unrecht getan. Für die Menschheit hatte
er ein großes Herz und groß ist die Gabe, die er ihr
hinterließ. — Darum hätte ich gewünscht, es wäre jener Grad
von Hochschätzung und Wohlwollen, der aus den Nekrologen
sprach, ihm schon bei Lebzeiten zuteil geworden.

Robert Hamerlings Unstern schien übrigens mit dem
persönlichen Leben des Dichters nicht untergegangen zu sein.
Als für ein Hamerlingdenkmal gesammelt wurde, erklärte
ungefragt ein Berliner Gelehrter öffentlich, den Hamer=
ling möge er nicht, der verdiene kein Denkmal, höchstens
eine provinzliche Büste. Diese beabsichtigte, in solchem Fall
beispiellos gehässige Hemmung hat aber nicht verhindert,
daß wir mehrere höchst stimmungsvolle Hamerling-Denk-
mäler besitzen. Leute von solchen, die Robert Hamerlings
Dichtergenius verschmähten, haben später gelegentlich einer
Grabübertragung des Dichters Schädel entwendet, um nun
im leeren Knochenraum den Spuren des Geistes nachzufor-

ſchen, für den ſie ſonſt weder Intereſſe noch Verſtändnis gefunden hatten. Eine öffentliche Aufforderung war nötig geworden, um die Zurückſtellung des Schädels ins Dichter-grab zu erreichen.

Anders als ſolche Schriftgelehrte dachte über den Dich-ter des „Königs von Sion," des „Danton und Robespierre," des „Homunkulus," des „Teut" das deutſche Volk. Und ſiehe, dieſem blieben die Werke vorenthalten. Die alten, ſchlechten, koſtſpieligen Ausgaben wurden nicht vertrieben, ſtockten völlig; der Verlag, dem Hamerling immer auf das äußerſte entgegengekommen war, von dem er nichts als eine Volksausgabe gewünſcht, und für den in ſeinem Teſtament den Erben die größte Rückſicht empfohlen hatte, ſchien ſeines Dichters müde geworden zu ſein. Immer wieder habe ich in meinem Heimgarten den Verlag in Hamburg aufgefordert, eine Volksausgabe von Hamerlings Werken zu machen, bis es endlich, zehn Jahre nach des Dichters Tode gelang. Eine ſechzehnbändige Ausgabe von Hamer-lings ſämtlichen poetiſchen Werken verdanken wir dem Ver-lage Heſſe & Becker in Leipzig, gewiſſenhaft geſichtet und herausgegeben von M. M. Rabenlechner. So hat endlich der urdeutſche Dichter ſeinen großen Einzug ins deutſche Volk gehalten.

———

Damit ſollen dieſe Erinnerungen geſchloſſen ſein. Ein beſonderes Stück behalte ich mir mit Abſicht vor für meine Selbſtbiographie „Mein Weltleben" I (39. Band der Geſ. Werke).

Ludwig Anzengruber.

(1839—1889.)

Es ist nicht leicht, in kurzer Fassung einen eigenartigen Menschen zu charakterisieren; einen Mann, den man ein halbes Menschenalter gekannt, geliebt, mit dem man gewesen in verschiedensten Lebenslagen, dem man gefolgt in seine geistigen Weiten und Tiefen, den man mit Jauchzen steigen, mit einem Aufschrei des Schreckens fallen gesehen.

Ludwig Anzengruber. Was soll ich denn? Soll ich sein Leben schildern? Seine literarischen Taten? Seinen Charakter? Das alles ist schon fertig, leset Anton Bettelheim's „Ludwig Anzengruber. Der Mann — sein Werk — seine Weltanschauung." Was ich hier mit Fug tun kann, das ist kurz mein persönliches Verhältnis zum großen Dramatiker zu schildern.

Jemand tat einmal folgenden Ausspruch: Als die Natur in einem und demselben Lande zu einer und derselben Zeit den Anzengruber und den Rosegger nebeneinander hingestellt, hat sie sicherlich ein Spitzbubenstück geplant. Zwei Bauerndichter, zwei Mundartdichter und Realisten, die gleichen Stoffe, die gleichen Ziele, das gleiche Publikum, den gleichen Ehrgeiz! War's nicht etwa daraufhin angelegt, daß diese beiden Literaten und Erfolgbeflissenen sich insgeheim gründlich hassen sollten? Und schrieb nicht der eine in Wien einst pseudonym ein außerordentliches Volksstück, für das der andere in Graz applaudiert ward, weil man dort diesen anderen für den Verfasser hielt? War das nicht Bosheit genug, um nachher in dem Herzen des Grazers alle Geister der Mißgunst, des Neides zu erwecken?

Wer weiß auch, was geschehen wäre, wenn ich so gut

hätte Komödien schreiben können, wie er. Aber weil ich das nicht konnte, was blieb übrig, als mich zu freuen, daß einer aufgestanden, der's konnte!

Wie wir uns kennen lernten?

In unserer Stadt lebte um das Jahr 1870 ein Zeitungsrezensent, dem das neue, erst frisch aus Wien gekommene Stück „Der Pfarrer von Kirchfeld" gar nicht gefallen wollte. Weil der Verfasser seinen richtigen Namen nicht dazugeschrieben, so kam der Rezensent wohl auf den Verdacht, daß ein Einheimischer das Stück gemacht haben könnte, so ein „Naturdichter," wie sie damals, aus mißratenen Schneidergesellen entstanden, auf der Gasse umliefen. Er tat daher das neue Volksstück mit ein bißchen hoher Anerkennung und vieler Ironie in wenigen Zeilen ab. Da fragte ich mich verblüfft: Ist dieser Mann — der Rezensent — auch recht bei Troste? Ein solches Stück wegzuwerfen, weil es etwa nicht genau in seine Lade paßt. In meiner Entrüstung tat ich etwas, das ein Poet nie tun soll — ich ward Rezensent. Ich schrieb einen Aufsatz über das neue Stück, in welchem dessen Wert und Bedeutung mit fast leidenschaftlich heißen Worten zur Sprache kam. Zwar ward mir der zünftige Rezensent darob böse, aber der Dichter ward mir gut. Nach der Veröffentlichung meines Aufsatzes schrieb mir ein gewisser Ludwig Anzengruber aus Wien, daß er der Verfasser des Stückes sei, welches ich so mannhaft in Schutz genommen.

Die Vorstellungen des „Pfarrer von Kirchfeld", welche auf die mattherzige Rezension des Zunftkritikers bereits erlahmt waren, setzten in Folge meines Aufsatzes wieder frisch ein, die Häuser waren stets ausverkauft und selbst vom flachen Lande strömten die Leute herbei, um das merkwürdige Drama zu sehen. Da gab's oft ein Schluchzen und ein Jubeln im Theater, wie es bislang bei uns kaum erlebt worden. Die Aufführung war freilich auch musterhaft, nie habe ich seither einen Pfarrer Hell, einen Wurzelsepp gesehen, der mit den Leistungen der Herren Roll und Martinelli vergleichbar gewesen. Martinelli genießt noch heute mit vollem Recht den Ruhm, der beste Anzengruberrollendarsteller gewesen zu sein.

Nach wenigen Wochen fand in Graz die fünfundzwanzigste Vorstellung des „Pfarrers" statt und zur höheren Feier derselben ward der Dichter eingeladen, ihr beizuwohnen. Bei dieser Gelegenheit nun habe ich Ludwig Anzengruber persönlich kennen gelernt. Bei dem Festmahle, welches nach der Vorstellung stattfand, saßen wir uns gerade gegenüber. Zwischen uns auf dem Tische hohe Champagnerflaschen und ein sehr üppiger Blumenstrauß. Wir guckten manchmal · so ein wenig zwischendurch aufeinander hin, sprachen aber nicht viel. Als vom Schauspieler Roll eine begeisterte Rede auf ihn gehalten wurde und ich beim Anstoßen aus Begeisterung mein Glas in Scherben stieß, flüsterte mir Anzengruber, im Gesichte tiefrot vor Befangenheit, durch die Blumen die Frage zu, ob auch er nun etwas reden müsse? Ich kannte die Pein und sagte, er habe schon geredet.

Erst am nächsten Morgen, bei einem gemeinsamen Spaziergang wurden wir mitsammen vertrauter. Ich wollte ihm rasch die Schönheiten der Umgebung von Graz zeigen, allein er war etwas schwerfällig und behäbig, sagte in seiner langsamen Sprechweise, die Naturschönheiten habe er ohnehin in Wien in seiner Schreibstube, hier wolle er den guten Freund haben, und er schlage vor, daß wir uns irgendwo „hineinsetzten" und gemütlich miteinander plauderten. — Und als wir uns nachher in ein Wirtshaus „hineingesetzt" hatten, fragte ich ihn, was es denn in feiner Schreibstube zu Wien für großartige Naturschönheiten gäbe.

„Allerhand," antwortete er. „Ich denk' mir sie halt."

Es war ein deutsames Wort gewesen. Er dachte sich die Naturschönheiten, so wie er sich seine Bauern dachte. Ach, selten hatte er Gelegenheit, das ernstheitere Landleben zu beobachten und zu genießen. Denn mit der Gesundheit und Weltfreudigkeit, wie man sie auf dem Lande findet, war es bei Anzengruber nicht zum besten bestellt. Alle Achtung vor großartiger Dichterphantasie, aber es ist doch ein Unterschied, ob man sich die schöne Natur und die gesunde Luft und die natürlichen einfältigen und vielfältigen Menschen bloß denkt, oder sie wirklich sieht und erlebt.

Also wir hatten uns hineingesetzt in ein Wirtshaus. 's ist ein hübsch langer Sitz geworden; denn alles, was dieser Mann anging, führte er gründlich durch — auch das Gabelfrühstück. Plötzlich fragte er mich: „Ist es unangenehm, wenn Ihnen jemand etwas Schmeichelhaftes sagt?"

„Es kommt darauf an, wer es sagt," war meine Antwort.

„Wenn es der Kirchfelder sagt!" warf er ein.

Der Kirchfelder, das war er selber, denn also pflegten ihn in bezug auf sein Stück seine Freunde zu nennen.

„Der Kirchfelder soll's nur sagen," sprach ich.

„Mein Pfarrer hätte den Weg schon auch allein gemacht," sprach Anzengruber, „aber wahrscheinlich sehr langsam, und gerade dieses Stück taugt für die jetzigen Tage. Darum haben Sie mit Ihrem Aufsatze, der in vielen Zeitungen abgedruckt wird, dem Kirchfelder einen Freundschaftsdienst geleistet, der Ihnen nicht vergessen sein soll. Ich glaube, Freund, wir halten zusammen." Er hielt mir seine Hand hin, und wie schon vorher seine Sache die meine ge-

wesen, so war von nun an auch seine Person fast die meine.
Alles, was im guten oder schlechten ihm je widerfahren,
habe ich so empfunden, als ob es mir selber geschehen wäre.

Von diesem Tage an sahen wir uns oft und schrieben
uns noch öfter.

Wenn ich nach Wien kam, waren wir gern beisammen.
Wir besprachen unsere gegenseitigen literarischen Pläne, er
las mir seine neuen Arbeiten oder Teile derselben vor,
sowie auch ich Kopf und Herz vor ihm auspackte. Manchmal setzten wir uns in irgendein Wirtshaus oder Kaffeehaus zusammen und führten die wunderlichsten Gespräche
über den Sozial-Kommunismus, den Pessimismus und den
Materialismus in der Literatur. Ich vertrat stets den idea-
leren Standpunkt, manchmal mit nervöser Leidenschaftlichkeit,
er blieb in seiner kernigen Art ruhig, warf nur bisweilen
in seiner klobigen Wiener Mundart ein höchst drastisches
Wort hin, durch welches er das Gespräch ins Scherzhafte zu
spielen wußte. Manchmal — wie unversehens — entschlüpfte
ihm ein ganz besonders warmherziges Wort, obzwar er mit
Gefühlsausbrücken nicht verschwenderisch war, wie das auch
in seinen Schriften zu merken ist. „Wenn ich schon Gefühl ausdrücken soll," sagte er einmal scherzhaft, „so will
ich fluchen." Seine Aussprüche waren stets kurz und schla-
gend und trugen schon wegen der ruhigen, scheinbar gleichgültigen oder humoristischen Art, in der sie vorgebracht
wurden, das Merkmal der Überlegenheit an sich. Diese
Art kam ihm überaus zustatten. Es war vielleicht nicht
immer der richtige Nagel, auf den er hieb, allemal aber
traf er ihn auf den Kopf.

Wenn mich eines seiner Werke entzückt hatte, so ließ
ich meiner Begeisterung ihm gegenüber freien Lauf. Er
ertrug es ruhig, schmunzelte manchmal ein wenig, oder

9*

murmelte in seinen Bart eine kaustische Bemerkung, die von einem kurzen, hellen Auflachen begleitet war. Wenn mir an seinen Werken bisweilen etwas nicht richtig schien, so sagte ich es auch heraus; er ertrug es ebenso ruhig und ließ sich deswegen seinen Appetit am Nachtmahle oder seinen Genuß an der Zigarre nicht verderben. Einmal, dünkt mich, bin ich sogar grob mit ihm geworden, und zwar wegen einer Sache, die mich eigentlich gar nichts anging. Seit Jahren kam er selten mehr aus Wien hervor, außer wenn er eine Vorlesereise machte oder eine Badekur gebrauchte. Ich ward nicht müde zu raten, daß er im Sommer Wien verlassen und auf die Sommerfrische gehen solle; abgesehen davon, daß der Landaufenthalt ihm für neue Schöpfungen Stoff geben würde, wäre es doch auch seinen Kindern — er hatte inzwischen geheiratet — zu wünschen, daß sie sich auf grünem Rasen und im freien Walde umhertummeln könnten. Einmal gab er mir auf solchen Vorschlag eine so ablehnende, nachgerade das Land- leben verachtende Antwort, daß ich ebenso derb wurde und ausrief: Was das für ein Volksdichter sei, der das Volk meide! — bis er über meine Entrüstung in ein helles Lachen ausbrach.

Und ich glaube auch heute noch, daß ihm alljährlich einige Monate Landaufenthalt nicht geschadet hätten, weder seiner Person noch seinen Dichtungen.

Etliche seiner Bauerngestalten, so gestand ich ihm ein- mal, wären mir zu wenig natürlich und zu sehr von Anzen- gruberscher Weltanschauung durchdrungen.

„Nun?" fragte er, „und was weiter? Ich bin nicht dafür vorhanden, daß ich naturwahre Bauerngestalten mache, sondern ich schaffe Gestalten, wie ich sie brauche, um das darzustellen, was ich darzustellen habe."

Dieser Ausspruch, der für manches Anzengruberische bezeichnend scheint, dürfte um das Jahr 1875 gefallen sein.

Den Dichter Anzengruber sah die Welt nicht werden. Als er hervorging, war er vollendeter Meister. Die Mäzene, die Schulmeister, konnten ihn nicht fördern und aufhelsen, sie hatten hier nicht Gelegenheit, mit einem Anfänger nachsichtig, einem allmählich Wachsenden Protektor und Führer zu sein. Daher der Respekt vor ihm als er erschienen, der im Verborgenen unter schweren Kämpfen Selbstgewordene, denn das war ein Herrgott, den man nicht als Birnbaum gekannt.

Den Städtern hat Anzengruber das Bauerntum wesentlich näher gebracht, er hat ihr Interesse für dasselbe erweckt. Genaue Kenner des Volkes indes sagen, daß der Bauer im Grunde anders sei, wie Anzengruber ihn schildert; ich will das gerade nicht so behaupten. Im Bauernvolke gibt es, wie überall, die mannigfaltigsten Leute, gewiß auch solche, wie sie unser Dichter darzustellen liebte. Es geht überhaupt nicht an, zu sagen: So ist der Bauer und so ist er nicht. Auch der Bauer ist in erster Linie Mensch und als solcher eigentlich unerklärbar und unerschöpflich. Das äußere Gehaben des Bauers ist so wenig verläßlich, als das des Salonmenschen, es will bisweilen gerade das Gegenteil zeigen von dem, was Kern und Natur ist. Wer den Bauer bloß beim Lodenrock packt, der hat ihn noch nicht, er muß ihm näher an den Leib rücken, und ich glaube, Anzengruber hat es daran doch auch nicht fehlen lassen.

* * *

In späteren Jahren hatte ich ihn selten mehr allein. Kamen wir irgendwo zusammen, so fand sich bald auch eine größere Gesellschaft von guten Freunden ein, und die Unter-

haltung ward eine allgemeinere, heiteren und flüchtigeren
Charakters. An das eine erinnere ich mich, nämlich, daß in
ernsteren Dingen ich häufig anderer Ansicht war als alle
übrigen, die sich gerne um die Fahne Anzengrubers schar-
ten. Erst wenn der eine oder der andere wieder mit mir allein
war, gab er mir bei, einer einmal sogar mit dem Geständnis,
Anzengruber habe eine so sichere und ruhige Art, selbst das
Unrichtigste so zu behaupten, daß man ihm unwillkürlich
beistimme. Manchmal aber war der Schelm in ihm, und
etwas, das er den ganzen Abend lang im Gasthause scheinbar ernsthaft und mit würdigster Ruhe behauptet und verteidigt hatte, konnte er nachher im Kaffeehause beim „Knickebein" mit einem einzigen lustigen Worte über den Haufen
werfen. Natürlich purzelten seine Nachbeter lustig mit.

. Ludwig Anzengruber war eine knorrige, etwas unbehilf-
lich schwerfällige Gestalt. Seine starkgerötete Gesichtsfarbe,
seine scharfgebogene, charakteristische Nase, seine hohe Stirne,
sein blondes, nach rückwärts wallendes Haar, sein rötlicher
langer Vollbart, seine falben Augenwimpern gaben ihm
schier das Aussehen eines teutonischen Recken. Aber auf
diesem urgermanischen Gesichte saß ein Zwicker; und auch
seine starke Dichterseele hatte manchmal einen solchen Zwicker
auf, der ihr nicht gut zu Gesichte stand, einen Zwicker mit
dunklen Gläsern — den Pessimismus. Aber erst in späteren
Jahren ist der Dichter so kurzsichtig geworden, daß er bisweilen, aber nur bisweilen, sich eines solchen Zwickers bedienen mußte. In seinen großen Werken war er von jenem
Optimismus durchdrungen, den jeder echte Dichter haben
wird und der sich in der Dichtkunst nicht in heiteren Idyllen
äußern muß, sondern vor allem dadurch, daß die Dichtung
uns mutiger, sieghafter macht.

Derlei Gedanken gaben denn zwischen ihm und mir

Anlaß zu mancherlei Erörterungen, und ich glaube, daß die nicht ganz fruchtlos gewesen sind.

In seinen Absichten und Entschlüssen zeigte er sich stets entschieden, fremden Einwand kühl ablehnend; und doch war er leichter zu bewegen, zu überzeugen, als es den Anschein hatte; spröde und trocken war nur seine Schale.

Gar nicht einverstanden war er mit unserem Kulturleben, mit unseren sozialen Verhältnissen. Öfter als einmal war es, daß er beim Glase das Gespräch darüber plötzlich abbrach, vor sich hinstarrte, als wäre er versunken in eine Erscheinung, und halbverständlich etwas von „Mord" und „Brand", von „empor" und „nieder" murmelte.

„Aufhören's!" rief ich ihn dabei einmal an.

Wie aus einem Traume richtete er sich auf und zu mir gewendet, sagte er: „Sie wollen's ja nicht anders! Bitten und warnen hilft ja nicht! Da draußen auf der Au reiten sie beim Wettrennen die Pferde zu Tode, die Tausende von Gulden gekostet, und fünfzig Schritte daneben stürzt sich von der Donaubrücke ein Weib mit einem Kinde vor Hungersnot ins Wasser. Es ist ein — — Mir graust!" Damit brach er solche Gespräche ab.

Dort die übermütigen Sportsmen, hier die Verhungernden! Freilich, ein solcher Weltlauf müßte auch einen gewöhnlichen Menschen pessimistisch stimmen. Um wieviel mehr erst leidet darunter das für Recht erglühende Herz eines Dichters! Zudem hat Anzengruber das Mißverhältnis zwischen Verdienst und Lohn nur zu sehr an sich selber empfinden müssen. Viele Jahre nach dem ersten ruhmreichen Auftreten seines „Pfarrers von Kirchfeld" und anderer seiner großen Dramen hatte mir der Dichter zu schreiben: „Ich habe nun neun Jahre Schriftstellertum hinter mir, aber nicht die Stellung errungen, die mir erlaubte, ohne Frage nach dem augenblicklichen Erfolge, aus dem Vollen heraus produzieren zu dürfen. Ich werde diese Stellung voraussichtlich nie oder erst dann erringen, wenn meine Jahre nicht mehr die sind, welche eine solche Produktion aus dem Vollen zulassen."

Das war zur Zeit, als Operettenmacher in der Stadt sich Paläste und auf dem Lande schloßartige Villen bauten!

Im Winter des Jahres 1886 wurde auf dem Grazer Theater ein neues Stück von Anzengruber versuchsweise gegeben, welches für Wien als eine Weihnachtskomödie geschrieben, dort aber abgelehnt worden und also heimatlos war. Das Stück hieß: „Heimg'funden". Das Grazer Publikum fühlte sich von der herzenswarmen Komödie angemutet, ich schrieb aus diesem Anlasse für die Wiener „Deutsche Zeitung" einen Aufsatz über das Stück „Heimg'funden."

Um dieselbe Zeit war zu Wien aber ein löbliches Preisrichterkollegium in großer Verlegenheit. Das hatte den Grillparzerpreis zu verteilen und sah keinen würdigen Dichter dafür. In dieser Bedrängnis verfiel das Preisrichterkollegium, durch meinen Aufsatz aus Graz aufmerksam gemacht, auf die Tatsache, daß in Wien ein Dichter lebe namens Ludwig Anzengruber, welcher schöne Theaterstücke schreibe und das neueste davon, „Heimg'funden" genannt, sogar in Graz an der Mur mit großem Erfolge aufgeführt worden sei. Die Folge solcher Kundmachung war, daß Anzengruber für dieses Stück den Grillparzerpreis von 2000 Gulden erhielt.

Selten war es mir in meinem Leben gegönnt, einem Freunde etwas wirklich Gutes zu erweisen, um so größer war meine Freude, als es mir bekannt wurde, daß ich die Ursache der Preiskrönung Anzengrubers gewesen bin. Und die kleine Eitelkeit, gerade davon zu sprechen, müßt Ihr mir schon verzeihen. Es soll ja auch Euch gern erlaubt sein, davon zu plaudern, falls Ihr einmal einem deutschen Dichter eine Aufmerksamkeit erweist, außer der, seine Werke aus der Leihbibliothek holen zu lassen.

Nachdem ich nun mit etwas unbefangen lauter Stimme erzählt, was ich ihm sein konnte, will eingestanden werden, was er mir gewesen. — Was Ludwig Anzengruber mir gewesen ist? Erstens einmal das, was er als Dichter jedem war, der ihm horchte, zweitens das, was der Dichter solchen gewesen, die mit besondere Begeisterung seine Werke in sich aufnahmen, und drittens endlich noch einiges dazu.

Noch einiges dazu! das Persönliche. Seine Person und ihre Wirkung auf die meine.

Es gibt Menschen, die nur Glut oder Eis sein können. Sie müssen lieben oder hassen. Von Natur aus sind sie geneigt, jedem vertrauensvoll entgegen zu kommen, alles mit Wohlwollen zu umfangen, und erfahrene Freundlichkeiten mit loberndem Herzensfeuer zu erwidern. Begegnen sie aber irgendeinem Mißwollen, einer Feindseligkeit, alsbald sind sie so überschwenglich in Trotz und Haßgefühl, als sie es sonst in Liebe gewesen. Das leidenschaftliche Herz wäre ein Glück für den, der es im Busen trägt, wird behauptet. Nun zu solchen unglücklichen Glücklichen gehörte auch ich, und derlei Feuer ein wenig zu dämpfen, lehrte mich Ludwig Anzengruber.

Dieser Mann kannte keine überschwenglichkeit. Wen er gern hatte, dem war er im gewöhnlichen Verkehre warm zugetan; wen er nicht leiden konnte, dem ging er ruhig aus dem Wege und kümmerte sich nicht weiter um ihn. Nie hat ihn das Glück übermütig, nie das literarische Mißgeschick

irre gemacht. Er ward vergöttert und verketzert wie kaum ein
anderer seiner Zeit; die frohgläubigen Liberalen priesen in
ihm zeitweilig den Heiland des Volkes — er lächelte in
seinen Bart; die Orthodoxen verfluchten ihn als Antichristen
— er lächelte in seinen Bart. Er ward gelobt, und schwieg,
er ward verhöhnt und schwieg. Heute hub die Mitwelt ihn
jubelnd auf den Schild, er blieb ernst und ruhig; morgen
ließ sie ihn treulos fallen, er blieb ernst und ruhig. Vielleicht war er so ernst, weil er, unter Ausnahmen vertrauens-
inniger Stimmungen, die Menschen nicht ernst nahm; vielleicht blieb er so ruhig, weil er die ruhelose Art der Volks-
gunst, die Unbeständigkeit der Welt kannte. Aber dieser
ruhige Ernst gab ihm eine Männlichkeit und Würde, welche
für ihn einnahm. Sein Geist war nicht schulfabrikmäßig
gebildet worden, er hatte in den Irren und Wirren der
Welt sich selbst zurechtfinden müssen; und doch war es
ihm gelungen, sich eine Ebenmäßigkeit des ganzen Wesens
anzueignen, die uns anderen zu einem leuchtenden Vorbilde
dienen konnte.

Unrecht geschah ihm oft, verteidigt hat er sich fast nie.
Um so heißer empfand ich manchmal das Verlangen, für den
Freund in die Schranken zu treten.

Einmal standen die Volksschullehrer gegen ihn auf. Er
hatte für die von ihm redigierte Zeitschrift „Die Heimat" zu
einem fertigen Holzschnitte ein übermütiges Geschichtlein
geschrieben über einen Dorfschulmeister der alten Zeit. Das
ward mißverstanden, eine große Anzahl von Lehrerblättern
tadelte ihn scharf; einige wollten ihm bei dieser Gelegenheit
den bigotten Schulmeister von Alt-Ötting (im „Pfarrer von
Kirchfeld") vergelten. Sie übersahen, daß wohl kaum ein
anderer Dichter unserer Zeit so stark im Sinne der neuen
Volksschule gewirkt hatte, als eben Anzengruber. Ich wollte

sie daran erinnern, darauf er: „Wie, Sie wollen einen Lehrer belehren?" Übrigens rechtfertigte er sich in der Schulmeistersache später selbst durch einige maßvoll gehaltene Zeilen.

Unvergleichlich ernster als der Schulmeisteransturm war der „Pfaffenkrieg", der gegen Anzengruber seit Anbeginn seiner literarischen Laufbahn geführt wurde. Den Gegnern war kein Mittel zu schlecht, um den Dichter bei dem Volke in Mißkredit zu bringen. Mit dem für uns Volkspoeten eigens erfundenen Spottnamen „Lederhosendichter" richteten sie nicht viel aus; im Gegenteile, die lederbehosten Alpenbauern wurden nun erst begierig, einen solchen, auch auf das Beinkleid Bedacht nehmenden Dichter kennen zu lernen. Besser machte sich schon das Schlagwort vom „gottlosen Freimaurer"; unter dieser von der Kanzel her bekannten Bezeichnung denkt sich die katholische Landbevölkerung einen Ausbund von Gottlosigkeit, Verführungskunst und Schlechtigkeit. Am wirksamsten aber war die folgende Kampfart: Man mißdeutete in Anzengrubers Dramen die von wahrer Moral beseelten Sentenzen, unterschob den Aussprüchen einen falschen Sinn und schrie dann: Sehet den Unchristen! Also trieben sie es besonders beim „Pfarrer von Kirchfeld", beim „Gewissenswurm" und beim „Vierten Gebot." Sie hatten wohl ihren guten Grund, diesen Dichter zu bekämpfen, aber den wollten sie nicht sagen. Er stand gegen orthodoxe Äußerlichkeiten, und sie sagten, er verfolge das Christentum.

Gegen solche Kampfesweise habe ich denn mehrmals mit zornigen Artikeln dreingeschlagen in der Absicht, die Gegner eines Besseren zu belehren. Anzengruber sah mir stets schweigend zu, lachte wohl wieder einmal in seinen Bart, und ich wette keinen sächsischen Pfennig, ob er mich nicht ausgelacht hat. Einer, der jene Gegner mit Vernunftgründen überzeugen

will — es ist in der Tat zu lächerlich. Werde es in Zukunft wohl auch bleiben lassen.

Also war Anzengruber durch seine würdevolle Ruhe mir
der beste Wegweiser, durch sein Schweigen manchmal der
beredteste Lehrer.

Als 1872 meine Mutter gestorben war, tröstete mich
Anzengruber brieflich mit unendlich innigen Worten.

Drei Jahre später sollte ich sie ihm zurückrufen müssen,
als er seine Mutter verlor, „die er geliebt mit einer Liebe,
wie sonst keinen Menschen auf der Welt." Dieses Wort hat
er Jahre vor ihrem Tode gesprochen und Jahre nach ihrem
Tode in Wehmut wiederholt.

In jenen Jahren war es oft, daß ich an meinem schriftstellerischen Können verzagte, daß mir vor Mutlosigkeit die
Feder aus der Hand sinken wollte. Immer auf die Leiden
blickte ich und erging mich in Dichtungen, die mir das
Herz versengten. Darauf schrieb er mir: „Rasten Sie sich
nur einmal aus!"

Auch diese Äußerung sollte ich ihm zurückgeben müssen
nach Jahren.

Anzengruber arbeitete nicht leicht, hatte aber die Gabe,
bei einem festgefaßten Stoffe zu verweilen jahrelang, ihn
ausreifen zu lassen. Er schuf eben mehr mit dem Verstande
und war nicht so sehr auf die flüchtige Gemütsstimmung
angewiesen. In ihm lebte eine starke Kraft, die nur etwas
schwer beweglich war und wohl auch als Anstoß der Anerkennung der Leute bedurfte. Wo diese versagt wird, da
erlahmt endlich auch ein gewaltiger Dichterflug, und statt
uns Ätherwogen zuzufächeln vom hohen Himmel, peitschen
die Flügel des Adlers den Staub der Straße auf.

Ludwig Anzengruber wurde Redakteur, beziehungsweise Schreiber des politischen Witzblattes „Figaro". Auf mein Vierzeiliges:

> „Der größte Tragiker unserer Zeit,
> Der muß ein Witzblatt machen;
> Ein tragischer Witz, bei meiner Seel',
> Man möchte Tränen lachen!"

antwortete er: „Ich bitte Sie, Pegasus im Joche muß froh sein, daß er im Zirkus durch den Reifen springen darf — das ist immer noch Kunst."

In Wien hatte ich seit Jahren einen drolligen Widersacher, der mir unter mancherlei Vermummungen bei jeder Gelegenheit öffentlich einen gallischen Rippenstoß versetzte und bei meinen Werken vor allem den Erfolg nicht verzeihen konnte. — Fragte ich einmal: „Was dieser Mensch nur hat?"

„Nichts hat er," antwortete Anzengruber.

In solchen scharfpointierten Aussprüchen lag Salz, mit welchem er manchem den Kohl gewürzt, manchem die Suppe versalzen hat. Doch wußte er seinem Epigramm zumeist eine gutmütige Wendung zu geben; also setzte er damals auch bei: „Beneidet zu werden, ist doch ein Vergnügen. Ich wollte, auch mir würde es öfter zuteil."

Zu einer gewissen Genugtuung gereichte ihm die Kritik, welche mit wenigen Ausnahmen ihn stets hochgehalten hat. Aber glücklich machte ihn das auch nicht. „In der Zeitung steht, was ich für ein Kerl bin!" murmelte er einmal mit Selbstironie vor sich hin. „Na, wenn's nur in der Zeitung steht — he, he!"

*   *   *

„Herrjeses, wenn ein Rezensent Stücke beurteilt, die er nicht gehört und gesehen hat: wie soll er da ein Urteil

abgeben können, das sich hören und sehen lassen kann!"
So schrieb mir Ludwig Anzengruber nach Graz, als ein
Theaterkritiker seinen „Meineidbauer" abgetan hatte. „Wieder die alte Leier von zwei Liebesleuten, die sich heiraten
möchten, und von den Alten, die nicht wollen. Ein zweites
Mal wird das Haus füglich leer bleiben, denn unsere Bevölkerung hat besseres zu tun, als sich darum zu bekümmern,
ob der Großknecht des Kreuzweghofbauers die Vroni kriegen
wird oder nicht." So ähnlich hatte die Kritik gelautet.

Ein paar Wochen nach dieser kaltblütigen Hinrich-
tung eines der gewaltigsten deutschen Dramen kam Anzengruber nach Graz. Wir machten zusammen einen Spaziergang durch den jungen Stadtpark, der damals seine dün-
nen, schlanken Gerten aufreckte, wo jetzt die knorrigen Bäume
stehen. Anzengruber war noch kurz vorher auch so ein
Reis gewesen, das jenes Rezensentlein mit einem einzigen
Handgriff im Garten der deutschen Literatur ausrupfen
wollte. Aber siehe: schon stand die Eiche da, die den ganzen Dichterwald überragte.

Wir unterhielten uns lustig über die Rezension; aber
weil ich damals magenleidend war, ging mir mitunter der
Humor aus.

„Ärgerlich sind solche Zeitungsgeschwätze," sagte ich.

Er blieb stehen; durch die funkelnden Brillen, die ihm
auf der scharfgebogenen Nase saßen, guckte er mich an und
sagte: „Ärgerlich? Steht dieses Wort in Ihrem steierischen
Volkswörterbuch? Ich glaub's nicht. Das Wort sollte ein
Volksdichter gar nicht kennen."

„Drei Dinge kujonieren uns," fuhr er fort: „phy-
sischer Schmerz, Kummer und Ärger. Die ersten sind Lö-
wen; der Ärger ist ein Windhund. Und doch belästigt er
uns am meisten, wenn man das Mistvieh nicht zum Teufel

jagt. Nein, für das Beest muß man nicht zu haben sein.
Man laß was gehen. Sie ärgern sich da über einen grünen
Jungen, der in Ermangelung eigener Fexung auf fremdem
Felde Halme rupft. Lieber Freund! Da kann man in
Wien ganz andere Sachen erleben."

In Wien, meinte ich, könne er mit den Zeitungskri-
tiken doch zufrieden sein. Dem Hamerling gehe es dort
viel schlechter. Jedes neue Werk von ihm müsse durch
die Wollzeile (Zeitungsgasse) Spießruten laufen.

„Die Zeitungen schaden nicht viel," antwortete Anzengruber: „höchstens macht das beständige Loben dem Publikum einen Autor langweilig. Das heißt chemisch: einen
Dichter auf warmem Weg auflösen. Übrigens hat die Lesewelt lange Hände und greift um den bissigsten Zeitungs-
rezensenten herum nach dem Buch. Beim Theater ist das
anders; da kann Ihnen ein einziger Lump den ganzen
Weg zum Publikum verstellen. Die Operettenleute jetzt:
wie sie huschen und zischeln und Ränke schmieden, um
den Volksstückdichter nicht aufkommen zu lassen! Was es
beim Theater für Trugschleicherei gibt, davon haben Sie
keine Ahnung."

Während dieses und ähnlichen Gespräches ging von
der Kaffeehauspromenade her ein junger Mensch an uns
vorüber, der mich grüßte. Ich erkannte in ihm den grimmen Rezensenten des „Meineidbauer" und teilte das meinem
Begleiter mit. Ob er nicht seine Bekanntschaft machen wolle,
fragte ich neckend.

„Wenn Sie sich mit ihm unterhalten wollen," antwortete Anzengruber: „ich will derweil hinterdrein gehen
mit meinem Freunde Gruber." Ludwig Gruber war ja
des Dichters Deckname. Unter diesem Namen war er auch
als fahrender Komödiant in den Schmieren zu erfragen

gewesen. Ich überließ ihn also „seinem Freunde Gruber,"
machte mich an den kleinen Zeitungsschreiber und begann
mit ihm ein Gespräch über das neue Bauerndrama. Anfangs wollte er auskneifen, um auf einen anderen Gegenstand überzuspringen. Ich aber ließ gerade einmal nicht
locker. Da erklärte er rundweg, er sei kein Freund dieser
rührseligen Schnupftücherdramatik; man habe schon an der
Birch-Pfeiffer genug; wenn nun auch diese Dorfgeschichten-
verzapfer anfingen, mit ihren blöden Bäuerinnen und bigotten Bauern Stalldunggeruch auf die Bühne zu bringen,
dann müsse man den Musentempel einmal gründlich aus-
räuchern, und zwar mit starkem Kraut. Hinter uns hörte
ich ein Nasenschnauben, das wir später bei Anzengruber
so oft zu hören bekamen, wenn ihn etwas Besonderes auf-
stieß. Ich ließ meinen Rezensenten weiter an. Ob denn
dieser „Meineidbauer" wirklich so unter aller Kritik sei.
Da wäre man doch begierig, wenigstens die Fabel zu hören.

„Herr, es ist wirklich nicht der Mühe wert!" ver-
sicherte der junge Mann.

„Aber die Wiener Presse hat ja mit allem Respekt,
sogar mit Begeisterung dieses Stück besprochen."

„Die Wiener Presse! Ich bitte Sie! Da ist ja alles
Koterie untereinander."

Hinten schnob es stärker.

„Im vierten Akt soll ja eine so großartige Szene
sein," sagte ich.

„So lange bin ich gar nicht geblieben," antwortete
der Rezensent leichthin. „Wissen Sie, ich sprang an dem
Abend nur für den Doktor K. ein, der verhindert war.
Und offen gesagt: nach den ersten Szenen hatte ich genug.
Dann ging ich zu Kollegen ins Bierhaus."

Nun war der von hinten uns an der Ferse. Der

kleine Zeitungschreiber erschrak, als dieser Mann mit dem mächtigen Haupt und der scharfen Adlernase neben ihm stand. Anzengruber hielt ihm die Hand hin und sprach sänftiglich: „Junger Mann, Ihre Aufrichtigkeit ist eines Handschlages wert. Sie waren gar nicht in meinem Stück das Sie kritisiert haben!"

Nicht oft habe ich ein so jämmerliches Gesicht geschaut, wie das vom strengen Rezensenten jetzt war, als er merkte, vor ihm stehe der Dichter des „Meineidbauers". Eine Menge Säße der Entschuldigung begann er zu sagen, kam aber bei keinem über die ersten Silben hinaus. Sein Antliß spielte fleckig in allen Farben. Da befiel den Dichter ein menschliches Rühren. Er legte ihm die Hand auf die Achsel und sagte freundlich: „Lassen Sie sich einen guten Rat geben, mein Herr: bleiben Sie beim Bier!"

Damit war der Kleine wohlwollend entlassen. Er scheint den Rat des Dramatikers beherzigt zu haben; wenigstens hat man auf geistigem Gebiet nichts mehr von dem Manne gehört. —

Ein anderesmal mit Anzengruber auf einem Spaziergang. Wir verschmähten das „Fachsimpeln" nicht, weil ja der Mensch am liebsten davon spricht, wovon sein Wesen erfüllt ist, und uns die Poesie nicht Handwerk, sondern Lebensnerv war. Wir plauderten über dichterisches Schaffen und über dichterische Stoffe. Da äußerte ich, daß er in Oberbayern gelebt oder doch viel mit oberbayerischen Bauern verkehrt haben müsse. Seine Bauerngestalten erinnerten sehr an diesen Schlag.

Er setzte auf die scharfgebogene Nase seinen Zwicker und sagte: „Oberbayern? Nein. Ich habe eigentlich mit Bauern überhaupt nie verkehrt. Wenigstens nicht näher." Als er darüber meine Verwunderung merkte: „Ich brauche

das nicht. Brauch' so einen nur von weitem zu sehen,
ein paar gewöhnliche Worte zu hören, irgendeine Geste
von ihm zu beobachten: und kenne den ganzen Kerl aus-
und inwendig."

„Sonderbar!"

„Lieber Freund," sagte er, „Sie wissen es ja selbst.
Alle äußeren Gelegenheiten und Anlässe sind nur Heb-
ammen. Gebären muß der Dichter aus sich heraus. Was
Bauern! Ich bin Großstadtmensch! Aber wenn ich, wie
Sie sagen, besser Bauern dichten als Stadtleut' dichten
kann, so mag das wohl im Blut stecken. Oder in irgendeinem Knochen, wie eine vererbte Gicht. Meine Vorfahren
von der Vaterseite sind oberösterreichische Bauern gewesen.
Na, und so was rumort halt nach."

Da erinnerte ich, daß ein großer Teil Oberösterreichs
vor langer Zeit noch zu Bayern gehört hat. „Da sind
Sie am End' doch von bayerischer Abkunft."

„Von bayerischer oder von bäuerischer oder von beiden, ganz wie Sie wollen, alles in Gnaden bewilligt."

Ein ganzer Mensch, der er war, legte er auf „Abkunft" kein Gewicht. So einer stammt von allen und ist
für alle. —

Anzengruber und ich waren, wie gesagt, in vielem
ganz verschiedener Meinung. Wie es zwischen Freunden
schon mitunter zu gehen pflegt. Die gleiche Meinung zweier
Menschen in allem fördert keinen und wird nach beiden
Seiten hin langweilig. Die Verschiedenheit der Anschauungen
hatte zwischen Anzengruber und mir manches ernste, tiefer-
gehende Gespräch zur Folge, aber auch manche neckische
Plänkelei. Ernstlich ereifert haben wir uns nur in einem
einzigen Fall.

Das war im Dezember 1881, am Tage nach dem

Ringtheaterbrand. Ich hatte die rauchende Brandstätte gesehen und die schwarzen, verkohlten Gegenstände, die Polizei-
leute und Feuerwehrmänner aus dem Schutte hervorge-
holt, in Schubkarren oder auf der Achsel davongetragen
hatten, Gegenstände, die nichts anderes waren als ver-
brannte Menschen. Ich hatte die furchtbar aufgeregte
Bevölkerung von Wien gesehen, die wildleidenschaftlichen
Reden im Gemeinderat gehört, bei denen rastlos und heftig unter gegenseitigen Anschuldigungen darüber verhan-
delt wurde, wie man die vielen hundert Leichen bestatten
solle. Wien war wie im Fieberdelirium. Mir bangte, und
ich wartete dem Abend entgegen, da eine Zusammenkunft
mit ein paar Freunden in der Dreherischen Bierhalle (Opern-
gasse) verabredet war. Diese Freunde waren Ludwig Anzengruber und Friedrich Schlögl*). Schlögl saß schon hinter
dem Pfeiler an dem für uns bestellten runden Tisch. Er
konnte kaum sprechen, hatte Tränen im Auge und sagte ein
ums andere Mal: „Armes Wien!" Ich empfand ihm's nach;
mich erbarmte Wien an diesem Tage unsagbar. „Was noch
lebt, das zerfleischt sich," murmelte Schlögl, auf die er-
regte Gemeinderatssitzung und auf die leidenschaftliche
Sprache der Presse hinweisend, die ihre furchtbaren Anklagen erhob gegen Behörden und Organe, deren Nach-
lässigkeit das unerhörte Unglück verschuldet hatte.

Dann kam Anzengruber. Langsam und behäbig schritt
er zwischen den Tischen heran, den weichen, breitkrämpigen
Filzhut auf dem Kopf, den Stock fest in den Boden stem-
mend. Dann hing er seinen Hut und den braunen Über-
rock an den Ständer, putzte mit dem Sacktuch seine schwitzen-
den Augengläser, stülpte sie auf die scharfgebogene Nase und
blickte fast trotzig um sich. Er setzte sich an unseren Tisch,

*) Schlögl, siehe Seite 211.

bestellte Bier, und ließ sich den Speisezettel geben, den er von oben bis unten aufmerksam studierte. Im übrigen war er wortkarg, bis Schlögl ihn anließ mit der ganz leise gesprochenen Frage: „Was sagen Sie dazu?" „Jetzt san mer fertig mit der Komödiespielerei!" rief Anzengruber. Düster starrten wir auf unsere Biergläser. Nach einer Weile fand er seinen ruhigen, sarkastischen Ton wieder und sagte mit hoher, dünner Stimme: „Da hätten mir a Krematorium für Theaterleut'. Jetzt könnens alle ihre Buden zusperren."

Schlögl ließ sich die Zeitungen kommen und machte auf mehrere Leitartikel aufmerksam, die in geradezu revolutionärer Weise Sühne forderten. Die Anklagen gegen die leitenden Persönlichkeiten, ja selbst gegen die Bevölkerung von Wien waren so ungeheuerlich, daß ich mein Bedenken dagegen aussprach. „Soll denn die Bevölkerung, die ohnehin kopflos ist, an diesem Tag noch mehr aufgeregt werden?"

Da hieb Anzengruber mit schwerer Faust auf den Tisch und schrie: „Ja und tausendmal ja! Bis zum Wahnsinn sollen diese Leute getrieben werden, bis zur Empörung! Anders ist dieser österreichischen Schlamperei nicht beizukommen. Wenn die Zeitungen Schwefel, Petroleum und Feuer haben: jetzt sollen sie's über die Dächer dieser Stadt ausschütten. Natürlich meine ich's nur bildlich," setzte er in gutmütiger Weise, gegen mich gewendet, hinzu. „Das sei zum Trost unseres friedliebenden Freundes gesagt."

„Also die Zeitungen sollen noch mehr zetern und hetzen?" fragte ich.

„So viel sie vom Mund oder von der Feder bringen können. Den Herrschaften muß einmal die Wahrheit gesagt werden, aber so, daß sie ordentlich durch die hohlen Schädel schallt."

„Das mögen sie ja tun; aber jeden Tag. Nicht nur heute und morgen."

„Einverstanden."

„Heute und morgen ist es ein ohnmächtiges Gejammer, das nur verwirrt. Heute ist Beruhigung am Platz . . ."

„Der Teufel hole alle Beruhigung!" rief Anzengruber; „er kann Hofräte daraus kochen, aus der Beruhigung."

Und ich: „Gestern haben wir ein Zeichen gesehen, das nie und mit nichts überboten werden kann. Glauben Sie, daß dieser Brand, dieser grausige Hekatombenherd keine Wirkung haben wird? Dann wirkt das Zeitungsgeschrei erst recht nicht. Jetzt ist alles auf, jetzt ist der Weckruf überflüssig. Wenn's wieder zur Ruhe gekommen sein wird — in wenigen Wochen wird ja alles vergessen sein und der Schlendrian schläfrig und dumm weitertrotten —, dann sollen die Zeitungen mahnen und warnen, jeden Tag, den Gott vom Himmel gibt."

Nun schien auch Schlögl sein Mitleid mit den Wienern vergessen zu haben. Er stellte sich brummend auf die Seite Anzengrubers. Beiden konnte die journalistische Zuchtrute über Wien nicht heftig genug geschwungen werden. Da wurde ich plötzlich unangenehm, nannte sie Freunde der Krakeelerei zu unrechter Zeit, Leute, die in gewöhnlichen Zeitläuften leichtsinnig in den Tag hineinlebten, die Schlamperei als Wiener Gemütlichkeit priesen und nachher in den Tagen des Unglücks nicht genug räsonieren könnten. Dann stand ich auf und ging fort.

Am nächsten Tag kreuzten sich zwei Briefchen zwischen mir und Anzengruber. Wir baten einander um Verzeihung wegen der „Heftigkeit"; aber wer recht hatte, ob keiner oder beide: das wurde nicht entschieden. Die nächste Zusammenkunft war in alter Herzlichkeit und Fröhlichkeit.

Eines Abends waren wir wieder einmal in der
„Birne" gesessen, einem Gasthaus in der Mariahilferstraße
zu Wien. Anzengruber hatte sich zuerst eingefunden und,
um die Zeit zu vertreiben, sich mit Manuskriptlesen beschäftigt. Als Redakteur des „Figaro" mußte er all-
wöchentlich mehrmals einen „Schippel" österreichischer Poli-
tik-, Juden- und Pfaffenwitze durchlesen und wohl auch
selber fabrizieren; eine reizende Beschäftigung! Es war kein
Wunder, daß wir später Ankommenden an unserem Freunde
ein wütendes Gesicht mit geschwollenen Stirnadern, rollen-
den Augen und der zuckenden Nasenspitze vorfanden. Wir
taten noch ein Übriges und machten bittere Bemerkungen
über die Plackereien eines Witzblattredakteurs, der seine Zeitgenossen mit dem Phosphoreszieren politischer Faulheit ergötzen muß, während er Blitz und Donner schleudern sollte.
Der Dichter aß und trank und aß und trank. Dann beugte
er sich nach vorn, stützte die Ellbogen auf den Tisch, rauchte
seine lange dünne Zigarre, schnob manchmal durch die Nase
und war schweigsam. Sonst hatte er in Freundeskreis seine
Vergrämung scheinbar vergessen; heute blieb er in sich versunken und gab zu unseren Gesprächen nur selten seinen
beistimmenden Brummer.

Spät nach Mitternacht gingen wir in ein Kaffeehaus.
Dort griff Anzengruber nach einem Morgenblatt, das schon
erschienen war, las die Theaterzettel und schnob. Dann
nahm er das Blatt langsam in die Faust und schob es
schwer über den Tisch hin, als wäre es ein Stein. Saß wieder
schweigsam da und rauchte. Plötzlich hob er sein Glas
Knickebein, trank es auf einen Zug leer, stieß das Glas
auf den Tisch und rief mit scharfer Stimme: „Die Canaillen! Wenn sie's nicht wüßten!"

Bald darauf brachen wir auf, um nach Hause zu

gehen. Mich begleitete ein Freund bis ans Hotel. Unterwegs sprachen wir über des Kirchfelders (so nannten wir ihn ja) schwere Verstimmung und ich fragte, was er denn mit seinem Ausruf im Kaffeehaus etwa gemeint haben mochte.

Mein Begleiter antwortete: „Anderen Dichtern passiert es, daß sie einfach nicht erkannt werden. Man weiß nicht, was sie bedeuten. Man läßt sie verkümmern und zugrunde gehen. Erst nach ihrem Tod rührt sich's; man sieht ihre Größe, man baut ihnen Denkmale, man reiht sie zu den Unsterblichen. Anders bei Ludwig Anzengruber. Schon mit seinen ersten Dramen hat er alle von seiner Größe überzeugt und die Blätter haben tausendmal seine Kunst gerühmt. Die Wiener besonders wußten, was sie an ihm hatten; aber die lüsterne Operette schmeckte ihnen allmählich wieder besser als die herbe Gestaltung und Weisheit Anzengrubers. Sie ließen ihn links liegen. Die Blätter fingen an, ihn geringschätzig zu behandeln, und vergaßen sein, während es bei ihrem Einfluß gewiß ein Leichtes wäre, ihn zu halten. Anzengrubers Stücke finden keine Bühne; als Zeitschriftenredakteur, wie es schließlich jeder Journaljüngel zusammenbringt, als Macher eines Witzblattes muß er sein Auskommen suchen. Die Witze, die er für den „Figaro" machen muß, dürften kaum je gesammelt werden. Wie viele herrliche Dramen hätte uns dieser Mann in den letzten zehn Jahren geschrieben, wenn man ihm das Leben und Dichten möglich gemacht hätte! Ein verhängnisvolles Versäumnis, besonders von der Wiener Presse, von den Bühnenleitern, von jenen weitmäuligen Gesellschaftsgrößen, die sich immer als Kunstfreunde, als Träger des liberalen Geistes ausspielen. Die Canaillen! Wenn sie's nicht wüßten!"

Ihn erkennen und doch fallen lassen! Das war an diesem Abend so bitter durch des Dichters Seele gegangen.

Ein bedeutender Mensch, der sein Lebenswerk der Allgemeinheit dargebracht, hat kein Privateigentum. Nicht bloß, daß er seine Kraft und sein Gut dem Werke opfert, sein ganzes Fühlen, Können und Haben aufs Werk verwendet: auch nach dem Tode, wo andere Leute endlich ihre Ruhe haben — gehört der Unsterbliche den Menschen. Sie geben sich nicht zufrieden mit seinem Werke, sie wollen jede Spur seines Erdenlebens haben; jedes Kleid, das er getragen, jedes Werkzeug, das er gebraucht, jedes Blättchen Papier, das er vollgeschrieben, wird ihnen zur Reliquie. In Stein gräbt man seine Gestalt. Selbst an sein Grab legen sie Hand, exhumieren seine Überreste, um sie nach ihrem Sinne zu betten und zu ehren, oder reihen seine Knochen in anatomische Kabinette ein und schnürfeln in seinem fahlen Schädel nach dem Genius. Und über diesem persönlichen Gedächtnis- und Religionskultus wird leider recht oft des eigentlichen Werkes vergessen. Da gibt es Leute, die sich um eine Zeile Handschrift des Dichters abmühen, die Dichtungen selbst zu lesen kommt ihnen nicht in den Sinn. Da gibt es Leute, die mit Fleiß die Stirnknochen messen, die Höhlung des Totenschädels mit größter Wichtigtuerei durchforschen nach Ursachen und Anzeichen jener Kraft, die sie im Leben so oft bekrittelt, bespöttelt, zurückgesetzt haben. Ach, der Tote kann sich nicht mehr zusammenpacken; anstatt sich aus dem Staube zu machen, ist es am besten, sobald als möglich in Staub zu zerfallen. Erst wenn alle Erdenspuren von ihm verweht sind, leuchtet sein geistiges Werk ruhig und rein über der Menschheit.

Aber es gibt doch auch Überbleibsel eines Lebens, die viel beitragen zum Verständnis der vergangenen Person und ihres bleibenden Werkes. Solche haben wir zu ehren und zu bewahren. Ich spreche nicht vom Spucknapf, den einer benützt, nicht von jedem Brennmaterialbestellzettel, den er geschrieben. Aber Briefe, Privatbriefe bedeutender Menschen gibt es, die der Literatur angehören und besonders bei Dichtern als Kommentare ihres Seins und Schaffens die besten Dienste leisten. Der Schlüssel zur inneren Persönlichkeit eines Dichters ist auch der Schlüssel zum gänzlichen Verstehen ihrer Dichtung. Das am meisten dann, wenn die Dichtung echt ist, das heißt mit der Person des Dichters sich deckt. Das stimmt bei Ludwig Anzengruber.

Dieser Mann wird immer lebendiger, je länger er tot ist. Bisweilen lese ich in seinen Briefen, durch deren Herausgabe Anton Bettelheim der deutschen Literaturgeschichte einen guten Dienst erwiesen hat. Das sind wahre Röntgenstrahlen aus der und in die Dichterseele.

Es ist nicht dasselbe gleiche Gesicht, das Anzengruber vielen seiner Brieffreunde und -freundinnen zeigt, aber es ist stets ein echtes Anzengrubergesicht. Scheinbar herrscht in den Briefen alltägige Angelegenheit vor, aber dazwischen sprüht und glüht es, scherzt und neckt, geistert und stürmt es, und zwar in einer oft ganz merkwürdigen Art. Ein lecker Humor spielt von Blatt zu Blatt, so daß die Bekenntnisse und Geständnisse von Sorge, Enttäuschungen, Krankheit und allerlei anderem Mißgeschick, an denen sein Leben so verzweifelt reich war, sich oft wie Humoresken lesen. Oder großes häusliches Elend, persönliches Leid wird mit einem Herzensseufzer blitzartig gestreift, dann nichts mehr davon — stolz und trotzig, vielleicht gar mit einem Clownsprung darüber hinweg. In den Briefen der ersteren Jahre an Lipka, Schlögl, Ada Christen und mich rumort zeitweise eine geniale Bummelwitzigkeit, die ihresgleichen kaum hat. Ernste Dinge besprach er mit den Freunden lieber mündlich; in den Briefen war er damals vorwiegend zum Scherze aufgelegt. Es waren eben die paar Jahre des Glückes nach seinen großen ersten Erfolgen. Wie anders ist die Stimmung, wenn er zum Beispiel mit seinem Freunde Gürtler spricht, der ein stets beklemmter und beklommener Theatermensch aus der Provinz war. Trostspendend, ratend, hilfebereit, wenn es möglich gewesen. Möglich war es freilich nicht immer. Alles, was glänzt, ist selbst bei einem erfolgreichen und berühmten Schriftsteller nicht Gold. Viele Leute wollen aber Gold, auch vom Dichter. Sie denken, einer, der gar so schön schreibt, gar so gute, edelherzige Menschen darzustellen weiß, müsse selber so sein. Sie übersehen, daß „Edelherzigkeit" nicht genügt, daß man mit der Phantasie zwar allerhand machen kann, nur nicht bares, wirkliches Gold! Und am allerwenigsten gelingt diese Alchimie einem österreichischen Dichter.

Als Geschäftsmann war unser Anzengruber ja großartig. Alle Achtung, da dachte er schon tüchtig an den Vorteil. Aber an den — des Verlegers. Trotz des steten Dranges seiner wirtschaftlichen Not stellte er die denkbar bescheidensten Forderungen und fürchtete dabei immer noch, sein Verleger könnte zu Schaden kommen. In Österreich also ging ihm der goldene Stern nicht auf. Verleger im Reiche betteten ihn besser; doch um „Cotta" zu erleben, mußte er freilich erst einmal sterben.

Je geringere Anforderungen er stellte, sei es an die Geschäftsleute oder an die Freunde, je fester blieb er darauf stehen. Handeln ließ er nicht. Bei all seiner Nachgiebigkeit und Gutmütigkeit war er gegebenenfalls der Unbeugsame — das ist Grundzug seines Charakters. Stark

wie der Mann war sein Wort. Ein von ihm gegebenes Wort
stand fest wie Granit im Gebirge. Viele der Briefe spiegeln
klar diese Eigenschaften, die ihn schon an und für sich —
abgesehen von seiner Begabung — zu einem bedeutenden
Menschen machten. „Ein Nationalheiliger müßte es werden,
dieser Anzengruber," schrieb mir eines Tages Bettelheim, als
er in den hinterlassenen Papieren immer mehr Charakter-
werte entdeckt hatte, „ein Volksheiliger, bar aller Ziererei
und Verstellungskunst, ein herrliches Vorbild der Wahrhaftigkeit und Treue."

Mich verband ein gutes Geschick achtzehn Jahre lang
mit Ludwig Anzengruber in Freundschaft. Wir standen
uns so nahe, daß wir über Einzelheiten sehr verschiedener Meinung sein konnten, ohne uns zu entzweien. Besonders verband uns der Tropfen Chrisam, durch den die
Moral seiner Werke erst die Weihe erhielt. Der Grundzug seiner Weltanschauung war christlich; gegen Kirchliches
und manches dem Volke Heiliges ging er viel rücksichtsloser vor, als mir lieb war; mich warnte er vor der Gefahr, „ein katholischer Jugendschriftsteller" zu werden. Und
trotzdem! Nicht daß ich mich prahlen wollte, aber gesagt
muß es doch werden, daß die Ultramontanen mich immer
weit mehr verlästert haben, als Anzengruber, der „als dramatischer Dichter nicht so gefährlich, weil an den Theater-
besuchern wenig mehr zu verderben sei." „Lassen Sö's
halt bellen," sagte Anzengruber einmal, und auf die Verschiedenheit unserer Art anspielend, „auf'n Tisch wern wir
wohl beide g'hören, Sö als Oltegerl, ich als Salzfassel."
In solch schlagenden Vergleichen, wie auch die Briefe zeigen,
war er stark. Ein anderer Zwiespalt zwischen uns bestand ja
darin, daß er nicht aufs Land wollte, wo nach meiner Meinung seine Gesundheit zu finden und seine dichterische Kraft

zu erhalten gewesen wäre. Er war ganz Großstadtmensch; nicht etwa der Stadtgenüsse wegen, von denen hatte er nicht viel, in seinen Verhältnissen hätte er auf dem Lande oder in einer kleinen Stadt weit besser leben können. Doch den geborenen Wiener hielt das Heimatsgefühl fest und man darf der Meinung sein, daß seine Dramen und Romane auf dem Dorfe lange nicht so gut gediehen sein würden, als im Stadtfluidum.

÷

Aberaus ernst war Ludwig Anzengruber geworden im Laufe der Zeiten. Er hatte dafür Gründe, die seine Freunde wohl sahen, aber er hatte auch solche, die wir nicht sahen und die er in sich verbarg. Ein Dichter, den's verlangt, all sein Empfinden in die Welt zu rufen und der gerade sein tiefstes Weh verschweigen muß!

In heiterer Gesellschaft beim Weine ward freilich auch er froh. Er fühlte sich heimisch bei fröhlichen Menschen. Keine Nacht war ihm zu lang im Asyle der Freunde.

Und hierin gab es zwischen uns Konflikte. Ich, der manchmal in der Anzengruber-Gesellschaft (Gasthaus zum Lothringer," später Gasthaus „zur Birne" in Wien) erscheinende Provinzler, kam ihm des Abends allemal zu früh und schied auch zu früh; so besonders einmal nach einer anstrengenden Reise, die ich gemacht. Darauf schrieb er mir am nächsten Tage nach Graz folgende Epistel:

„Kimmst wieder eppa amal nach Wean,
So tua nit gar so schleuni,
Sitz nit um sechs ins Wirtshaus h'nein,
Und ins Kaffee gar schon um neuni.
Und selb' is a nit lieb und schön,
Daß D' sagst, wollt'st Zeitung lösen,

Mer saß daneben grab als wia
D' Katz z'neb'n der Butterbösen.
Kimm später und geh' in der Frua,
Da kriagst mich a bazua.

Der Kirchfelder."

Darauf erhielt er aus Graz folgenden Erguß:

„Dei Gedichts hot mih gfreut,
Dei Gedichts hot ma gfolln,
Scho drum, weil ih dafür
Koa Honorar nit brauch z' zohln.
Ober sunst, probier's selber
Und schlof zwoa Nacht' nit,
Und ballump, wannst a Schneid host,
In Wirtshaus bie dritt.
Um sechsi ins Bett,
Des wa recht für mih gwen,
Do reit't mih der Teuxel:
Mein Freund möcht' ih sehn. —
An ondersmol gniaß ih
Mein Freund ohni Wein,
Do kriagg ma koan Mugl,
— Wird's Gscheitesti sein."

Er ging darauf zur Tages-, vielmehr zur Nachtordnung über.

Ein ordentlicher Wiener, meinte er, gehe abends ins Wirtshaus und morgens ins Kaffehaus und der Einfachheit halber um Mitternacht gleich von dem einen zum anderen.

Der Philister in mir sagte einmal, daß der Mensch am nächsten Tage nicht Kopfweh haben dürfte, und daß Gesundheit eine Hauptsache sei.

„Kopfweh ist ja auch eine Hauptsache," mit diesem Spaße hatte er die Lacher auf seiner Seite, und auch mich — bis vier Uhr morgens.

Häufig wurde Anzengruber in Wien und anderen Städten eingeladen, öffentlich aus seinen Werken vorzulesen. Er tat's aber nicht gerne, gab sich auch keine besondere Mühe, im Vortrage künstlerisch zu wirken; „soll man lesen, so muß man lesen," sagte er einmal, und er las aus seinem Buche, wie man eben recht und schlicht liest. „Ums Hören geht's ihnen ja eigentlich doch nicht, sie wollen es nur sehen, das Tier mit dem großen Schädel." — Wenn dann nach der Vorlesung die Verehrer und Verehrerinnen ihn umbrängten, stand er da und war linkisch und schaute nach dem Ausgange. —

Mit Anzengrubers dramatischen Werken ist es mir manchmal wunderlich ergangen. Er schickte mir das Buch gewöhnlich schon vor der Erstaufführung; ich las es mit Heißhunger und ward allemal enttäuscht. Um so größer war meine Freude, das Werk dann auf der Bühne in künstlerischer Abrundung mit hoher dramatischer Wirkung zu sehen. Ich erkannte es kaum wieder vom Buche her und da ward mir klar: echte dramatische Werke soll man nicht lesen, sondern sehen; und ein gutes Lesedrama ist ja bekanntlich nicht immer im gleichen Grade wirksam auf den Brettern. Einzelne Stücke Anzengrubers habe ich über ein dutzendmal angesehen; mein Tagebüchel erzählt sogar, daß ich dem „Pfarrer von Kirchfeld" seit zwanzig Jahren einundvierzigmal beigewohnt hätte! Aber nie mit kritischer Absicht oder als lerngieriger Jünger, sondern als einfacher Zuschauer, der nichts will, als die Gestalten menschlich auf sich wirken lassen. Und oft nach der Vorstellung setzte ich mich hin und schrieb an den Verfasser ähnliches wie: „Herrlicher Mensch! Ihr Werk hat mich wieder wunderbar ergriffen, zutiefst erschüttert, bis zur Glückseligkeit erhoben!" — War dieser Tribut des dankbaren Herzens geleistet, erst dann konnte ich die Ruhe des Gemütes wiederfinden und das seelische Wohlbehagen, das in mir durch seinen Genius geweckt worden, hielt stets an.

Die Erzählungen und Romane Anzengrubers, welche niedergründen in die Tiefen des Lebens, welche die Charaktere fest und sicher fassen und bis in die äußersten Folgerungen darstellen, welche voll gewaltiger Gestalten und voll des schärfsten Geistes sind, haben mich oft zur Bewunderung hingerissen; hinter dem Brustfleck warm gemacht haben sie mir seltener. Wohl war dieser Dichter der ergreifendsten Herzenstöne mächtig wie wenige, das sieht man in seinen Dramen; in seinen erzählenden Schriften tritt die Gemütsinnigkeit vor dem Geiste zurück.

Mehrmals ist die Vermutung ausgesprochen worden, daß wir uns bei einzelnen Werken oder Gestalten gegenseitig beeinflußt hätten. Das ist nicht. Wir standen jeder für sich. Keiner von uns beiden hat wohl je den leisesten Hang verspürt, in die Fußstapfen des anderen zu treten. Außer ein paar Schwankideen, die wir seinerzeit einander geschenkt, und außer der gegenseitigen Mitarbeiterschaft an den von uns herausgegebenen Zeitschriften — er redigierte ein paar Jahre das Wochenblatt „Heimat", wie ich die Monatsschrift „Heimgarten" — haben wir uns gegenseitig literarisch nicht fördern können. Doch als Mensch habe ich durch ihn gewonnen, und er hat hoffentlich durch mich nicht verloren.

In den letzten Jahren seines Lebens ist unser persönlicher Verkehr einigermaßen lax geworden. Er wohnte mit seiner Familie in einem Vororte Wiens und schloß sich immer mehr ab. Auf Besuch verspürte ich in seinem Hause einen mir unheimlichen Hauch und der Dichter war verstimmt. Um so lustiger, manchmal fast krankhaft lustig, war er, wenn wir in einer Gaſtſtube beim Glaſe ſaßen und davon ſprachen, was wir wollten und nicht erreichen konnten. Eigentlich kein luſtiges Thema, aber es gewann ihm Humor ab.

Mehrmals gebrauchte er einer drohenden Herzverſettung wegen die Kur in Marienbad; übrigens hörten wir nicht viel von angegriffener Geſundheit. War er in letzterer Zeit gleichwohl ſtark ergraut, ſo ſah er doch ſonſt nicht krank aus. Am Tage nach der Eröffnung des Deutſchen Volkstheaters in Wien (Herbſt 1889) habe ich ihn beſucht und befragt, warum er — deſſen neues Stück: „Der Fleck auf der Ehr“ das neue Haus eingeweiht — an dem darauffolgenden Feſtmahle nicht teilgenommen habe?

„Lieber Roſegger,“ war ſeine Antwort, „der Fleck auf der Ehr!“ Der Kenner ſeiner Familienverhältniſſe nur konnte verſtehen, wie das gemeint war. — Dann ſprach er in ſehr gleichgültiger Weiſe über das Stück. „Sie ſagen, es wäre nicht ſchlecht. Meinetwegen! Ich bin entkräftet, ich bin entmutigt; mir fällt nichts mehr ein.“

Wie einſt zu mir, ſo ſagte ich nun zu ihm: „Raſten Sie ſich einmal aus.“

„Freund, das werde ich.“

Ein paar Monate ſpäter, am 10. Dezember 1889, kam die Depeſche: „Anzengruber heute früh verſchieden.“

An ſeiner Bahre ſtritten Zeitungsblätter der Parteien um ſein Erbe. Anzengruber hatte ſich um Parteien wenig gekümmert, er wußte nur von Menſchen.

Briefe von Ludwig Anzengruber.

In den achtzehn Jahren unſerer freundſchaftlichen Beziehungen zueinander hat der große Dramatiker mir an 150 Briefe geſchrieben. Von dieſen Briefen ſoll hier ein

Teil veröffentlicht werden, und zwar eine Auswahl solcher
Schreiben, welche die Diskretion freigibt und die für den
Verfasser in irgendeiner Weise charakteristisch sind.

Es wird auffallen, wie heiter und übermütig die ersteren
Briefe sind und wie ernst die letzteren. So war es mit dem
ganzen Menschen: in den ersten Jahren seiner Erfolge voller
Humor, auch stets meine Bummelwitzigkeit weckend; dann
nach herben Erlebnissen, bitteren Enttäuschungen ein all-
mähliches Zurückziehen in sich selbst; er kehrte sich ab von
aller Welt, wurde verschlossener, sogar gegen seine Freunde;
immer seltener, aber dann um so lebhafter, kam sein tiefes,
treues Gemüt zum Ausdrucke.

Die meisten dieser Briefe werden ohne weitere Erklä-
rungen einem größeren Kreise verständlich sein. Briefe oder
Stellen, die nur Privates behandeln, oder zu freimütig noch
lebende Personen oder Zustände streifen, sind weggelassen. Ja
selbst solche abzudrucken, welche sich oft wohl zu schmeichelhaft
mit meinen literarischen Leistungen befassen, durfte ich mir
kaum erlauben. Hingegen stehe ich nicht an, die wohlwollend
tadelnden Aussprüche wiederzugeben, zu denen manches meiner Bücher ihn veranlaßt hat. Nach dieser nebensächlichen
Bemerkung möge der bedeutende Geist und prächtige Mensch
gleichsam im Schlafrocke, darum aber nicht minder achtung-
gebietend, vor uns treten.

Wien, den 11. Februar 1871.

Werter Herr!

Das haben Sie recht schlau gemacht und ich sollte Ihnen
darum nicht recht trauen! Wie mögen Sie nur einen eitlen
Menschen und Schriftsteller, ohnedies schon zu viel gelobt, durch
Ihr Lob noch eitler machen! Und wie hinterlistig Sie das anstellen!
Sie tun gar nicht, als wären Sie der P. K. Rosegger, unsere
Spezialität für Volkscharakter des deutschen Hochlandes, Sie er-
teilen mir da einen legalen Passierschein für alle Charaktere meines

Stückes und schicken mir ihn auf die liebenswürdigste Weise sogar
ins Haus, lassen mich dabei in Jhr offenes Herz mit dem ganzen,
vollen Pulsschlag für das Volk und die heilige Sache der Humanität
blicken... und sprechen dann zum Schlusse vom „kühnen Vordrängen, freundlicher Nachsicht und gelegentlich paar Zeilen schreiben". — gehen Sie mir doch! Und hätte ich Kopf und Hände
noch zehnmal mehr von Arbeit voll, als es der Fall ist, das mußten
Sie doch wissen, daß mir mit Jhrem Schreiben die Feder in die
Hand gezwungen wird, oder glauben Sie denn, ich sei solch ein
Philister, daß mein Puls nicht hüpfender, meine Gedanken nicht
sprühender werden, wenn eine freie, frohe Seele, gleich der meinen,
mir sagt: „Jch nehm' dein ehrlich Wollen für ein ganzes, volles
Können, denn wir verstehen uns?!" — O nein, mein Herr, da
mag der Teufel, bekanntlich der Gott der Philister, das Maul
halten, ich aber grüße Sie, Herzens- und Zeitgenosse!

„Du hast's erreicht, Octavio!" —

Da haben Sie paar Zeilen und nehmen Sie nur freundlich zur Erinnerung mit in Empfang, was ich Jhnen mitzuschicken
mir erlaubte, erstens: das allerdings noch nicht gedruckte und ver-
legte Buch, sondern bloß als Bühnenmanuskript vorhandene Werk
„Der Pfarrer von Kirchfeld", und zweitens meine Photographie.
Und wenn es kein unbescheidenes Vordrängen ist, so machen Sie
mir wohl die Freude und senden mir gelegentlich auch ein paar
Zeilen und Jhre Photographie dazu?! Sie sehen, ich bin so bescheiden wie Sie, o ich kann das auch, nur verlange ich gleich etwas
dafür, Sie wären mit einer einfachen Auskunft zufrieden gewesen,
ich will Sie dazu, wenigstens im Konterfei! Das tut mir recht
leid, daß Sie in Wien mich nicht gefunden haben. So will ich's
Jhnen denn hier sagen, was ich Jhnen auch gesagt hätte, wenn ich
Sie gesprochen hätte. Ahnen Sie es wohl, wie zagend ich auf
mein fertiges Stück die Charakterisierung „Volksstück" setzte?
Und doch!

Wenn wir, die wir uns emporgerungen aus eigener Kraft
über die Masse, heraus aus dem Volk, das doch all unsere Empfindungen und unser Denken großgesäugt hat, wenn wir, sage ich,
zurückblicken auf den Weg, den wir mühvoll steilauf geklettert in
die freiere Luft, zurück auf alle die tausend Zurückgebliebenen, da
erfaßt uns eine Wehmut, denn wir, wir wissen zu gut, in all

diesen Herzen schlummert, wenn auch unbewußt, derselbe Hang zum
Licht und zur Freiheit, dieselbe Kletterlust, und dieselben, wenn
auch ungelenken Kräfte, und so oft wir bei einer Wegkrümmung
das Tal zu Gesicht kriegen, so tun wir, wie uns eben ums Herz
ist, lustig hinabjuchzen. Kimmt rauf, do geht da Weg! oder
weinend zuwinken — o wie oft unverstanden! Das war auch
meine Furcht, aber siehe da — plötzlich wimmelt's auf meinem
Weg herauf vom Tal, ich seh' mich ganz verstanden, seh' mich ein-
geholt, umrungen und steh' dem Volke gegenüber, gehätschelt wie
ein Kind oder ein Narr — die bekanntlich die Wahrheit sagen.
Gott erhalte uns das Volk so, wir wollen gerne seine Kinder sein
und seine Narren beiben.

Erhalten Sie mir Ihre freundschaftliche Gesinnung, der Ihre

L. Anzengruber.

Wien, den 1. März 1871.

Werter Herr!

Eine Ausschnaufungs-Pause benütze ich dazu, Ihnen meinen
Dank für Ihren freundlichen letzten Brief auszusprechen. Jedoch
haben Sie es in demselben wie jene kluge Sultanin in „1001 Nacht"
gemacht und da abgebrochen, wo es am spannendsten wird. Sie
sagen, der „Pfarrer" habe Ihnen Sorge, Herzleid und schlaflose
Nächte gemacht!

Sie hätten mir beinahe auch eine solche bereitet, ich suchte nach
in meines Busens Tiefen, was da für eine Ähnlichkeit mit jenen
finsteren Mächten des Daseins schlummern möge, die den Menschen Sorge, Herzleid und schlaflose Nächte bereiten können, was mich
in eine Linie stellen könnte mit Tyrannen, schwarzem Kaffee,
„z'nächtlings" unangenehm regsamem Insektenvolk!! Wie gesagt,
Sie haben mir viel Kopfzerbrechen gemacht!

Spaß beiseite, ich bin sehr begierig, wie Sie mir dieses Rätsel
lösen werden, und da bitte ich Sie denn, sich ganz auszusprechen,
damit ich Sie ganz verstehe, und ich glaube, wir können uns verstehen, unsere Wurzeln haften in einem Boden, mitten im Volk!
Und was wir geworden sind, beide in unserer eigenen Art, wir
wurden es aus eigener Kraft.

Sie haben mir ja versprochen, mir das seinerzeit zu erzählen,

11*

ich erwarte das und ich will Ihnen dann gewiß auch wieder antworten, damit Sie sehen, daß ich Sie verstanden habe.

Für heute verbleibe ich denn auch mit treuem Gruße Ihr

L. Anzengruber.

P. S. Ich habe ein älteres Drama von mir nach Graz geschickt, es heißt „Der Versuchte"; sollten Sie davon zu hören kommen, so denken Sie einstweilen davon das Beste!

Wien, den 12. Mai 1871.

Wertester Freund!

Nun zur Ruhe gekommen nach aufregenden Tagen, grüße ich Sie von meinem Daheim und danke Ihnen für die freundlichen Stunden, die Sie mir in Graz bereitet haben, ferner auch für die, die Sie mir hier in Wien durch Ihr Buch bereiten noch zur Stunde.

Der Schreiber dieser Zeilen — nämlich dieser (beigelegten) Tagblattzeilen, F. Schlögl, ein geachteter Journalist und im Umgange sehr liebenswürdiger Mensch, ist ein Verehrer sowohl meiner als Ihrer Muse und hat gelegentlich unserer letzten Zusammenkunft den Wunsch geäußert, Sie kennen zu lernen, falls Sie nach Wien kämen — der Mann schätzt Sie wirklich hoch, und schon mir wäre es höchst angenehm, Sie wenigstens einen Abend in Wien wieder zu sehen. Ferner haben wir hier einen Alpensteiger, Schumm glaub' ich nennt er sich, ein Naturmensch, der Sie ebenfalls hochschätzt, und der Ihnen aus lauter Verehrung ich glaube sein Bett — weiß nicht mit oder ohne seine Beilage — abtreten will; — verabsäumen Sie es nicht, diese Männer zu sehen, denn wie es dem Dichter wohltut, anerkannt zu sein, so ist es dem Leser ein Vergnügen, mit dem Dichter persönlich zu verkehren, und Sie können es ja leicht tun, Sie enttäuschen niemand.

Es ist auch wegen der Nachwelt, denn der Freund arbeitet oder bereitet wenigstens schon ebenso wohl für den rühmlichen Bergkraxler Schumm, sowie für meine Wenigkeit die Nekrologe vor; in meinen kommt hinein, daß ich z. B. Wurst nie schäle, sondern mit der Haut esse; daß ich noch nach Mitternacht Anfechtungen der Eitelkeit erliege und Glacéhandschuhe anziehe.

„Sonst ein sehr lieber Mensch!"

Ich freue mich schon ordentlich darauf, all dieses als Abgeschiedener zu lesen.

Also Sie werden von dem Nutzen für Zeit und Ewigkeit, den Ihnen der Besuch dieser Gesellschaft bringt, überzeugt sein, und ich hoffe, Sie werden mich also in die Kenntnis bringen, wenn Sie Wien berühren, damit ich alle, die sich für Sie interessieren, rechtzeitig davon verständigen kann — dieses mein Auftrag!

Um auf Ihr Werk wieder zurückzukommen, Ihr Buch*) ist gut — aber Sie sind besser — in Ihnen steckt noch mehr, viel mehr, das muß heraus — und darum werde ich Sie von Zeit zu Zeit ärgern — — Ihr mögt das gleiche an mir tun.

Sie sehen, was das für ein Mordsbrief geworden ist, ich muß schließen, sonst müßte ich vielleicht einen weltbewegenden Gedanken wegen Mangel an Raum kurz in der Mitte abbrechen.

Ihr Verehrer und getreuer aufrichtiger Freund

L. Anzengruber.

Wien, den 20. September 1871.

Wertester Freund!

Umsonst habe ich gewartet und gewartet auf Ihr „baldigst" versprochenes Schreiben, in banger Sorge war ich schon, was etwa Ihnen oder mit Ihnen geschehen sein könnte — da begibt sich Freund Schlögl auf Entdeckungsreisen, und siehe da, Sie sitzen wohlbehalten in Graz; ruhig bauend und vertrauend habe ich zugewartet, hätte ich gewußt, wo Sie wären, ich hätte Sie wenigstens mahnen können, aber konnte ich denn an eine solche haarsträubende Pflichtvergessenheit, an eine solche immense Wortbrüchigkeit denken??! Nein, meine reine Seele schaudert zurück vor den Brandmälern der Ihrigen. Ich habe nur seine Seufzer. So jung und schon so verderbt! Schlögl kann Ihnen gewiß nicht das „Winden des „Jungfernkranzes" in der „Hebmutter" verzeihen, es ist zynische Versündigung am höchsten Gut der Frauen — und ich werde Ihnen nie verzeihen können, daß Sie, wie Liebe, so auch Freundschaft geringschätzend behandeln — Herr, Sie sind aller Gefühle, die die Menschenbrust in Ihrer Aktion erweitern und zusammenziehen (besonders das letztere bei der „Liebe"), aller dieser Gefühle sind Sie bar. — Sie sind ein Troglodyte, den nur die Atmungsnotwendigkeit nach den Bergen treibt, während ich, die heiteren

---

*) „Gestalten".

Bergeshöhen selbst im Busen tragend, ruhig stubenhocken kann, o, mehr noch — — eigentlich genug. Was helfen alle Worte, Sie streichen Schlögl zuliebe nicht die Stelle aus der „Hebmutter" und Sie haben mir keinen Brief geschrieben, Sie sind nicht zu rühren, Sie sind hart wie Ihre Felsen und an Ihnen gleitet moralische Entrüstung, sowie gekränkter Freundschaft Vorwurf ab wie der Fuß an dem tannennadelbesäeten Boden Ihrer Wälder. — So ziehe denn hin, Ungeheuer, und erwache im Lande der Ideale, umgeschaffen zu einem lieblichen Prinzen.

Jedoch da ich höre, daß Sie nach Neapel ziehen, so ersuche ich Sie bennoch, schon aus christlichem Biedersinn, sich das Sprichwort: Neapel sehen und dann sterben! nicht zu Herzen zu nehmen und hübsch leben zu bleiben — ich könnte den Gedanken nicht ertragen, wenn Sie so hinführen in Ihren Sünden, deren wahrscheinlich eine schreckliche Anzahl sich noch auf Ihrer warmen Reise zu den übrigen gesellen wird.

Sie haben Schlögl einen Brief geschrieben, den er mich hat lesen lassen, worin Sie Nr. 1 auf die Schneebergpartie hinweisen, die hätte arrangiert werden sollen — wer hat Sie angeregt? — Ich nicht. Nr. 2 beinzichten Sie mich der Stubenhockerei — gut — aber wo soll man denn hocken, wenn man schreibt —?

Gegenwärtig liegt vor meinen Augen Gebirgsland und vor mir bewegt sich der alpine Menschenschlag — wie er in Tirol, Steiermark, Bayern und wie er auch in Oberösterreich noch vorkommt und führt vor meinem geistigen Auge eine Komödie auf, wie dieselbe in derlei Natur und Naturen sich abspielen mag — sie spielt zwar im bayerischen Hochlande, ist jedoch im Dialekte allgemein verständlich gehalten, wie auch der Stoff ein alle diese Gemüter anregender ist. —

Das andere alles, Titel usw., ist noch Geheimnis. —

Sie sehen, ich klettere in meiner Stube auf die Berge, ich schlage die Blätter, die Tagebuchblätter meines Herzens nach, und da tauchen sie auf, die Gestalten, — die euch in den Bergen, auf den Gehöften, bei einsamen Weilern usw. begegnen.

Wertester! Hier haben Sie sohin ein sehr schlecht geschriebenes Epistel — entziffern Sie es und schreiben Sie wieder ein paar Zeilen, so werden Sie mich sehr erfreuen — ich verzeihe sodann — schreiben Sie aber nicht, so fürchten Sie (lesen Sie den Anfang des Briefes, damit etwas Furcht in Sie hineinfährt) meinen Groll. So lange also, bis dahin grolle ich nicht und bin noch dermalen Sie herzlichst grüßend (von meiner Mutter bitto)

Ihr aufrichtiger Freund
L. Anzengruber.

Wien, den 23. November 1871.

Allerwertester!

Hahaha! Ist das ein lustiges Schreiben, das ich heute von Ihnen erhalten habe! — die ersten zwei Seiten reine Satans (†††) Sophisterei. — Hätte mir nicht die augenblickliche Entrüstung, um mir nur Luft zu machen und die Erbarmnis mit Ihrer gesunkensten Gesunkenheit, diese Zeilen, die ich hier niederschreibe, herausgepreßt — wer weiß, ob ich je die Feder angesetzt, Ihnen auf die greulichen Unbilden zu antworten, die Sie auf meine engelreine Seele überwälzen wollen!

Herrrr! Wie können Sie denn reden vom Bruderssplitter, da Sie Ihren 6—6" Balken, Ihren Augen-, Tram- und Dippelboden ruhig mit fremden Fehlern (vide Splitter) stukkaturen wollen?! Herrrrrr! Wie können Sie es wagen, mir — der, wie Sie doch wissen, ein Bauer ist und nur für solche Personen sich interessiert, die sich also naturmenschlich geben — wie können Sie mir von den Anforderungen des „Bon-Ton" reden?"

Heiliger Chrysostomus, erbarme dich seiner!

Übrigens fühle ich mich in etwas milder gestimmt, bieweilen Sie so rasch geantwortet — und ich will mich also mit Ihnen in ein Gespräch mit geschriebenen Worten einlassen, bei welchem ich wenigstens das Bene habe, daß ich ohne Abwehr von Zeit zu Zeit einen Lichtstrahl der Gnade in Ihre stockrabennachtfinstere Brust hinabblitzen lassen kann, durch welche Blitzerei der höllische Feind (†††), der in Ihnen selber bereits sichtbarlich seinen Sitz aufgeschlagen hat, gezwungen wird zu blinzeln und ich dann wenigstens von Ihrem Schönheitssinn erwarten kann, daß Sie den „scheanklaten Teixl" hinausjagen werden.

Hier haben Sie zwei Seiten, für die zwei Ihres Briefes, die mir mit Balken, Splittern und Steinen entgegentraten, wie demolierende Bauarbeiter, diese zwei Seiten war ich meiner Ehre schuldig — „es war ein heroischer Wahnsinn," würde General

Trochu sagen, denn Paris war nicht zu retten und Sie sind nicht zu beſſern?

Ich freue mich aber recht ſehr auf Ihre Novitäten und verſpreche Ihnen ferner, daß ich Ihnen, da der „Meineidbauer" von mir in Druck gelegt wird, vielleicht noch vor der Aufführung, jedenfalls aber ſeinerzeit ein Exemplar einſenden werde.

Wir müſſen einander leſen! Ich freue mich ferner, daß Sie nach Wien kommen werden — aber, auf wie lange?

Ich hätte was darum gegeben, Sie in Krieglach als „Wurzelſepp" geſehen zu haben — weniger intereſſierte mich der lungenſüchtige, doppelbrüchige Wurzel-Joſef, obwohl derſelbe als mediziniſches Kurioſum Beachtung, und als armer Elender Mitleid verdient.

Sie beklagen ſich, daß ich Ihnen kein zweites Exemplar des „Pfarrer" geſchenkt — Undankbarer, der Sie ſchon in dieſer Anklage eingeſtehen, daß ich Ihnen überhaupt eines geſchenkt, während ich jetzt (hören Sie) nicht eines für Freund Schlögl, ja ſelbſt kein einziges Exemplar für mich habe — und Ungerechter, wiſſen Sie, daß ich trotzdem an Sie denke?! Nächſtens erſcheint mein „Pfarrer" in Druck. (Sie werden in der Vorrede auch erwähnt und auch das Lied abgedruckt — haben Sie was dagegen? So bitte ich telegraphiſch einzuſchreiten!) Dieſen alſo bald erſcheinenden, in urſprünglicher Geſtalt hergeſtellten „Pfarrer" habe ich Ihnen ſchon zugedacht!

Was Sie aber von der Verleugnung des Titels meiner neuen Komödie ſagen, haha — Sie Schlauer, Ihnen werde ich's ſagen, daß Sie mir die Komödie gleich vorweg ſchnappen, wie Sie es ja gewollt haben beim „Pfarrer", was aber der Herr in ſeiner unerforſchlichen Weisheit verhütet hat, ſo daß ich, der Gerechte, ſiegte. Ihnen vertrauen! ich bin nur froh, daß Sie vom „Meineidbauer" ſo wenig wiſſen; — den Titel hätte ich Ihnen ſchon nicht ſagen ſollen, dafür habe ich mich bei der dritten Komödie vorgeſehen, juſtament, vertrat ich Ihnen den Titel — machen S' aus dem was — die Geſchichte heißt: „Der gelbe Hof"*) — hahaha, wiſſen Sie jetzt was?!

Sie ſehen, das Papier geht zu Ende — ich muß ſchließen,

*) „Die Kreuzelſchreiber". Die Red.

jedoch ersuche ich Sie, schreiben Sie bald wieder — damit mein
Zorn, meine beleidigte Freundschaft usw. usw. nicht so lange schweigen
müssen — und damit es mir durch fortgesetzte Belehrungsversuche
gelingen möge, Sie auf den rechten Weg zu bringen. „Gäbe
mir ein rechtes Ansehen, das!"

Für diesmal mit herzlichem Gruß (auch von meiner Mama)

Ihr Freund

L. Gruber

Dramatischer Bauernkerl.

Wien, den 23. November 1871.

Gütiger Freund!

Ihr letztes Schreiben mit Ihrem so überaus wohlwollenden
Urteil über den „Meineidbauer" hat mich tief erfreut — es ist ein
Glück für den Schriftsteller, von einem neidlosen, der Sache so um
ihrer selbst willen hingegebenen Kollegen ermuntert zu werden, ein
größeres Glück jedoch, wenn dieser Kollege bei aller freundschaftlichen
Parteilichkeit, die man seiner Liebenswürdigkeit zutrauen muß,
so ohne Falsch, so voll Geradheit ist, wie Sie, daß er in gegenteiliger
Anschauung gewiß nicht schmeicheln würde — Ihr Urteil
gilt mir viel, die Kompetenz über derlei Lebensverhältnisse, der
Charaktere, wie sie sich im Stücke „Der Meineidbauer" herumtreiben,
kann Ihnen niemand bestreiten, und in die tiefste Seele hinein
erfreute es mich, mich von Ihnen verstanden zu sehen — was
Sie bewußt erfassen, das werden die Tausende, für die ich schrieb,
instinktiv herausfinden, und ich darf einen Erfolg erwarten!

Ihn erwarten um der Sache willen — bester Freund! Geld
machen ist leichter als man denkt — aber den Erfolg an die
gute Sache knüpfen — mein Gott, wie schwer!

Ihre Furcht vor dem Rotstift teile ich und teile ich auch
nicht. Man hat auch viel an dem „Pfarrer" gesündigt — aber
umzubringen war er nicht.

Ich sagte es oben, und ich würde Ihnen zutiefst dafür danken,
wenn dafür zu danken wäre, die höchste Freude macht es mir,
mich von Ihnen verstanden zu sehen.

Ich habe den Schmerz erlebt, mich von einem Manne, den wir
beide schätzen, nicht verstanden zu sehen. — Sie erraten, daß
ich von F. Sch. rede! Ich habe ihm das Stück zum Lesen

gegeben und er ist nicht auf eine Intention, auf eine Charakter-
zeichnung desselben eingegangen. —

Franz, der einfache, schlichte, nur durch die eigentümlichen
Schuldverhältnisse verschrobene, eigentümliche Charakter — der das
Elend der Nachkommen der Schuldbewußten repräsentiert, ist ihm
ein wirklicher Schuft, der am Schlusse bloß darum gesund wird und
aufatmet, nicht weil eine korrupte und korrumpierende Vergangenheit im Zauber der Liebe erlischt, sondern weil er nun doch —
den Kreuzweghof behält! „Er hat seine Phrasen im Café Grün-
steidel und im „Tagblatt" (?!) zusammengelesen, er hält eine
„Rede!" über die Berge usw. Die Lise redet zu viel und so spricht
keine Bäuerin." — Der Jakob, der als Zuchthäusler kommt, hat
ihn verletzt — der sollte Wildschütz oder Brandleger aus Rache
sein. — Nicht faßte er der rührenden Gedanken, den dieser arme,
verkommene Sohn des Volkes in sich trägt — den Verderb Unschul-
diger durch fremde Gewissenlosigkeit. Der Gedanke an die Heimat
und die Seinen führt ihn seinen letzten Leidensgang, und beim
Klange heimatlicher Lieder, angesichts seiner Berge stirbt dieser
Mensch den versöhnlichsten Tod, seine Vergangenheit macht ihn
nicht mehr des Lebens wert, aber die besten Seiten seines Charakters, die Liebe zur Heimat und zu den Seinen, die er zum
letzten noch herauskehrt, verklären — den Zuchthäusler, den Verlorenen!'

Das verletzte Sch.! Gesungen soll auch nicht dabei werden.
— Zweite Verletzung, eigentlich schon Empörung ist ihm die
Szene, wo Toni die Broni noch einmal besucht, usw. usw. usw.

So saß Gruber eine halbe Stunde vor Sch., wie ein Schul-
bub, dem ein Professor das Pensum korrigiert. So ließ er mich
sitzen — eine peinvolle halbe Stunde. Mich immer versichernd,
wie er mich hochschätze, und nur diese Hochschätzung veranlaßte
ihn, mit mir umzugehen, wie mit einem literarischen Bettler. —

„Eben weil ich Sie hochachte, nenne ich Sie Haderlump!"
Fänden Sie darin eine Logik?! Dieses Einstürmen auf mein Werk,
wo jede neue Einwendung mich aufs neue überzeugte, nicht verstanden zu sein — es war mir peinvoll.

Da kam Ihr Schreiben wie ein Lichtstrahl in mein verstimmtes
Gemüt — da jauchzte ich auf: Verstanden! Ihr Urteil gilt mir in
einem und allem für maßgebend, mag der äußere Erfolg dieses

Stückes wie immer sein — aus Ihrem Munde habe ich es — ich habe doch das Beste gewollt!

Meinen Sie nicht, ich könnte keinen Tadel vertragen — aber erst will ich verstanden sein — und dann verlange ich doch selbst vom Tadelnden die Rücksicht, daß er mich nicht in einen Topf wirft mit den „Mußproduzenten". Gerne ertrage ich es, sage man mir auch — das Wollen sei diesmal über das Können gegangen. — Aber so nörgelnd! selbst beim „Schwärzermarsch" machte Sch. die Bemerkung: Ob die eine eigene Bande (Musikorgel) mitführten, wie die „Entreprise" oder „Pietät" oder die Dienstmänner?

  Das ist eben nicht Tadel, das ist Witz,
  Der sich wohlfeil lustig macht.

Das hat mir Sch. getan, der mich so hoch schätzt — er, der ein paar Tage vorher eine Komödie Elmars, „Das neue, freie Bürgertum" (übrigens ein ganz gutes Stück), nicht nur lobte, sondern den Verfasser als Poeten des Volkes herausstrich! Und, bester Freund, gerade von Poesie kommt in diesem Stück wenig vor. —

So, nun hätte ich denn mein Herz vor Ihnen ausgeschüttet, hat Sie's gelangweilt, so entschuldigen Sie. Es ist aber vielleicht auch für Sie gut, zu wissen, wie weit Sie sich durch das Urteil eines Freundes für künftig beeinflussen zu lassen haben — oder wie weit Sie das kränken darf.

Seither habe ich Sch. aber noch nicht wieder aufgesucht — er scheint das sehr übel zu nehmen und hält mich natürlich für seinen Feind, während ich doch sein Freund zu bleiben trachte, indem ich vorher mein „beengt' Gemüt" zur Ruhe kommen lassen will. Sollte er Sie mit diesen Neuigkeiten überraschen, so können Sie es ihm über Graz schreiben, daß ich mich dagegen verwahre, ihm übel zu wollen. Meinungen habe ich nicht zu verzeihen. Also stehen wir ganz gut zueinander. Sie aber, Bester, Liebster, schreiben Sie recht bald Ihrem getreuen

L. Anzengruber.

Wien, den 9. Januar 1872.

Werter Freund!

Glücklich Neujahr! — Herzlichen Dank für die Teilnahme, die Sie mir und meinem Schaffen bisher gewidmet, und lassen auch

Sie sich nicht beirren, ruhig Ihren Weg fortzuschreiten. — Mögen die Kritiker sagen was sie wollen, junge Talente, die noch die Eischalen an den Schnäbeln und den Federn tragen, mögen sie die Bahn zum Besseren oder sonst wohin leiten, uns aber, die wir entweder aus uns selbst herauswuchsen, oder uns in langen Kämpfen im Inneren fertig gerungen; uns müssen sie nehmen wie wir sind, auch mit allen unseren Fehlern und Schwächen oder wie sie das heißen wollen.

Wahrhaftig, ich achte die Kritik hoch, die nicht nach dem Kleinlichen langt, die nicht nörgelt, sondern den ganzen Kerl faßt, und der Welt dann nichts Neues sagt, wenn sie ihr auch zeigt, daß Salomon Recht hatte: Es ist nichts vollkommen auf Erden.

Nun aber seien Sie so freundlich und hören Sie mir ein wenig weiter zu — was meinen Sie, wenn wir beide, Rosegger und Gruber (zwei hübsche Namen und zwei schöne Männer) unser Glück versuchten — nicht bei Damen, fürchten Sie nicht, daß ich Sie auffordere, zu meinem Inserate die Hälfte beizutragen, welches etwa beginnt: Zwei junge literarisch gebildete Männer von hübschem Exterieur wünschen sich mit einem Vermögen, woran auch ein Frauenzimmer hängen darf, ehelich zu verbinden. Photographie unnötig, da das Geld die Hauptsache usw.

Nein, Freund, das, wozu ich Sie auffordern möchte, ist eine Sache für das Volk — versuchen wir es einmal und gründen wir einen Volkskalender — einen guten Kalender —

Frisch — fröhlich — fromm — und frei —
Auch etwas Ernst dabei,

den nicht Turner, sondern Städter und Bauern, Arbeitgeber und Arbeiter lesen, und lassen Sie uns der Ameisenarbeit, ein Körnlein Bildung und Aufklärung zu dem Hügel der neuen Zeit zu schleppen, auch unsere Kraft widmen.

Meine Freßzangen haben Kraft dazu, die Ihren doch auch? Gott sei Dank, heutzutage darf ein deutscher Schriftsteller, wenn er nur fleißig ist wie eine Ameise, auch Freßzangen haben.

Sie wissen ja auch, wie im Walde zwischen „Roten" und „Schwarzen" Ameisen häufig wütende Fehden ausbrechen, lassen Sie uns mitwurln, mitbeißen, ha — Kampflust sträubt bereits meine Fühler und ich stelle mich auf meine sechs Beine.

,Was sagen Sie dazu? Erst Ihre Meinung, und dann im Annahmefall folgt weisliche und reifliche Überlegung.'

Keine Überstürzung — wir wollen eben gewinnen — nicht Geld allein — nicht Ehre allein — die Schlacht!

Die Schlacht? Zu kühn vielleicht, denn der Kampf tobt noch nicht, die Plänklerkette ist erst aufgelöst, aber die Vorpostengefechte wollen wir schlagen — Plänkler der kommenden Zeiten!

Hie gut Recht alle Wege!

Von Sch. weiß ich nichts, als daß er, seine beiden Söhne und seine Köchin krank sind.

Was sagen Sie zu seiner Besprechung im „Tagblatt" über Ihre Gestalten?

Kurz, was sagen Sie zu allem? Schreiben Sie bald — meine Mutter läßt Sie grüßen, seien auch Sie gesegnet für alle Zeit und verbleiben Sie mir — solange wir hier auf diesem Lumpen-Erdenplanet (wie Kortum in der Jobsiade sagt) herumkriechen, was ich Ihnen verbleibe, ein getreuer Freund. Sollten wir uns etwa irgend nach Untergang dieser mangelhaften Welt wiederfinden, so zählen Sie auch dort auf Ihren getreuen

L. Gruber.

Wien, den 20. Januar 1872.

Geehrtester Herr Kalender-Redakteur!

Sie beginnen Ihren Brief vom 10. b. M. mit dem schönen Empfindungslaute „Ach" und ich empfing ihn mit „Weh" — da haben Sie Ach und Weh! Und so möchte ich denn auch schreien — daß ich zu spät komme!!

Der heilige Peter, Ihr Namenspatron, hat Sie wahrscheinlich, ob Ihres sündhaften Wandels ganz verlassen und dem Heckenast in die Hände gegeben! Um 300 fl.*) — wovon Sie etwa noch Honorar geben sollen, oder wollen.

Dös zahlt sich frei nit aus!

Übrigens geht mich nichts mehr an, Sie sollen Ihre (respektive meine) kleine Erzählung im Monate März d. J. haben. Aber „Volksbuch", liebster Bester!! Volksbuch!! Robert Hamerling, aller Ehren wert, genialer Dichter, aber so wenig populär wie

---

*) Gehalt für die Herstellung eines Volkskalenders.

Hebbel. Und Vacano und Pederzani — zwei Elemente, die dem
volkstümlichen diametral entgegengesetzt sind. Ein Buch wird's —
wohl ein interessantes Buch, aber kein Volksbuch! Werden's
schon einsehen und mir dann recht geben.

Schreiben Sie mir doch, was macht „Die Wahrheit"? Peder-
zanis Wahrheit nämlich.

Ich danke Ihnen sehr für die Theaterberichte. Der Herr Rezensent ist mir fürchterlich, weil er so sonderbar urteilt — ich weiß
nicht, wo geschrieben steht, daß der Großknecht die Broni heiraten will!! Doch in der Rezension ist die Behauptung aufgestellt. Herrjeses! Wenn man Dinge hört und sieht, die nicht
sind, kann man denn da ein Urteil abgeben, das sich hören und
sehen lassen kann?!

Sie müssen wissen, bester Freund, daß ich jetzt übler Stimmung bin. „Der gelbe Hof" wird wahrscheinlich das Opfer derselben werden und vorläufig unvollendet bleiben. Sie kennen das,
was an diesem Stücke fertig ist — sagen Sie selbst, Hand aufs
Herz — ist's nicht besser, ich lasse ihn noch ein wenig liegen?
Sie werden zugeben müssen, daß Sie sich wenig mehr an diesen
Akt erinnern, und damit ist seine vorläufige Sistierung hinläng-
lich begründet.

Als Kuriosum sende ich Ihnen eine Beurteilung eines Stückes,
„Das Kronenhaus". Dieselbe war im „Tagblatt", Rubrik:
„Vom Lesetische", zu lesen, bemerken Sie die unten gegen meine
„Bauernkomödie" gerichteten Zeilen. — Nun habe ich dieses
Stück gelesen (nicht gekauft, denn es kostet 2 fl.), was sagen Sie
aber dazu? Es ist eine ganz talentlose, schreckliche Mache!

Sehen Sie, das ist Kritik!

Etwas loben, das, wenn die Kritik ein ernstes Amt sein soll,
gar nicht besprochen werden durfte, und dabei einen Stein
nach dem Autor werfen, der nicht weiß, wie er dazu kommt —
hübsch, das!

Schreiben Sie mir doch recht bald, ich freue mich, sooft ich
einen Brief von Ihnen erhalte.

Schreiben Sie mir auch, sind Sie wirklich etwas ungehalten
auf Sch.? — Er scheint sich's einzubilden. Ich habe ihm einen
Brief geschrieben, worin ich seine häusliche Misere bedauere und er-

hielt darauf wieder von ihm ein Antwortschreiben, das mit den brüsken Worten begann: „Daß Sie sich um meine Familienangelegenheiten bekümmern, setzt mich in Erstaunen, ich danke Ihnen dafür — usw. —"

Seither habe ich ihn allerdings nicht mehr gesehen, suche ihn auch nicht auf — ein eigener Mensch! — —

Schreiben Sie! Und wenn sich Ihr Mitarbeiter in Punkto des Kalenders zu stark übernommen hat, so seien Sie nicht zu strenge, Herr Redakteur!

Hoffe, daß Sie geistig und leiblich wohl sind, meine Mutter läßt Sie grüßen, und ich grüße Sie mit Herz und Hand.

Ihr aufrichtiger
L. Anzengruber.

Wien, den 22. Januar 1872.

Teurer Freund!

Ihre letzten wenigen Zeilen, in denen Sie Ihren schmerzlichen Verlust meldeten*), fielen mir schwer auf das Herz. Sie erlauben, daß ich mich dem gerechtesten Schmerze auf Erden gegenüber auch kurz fasse.

Die Zeit heilt die Wunde, lassen Sie es Frühling und wieder Frühling werden und unsere Toten feiern in unserem Herzen ihre Auferstehung, in freundlichem Gedenken, ihre kleinen Schwächen ganz aus dem lieben Bilde hinweggetilgt, stehen sie vor uns. Im Frühlingssonnenschein schwebt ihr Bild mit allen Kindheitserinnerungen über der Heide, im Sommer lugt es aus den wogenden Ähren, plötzlich steht es am Rain und lächelt uns zu — im Herbste geht es mit raschelndem Tritte neben uns durch das fallende Laub — und es will uns gar wehmütig werden — aber wenn es Winter wird, zu Allerseelen, da tritt es gar in unser Stübchen

„Grüß' Gott, lieb' Kind!"
„Grüß' Gott, lieb' Mütterlein!"

Unsere Toten sind nicht tot, so lange wir leben, und sterben wir, da nehmen wir sie nur mit aus einer Welt, die sie nun nimmermehr verstünde!

Für unsere heißen Tränen und bitteren Schmerzen tauschen wir

---

*) Den Tod meiner Mutter.

uns Wehmut und Sehnsucht ein, diese beiden sind die Geburtswehen
unserer Welt, durch die sie edlerer Geschöpfe genesen will! Zu dieser
sanften, stillen Welt, die ahnungsvoll wie sternenhelle Winternacht
uns auf der Seele liegt... leiht ihr uns den Schlüssel, ihr lieben
Gestorbenen!

— — — — — — — — —

Ich hatte ein Großmütterlein, das vor vielen Jahren starb,
ich hatte es recht lieb, darum schreibe ich so. —

Meine Mutter läßt Sie grüßen — ich aber verbleibe der Ihre
allzeit getreu.

L. Anzengruber.

Wien, den 21. Februar 1872.

Bester Freund!

Sie schweigen und das macht mich besorgt — ich hoffe, daß
Sie doch wohl sind. — Die Novelle, „Gänseliesel" benamset,
für Ihren Kalender liegt bereit, ich erwarte nur ein paar Zeilen
von Ihnen, um dieselbe zu überschicken.

Hoffe nur, daß Sie Geschäfte hinderten, die Feder zu ergreifen
und erwarte, von Ihrer Hand durch ein paar Zeilen erfreut zu
werden.

Ihr getreuer

L. Gruber.

Wien, den 23. Februar 1872.

Wertester Freund!

Anbei sende ich Ihnen die „Gänseliesel" für Ihren Kalender.
Sie füllt wohl einen halben Bogen, besonders wenn ihr durch eine
oder die andere Illustration nachgeholfen wird. Eine Bitte hätte
ich betreffs derselben an Sie. Sie würden mich sehr verbinden,
wenn Sie dieselbe abschreiben ließen und mir das Manuskript retour-
nierten. — Sonst wünsche ich Ihnen, daß Sie dieselbe gesund ver-
brauchen, denn Sie schreiben mir, daß Sie unwohl seien, ich erwarte den versprochenen Brief von Ihnen mit für Ihre Person
guten Nachrichten.

Bin sehr beschäftigt und froh darüber, ich habe lange gefau-
lenzt, meine Mutter läßt Sie grüßen und es grüßt Sie in treuer
Freundschaft Ihr

L. Gruber.

Wien, ben 21. Mai 1872.

Werter Herr in Mur-Athen!*

*Daß ich net lach'!!

Ihr wertes Schreiben vom 3. b. M. beantworte ich heute zwar erst, Sie sehen aber, ich habe mir frisches Briefpapier dazu gekauft, erstens beginne ich jedoch mit der Frage nach Ihrer Gesundheit, wie geht es Ihrer geschätzten Leber und was macht Ihr liebenswürdiges Herz? (Diesbezüglich, wann gehen Sie nach Hautzenbühel?) Bringen Sie mir über beides beruhigende Nachrichten.

Den im Strahle der Diogenes-Laterne verklärten F. S. habe ich leider seither noch nicht zu Gesichte gekriegt, konnte ihn daher nicht grüßen, er geht jetzt auf Entdeckung noch unbesuchter Höhlen aus, ich glaube, touristisch ausgedrückt heißt das Jungfernlöcher suchen, daher er zeitlich für die Oberwelt ganz verschollen bleibt.

Was die „Kreuzelschreiber" anlangt, so sind dieselben bis zum dritten (und letzten) Akte vorgeschritten und habe ich heute diesen letzteren selbst begonnen. Die werden fertig.

Holdseligster! Was wollen Sie, daß ich mich für Ihre Gesundheit bergsteigend zu Tode schwitze?! Ich war immer der Meinung Sie machten ohne Schaden für unser beiderseitiges Leibeswohl insonderheit noch dazu Bewegung für mich!

Aber ich merke Ihre Absicht und werde verstimmt. Seit Sie Ihr dramatisches Dingelchen da, das Mirsabl — oder Mirakl*) geschrieben haben, das man gar nicht zu sehen kriegen kann, seitdem Sie mit einem Wort Dramatiker geworden sind, sehen Sie in mir mehr als je den Konkurrenten und wünschen wahrscheinlich, daß ich mich in Ihren heimatlichen Bergen verkugel'!? Wie gesagt, diese menschenfreundliche Absicht verstimmt mich etwas.

Ich versichere Sie, es ist in Schönbrunn auch eine wunderbare Luft, dahin promeniere ich alle Tage — und arbeiten muß ich schon jetzt im Sommer — warum — weil ich leben will und weil ich den Winter über so faul war.

Meine Mutter grüßt Sie herzlichst, ich auch, und bitte schreiben Sie nach Maßgabe Ihrer Zeit balbigst Ihrem getreuen

L. Anzengruber.

*) „Das Mirakelkreuz".

Wien, ben 27. Oktober 1872.

Liebwertester Freund!

Sie werden doch im Besitze der „Kreuzelschreiber" sein, die ich Ihnen am 17. b. M. zugesandt habe? Auch Martinelli, der mich darum ersuchte, erhielt ein Exemplar.

Durch die Einsendung Ihrer Geschichte „In der Einöde"*) haben Sie mich sehr erfreut. Ein tüchtiges Stück Arbeit das! Sie machen einem übrigens das Amt eines Kritikers recht schwer, auch wenn man Sie nicht persönlich kennen würde. Durch das ganze Buch zittert warmer, lebendiger Blutschlag.

„In der Einöd"! Es geht etwas wie Entwickelung (andere würden's freilich „Tendenz" heißen) durch die Geschichte. Der alte, verstoßene Schulmeister legt den Keim, „daß die Einöden auf einmal keine Einöden mehr ist". — Kurz, das Ganze ist sehr erfreulich, daß man nicht nach dem Einzelnen viel Umschau hält. — Ahan, denken Sie, jetzt wird mein Freund, der Kerl, gleich zum nergeln anfangen, beim Einzelnen ist er schon. So sind sie alle, erst das Ganze hübsch loben, dann das Werk hübsch in Charaktere und einzelne Kapitel zerlegt und darüber losgezogen, so daß ein dritter Unbeteiligter, der zufällig zuhörte, sich denken müßte: „Himmel, das ist doch gegen alle Rechenkunst, daß eine Liste von Fehlern und Schwächen summiert nur Vorzüge und Vortrefflichkeit ergeben sollte."

Aber Sie täuschen sich in Ihren üblen, hämischen Autorgedanken — keine Entschuldigung, ich weiß, Sie haben mich oben heimlich „Kerl" genannt, keine leeren Ausflüchte von literarischer Unempfindlichkeit — ich kenne Sie, denn ich kenne mich, wir Autoren nehmen kein Urteil übel, außer ein — tadelndes, und wenn wir derlei wittern, so werden wir gleich toll, begegnen jedem Schimpf und Glimpf, indem wir das Präveniere spielen und — wie oben — zuerst unsere Freunde verunglimpfen.

Wir sind schon so, wir Autoren!

Spaß beiseite! Ich gratuliere Ihnen. Viele schöne Gedanken, reiche Beobachtungen. Was ich aber einst Ihnen gesagt habe, dabei bleibt es, nach der Lektüre dieses Ihres Buches ist es mir zur Gewißheit geworden, daß Sie noch in voller Entwickelung stehen, daß sehr Bedeutendes von Ihnen in weiteren Jahren zu erwarten

---

*) Später „Heidepeters Gabriel".

steht, wenn Sie nicht mehr mitten in Ihren Werken, sondern ganz und voll darüber stehen werden, und so freue ich mich Ihres jugendkräftigen Schaffens, erwarte Ihre Reise, und als persönlicher Freund hoffe ich, daß Sie Ihren Niedergang erst in die Zeit der weißen Haare verlegen werden. Dieser Zeit wolle das Geschick Sie auf freundlichen Wegen zuführen und verbleiben Sie auch mit dieser Haarcouleur und Stoppelbart mein Freund, wie ich der Ihrige verbleibe, ich grüße Sie herzlichst und schreiben Sie auch einmal wieder Ihrem getreuen

L. Anzengruber.

Meine Mutter läßt Sie grüßen. Für Ihren Kalender werde ich „Die Märchen des Steinklopferhans" nächstens beginnen.

Wien, den 3. Dezember 1872.

Wertester Freund!

Ihren Brief vom 29. v. M. mit seinen verschiedenen Einlagen habe ich empfangen, und danke Ihnen herzlichst für Ihr ritterliches Einstehen für meine, wie Sie ganz richtig dem ** gegenüber bemerkten, unverstanden verunglimpfte Sache.

Ich fühle mich um so mehr gerührt durch diese Ihre Tat, als ich mich schon vergessen glaubte, ich weiß heute noch nicht, haben Sie das Buch „Der †††schreiber" empfangen oder nicht? Ihre letzte freundliche Sendung, „In der Einöde", Ihren Roman, der mir, je länger ich ihn in mir trage, je besser gefällt, und den ich bei nächster Muße wieder vornehmen werde — — Ihre letzte Sendung besagte nichts, ob Sie meine auch erhalten haben.

Um so mehr bin ich, wie gesagt, gerührt, als Sie sich während dieser Zeit dem Kreuzfeuer, wie Sie selbst gestehen, „wundersam schöner Augen" ausgesetzt haben, in denen man gerne versinkt, wie in einem tiefen, klaren See, um in der Nixenstadt unten süß, wundersam süß zu träumen. Daß Sie bei der Verunglimpfung meiner doch sehr prosaischen „†††schreiber" unter sotanen Umständen geharnischt aufwachten, das ist viel, das ist mehr als ein Freund verlangen kann, das ist für die Sache des Volkes in Punkto des Volksstückes mit geschehen, eine Sache, die uns beiden nahegeht, die Sache des Volkes, und die uns beide zu Freunden gemacht — mich wenigstens aufrichtigst zu dem Ihrigen.

Bei Gott, ich wünsche Ihnen, Sie mögen all das Glück finben, daß ich in diesem Falle für mich hoffe und vom Geschick erbitte.

Ich für meine Person habe Ihnen wenig Neues zu vermelden. „Elfriede" ist beendet, wird wieder eingereicht — sonst bin ich mit der Arbeit überhäuft und habe auch für einen gewissen Kalender gestern Hand angelegt, um die „Märchen des Steinklopferhans" anzufangen, bitte aber um recht viel Geduld.

Meine Mutter läßt Sie freundlichst grüßen, die arme Frau, die Sie recht sehr schätzt und liebt, ist von einer schlimmen chronischen Krankheit befallen und leidet sehr.

Ich hoffe, daß ich bald ein Schreiben, wenn auch nur ein paar Zeilen, erhalte, ich werde Ihnen dann umständlicher bei mehr Ruhe und Muße schreiben, jetzt wollte ich Sie nicht länger warten lassen auf Antwort und Dank für Ihren letzten lieben Brief, wolle es Gott Ihnen so wohl sein lassen, als dies wünscht Ihr treuergebener

L. Anzengruber.

P. S. **s Rezension ärgert mich so wenig, wie etwa einen Maler das Urteil eines Blinden über sein Gemälde.

Wien, den 3. März 1873.

Lieber werter Freund!

Ihr letztes Schreiben mit der „Offenbarung Ihrer kleinen Verbitterung" hat mir große Angst für Sie eingejagt. Ich hoffe, Sie haben sich bereits „ausverbittert". Wundern Sie sich vielleicht, daß S.'s Buch so gelobt wird? O, tun Sie es nicht, Sie präsentieren sich sonst in dem Lichte einer gar wundervollen Naivität. S. ist Journalist Nr. 1, hat einen Verleger Nr. 2, dem es auf etliche Freiexemplare nicht ankommt, der inseriert und Reklame macht, der mich z. B. ersucht hat, ihm einen Artikel über das Buch zu schreiben und der ihn dann in das „Fremdenblatt" brachte und im „Pester Journal" noch einmal abdrucken ließ. Ich habe den Artikel sehr gerne für unseren gemeinsamen Freund geschrieben, all das Lob war ein verdientes, ich habe keinen Groschen Honorar dafür verlangt, aber ich mußte doch wissen, daß er — und in welchem Journal — placiert wurde. Ließe sich Heckenast die Geschichte ebenso angelegen sein, Sie hätten genug Artikel erleben können, so schweigt er seinen Verlag selbst tot. Wenn die gewöhnlichen Schreiber nur notizeln, so müssen eben die Freunde der Verfasser her, diese müssen schreiben!

Etwas hat mich in Ihrem letzten Schreiben schwer besorgt gemacht. Ihr Geständnis, daß Sie sich mit der Schöpfung der „Einöde" einer aufregenden Arbeit unterzogen, einer Gesundheit untergrabenden; um des Himmels willen, guter, bester Freund und herzlieber Mensch, tun Sie das nun und nimmermehr, bleiben Sie kalt und ruhig, schaffen Sie sich zur Lust und Sie werden auch zur Lust der anderen geschrieben haben, bleiben Sie uns gesund an Seele und Leib, lassen Sie sich nicht die Blüten Ihres herrlichen, Ihres erquickenden Talentes in der Treibhauswärme des forcierten Produzierens verderben, lassen Sie sich nicht vom Ehrgeize in Ihr Tintenfaß spucken, daß Sie mehr Tinte zu verschreiben haben. Es ist in der „Einöde" ein etwas bizarrer Zug, ein leidender Zug, der durch das Ganze geht, Ihre eigenen Worte haben mir die Erklärung davon erschlossen. Bester, um was man sich krank schreibt, das leidet selbst mit. Sie aber haben ein so eigentümliches, ausgesprochen selbständiges Talent, daß Sie nur ruhig fortzuschreiben brauchen, daß Sie langsam die Meisterschaft sich erschreiben werden. Mein Bester und Guter, Sie haben gar kein Recht, sich auf Ihrem Wege umzusehen, in der Zukunft liegt für Sie Ehre und Wohlergehen und Anerkennung, also „allweg vorwärts".

Ich habe Ihnen schon dazumal, als ich Ihnen den Eindruck Ihrer „Einöde" auf mich mitgeteilt, gesagt, daß Großes in Ihnen ruht, daß ich von Ihrer Zukunft alles erwarte; — nicht fertig, nicht abgerundet steht Ihr Roman „Die Einöde" vor uns, und doch viele lesen ihn mit Vergnügen, es ist derselbe Rosegger, der Ihnen schon mit seinem Genius zu Herzen gesprochen; ach, glauben Sie nicht, mein lieber Rosegger, daß dieser Rosegger recht daran tut, auf dieses Werk all seine Karten zu setzen! Geh'n Sie mir, seit wann ist er denn so stolz oder so kleinmütig geworden? Ich kann Ihnen nicht sagen, wie ich diesen Schriftsteller liebe und schätze, ich möchte ihm mit keinem Worte Wehe tun, nicht um die Welt, aber wenn Sie mir meinem Zukunfts-Rosegger verderben wollen, das greift mir ans Herz und ich kann dann den gegenwärtigen gar nimmer leiden. In diesem Gegenwärtigen schlummert noch so viel unentwickelt, er weiß es wohl selbst nicht, und wenn ich mir denke, wie sich das nach und nach klärt, bildet und festigt, und ich denke mir den ganzen fertigen Rosegger — da möchte ich des Teufels werden, wenn ich in Betracht ziehen soll, daß auf einmal das nicht sein soll, daß Rosegger stehenbleiben sollte, daß er nun daran denken soll können, er werde nichts mehr schreiben — ach pah, rasten Sie sich nur etwas aus und gehen Sie dann wieder frisch ans Werk, und die nächste größere Arbeit überschauen Sie wie von oben, von darüber her, das tun Sie — heute aber können Sie schon jeden einen Lumpen heißen, der es anders sagt, als daß ich die „Einöde" so gut finde, daß ich sie wohl selbst geschrieben haben möchte.

Sagen Sie das dem Rosegger, er wird sich's gewiß zu Herzen nehmen, da es vom Herzen kommt.

Nun erlauben Sie, daß ich ein wenig von mir rede, es ist mir zwar nicht besonders darum zu tun, denn ich habe von mir nicht viel zu sagen, das etwas zu sagen hätte. Neues gar nicht; „Elfriede", das wissen Sie, kommt nächstens daran. Eine „Tochter des Wucherers" habe ich eingereicht. Ich arbeite jetzt sehr viel, und wenn Sie einmal des Sommers ein paar Tage kommen wollen, so finden Sie mich immer bereit, Ihnen etwas vorzulesen, denn ich habe ja vieles, das Sie gar nicht kennen.

Meine Mutter, der es übrigens recht übel ergeht, haben Sie auch durch Ihren Brief besorgt gemacht, die Frau versteht etwas und hatte auch an der „Einöde" ihre Freude — sie läßt Sie grüßen.

Ich werde jetzt diese Seite noch herunterschreiben, daß Sie sich nicht beklagen, daß ich dieses Fleckchen Papier nicht mehr für Sie aufwenden will, aber Neues sollen Sie von mir nicht erfahren, vielmehr frage ich Sie, heiraten Sie im Mai — und wenn das, wie können Sie jetzt „raunzen"? Wirst lustig sein, du Sakra! Bei Gott, dem Allmächtigen, Höchstgütigen und Weisen, ich wünschte, er hätte uns die Aushängebogen der Schöpfung zukommen lassen, statt daß der schuftige Metteur en pages, der Satan, das Ganze nach Gutdünken hat durchschießen dürfen, ich sage Ihnen, es ist eine Lausewelt, sonst gäbe es keine leidenden kranken Geschöpfe darin, keine Roheit. Die armen Wesen hoffen auf eine verbesserte, durchgesehene zweite Auflage, deren Ausgabetermin der jüngste Tag sein sollte, den Sie mir auch gütigst als Termin gestellt haben, um Ihr Schreiben zu beantworten. Sie sehen, ich tue das schneller, nicht etwa des Zweifels an dem jüngsten Tage wegen, sondern weil besser

bewahrt als beklagt ist und weil Sie nicht beklagen und immer
wohl bewahrt wissen will Ihr Sie schätzender und liebender

L. Anzengruber.

Wien, den 5. Mai 1873.

Werter, liebster Freund!

Im Anschlusse sende ich Ihnen meine „Friedl“*), ferner gratuliere zu Ihrem Mirakelkreuz-Erfolg, er war ein verdienter, dann
gratuliere zu Ihrer Verheiratung und vertraue Ihnen an, daß es
bei mir alsbaldig auch losgehen wird und ich ebenfalls bald Ehe-
mann sein werde. Weitere Nachrichten behalte ich mir für später vor. —

Was nun Ihr „Mirakelkreuz“ anlangt, und ferner, was ich
von Martinelli hörte von einem Gelegenheitsstückchen zur Ver-
mählung der Erzherzogin Gisela — so ist das erste so hübsch geraten, der Stoff des zweiten, nach Hörensagen, so originell, daß
ich im Interesse unseres lebernen Repertoires wünschte, Sie möchten
von Zeit zu Zeit das Publikum mit solchen netten Holzschnitzereien
erfreuen.

Dieses „Mirakelkreuz“ ist eine so nette, liebe Bluette — pah,
was soll ich die Zeitungen ausschreiben? Sie haben Schlesingers
Rezension gelesen, der Mann sagte, was viele meinten.

Lieber Freund, schreiben Sie mehr dergleichen.

Ich muß für heute schließen, habe Besuch, folglich keine Ruhe.
Herzlichen Gruß von mir und Mama.

Ich verbleibe Ihr getreuer

L. Anzengruber.

Lieber Freund!

Sö sein mir an Brief schuldig. Flütterwochen gelten niama
als Entschuldigung. Ihr

L. Anzengruber.

Breitenfurth Nr. 72.

Breitenfurth, den 27. Mai 1873.

Teurer Freund!

Hier in Breitenfurth (bei Wien) rings von dichtbewaldeten
Hügeln umgeben, sitze ich, rauche eine kurze Pfeife, und draußen am
Balkon sitzt meine kleine Frau und liest ein vortreffliches Buch,
nämlich Roseggers „Gestalten“.

*) Elfriede.

Und hier sitze ich und denke an Sie, und wünsche Ihnen, als Neuvermähltem, alles Glück und allen Segen mit aufrichtigem, getreuem Herzen!

Ich bin kaum sechs Tage hier, das Wetter hat sich dabei greulich angelassen, nichts als Regen und abermals Regen und zur Abwechslung ein wenig Tröpfeln! Doch war ich schon dreimal im Wald, und werden ihn öfter und öfter aufsuchen und tiefer hineingehen, „so tief, wie kein Mensch noch gewesen ist, und da werde ich eine wilde Rose — — —“

Ja so, diese wilde Rose in tiefster Waldeinsamkeit suchen ja Sie; der Zukunfts-Rosegger hat sich keine blaue Blume der Romantik vorbehalten, er sucht die wilde Rose und er wird sie finden, gewiß, sicher, nicht heute, nicht morgen, aber eines schönen, ruhigen Tages, tief im Walde, auf dem reichen Moose, rings umgeben von hohen Stämmen, in deren Blättern das Sonnenlicht spielt; und bis er sie findet, geht sein Freund Anzengruber in den Wald, um in Blätterduft und Kühle den künftigen Fund recht verstehen zu lernen, und ihn freudig begrüßen zu können.

Lieber Freund Rosegger, mir ist leicht um die Seele und weh um das Herz; leicht um die Seele, in der lieben weiten Natur, weh um das Herz, weil mitten in dieser prangenden Natur ein Wesen, mir über alles teuer, leidet, schmerzlich leidet, und langsam vergeht — meine arme Mutter ist sehr krank, recht sehr.

Es gibt Lagen, wo einem der Mut sinkt, wo man an das Geschick nicht einmal die Bitte zu stellen wagt: „Erhalte mir die Lieben“, denn die Bitte wäre grausam eifersüchtig, und so zwischen Resignation und dem drohenden Verluste gepreßt, wird einem weh um das Herz.

Sollten Sie einmal im Laufe des Sommers nach Wien kommen, so geizen Sie nicht so mit der Zeit, daß Sie uns nicht einen Tag schenken wollen, kommen Sie und besuchen Sie uns.

Man fährt per Südbahn bis Liesing und von dort per Wagen zirka eineinhalb Stunden bis Breitenfurth. Die Gegend lohnt den Ausflug. Nackte Berge, Schroffen, hat sie zwar nicht, aber freundliches Grün und Wälder rings umher.

In Erwartung einer freundlichen Antwort

Ihr allzeit getreuer

L. Anzengruber.

Wolfersdorf, den 3. Februar 1874.

Verehrter Freund!

Erst jetzt komme ich dazu, Ihnen für Ihre „Geschichten aus
den Alpen" zu danken; ich habe dieselben aber auch während der Zeit
gelesen — und ich werde sie wieder lesen. Ich sage Ihnen Dank für
den Genuß, den diese „Geschichten" mir verschafft haben, dieselben
lassen in der künstlerischen Gestaltung, sowie in ihrer tiefangelegten
Tendenz oder anderenfalls in ihrer tiefgemütlichen Schilderung des
lokalen Lebens nichts zu wünschen übrig.

Wenn eines — ich wüßte aber nur das und nichts anderes —
mich als etwas unwahrscheinlich und daher nicht in den Rahmen
passend berührt hat, so ist das im „Adel im Dorfe" (dieser prächtigen Erzählung) das Geständnis des „Wagnerfaltl" (herrliche Figur)
vor der Dorfjugend. Sie zeichnen dasselbe ja selbst als ein Ge-
schehnis, das zu nichts führt, was auch in dem Begriffsvermögen
der anjetzt lebenden lieben Dorfjugend nur zu begründet ist. Das
sollte Ihr „Wagnerfaltl" nicht selbst einsehen? O gewiß — eine
testamentarische Enthüllung nach dem Tode dieses Wackeren würde
das gewünschte Resultat bei den Kindern derer, an welche ein offenes
Geständnis nutzlos verschwendet ist, ganz sicher hervorrufen oder
zum mindesten mit mehr Wahrscheinlichkeit.

In diesem Punkte war mir der Pfiffikus zu naiv. Und es
wirkte auf mich fast wohltuend, als ich den alten Mann ohne Nutz
vor den Dorffratzen sich bemütigen sah, wo die ältesten Bengel und
reichsten Menscher darunter ja eben nur bis zu seinen Bundschuhen
reichen und kein Verständnis haben.

Das war für mich die einzige heikle Stelle. Ob ich sie ganz weg-
wünschte, oder in angedeutetem Sinne umgestaltet? Verehrter
Freund, niemals, wenn Sie es nicht drängt Hand anzulegen, oder
Sie vielleicht bessere Gründe für die Haltbarkeit der beregten Szene
haben. Ich achte stets an jedem Autor das Niedergeschriebene und
eher denke ich, daß ich auf falscher Fährte bin, als er. Bitte jedoch
zu bemerken, wenn ich sage bei jedem Autor, so meine ich eben einen
Schriftsteller, den ich achte, schätze und hochhalte, der eben einer ist
— ich aber liebe Sie als Autor und auch als Menschen, als Autor
selbander ist mir der Wagnerfaltl etwas in seiner Angelegenheit aufgefallen, als Mensch (Irren ist menschlich) überlasse ich es Ihnen,
von diesem meinem Bedenken das Beste zu denken.

Von mir und den Meinen an Sie und die Ihren die besten
herzlichsten Grüße, nochmals meinen Dank, schaffen Sie freudig
weiter und mutig, vor Ihnen liegt ein großer Weg, jedes neue Buch
von Ihnen ist ein Zeugnis Ihres Fortschrittes, jedes ist ein an-
mutiges Rastplätzchen, zu dem die Lesewelt auch dann noch immer
zurückkehren wird, wenn sie auch schon sehr weit vorgeschritten sind,
denn Sie gehen einen recht schönen hübschen geraden Weg, müde
werden Sie nicht so bald, lieber Bergsteiger, so wünsche ich Ihnen
für allzeit nur das beste Wetter, einen heiteren häuslichen Himmel
dazu. Ihr Sie hochschätzender und liebender

L. Anzengruber.

Wolkersdorf, den 20. Februar 1874.

Mein sehr geehrter Freund und Herr!

Sö sein einer! Warum schreiben's denn nit? Sein Sö bös?
Oder faul? Oder sonst was? Meinetwegen alles, nur hoffe ich,
daß weder Sie, noch die werten Ihren krank seien. Denn, wenn
Sie bös wären, so sag' ich meinetwegen: weil ich Ihnen alles Recht
dazu abspreche, vonwegen: weil Sie keine Ursache haben. Margerlt
Sie etwa das sehr wohlgemeinte, meinerseits genügend motivierte,
Ihnen jedoch alle Verteidigung freistellende Wort über Ihren
„Wagnerfaltl"? Hab' ich mich nicht zufrieden gegeben, wenn Sie
es ganz einfach beim alten lassen und über meinen Einwurf zur
Tagesordnung übergehen wollten!! Han? Bitt' Ihnen, können's
mehr verlangen? Oder gift' Sie's vielleicht, daß ich sage: Sie
werden immer besser, die Literatur hat noch Hoffnung auf Sie zu
setzen und ist noch lange mit Ihnen nicht fertig, und es ist eine
Passion, Sie auf Ihren Etappen zu begleiten? Gift' Sö bös?

Na hörn's, da müßt ich mich aber giften und schon wie!

Und wenn Sie nichts margerlt und nichts gift' — warum
schreiben Sie denn nicht? Den F. S. haben Sie auch giftig gemacht — die Ursache aber ist mir nicht bekannt. —

Sie müssen's schon aber arg getrieben haben. Vor etwa vier
Wochen sagte er: „Es gibt noch Menschen auf der Welt, der eine
wohnt in Graz und der andere in Wien!" Sehn's, das sind wir zwei.
Nun haben Sie ihn bös gemacht, jetzt bin ich nur mehr der einzige
Mensch (wohne zwar in Wien, halte mich aber in Wolkersdorf auf)
und es ist nicht gut, daß der Mensch allein sei.

Aber ich plaudere da gemütlich, weiß nicht, was in Ihrem
Busen vorgeht, kurz und gut, für heute gar nichts, keine Zeile weiter,
als daß ich war, bin und verbleibe

Ihr getreuer

L. Anzengruber.

Gruß an Sie und die Ihren von den Meinen. Wie ich nicht
alsbald einen Schreibebrief von Ihnen erhalte — so schreiben Sie
sich die Folgen davon selbst zu, dann kriegen Sie keinen Brief mehr,
kein neues Stuck von mir mehr und ich weiß nicht, was ich dann
noch alles tu'. Kruzitürken! Schreib'n!!

Wollersdorf, ben 21. April 1874.

Werter Freund!

Indem ich Sie und die Ihren in bestem Wohlsein hoffe, erlaube ich mir, Ihnen, als Sachverständigen, einige Fragen vor-
zulegen, deren Beantwortung mich bewahren soll, in meinem neuesten
Werke etwa Verstöße gegen landwirtschaftliche Terminologie zu be-
gehen.

Dieses neueste Opus ist eine Bauernkomödie, sohin lustiger
Natur, im Genre der Kreuzelschreiber, und betitelt „Der
G'wissenswurm".

Also, Verehrtester, ich ersuche Sie, mir alsbaldigst Auskunft
freundlichst erteilen zu wollen:

1. Wenn das Heu auf den Wiesen zusammengerecht wird,
wie heißen dann die kleinen Heukegel (etwa mannshoch oder etwas
höher) „Heumandel"? oder auch wie die großen „Schober?" (NB. Ich
meine natürlich jene, welche zur alsbaldigen Überführung auf die
Heuböden aufgeschichtet werden.)

2. Sind mir bange Zweifel aufgetaucht, Ideenvermischungen
und Verwirrungen, ein Begriffscancan zwischen den Worten:
Schupfen, Scheuer und Scheune.

Bitte mir folgendes klarzustellen:

Unter Schupfen verstehe ich einen gedeckten Raum, welcher aber
oft nur auf Balken ruht, sohin etwa unten ganz frei oder oft nach
drei Seiten frei, an der vierten geschlossen erscheint. Ist dem so?

Ist Scheuer und Scheune dasselbe? Und wo hebt vorkommenden Falles der Landwirt sein Arbeitsgerät auf?

Oder ist das volkstümlichere Stabl für diesen Fall anzuwenden?

Ich bitte Sie um alsbaldige Errettung aus diesen bangen Zweifeln.

In vollem Ernste, ich lasse mich gerne über solche Dinge belehren, so nebensächlich sie auch erscheinen mögen, weil ich nicht gerne solche Verstöße mache, welche, wenn sie einmal geschehen sind, von einer Faulheit zeigen, die nicht einmal eine Frage daransetzen will, um ins Klare zu kommen.

Natürlich werden Sie mir auch schreiben, wie es Ihnen, Ihrer werten Frau Gemahlin und dem kleinen Sepp geht. Ich hoffe, recht wohl! Meiner Mutter geht es besser, meine Frau war auch krank, ist aber bitto auf dem Wege der Besserung — mir geht es wohl.

In der Hoffnung, das gleiche von Ihnen und den Ihren zu hören, grüßen Sie die Meinen und „Ich" selbst herzlichst. Ihr Sie recht schätzender

L. Anzengruber.

Wolkersdorf, den 18. Juni 1874.

Verehrter Freund!

Fühle bloß das Bedürfnis, Sie in der Ferne zu grüßen. Uns geht's passabel. Wie Ihnen und den Ihren? „Was macht der kleine Sepp?" Habe neulich gedacht, was er wohl machen möge. Schlafen und trinken. Seliges Los!

Herzlichste Grüße

L. A.

Wolkersdorf, den 30. Juli 1874.

Werter Freund!

In Anbetracht Ihres letzten Schreibens lasse ich alle andere Kontroverse fallen, es ist schon so lange her, daß Sie jedenfalls nimmer wissen, was Sie geschrieben haben; ich mache nur darauf aufmerksam, daß Sie in einem Punkte sich gewaltig irrten und das ist, als Sie meinten, ich „faulenzete" — oho, eben darum, weil bös nit der Fall ist, komme ich erst heute dazu, Ihren Brief vom 16. b. M. zu beantworten. Ich habe soeben den dritten Akt eines Trauerspiels, für das Burgtheater bestimmt und betitelt „Hand und Herz", vollendet und stehe vor dem vierten und letzten Akte dieser Arbeit und brauche nunmehr Erholung, und nun bin ich in der Lage zu sagen: Ich komm'!

Da Sie sich stets bereit erklären, wird es keinen Schwierigleiten unterliegen, einer Aufforderung von uns (Schlögl und mir) Folge zu leisten, denn ich schreibe dem Schlögl unter einem. Meine kleine Frau bring' ich mit und führe ich auch, zum ersten Male in ihrem Leben, in die Alpenwelt ein. Gekraxelt wird aber von mir und meiner Frau nicht, ihr verbietet es ein Dritter und i, i mog nit.

Aber angesichts der Berge wollen wir wieder einmal lustwandeln, plaudern, essen und trinken — kurz, tun, was sich tun läßt, aber so nicht in der Stadt.

Natürlich schreibe ich sofort nach Abmachung. Ich grüße Sie und die Ihren von mir und den Meinen aufs beste

Ihr

L. Anzengruber.

P. S. Vielleicht nächste Woche, dann benachrichtigt Sie wohl der S.

Wien, den 9. November 1874.

Verehrtester!

Es mag beiläufig 300 Jahre her sein, ja ich denk', so weit liegt es zurück, und das entschuldigt doch wahrhaftig, wenn einer auf ein Versprechen vergißt — g'wiß, wer b'sinnt sich gleich so weit zurück. Es mag also beiläufig vor 300 Jahren, bleiben wir dabei, gewesen sein, als ein Literat samt Frau einem anderen Literaten zuliebe nach M*) fuhr. (Sie wissen, wir Männer der Feder begnügen uns, wie die Mathematiker, oft einen Buchstaben statt einer unbekannten Größe oder auch einer bekannten zu setzen.) Also, es hing oder vielmehr lag damals der Himmel regenschwer über der Landschaft und zum Troste für die erduldete Mühsal und in Aussicht stehende Trübsal versprach der Literat aus K, dermalen in G, dem ihn besuchenden Literaten aus W ein fürtreffliches Werk zu senden, auf daß er sein Gemüt daran erquicke.

Nachdem also, bleiben wir dabei, 300 Jahre vergangen waren, da trat der Büchermacher aus W in einen Buchladen daselbst und da sahe er vor sich liegen ein dickes Büchlein und da sagte er freundlich: Ahan!

Darüber verging wieder ein Jahrhundert, und der Büchermacher sagte nicht mehr: ahan! was so viel hätte heißen sollen, als: ah, da ist ja das Buch schon erschienen, die nächste Post usw. usw.

---

*) Mürzzuschlag.

Ja, daß wir also wieder in unsere Zeit zurückkehren, wie geht es denn Ihnen, was macht Ihre werte, liebe Frau Gemahlin? — Ich hoffe, es geht Ihnen allen wohl. Wir alle grüßen auf das beste. Meine Mutter befindet sich recht übel mit ihrer Krankheit, ich habe gegenwärtig einen bösen Husten. Hoffe, daß Sie von keinerlei Leiden und Kümmernissen bedrängt sind, denn dann geht es Ihnen und den Ihren wohl, was aufrichtig wünscht Ihr getreuer

L. Anzengruber.

Haben's in Graz den „Wurm" gesehen?

Wertgeschätzter Freund!

1. Anbei erhalten Sie das bewußte Abendblatt.
2. Bedaure lebhaft, daß Sie nicht nach Wien kommen.
3. Wenn Sie meinen, betreffs „Hand und Herz", daß eine Auflöslichkeit der Ehe nicht die Harmonie mehr herstellen könnte, so haben Sie recht, ich aber auch, wenn ich behaupte, daß eben dann vor Eingehung der zweiten Ehe das erste Band mit dem widerlichen Lumpen getrennt worden wäre und dadurch das Verbrechen der Bigamie entfiele, sohin alle aus selbem resultierenden Peinlichkeiten und Qualen. — Daß Ihnen das Stück nicht gefällt, d. h. trotz Sie ihm in künstlerischer Hinsicht Gerechtigkeit widerfahren lassen, das schadt nix. — Seit wann sind Sie Pessimist geworden, fragen Sie; seit wann sind Sie Optimist geworden? frage ich.

Mehr kann ich heute, durch Arbeit zur Eile verhalten, nicht und. so verbleibe ich mit den besten Grüßen Ihr getreuer

L. Anzengruber.

Wien, den 23. April 1875.

Mein wertgeschätzter Freund!

Indem ich mich hinsetze, an Sie zu schreiben und Ihre Aufforderung bedenke, längere Briefe zu entwerfen, gerate ich in einige Verlegenheit; welches Thema soll ich denn anschlagen...? Gar keines, das wird das beste sein, wenn ich abspringe von einem zum anderen, springen Sie vielleicht mit, und das dürfte Sie etwas zerstreuen*), und das ist das Richtige.

Die Brüder Müller waren vergangenen Sonntag bei mir, haben einen sehr guten Eindruck auf mich gemacht, was für einen

---

*) Nach dem Tode meiner Frau.

Eindruck ich auf sie, das weiß ich nicht. Bei ersten Begegnungen bin
ich nicht sehr mitteilsam, ich bin recht höflich, ich rede von allem,
vom Wetter, vom Theater, von Krieglach, vom Wurzelsepp des
Rosegger usw. usw., aber warm werde ich nicht.

Der alte Schumm war bei mir, er wird am 30. d. M. wegen
vollenbetem 70. Jahre als ältester „Bam"-, Pardon „Bergkraxler"
vom Touristenklub gefeiert, wozu ich höflichst eingeladen wurde.

Wären Sie 14 Tage in Wien geblieben, wie Ihnen ja Ihr guter
Dämon momentan ben glücklichen Einfall zuflüsterte unter der tröst-
lichen Versicherung: „Es kann b'r nix g'scheh'n" — was hätten Sie
alles bis jetzt schon mitgemacht und erfahren! Abgesehen davon, daß
Sie im Touristenklub an jenem Festtage als steirischer Schutzpatron in irgenbeiner Nische angebetet worden wären:

O heiliger Rosegger bitt' für uns,
Und gib uns deine Aus- oder Umschau in der Natur!

Wenigstens siebenmal hätten wir schon die Zahnradbahn besucht
und wären sicher doch einmal hinaufgefahren auf ben Kahlenberg,
wenn die Bahn nicht gerade fürchterliches Zahnradweh gehabt hätte,
was auch möglich wäre, bei diesem ewig wechselnden Wetter.

O! Sie haben viel versäumt; ich habe dieser Tage meine Erzählung „Diebs-Annerl" für den deutschen Reichskalender abgeschlossen, ich hätte sie Ihnen vorgelesen.

Ich hätte Ihnen vorlesen können die erste Verwandlung des
ersten Aktes von „Da Onkl" (ein Volksstück, das nur fertig zu werden braucht, um sofort verboten zu werden). Kurz und gut, ich will
mich nicht ermüden mit all dem Herrlichkeiten-Aufzählen, noch Sie
mit dem Anhören dieser Aufzählung. Sie sind eben nicht in Wien
geblieben, Sie haben es vorgezogen, nach Graz zurückzukehren, um
dort die Selbstpeinigung auf das rationellste zu betreiben.

Ich hätte Gelegenheit genug, mich barüber auszulassen, ich
könnte ein hübsches Stück dieses Papiers, das ich mir ernstlich vor-
gesetzt habe, bis zur letzten Zeile zu beschreiben, damit anfüllen, ich
tue es aber nicht. Ich überlasse es der Zeit, mit Ihrem wie mit
meinem Schmerze*) fertig zu werden, wird sie es ja auch mit uns selbst.

Ich will daher lieber mich auf geschäftliche Themen werfen,
ein orbentlicher Geschäftsmann klagt immer — unsere Wiener Ge-

*) über den Tod seiner Mutter.

schäftsleute klagen gewöhnlich den ganzen Tag, vormittags im Wirtshause, nachmittags im Kaffeehause, und abends auf derselben Stätte
der Tränen und Seufzer wie vormittags — warum soll ein un-
ordentlicher Geschäftsmann, wie der Dichter ja doch immer ist, nicht
ohne Platzwechsel in seiner Stube klagen dürfen.

Denken Sie sich also: mit Mai schließen in Wien drei Theater,
wie viele davon im Herbste wieder ihre Pforten öffnen, steht noch
in Frage. Ob Steiner nicht gleich schon diesen Herbst in die Komische Oper übersiedelt? Ob das Stadttheater wieder zu Laube zu-
rückkehrt? Niemand weiß es noch zur Stunde zu sagen. Da das
Wiedener Theater aber definitiv schließt bis September, so ent-
fällt jede Hoffnung auf irgendeine Reprise meiner Stücke und auf
jede noch so kleine und doch sehr wohltätige Tantième. Als noch un-
geborenem Familienvater kann mir das nicht ganz gleichgültig sein.

Beinahe hätte ich vergessen, in dem Umhertappen nach Stoff,
nicht aus Übersehen, daß ich Ihnen Ihre Frage nach Schlögl auf
das befriedigendste dahin beantworten kann, daß er gesund, wie er
schreibt, angelangt ist. Aber jedenfalls dürfte er Sie schon selbst
davon in Kenntnis gesetzt haben, und ich post festum kommen, aber
Sie sehen, daß ich damit wieder acht Zeilen gewonnen habe.

Ich kann mir nun diesen hier noch übrigen Raum herzhaft ein-
teilen und mit gemessenen Schritten dem Schlusse zueilen. Wie
lange ich auch die Kunst des Schreibens mißbraucht habe — ich
meine nur hier in vorliegendem Schreiben — um Ihnen plaudernd
zu gestehen, daß ich Ihnen eigentlich nichts, wenigstens nichts Neues
zu sagen habe, so dürfen Sie mir doch auch glauben, daß mir desto
schwerer zu schließen wird, ich möchte nicht, daß Sie diese Epistel
verkennen, die der Gleichgültigste an einen Gleichgültigen geschrieben
haben könnte, um einfach eine Briefschuld abzutragen, ich möchte,
daß Sie in dem gelegentlichen Schwätzer den beständigen
Freund herausfinden; einen Brief und einen langen habe ich versprochen, daß ich dieses Versprechen dergestalt erfülle, hat eben seinen
Grund darin, daß ich nicht gerne mit meiner Feder wie mit einer
Sonde in frische Wunde fahre, die ich gerne geschlossen sähe, nachdem sie einmal geschlagen wurde. Und so hätte ich eigentlich es mit
einer Zeile richten können, indem ich Sie bestens von uns grüße
und Sie versichere, daß ich verbleibe Ihr Freund

L. Anzengruber.

Wien, den 1. Mai 1875.

Sehr werter Freund!

Gestern war im österreichischen Touristenklub die Feier von Schumms*) Geburtstag, Telegramm und Karte von Ihnen kamen zur Verlesung. Die Karte, d. h. die paar einfachen schlichten Worte, hörte ich selbst ablesen, es kann Ihnen zur Genugtuung gereichen, daß nur Ihr Name genannt, den Saal in lautlose Stille versetzte, und daß man den Anteil merkte, den diese Klubmitglieder an Ihnen und Ihren Geschicken nehmen; unter Schumms Verdiensten wurde auch das gebührend mit aufgezählt, daß er Sie dem Vereine geworben.

Auch ich habe Schumm mit und durch ein paar Zeilen gefeiert, die ich, da es an einem Vortragenden fehlte, selbst sprechen mußte. Dieses Opus will ich, ohne Eitelkeit, sondern weil ich denke, daß Sie vielleicht eine kleine Neugier dafür haben, hier in diesem Briefe einschalten; indem ich mir wieder vorgenommen habe, Ihnen keinen kürzeren Brief als das Papier lang ist, zu schreiben, und das Gedicht 24 Zeilen zählt, so verbinde ich hier auch das mir Angenehme mit dem mir Nützlichen, fülle eine Menge Raum aus. — Sie erlauben, daß ich mich vorher im Geiste räuspere und dann beginne, wie folgt:

An Chr. Schumm.

Zur Erinnerung an die Feier seines 70. Geburtstages.

Du hast wohl kaum no kinna zapeln,
Da hast du wohl a schon ang'hebt
Af d' Berg rundumi auffiz'krapeln —
Und no hast siebzgi Jahr derlebt!
Wann ma dö Höchen z'sammazählet,
Dö vielen tausend da von Füßen —
Dö b' auffikrailt bist — no was fehlet,
Du hätt'st im Himmel schon sein müssen!
Und daß döss no nöt is der Fall,
Woran no mag denn döss wohl lieg'n?
No siehst, du bist a jedesmal
Von b' Berg a wieder obig'sti'gen.

---

*) Schumm, einer unserer gemeinsamen Freunde.

Dem Himmel bringen Ein' — z' is wahr —
Viel naheter als b' Berg bö Jahr.
Dö Berg, bö findt'st dich schon herunter,
Und wann dich nur bö Jahr nöt plag'n,
So bleib' nur lustig und nur munter,
Nach dir wird nöt der Himmel frag'n;
Denn wie im Katachismus steht,
So fragt er um bö Kezer nöt,
Doch führetens bö Duldung ein
In jener besseren der Welten,
Und sollt' amal a Nachfrag sein,
No weißt, so tu' dich halt nöt melden!

Prächtig! das heißt, ich setze durchaus nicht voraus, daß Sie „prächtig" sagen werden, aber ich finde es prächtig, hiermit ganz sachte der Hälfte der dritten Seite dieses Schreibens herabgerückt zu sein, und indem ich mich ernstlich davor verwahre, daß ich das obige Beiwort irgendwie in bezug auf meine Dichtung genommen und gemeint haben will, füllt sich ganz ohne Anstand die andere Hälfte aus, wieder ein Beweis, daß man mit Bescheidenheit weiter kommt, als mit Selbstüberhebung — nämlich mit der ersteren sogar auf die vierte Seite.

Indem ich mich meines Hierseins — nämlich daselbst auf der letzten Seite — erfreue, versichere ich Sie nur, daß mir nicht das Schreiben an Sie etwa zuwider ist, sondern nur, daß die Stoffarmut mich heute etwas quält. Bedenken Sie, gestern, Pardon, heute früh halb vier Uhr zu Hause gekommen, jetzt, denn Strafe muß sein, etwas Kopfweh; dazu wird das Haus, in welchem ich wohne, von unten bis oben mit Ölfarbe angestrichen, ich habe sonach den Gestank in meinen Zimmern, und ein Gerüst von Leitern und Brettern vor meinem Fenster, und auf diesem Gerüste einen anstreichenden Kerl, der Melodien dazu brüllt, wie ein musikalischer Ochse. Mit Mühe unterdrücke ich den unchristlichen Wunsch, daß er von irgendeinem Stockwerke, zur Sicherung der wohltätigen Folge nehme ich gerne das dritte an, auf die Straße fallen möge. Aber trozend dem Geschicke habe ich meine Aufgabe so weit gelöst, daß mich das farbenverquistende Scheusal nicht mehr beirren soll, und daß ich besänftigenden Gemütes Sie von uns allen auf das beste und herzlichste grüßen kann, bleiben Sie hübsch wohlauf und schreiben Sie bald

Ihrem treu ergebenen Freunde

L. Anzengruber.

Wien, den 25. Juli 1875.

Werter Freund!

Ihre Empfangsbestätigung über mein Aviso von meiner neuen Wohnung haben wir erhalten und uns damit getröstet, daß Sie wenigstens noch unter den „Vegetierenden" weilen! Sie vermeinen auf Ihrer Karte, bald eine fröhliche Nachricht aus meinem Hause zu hören? Sie täuschen sich, werter Freund, ich habe diesmal das Ereignis, auf das Sie anspielen, ohne es den Freunden zu signalisieren, vorübergehen lassen, nur weil Sie danach fragen, setze ich Sie davon in Kenntnis, daß diesmal das Resultat meiner Erwartung und der Wehen meiner Frau ein notgetauftes, zwölf Stunden lebendes Mädchen war. Die Aussicht, Nachkommenschaft zu erzielen, schränkt sich diesen Erscheinungen gegenüber beträchtlich ein.

Sie sehen, daß auch ich mit fröhlichen Nachrichten nicht dienen kann, dazu fehlt mir auch meine Heimgegangene*) allüberall — ich brüte dahin — und bin auf dem besten Wege, gemütskrank zu werden; ich kann nicht arbeiten und sonst zerstreut mich gar nichts, das, lieber Freund, ist meine gegenwärtige Lage, warum ich gerade Ihnen das offen schreibe, weil Sie es verstehen werden, und ich will darum Ihretwegen nicht zu deutlich werden, es grüßt Sie auf das beste Ihr

L. Anzengruber.

Wien, den 18. September 1875.

Werter Freund!

Was soll ich Ihnen darüber ungehalten sein, daß Sie meinen Beitrag für dieses Jahr in Ihrem Kalender nicht gebracht haben? Sie sagen ja selbst, daß Sie sich um die Redaktion desselben heuer nicht gekümmert hätten, also sind Sie außer Obligo, dafür muß ich Sie aber bitten, Herrn G. Heckenast zu ersuchen, mir das betreffende Manuskript zu retournieren, da ich es durchaus nicht zugeben werde, daß dasselbe im künftigen Jahrgange abgedruckt werde, denn ich will nicht nach einer Pause von einem Jahre wieder mit Märchen

*) Seine in diesem Jahre verstorbene Mutter.

13*

des Steinklopferhans kommen, es war mir unlieb genug, daß voriges Jahr nur die Hälfte meiner Sendung zum Abdruck gelangte, jetzt aber noch eine Fristerstreckung!! Sie werden das selbst einsehen! Ich bitte Sie also die Freundlichkeit zu haben, die Retournierung des bewußten Manuskriptes an· mich zu veranlassen, Sie werden sich darüber nicht verwundern können, sondern was Sie etwa darüber zu sagen haben, das bitte ich an die Adresse des Herrn G. Heckenast zu richten. Zwischen uns beiden soll über diesen Vorfall weiter kein Wort gewechselt werden.

Ich bemerke mit wahrer freundschaftlicher Sorge, daß Sie noch immer Ihrem Schmerze, Ihrer Trauer sich hingeben, Sie haben die ganze Zeit über nichts von sich hören lassen, und hätte Sie der „Kalender" nicht gezwungen, Ihr Schweigen zu brechen, Sie hätten wohl noch nicht geschrieben.

Ich habe Ihnen von Wien nichts Neues zu berichten, ich leide unter einer Verstimmung, man könnte sie eine „großstädtische" heißen, ich erlahme, alle Talentlosigkeit ist mir um eine Nasenlänge vor, meine Verhältnisse verschlechtern sich, andere verstehen es doch besser; es ist eine wahre Anmaßung, für das Gesunde, das Echte und Rechte sich einzusetzen, man hat nichts als Anfeindungen davon. Meine Frau befindet sich wohl, ich gönne es ihr, sie ist selten ganz ohne Anfechtung irgendeines Übels, sei dasselbe auch nicht von Bedeutung, so ist es doch unangenehm genug. Ich bitte Sie, das nötige wegen der Retournierung zu veranlassen und grüße Sie aufs herzlichste von mir und von meiner Frau. Ihr freundschaftlich gesinnter

L. Anzengruber.

Wien, den 29. Dezember 1875.

Werter Freund!

Wenn ich auch erst heute die Feder ergreife, wenn ich auch erst heute Ihnen den „Doppelselbstmord" sende, so geschieht es nicht, weil ich nicht Ihrer gedacht hätte, sondern weil ich heute erst zur Sammlung komme. Ich weiß nicht, letztere Zeit peitscht mich ein unruhiger Geist rastlos von Plan zu Plan, von Ort zu Ort, ich find' nicht Halt noch Ruhe, dabei kommt aber gar nichts weiter; so z. B. zögerte ich so lange, um Ihnen unter einem den für Ihren Kalender bestimmten Aufsatz „Wie manche mit ihrem Herrgott umgehen" zu senden, aber sehen Sie, ich komme auch mit dieser kleinen Arbeit nicht fort und muß Sie bis etwa Ende Jänner vertrösten.

An jenem Abend, wo Sie das letztemal in Wien mit mir zusammensaßen, da ist der Geist der Feanzlerei in mich gefahren und ich habe mich über Ihre „Zirbeltanne" oder wie sie heißen wird, lustig gemacht, aber schon am nächsten Morgen waren Sie furchtbar gerächt, denn dieses Kopfweh für jeden freundschaftsmörderischen Witz bekam ich einen Stich oder ein Gebohr, es war schändlich, ich habe daraus die weise Lehre gezogen, daß ich entweder nicht mehr „feanzeln" oder nicht so viel Wein dazu trinken darf.

O es war bitter!

Ich habe Ihnen diesmal außer unseren Grüßen, dem meinen und dem meiner Frau, auch den meines Schwagers Franz Lipka mitzubestellen. F. S. ist wieder in Wien, doch das werden Sie ja wissen, denn er arbeitet ja mit an „Wiener Luft", der Beilage des „Figaro", aber bei mir hat er sich weder vor- noch nachmittägig sehen lassen.

Von Schumm weiß ich auch nichts und von Martinelli nicht viel mehr, als daß er lebt, da er am Theaterzettel steht, also spielen dürfte, was doch eine Äußerung der Lebenskraft ist.

Ich bin sehr neugierig, was das neue Jahr dem Staat, dem Land, der Stadt, meiner Theater-Direktion bringt; was es mir bringt, geht alles hin, so grob wie das vergehende und Samstags schon vergangene, kann es mir nicht mehr mitspielen, armer Freund, Ihnen wohl auch nicht!

Es wird ein bitterer Silvester, wenn wir die Summe dieses Jahres ziehen wollten; tun wir es lieber nicht! Es ist genug, daß ich für meine Person das kommende Jahr nicht fürchte, daß ich nichts von ihm hoffe, was könnte es mir bringen, darüber ich mich so recht aus Herzensgrund erfreuen könnte? Ich wüßte nicht was.

Werter Freund! Ich wünsche Ihnen alles Gute in dem 1876er Jahre, verbleiben Sie mir freundgesinnt und bedenken Sie mit ein paar Zeilen Ihren getreuen

L. Anzengruber.

Wien, den 12. Februar 1876.

Werter Freund!

Auf Ihr liebes Schreiben vom 2. d. M. komme ich erst heute dazu, antworten zu können.

Daß Sie mich der Mitarbeiterschaft am Kalender entheben, danke ich Ihnen in Rücksicht auf meine dermalig geringe Arbeitskraft, die in Rücksicht auf alle Nachfragen und Anbote mir fast bange macht.

Verstimmend wirkt auch, daß diesmal bei meiner neuen Komödie mich das Publikum und die Direktion vollständig sitzen ließ, hingegen ich allerdings die Behandlung, welche die Journalistik mir angedeihen ließ, im dankbaren Gemüte bewahren werde, aber das geschätzte Publikum blieb einfach weg, und die Direktion strich vor dem ungünstigen Kassaerfolge, ohne Versuch, das Stück zu forcieren, die Segel Ist nur zum Schlusse die „wohl aufzuwerfende“ Frage: Wozu, respektive für wen schreibt man dann· eigentlich Volksstücke?

Die Direktionen verlangen Kassastücke, und ein Volk, das sich um die „Volksstücke“ bekümmert, gibt es hierorts nicht — also wozu der Liebe Müh'?

Was nun Ihren „Heimgarten“ anlangt, so soll es mich recht freuen, wenn es in selbem blüht, grünt und gedeiht; etwas Gartenarbeit, wenn Sie meinen, daß ihm das förderlich sei, will ich gerne leisten. Bis Juli haben Sie gesagt — bei meiner gegenwärtigen Stimmung wage ich noch nichts zu sagen, aber bei mir hält dergleichen nicht lange an, wird's daher wohl auch diesmal nicht. Ich habe daher heute nur die Feder ergriffen, um Ihnen zu antworten und Sie nicht gar zu lange warten zu lassen.

Meine Frau hat zu allem Überflusse sich auf eine Woche lang ins Bett gelegt, es war eine Rippenfellentzündung gerade im schönsten Anzuge, die ich mit ärztlicher Hilfe noch rechtzeitig zu minder gefährlichem Austrage brachte.

Von ihr und mir nehmen Sie daher die besten Grüße in Empfang und schreiben Sie bei Zeit und Muße, insonderheit wie Graz den „Doppelselbstmord“ sich ansieht

Ihrem freundlich gesinnten

L. Anzengruber.

Wien, den 5. November 1876.

Verehrter Freund!

Meinen besten Dank für die weitere Freundlichkeit, die Sie meinem „neuen“ Stück in Ihrem „Heimgarten“ erweisen. Ich habe Ihnen eben über dieses Ihr Unternehmen schreiben wollen, die Ausstattung findet nicht die Zustimmung aller, die meine gerade auch nicht, aber wie Sie leicht denken können, lege ich kein Gewicht auf dieselbe, das können Sie auch mit dem nächsten Jahrgange ändern, wenn Sie wollen, oder, wenn der „Heimgarten" in seiner engeren Heimat, in Steiermark, so gefällt, erst recht dabei bleiben.

Was nun das Gebotene anlangt, so finde ich schon das zweite Heft — bitte bei diesem Urteile die ersten fünf Blätter nicht mit-einzubeziehen*) — reicher und mannigfaltiger an Inhalt als das erste, das mir etwas rasch zusammengestellt erschien; eines aber würde ich Ihnen zu bedenken geben; wissen Sie, welche Qual es für einen Leser einer Wochenschrift ist, von Woche auf Woche auf eine Fort-setzung warten zu müssen?

Aber vier Wochen, das ist Verdammniß! Ich sehe, daß das Schloß der Bösen nicht ganze sechs Seiten mehr beanspruchte; waren die wirklich nicht mehr aufzubringen im ersten Heft?

Aber ich glaube, daß Sie das wohl bald abstellen werden; so-bald das Unternehmen unter die Leute kommt, werden die es Ihnen schon selbst sagen.

Ich wünsche Ihnen vor allen Dingen Erfolg — Erfolg macht alles, wo der fehlt, da setzt die Lust aus und der Mut — ich erwarte mit einer gewissen Spannung das dritte Heft. — Denn ich möchte mir klar werden, wohin Sie mit manchen Ihrer kurzen popu-lären Abhandlungen hinzielen. Manches ist ganz vortrefflich; so bringen Sie das in Ihrem Kalender angeregte Thema „Schule des Sterbens", so wirksam und packend in „Es reigt in Lust ein Liebes-paar", es ist ganz recht und ich finde es höchst praktisch, daß Sie in Ihren beiden Organen die nämliche Sache anregen, warum? — Man kann das Rechte nicht oft genug sagen, damit doch irgendwo etwas hängen bleibt.

Freilich ist das Ding „Es reigt in Lust —" etwas pessimistisch ausgefallen, aber da finde ich den P. am Platze, das Grausige muß die Leute vom grausigen Tun abschrecken, sowie ja über das un-abwendbare Mißgeschick der Optimismus hinweghelfen muß.

In Ihrem Kalender fand ich auch „Halbverklungene Helden-kunde" — recht gut — ich weiß, Sie sind selig, wenn man Ihnen ein hochdeutsches Gedicht lobt; Sie haben's selbst einmal zugestanden, aber nicht „dessertwegen", es ist gut, warum aber ohne Reime und nicht volkstümlicher? Es wär' ein Lied, so ist's nur ein Gedicht.

Da Sie sich jetzt auf Ihre Monatsschrift und Ihren Kalender zurückziehen können, ich hoffe, daß Ihnen das möglich ist, so ist

*) Auf welchen eine Arbeit Anzengrubers stand.

mir gerade nicht bange um die beiden Dinge, früher wär's mir gewesen, man braucht seine Zeit vollauf für so was, wenn es etwas Rechtes werden soll. Der „Heimgarten" ist rechtschaffen billig, der Kalender aber scheint mir doch etwas teuer.

Wenn ich nur wüßte, was mir bisher am Kalender und jetzt auch am „Heimgarten" immer abgeht? Stabilität möcht' ich's nennen, aufschlagen müßte man Jahrgang und Heft können, und gerade da auf der einen Seite müßte ein Gedicht stehen und auf der anderen da ist eine lehrreiche Geschichte — auf der gleichen Stelle in jedem Jahrgange und Hefte — und wenn ich noch weiter schreibe, so reichen keine vier Seiten.

Also wünsche ich Ihrem „Heimgarten" das allerbeste, sehen Sie, der hat einen großen Vorzug, er hat meines Wissens in seinem Genre, soweit bisher ersichtlich, keinen Konkurrenten, es existiert kein Volksblatt, nennen wir's ganz ungeniert so, daß seines Zeichens wäre, sorgen Sie, daß sich jeder auch für die Zukunft die Konkurenz vergehen lasse. Aus dem Unternehmen wird etwas — nicht gleich auf der Stell', auf die Weis' ist noch nie etwas geworden, aber das Zeug wäre da. Machen Sie nach und nach aus dem Kalender auch etwas so Alleinbastehendes, denn beim „Heimgarten" haben Sie höchstens an die Form der „Westermann'schen Monatshefte" gedacht, an mehr nicht, und sehen Sie, das bekommt ihm gut.

Wenn Sie einmal Zeit finden für ein paar Zeilen für mich, so wird mich's recht sehr freuen, ich hoffe, Sie haben von Ihrem Wohlsein und von dem Ihrer Kleinen zu berichten, und vom Gedeihen alles und jedes, Kinder und literarische Produkte — meine Frau läßt sich Ihnen empfehlen, sie und der Junge sind wohl, der Alte auch, und der grüßt Sie herzlichst als Ihr getreuer Freund

L. Anzengruber.

P S. Winter kommen Sie doch wieder aus dem Süden — nach Wien? Wann denn, auf wie lange, auf 48 Stunden weniger 26? Mit dem bekannten Refrain: „Da wär' ich gern, aber fort lieber!"

Wien, den 2. März 1877.

Liebwerter Freund!

Anbei erhalten Sie versprochenen Beitrag, der Essay, den ich Ihnen auch zusagte, ist es freilich noch nicht, ich muß diese Arbeit etwas verschieben, denn ich fühle mich für derlei nicht gesammelt genug.

Für Ihre freundliche Besprechung meines Romanes*) — da Ihnen der Titel so anstößig, will ich ihn hier vermeiden, jedoch heißt er dadurch nicht anders — sage ich Ihnen besten Dank. Hörte gerne, was Sie vom „Ledigen Hof" halten.

Es ist jetzt eine dermaßen hundeelende Zeit, daß es einen verdrießt zu produzieren. Am Theater an der Wien ist der „Ledige Hof" nur mit etwas solennerem Kondukte zu Grabe getragen worden, wie der „Doppelselbstmord", dieser lebte 4 Tage, jener 8, mit dem nächsten Stücke habe ich daher Hoffnung, auf 16 nahezukommen. Die Direktion scheint ganz recht daran getan zu haben, denn das Publikum lief darauf in das „Blitzmädl" hinein, das jedenfalls unterhaltlicher und ohne tragische Anläufe ist.

Auch gut — eigentlich zwar — nicht gut — aber man muß es dahingestellt sein lassen. Mitfolgende „Begegnung" halte ich, für meine Person selbst, als gar nicht übel, aber Sie müßten sie jedenfalls in einer Nummer geben, was übrigens leicht angehen dürfte, denn das Ding ist nicht groß.

Bei mir daheim ist alles wohlauf, und das ist jedenfalls das Beste. Mein Herr Sohn befleißt sich eben den ersten Zahn zu bekommen. Küssen Sie von uns den kleinen Steirer und sein Schwesterchen und seien Sie herzlichst gegrüßt.

Ihr

L. Anzengruber.

Wien, den 28. November 1877.

Werter Freund!

Was hilft Ihnen mir gegenüber die Pistole, wenn ich nichts Kleines bei mir habe? Ich weiß vor Arbeit nicht, wo mir der Kopf steht, oder manchmal nur zu gut, wenn er mir weh tut. Ich habe an Sie gedacht, aber es muß alles liegen bleiben, ich kann nichts versprechen, weil ich außerstande bin, ein Versprechen zu halten, was würden Sie von einem „Freunde" sagen, der Sie sitzen läßt? Wenn Ich Ihnen, um meinen guten Willen zu beweisen, sagen würde „Ja" und dann ausbliebe, das wäre für Sie unangenehmer, als es dies mein ehrliches „Nein" ist.

*) „Der Schandfleck".

Wenn ich erst aus dieser dramatischen Zwangsperiode heraus bin, dann steh' ich Ihnen wieder zu Diensten.

Daß Sie nicht nach Wien kommen, ist mir sehr leib, da werden Sie also meinen Jungen, den Sie fast lieber sehen möchten als mich, auch nicht sehen, was mir sehr lieb ist, weil Sie derselbe gewiß sehr gleichgültig aufnehmen würde, denn er kennt Sie nicht einmal dem Namen nach. Was wollen's denn machen? Ich grüße Sie auf das beste, erst mit Ende Januar werde ich in der Lage sein, irgend etwas Bestimmtes verlauten zu lassen.

Nochmals besten Gruß von Ihrem   L. Anzengruber.

Den 12. April 1878.

Verehrter Freund!

Unter einem zeige hiermit an, daß sich meine Familie um eins vermehrte, es ist ein weibliches Geschöpf, das dermalen noch nicht einmal etwas heißt. — Daß Ihnen die beiden Beiträge gefallen, freut mich, daß Sie gerne im Kaffeehause mit mir sitzen möchten, gleichfalls, es ist dies übrigens auch mein Wunsch und daher gegenseitig. Übrigens liegt Graz und Krieglach nicht so weit ab von Wien, daß es kein Wiedersehen geben könnte. Auf ein solches hoffend, mit bestem Gruße Ihr   L. Anzengruber.

Wien, den 10. Juli 1878.

Verehrtester!

Wo bleibt das horrende Honorar von fünf Gulden? Das ist das Gedicht unter Brüdern wert, und wenn wir auch keine solchen sind, so wäre das höchstens ein Anlaß für mich, mehr zu fordern, aber als Bruder in Apollo, wie der nackte Griechenkerl heißt, der der Kerzeninbustrie so aufgeholfen hat, der muntere Seifensieder, der auch jeden zu Gesang begeisterte, als Bruder in Apollo also, weisen Sie mir das Bedungene und Ausgesprochene (bei Ihrer Verlagsbuchhandlung) an.

Schreiben Sie mir freundlichst, was die Gebrüder Müller[*] machen, es dürfte sich jetzt bald eine Gelegenheit schicken, denselben die lang zugesagte Vorlesung zu halten. Also unter welcher Adresse avisiere ich dieselben?

Mit herzlichem Gruß Ihr sehr ergebener   L. Anzengruber.

---

[*] Einer derselben der jetzige Hofschauspieler Sommerstorff.

P. S. Ich habe mich entschlossen, bei allen meinen vorurteils-
freien Bekannten und Freunden der norddeutschen Adressierung mich
zu bedienen, lassen Sie sich also das weggebliebene „Wohlgeboren"
nicht anfechten, sondern lassen Sie's auch bei mir weg. Meine
Freundschaft für Sie bleibt die alte, wenn auch meine Briefe einfacher adressiert sind.

Mein werter Freund!

Mich soll der Teufel holen — über kurz oder lang besorgt er
ohnedies dies Geschäft, es ist also viel weniger Vermessenheit dabei,
als es scheint, ihn dergestalt aufzufordern — mich soll er holen,
wenn ich eine Silbe derzeit von dem weiß, was ich Ihnen für den
„Heimgarten" schreiben werde.

Rein nichts. Oktoberheft — und Beitrag anfangs August!
Geradezu Unmöglichkeit. Wohl oder übel muß ich jetzt erst ein
Stück fürs Wiener Theater schreiben, eher setze ich keine Feder an
für irgendeine andere Arbeit.

Sehen möchte ich Sie auch recht gerne, es wäre mir das sehr
lieb, aber wir sind denn doch ein wenig zu weit auseinander, und
ich — wie gesagt, jetzt an den Schreibtisch gebannt. Ich bin seit
einiger Zeit sehr gedrückter Stimmung. Mir paßt vieles nicht.
Ich habe nun neun Jahre Schriftstellertum hinter mir, aber nicht
die Stellung errungen, die mir erlaubte, ohne Frage nach dem
augenblicklichen Erfolge, aus dem Vollen heraus produzieren zu
dürfen. Ich werde diese Stellung voraussichtlich nie, oder erst
dann erringen, wenn meine Jahre nicht· mehr die sind, welche eine
solche Produktion aus dem Vollen zulassen.

Ich gehe heuer wieder nach Marienbad und ich freue mich darauf
— auf vierzehn Tage. Freund, ich wünsche Ihnen, daß Sie nie so
ganz verdammt gleichgültig werden gegen alles, wie zurzeit ich, es
ist das allein eine artige Krankheit.

Frau und Kinder sind wenigstens gesund und geben mir keinen
Anlaß zur Sorge.

Sollte ich unterwegs ein Gedicht auf dem Wege finden, so sende
ich es Ihnen.

Im übrigen haben Sie Nachsicht mit Ihrem zuwideren, aber
freundgesinnten

L. Anzengruber.

Wien, den 14. Februar 1881.

Verehrter Freund!

Ich sende Ihnen anbei den — selbst mir — sehr interessanten Artikel*) zurück, ich fand nur das wenige Nebenbemerkte darin zu berichtigen. Was das Unerklärliche in meiner Produktionskraft anlangt, so bin ich mir selbst dahintergekommen, daß ich als unruhiger Geist mit stets abspringender Phantasie immer und allzeit aus flüchtigen Begegnungen und wechselnden Bildern mehr Anregung zog und bleibendere Eindrücke gewann, als im ständigen, öfteren Verkehr und dauernder gleicher Umgebung; daß ich aber in solcher Weise genügend oft mit Bauern zusammen kam und ihre Hausungen besuchte, das ist sicher, freilich verschwindet damit die mystische Umhüllung**) und für Darwinsche Theorien geht ein hübscher Erweis verloren, aber Wahrheit über alles!

Mehr Geleitzeilen kann ich für diesmal nicht beigeben, und auf eine schreibseligere Stunde wie diese will ich nicht warten, damit Sie samt Artikel nicht mitwarten müssen.

Ich grüße Sie aufs herzlichste. Ihr freundgesinnter

L. Anzengruber.

Den 12. Dezember 1881.

Liebwerter Freund!

Ich wüßte wahrhaftig nicht, in welcher Weise mich Ihr letztes Schreiben in Bauernsprache beleidigt haben sollte? Weil ich darauf nicht geantwortet, noch sonst ein Lebenszeichen gegeben habe? Nun, Sie kennen mich doch schon so weit, daß Sie einräumen, daß ich Sie nie durch Vielschreiberei überrascht habe. Daß ich die Vorlesung im Verein der Literaturfreunde schwänzte, hat wieder seinen Grund darin, daß die Leseabende dieses Vereines auf den Mittwoch fallen und ich als Gewohnheitsmensch nur unter dem Zwange außerordentlicher Umstände von meiner Mittwochsgesellschaft beim „Lothringer" fernbleibe, ich war selbst an dem Mittwoch unangenehm berührt, als Anzengruber las, aber da konnte ich füglich doch nicht wegbleiben. Als Sie zuletzt in Wien lasen, tat ich, wie Sie wissen, das gleiche in Prag.

---

*) Über Anzengruber.

**) Daß er die geniale Kennerschaft für das Bauerntum von seinem Vater ererbt, der viel mit Bauern verkehrt.

Darüber, daß Sie zuerst anfangen müssen, das heißt, derjenige von uns beiden sind, der sich eher als der andere zu einem Schreiben aufrafft, steht Ihnen allerdings das Recht der Klageführung zu, jedoch werden Sie dadurch um so weniger an dieser meiner üblen Eigenschaft etwas zu ändern vermögen, als ich sogar dem spontan erwachenden Triebe, einen Brief zu schreiben, erfolgreich Widerstand zu leisten verstehe; ich konnte das in letzter Zeit in Beziehung auf Sie mehr als einmal betätigen, da ich Ihre ausgewählten Schriften durchlas und in mir — einem der krittlichsten Kerle, wie Sie wissen — die feste Überzeugung erwachte, daß in diesen zwölf Bänden zwei Bücher stecken, die späteren Zeiten mit dem Besten aufbehalten werden, was unsere Tage hervorbrachten. Das eine — die Schilderung von Leben, Bräuchen und Sitten des steierischen Landvolkes — von bleibendem kulturhistorischem Werte, das andere — die kurzen, knappen Bilder voll Gemütstiefe und echten lachenden und weinenden Humors — von bleibender Wirkung als Musterstücke dichterischer Leistung.

Da haben Sie Ihr Lob so hölzern stehen, als nur tunlich, und weil mir eben stets vorschwebte, ich werde das nur so und nicht anders leisten können, so hielt es mich ab, es niederzuschreiben; ich habe es hier auch nur getan, um Ihnen die falsche Ansicht zu benehmen, als ob ich mich gar nicht mit Ihnen beschäftigte, oder, was Ihre Wertschätzung anlangt, nicht ganz der alte wäre.

Und da muß ich denn auch, um jedes Mißverständnis auszuschließen, noch hinzufügen, daß ich als Zeitgenosse mir von Ihrem Dutzend Bände nicht einen nehmen ließe!

Werter Freund, daß Sie sich so leidend fühlen und nach Rast sehnen, das betrübt mich aufrichtig; vielleicht aber hat es doch sein Gutes, daß vermehrte Arbeit Ihnen nicht Zeit zur Grübelei läßt, um so mehr, da Sie jetzt eine Arbeit vor sich haben, die Sie freut*); denn was Stelzhamer anlangt, so bin ich Ihrer Meinung: Das ist einer!

Wenn Spemann bisher die Bände seiner Kollektion an Sie sandte, dann weiß ich auch nicht, warum Sie noch nicht mein Buch haben.

Sie kommen doch bald wieder nach Wien? Dann heißt's aber bisserl aufbleiben!

Besten Gruß, Ihr   L. Anzengruber.

*) Herausgabe der Werke von Franz Stelzhamer.

Wien, den 9. Februar 1883.

Verehrter Freund!

Nachdem Sie neuerzeit zu meiner und meines hochgeehrten Publikums Freude sich wieder sehr rege zeigen und in der „Presse" sowohl als auch in der „Deutschen Zeitung" Feuilletons veröffentlichten, werden Sie so nebenher die Bitte eines Freundes, der zugleich Herausgeber eines Blattes *) ist, nicht wohl abschlagen können, wenn derselbe Sie dringendst ersucht, auch einmal einen Beitrag zu leisten. Sie werden sich dieser Bitte um so weniger entschlagen können, als Ihre Interessen dabei vollkommen gewahrt bleiben sollen, wir verlangen ein Feuilleton von Ihnen und verpflichten uns, ebensoviel dafür zu zahlen, als die anderen, Sie geben uns gleich mit Überschickung des Manuskriptes Ihre Honorarforderung bekannt; daß Sie soviel erhalten, als Sie von anderer Seite für gleiche Arbeit erhalten, das ist selbstverständlich nicht ausschlaggebend, sondern nur billig, darum betrachte ich es auch als einen Freundschaftsdienst, so Sie mir leisten, wenn Sie uns etwas zukommen lassen.

Ich erwarte denselben auch von Ihnen. Genug des Geschäftlichen! Wie ergeht es Ihnen? Wann kommen Sie wieder einmal nach Wien? Wir werden uns dann wieder einmal in eine stille Kneipe setzen und vergangener Tage gedenken, die mit all ihrem Sturm und Drang, ihrem Leid und Beschwer, ja oft aller Not und Pein doch schöner, gehaltreicher, erhebender waren, als die jetzige aschfarbene, platte, lederne Zeit.

Wird's anders noch einmal? Noch, ich habe die Überzeugung, liegt die Herabstimmung nicht an uns, ach, wenn es nur nicht zu lange andauert, so daß wir, mit der Zeit nicht besser, sondern alt geworden, von einer Änderung derselben nichts mehr profitierten!

Ich grüße Sie herzlichst Ihr

L. Anzengruber.

Den 2. April 1883.

Werter Freund!

Vorläufig sage ich Ihnen nur besten Dank. Was meinen Jungen anlangt, so rebelliert er gegen diese Welt, soviel in seinen gerin-

---

*) „Die Heimat".

gen Kräften liegt, er scheint eine Ahnung zu haben, wohin er geraten! Herzlichen Gruß. Näheres bald.

Ihr

Kirchfelber.

Wien, ben 3. Mai 1883.

Werter Freund!

Sie haben mir durch Ihre Nachricht über die Aufführung des
„Meineidbauer" große Freude bereitet. Es ist mir doch angenehm
zu wissen, daß ich irgendwo noch als lebendig gelte und wirke, da
ich hier augenscheinlich als tot zähle. Sie fragen, was ich für Pläne
habe; literarische genug, einen Roman schreib' ich, ein Schauspiel
möcht' ich schreiben, wenn ich dazu komme. Oktober und November
reis' ich als Vorleser. Sonst plane ich nichts.

Herzlichen Gruß Ihr

L. Anzengruber.

Wien, ben 2. Auguſt 1883.

Verehrter Freund!

Wie geht's denn Ihnen?

Ich arbeite wie — es gibt gar keinen Vergleich, wie ich arbeite.
Befinde mich übrigens ben Umständen angemessen, es ist das einer
der schönsten Zustände und selbst einer, der aufs Rad geflochten
ist, kann den Umstehenden diese beruhigende Auskunft geben.

Es grüßt Sie Ihr

L. Anzengruber.

Erhielt ein liebenswürdiges Schreiben von Hamerling, das mich
sehr erfreute.

Wien, ben 6. November 1883.

Verehrter Freund!

Besten Dank für Ihre Freundlichkeit, die Sie mir in Graz
erwiesen. Ich lasse alle jene, welche mir so freundlich entgegen-
kamen, die Grazer „Concordia" voran, besten grüßen.

Wir sehen uns ohnedies sehr bald, also werden Sie mir ja erzählen können, was Graz von dem Vorleser Anzengruber hält und
auch, was der verehrte Poet Hamerling von dem Menschen hält, ben
er kennen gelernt.

Wenn ich ihm „anſteh'", muß ich ihn einmal auf längere Zeit
sprechen.

In der neuesten Nummer des „Magazins für Literatur des In-

und Auslandes" begann soeben ein Auffatz über ihn, den ich, soweit
er vorliegt, mit beiden Händen unterschreibe.

Auf frohes Wiedersehen Ihr   L. Anzengruber.

Wien, ben 11. November 1883.

Verehrter Freund!

Sie sind nicht gestern unter Tages gekommen, abends saßen
Sie nachlesend in dem Wartezimmer bei Bösendorfer und wollten
nicht gestört sein*). Heute, Sonntags, kamen Sie nicht, sind daher
vermutlich früh morgens wieder abgereist.

Also war es mit einem Wiedersehen nichts. Ich saß mit meiner
Frau im Saale, die Hitze und das Gedränge sonach war groß, auch
dachte ich mir Sie von zahlreichen Verehrern und „innen" um-
worben, um Ihnen zu sagen „Schamer Diener" und „B'hüt Ihnen
Gob" wollte ich mich nicht extra hindurcharbeiten.

Alles andere, was ich Ihnen aber etwa zu sagen hatte, und
was Sie etwa interessiert hätte, wäre für Sie allein gewesen, kann
es auch nicht schreiben, da ich keine Abhandlung liefern kann.

Somit für ein anderesmal, wo es sich schickt.

Mit besten Grüßen Ihr   L. Anzengruber.

Wien, ben 22. Dezember 1883.

Verehrter Freund!

Anbei der „Meincibbauer". — — Wenn Sie über mich schreiben
wollen, daß kein Hund ein Stück Brot mehr von mir annimmt, was
mir, falls ich ein solches Tier hielte, die Erhaltungskosten für dasselbe wesentlich vermindern würde, so tut mir's herzlichst leid, daß
Sie nicht Ihre Feder mehr in der Gewalt haben und eine Leistung
hinstellen können, daß kein Mensch mehr ein Stück Geld von mir annehmen möchte, das käme mir jetzt um Neujahr herum sehr zu statten
und ich wäre Ihnen dankbar und würde selbst für die weiteste Verbreitung der betreffenden Nummer des „Magazins" Sorge tragen.

Aber so! —

F. S. kann sich nicht erklären, was da für ein Tratsch gewesen sein müsse usw. usw.

Nämlich er erhielt nichts Geschriebenes noch Gedrucktes (letztes
Heft des „Heimgarten" tat er erwarten) von Ihnen, seit er Sie verließ, nachdem er einen keuschen Kuß auf Ihre Lippen gedrückt.

*) Vor einer Vorlesung.

Nun, Ihrer w. Frau Gemahlin kann es allerdings zweckdien-
licher erscheinen, wenn Sie in dem Groß-Sodom Wien statt junge
Mädchen bejahrte Männer küssen.

Mit besten Grüßen vergnügte Feiertage und froh Neujahr
wünschend   Ihr   L. Anzengruber.

Wien, den 28. Mai 1884.

Verehrter Freund!

Sie wollen ein Lebenszeichen von mir, das sollen Sie genießen. Ich habe damals die Liebenswürdigkeiten Ihres Artikels,
wie es mir meiner geachteten Stellung in der Literatur usw. nach,
zukommt, stillschweigend akzeptiert und auf den Vorwurf des Ge-
wohnheits-Stadtlebens nicht gehört; war daher nicht in der Lage,
es Ihnen übelzunehmen, daß Sie mich dorthin wünschten — nicht
wo der Pfeffer — sondern die Alpenrose und der Enzian wächst. Die
Gegend liegt mir zu hoch, man hat seine sakkermentische Mühe, da
hinaufzukommen, und herunter könnte es unter Umständen gar zu
leicht gehen, abgesehen davon, daß mir die Milch immer Bauchgrimmen macht, und das ist doch die einzige Erquickung (die Milch,
nicht das Bauchgrimmen), die man in diesen Regionen hat, „Pils“
legt keine Sennerin ein, ein Pfiff „G'spritzter“ ist auch nicht zu
haben, das wirkt sehr herabstimmend.

Ihre Stimmung bei einsamen Waldwanderungen ist mir übrigens nicht fremd, wenn ich einmal mir vorspiegeln will, diese
Welt wäre wirklich die beste, dann gehe ich auch in den Wald, aber
allein, es ist das sehr stärkend und kräftigend, man wird in dem
weiten, wohlhauchigen Grün zu einem frohbegnügten Geschöpfe, ohne
Wünsche, gleichsam nichts als ein paar freudige Augen, die in die
wundersame Waldwelt auslugen, aber man muß mit dieser Stimmung haushalten, erstens spannt sie, wie jeder gehobene Zustand,
sich selbst wieder herab, und zweitens würde sie, oft aufgesucht, durch
die Rückkehr ins Tägliche und Alltäglichste doch gar arg parodiert.

Neulich war ich in Gutenstein, doch mit zwei Freunden, habe
das Grab Raimunds besucht, stieg den Mariahilferberg hinan und
kletterte dann später nach einer Ruine empor und in derselben herum.

Die Gegend ist wohl sehr schön, wird in das Programm der
jährlichen Ausflüge als Nummer eingestellt.

Aber die Fahrt dahin, die Fahrt vier Stunden! Mit einer
halben Stunde Wartezeit in Leobersdorf!

's Reiſen wär' ſchon ſchön, wenn nur 's Fahren nit wär'!

Ich hoffe, daß Sie ſich „relativ geſund“ fühlen, wie es im Buche „vom geſunden und kranken Herrn Meier“ heißt, es iſt dies ein ganz erträglicher Zuſtand, auch der meine.

Auf das beſte Sie grüßend, Ihr   L. Anzengruber.

Penzing, ben 11. Juli 1887.

Mein ſehr ſchätzbarer Freund!

Ich beneide Sie, daß Sie von einem Stoffe*) gleichſam „angefallen“ wurden und würde mich gerne in gleichen Geburtswehen winden, aber ich bin ſteril geworden, ich bin nicht imſtanbe, an das Schreiben zu benken, geſchweige, mich bazu aufzuraffen.

Ich kann einfach jetzt nicht ſchreiben, ich befinde mich — wie Sie unter dem Banne des Schaffenstriebes — in bem ber vollſtändigen Erſchlaffung, ich kann baher, ob ich es auch wollte, Ihnen kein Manuſkript zuſagen.

Was mich ſo heruntergebracht, ober herabgeſtimmt, ich weiß es nicht zu ſagen, aber bagegen läßt ſich nichts machen.

Herzlichen Gruß. Ihr freundgeſinnter   L. Anzenggruber,
derzeit „ohne Genius“.

Wien, ben 20. September 1889.

Verehrter Freund!

Ihr Schreiben**), ſagen Sie, erfordere keine Antwort, es ſei nur als Händedruck vermeint, nun biefer erforbert doch ben Gegenbruck als Zeichen bes vollen Verſtändniſſes.

Seien Sie aus tiefſtem Herzen heraus für Ihre freundſchaftliche Teilnahme bebankt, bie ich mit gleichen Gefühlen für alles, was Sie betrifft, erwibere, und erhalten Sie mir dieſelbe, ſowie ich ſolche Ihnen allzeit erhalten will und werbe.

Mit Gruß und Handſchlag ganz der Ihre L. Anzengruber.

∗   ∗   ∗

Dieſem letzten Briefe folgten noch ein paar kurze Mitteilungen intimerer Natur, die letzte berſelben ſtammt vom 4. Dezember 1889, geſchrieben ſechs Tage vor ſeinem Tobe.

---

*) „Martin der Mann“.

**) über die Scheidung von ſeiner Frau.

Friedrich Schlögl.
(1821—1892.)

Das war im Frühsommer des Jahres 1871, als Ludwig Anzengruber mich eines Abends in eine Wiener Weinstube führte. Unterwegs dahin bereitete er mich vor auf die Gesellschaft, die wir dort finden würden. Mehrere Persönlichkeiten derselben kannte ich bereits, so meinen früheren Lehrer Rudolf Falb, den Dichter Emil Vacano, den Gletschermaler Obermüller, den Hofschauspieler Krastel. Auf einen mir noch Unbekannten hatte mein Begleiter mich besonders vorzubereiten. Es werde, sagte er, unter den lustigen Leuten ein finster blickender, mürrisch brummender Mann da sein, der zurzeit gegen mich gerade schief gewickelt sei, weil ihm ein wenige Tage früher in einem Wiener Blatte abgedrucktes Feuilleton von mir, „Die Hebmutter," wegen der darin herrschenden allzugroßen Freizügigkeit mißfallen habe. Ich möchte mich aber vor dem Manne nicht fürchten, das sei ein guter Kamerad und er kenne mich schon aus meinen Schriften. Er sei auch Schriftsteller, der im „Neuen Wiener Tagblatt" die F. S.-Artikel schreibe über das Wiener Leben; sein Name sei Friedrich Schlögl.

Dieser Mann saß nun, als wir eintraten, an der Ecke des Tisches. Es war eine stattliche Erscheinung, breitschulterig, mit etwas vorgeneigtem Kopfe, blonblichem Schnurr-, langem Kinnbart und einem vollen Gesichte, in welchem die kleinen Augen beobachtend auslugten. Er stand etwas schwerfällig auf, begrüßte Anzengruber mit gemütlicher Ehrerbietigkeit, warf dann einen starren Blick auf mich und sprach mit tiefem, wehmütigem Tone: „Noch so jung und schon so verdorben!" Dabei auf seiner Wange und um die Augensäckchen ein schalkhaftes Zucken, so daß ich alsbald wußte, wie man mit diesem Manne daran war. Er faßte mich an der Hand und sagte mit einer großen Herzlichkeit: „Es freut mich. Ich habe Sie ja schon lange lieb."

Das war Friedrich Schlögl.

Er rauchte aus einer Meerschaumpfeife, trank Wein mit Wasser gemischt und war in der Unterhaltung der Gesellschaft Mittelpunkt. Er erzählte Neuigkeiten des Tages, aus dem Volksleben, besprach Veränderungen von Wien, wie dort ein gutes Stück Altwien falle, hier eine Zinskaserne, ein Parvenupalast sich erhebe, erzählte dann manches Schwänklein, manch drastische Anekdote, und es war ein Genuß, ihm zuzuhören. — Seit jenem Abend waren wir zusammen Kameraden, wie das schon geht bei Menschen, die sich finden sollen, sie finden sich rasch. Zu ihm und Anzengruber waren meine ersten Gänge, wenn ich nach Wien kam, mit ihm verlebte ich zahllose Abende, sein Brummen und Greinen war mir lieber als die Wohlrednerei manches anderen, und das muß ich gestehen, er hat mich redlich ausgebrummt!

Dann kam er oft zu mir nach Steiermark. Einmal haben wir zusammen von Köflach aus über die Gleinalpe eine Fußpartie gemacht, bei welcher er hoch oben auf den Matten im Angesichte einer weidenden Herde anhub zu weinen über sein Mißgeschick, daß er da unten mitten in diesem „vertschechten und verjudeten Wien" leben müsse, daß er nicht eine Kuh sei auf der sonnigen Alm! Noch an demselben Abende sprach er im Gasthause zu Knittelfeld mit überquellendem Herzen von der Kaiserstadt an der Donau als seiner über alles geliebten Heimat.

Oft hat er mich in Krieglach besucht, mehrmals dort „in der Residenz des Almpeterl", wie er gern spottete, eine öffentliche Vorlesung gehalten für irgendeinen gemeinnützigen Zweck. Recht mißverstanden konnte er werden, wo er noch nicht gekannt war.

So war es bald danach, als ich mir in Krieglach ein eigenes Nest hergerichtet hatte, als er eines Tages ankam. Meine junge Frau war voller Aufmerksamkeit für den verehrten Mann, über den sie schon so viel Schönes gehört hatte, und was der bescheidene Haushalt zu bieten imstande war, damit suchte sie den Gast zu ehren.

Als wir zu Tische gingen, schob ich ihm den Löffel hin und sagte in altväterlicher Weise: „Wünsche wohl zu speisen!" „Ich auch!" knurrte Schlögl. Dann starrte er auf den dampfenden Suppentopf und sprach in tragisch dumpfem Tone: „Das ist der Fluch meines Weibes!" Meine kleine Hauswirtin schöpfte ihm Suppe auf den Teller, da erhob er seine Stimme und rief: „Das ist Nudelsuppe!" Und fuhr fort: „Einmal war mir die Nudelsuppe nicht recht, da hat mein Weib gegen mich den Fluch ausgestoßen: Weil dir zu Haus nichts recht ist, so sollst du überall, wohin du kommst, Nudelsuppe finden. Und richtig. Vorgestern auf dem Bahnhofe in Franzensfeste, was gibt's: Nudelsuppe! Gestern im Hotel Florian zu Graz: Nudelsuppe. Da ist sie wieder! Es ist der Fluch meines Weibes."

Meine Frau war ganz blaß geworden vor Schreck. Was half's, daß er sein bekanntes Schmunzeln zucken ließ über das Gesicht, sie verstand es nicht; und trotzdem er sowohl der Nudelsuppe, als auch dem übrigen alle Ehre widerfahren ließ und bei Tische seinen ganzen Humor entwickelte, meine Hausfrau blieb unglücklich.

Nun war das aber noch nicht genug. Den Abend ver-

brachten wir mit Schlögl im Gasthause Höbenreich, wo sich
zu Ehren des berühmten Gastes eine größere Gesellschaft
versammelt hatte, Bürger des Ortes und Bürgerinnen, welche
fast in Festschmuck angetan waren und uns heimlich beneidet
haben mochten um den gemütlichen und geistvollen Gast,
der es übrigens an diesem Tage liebte, an mir, seinem alten,
ihn genau kennenden Freunde, sein Mütchen zu kühlen. Er
hatte „seinen guten Tag" und ließ sich so recht gehen in
seinem räsonierenden Humor. Als er befragt wurde, was
zum Abendessen gefällig sei, antwortete er der Kellnerin so
laut, daß man es an allen Tischen hören konnte: „Was
fragen Sie denn? Sehen Sie denn nicht, wie verhungert
und herabgekommen ich bin? Bringen Sie, was Sie wollen,
nur von allem viel! Ich habe heute Mittags bei diesen Leuten
gespeist. Mein Gott, haben ja selber nichts. Wassersuppe,
etwas Brot eingeschnitten . . ." Dabei wieder sein halbes
Schmunzeln. Die Gesellschaft schwieg verblüfft, meine arme
Frau wankte hinaus. Ich ihr nach, um der Schluchzenden
heilig zu versichern, daß ja alles Spaß sei, was er da sage,
daß er gerade das Gegenteil meine.

Das so ein kleines Beispiel. Zugegeben, daß solch eine
Art von Humor nicht überall am Platze war. Mir war es
zwar nicht diesmal, aber sonst oft gar ergötzlich, wenn er den
schalen Gesellschaftsformen ein Schnippchen schlug, wunderte
mich aber durchaus nicht, wenn er mißverstanden wurde,
denn er war als Brummer und Greiner ein zu guter Schauspieler, als daß ihm nicht mancher hätte aufsitzen müssen.
Wer mit Schlögl gut Freund bleiben wollte, der mußte einen
Spaß verstehen. Neben der erkünstelten Grobheit verfügte er
aber auch über eine wirkliche.

So redlich grob mit mir ist niemand gewesen, als
Schlögl, so ganz unfähig, mich zu beleidigen, war auch nie-

mand als er! Es ist vielleicht frevlerisch zu sagen, seine
Herbheit hatte manchmal eine komische Wirkung. Sehr oft
schlug sie ins Gegenteil, in eine kindliche Weichmut und
Begeisterung um. Er war ein Stimmungsmensch.

Im Jahre 1877 wurde ich animiert, in Wien eine
öffentliche Dialektvorlesung zu halten. Vorher ging ich
Freund Schlögl darüber um seine aufrichtige Meinung an.
Die Antwort lautete:

„Wien, 21. Dezember 1877.

Sie wollen „aufrichtige“ Winke? War ich jemals nicht
aufrichtig? Und vertragen Sie die Aufrichtigkeit? — Sie wollen in
Wien, der Kapitale, öffentlich vorlesen? Nicht zu einem Wohl-
tätigkeitszwecke, sondern zum eigenen Besten. Entwaffnen also nicht
die Kritik, Sie fordern sie vielmehr heraus. Können Sie öffentlich vorlesen? Haben Sie das Talent, die Gabe, die physischen
Mittel, das Organ dazu? Verstehen Sie bereits die Ökonomie des
Organs? Ich hörte Sie einst ein „Gesetzel“ vortragen, da hudel-
ten Sie und überstürzten sich. Haben Sie diese Untugenden schon
abgelegt?

Es ist etwas anderes, in Freundeskreisen, in Privatsalönchen,
unter anerkannten Gönnern und speziellen Amateurs der Person
und des Stoffes einige Piècen zum besten zu geben — als in der
Hauptstadt Wien, die schon so viele oratorische Prachtgenüsse erlebt,
ums Geld sich hören zu lassen.

Das ist meine ungeschmückte Meinung, die ich einem Freunde
sage, der mir lieb und wert ist, und den ich verehre, und den ich
nicht sich — blamieren sehen will. Nun, seien Sie mir deshalb
nur böse — es macht nichts, ich tröste mich, wenn's nicht aus anderen
Gründen ist.

F. S.“

War das nicht die Sprache eines wackeren Freundes?
Die Vorlesung wurde gehalten, er kam nicht an seinen ihm
bestimmten Platz, sondern trieb sich draußen in der Vorhalle
umher, weil er, wie er später gestand, nicht den Mut hatte,
dabei zu sein, falls mir etwas passierte, und weil er für diesen

Fall doch wieder in der Nähe sein wollte. Als die Sache gut abgelaufen war, ich aber wegen Müdigkeit nicht, wie halb verabredet, in sein Wirtshaus zum „Gabern" in der Laimgrubengasse kommen konnte, schrieb er mir noch an demselben Abende mit Bleistift folgende Zeilen:

„Ureinzigster!

Ruhen Sie wirklich schon so gründlich auf Ihren Lorbeeren aus, daß Sie der Jubelruf Ihres glühendsten Verehrers nicht zu wecken vermag? Kommen Sie doch schnell zu Ihren Freunden, die sich in großer Zahl versammelt haben, um den ersten Tag der Unsterblichkeit des Almpeterls zu feiern. F. S."

Es gab nachher manchen Abend in Wien, da wir, von verschiedenen Vereinen geladen, beide, und mehrmals auch Anzengruber mit, öffentlich lasen. Seine Art zu lesen war eigenartig, doch nicht jeder kam auf die seinen, außerordentlichen Vorzüge dieses eigenartigen Geistes. Er las aus seinen Schriften und da wußte mancher Zuhörer nicht, wie ihm geschah, war es eine lustige Plauderei, oder war es eine zornige Strafpredigt, was da auf ihn niederging. Schlögl hatte eine außerordentliche Begabung zu beobachten, zu schildern, zu erzählen, aber noch höher schätzte ich seinen sittlichen Ernst, seinen Freimut. Was er für richtig hielt, und gut, daß es gesagt werde, das sprach er aus, unbekümmert darüber, daß er sich hundert Feinde machte.

Mehrmals wurde er nach auswärts gerufen, um öffentliche Vorlesungen aus seinen Büchern zu halten. Aber er war mißtrauisch, hatte manche abschreckende Erfahrung gemacht. In einem Städtchen Mitteldeutschlands, wo er geladen war, empfing man den Weithergereisten weder auf dem Bahnhofe, noch kümmerte sich sonst um ihn. In einer öden Bierschänke saß er allein, bis der Abend kam und er dann mit Mühe das Lokal suchen mußte, wo er lesen sollte.

„Da saßen benn," schrieb er mir am nächsten Tage, „die Eisbären wie in einem Figurenkabinett, so mäuserlstill und unbeweglich. Später (beim Bier) sind freilich einige zu mir gekommen und haben sich für den Genuß (!!!) bedankt, aber ich war vorsichtig und hab' gesagt: Warum habn's benn früher nit 's Maul aufgemacht?"

Das letztemal als Vorleser trat er im Frühjahre 1892 zu Wien auf, gelegentlich eines gemischten Vortragsabends zugunsten eines Grabmales für Anzengruber. Diesmal ganz besonders ist es vielen aufgefallen, wie gut Schlögl las. „Es war ein Sandkorn zum Grabmal unseres Freundes," sagte er nachher, „und damit schließe ich."

Ich habe ihn oft schrecklich geärgert, freilich ohne Absicht.

Besonders in redaktionellen Dingen ging es spießig. Er war fleißiger Mitarbeiter des „Heimgarten" und da konnte es nun ein etwas verspäteter Abdruck, oder ein Druckfehler, oder ein unregelmäßig angekommenes Heft usw. sein, was ihn in Harnisch brachte.

So sandte er mir eines Tages die Karte:

„Ich hätte Ihnen ein paar bringende Grobheiten zu schreiben! Wegen momentaner überbürdung folgen sie morgen.

F. S."

Ein andres Mal:

„Herr Redakteur!

Sie danken mir für den Beitrag! Dank brauche ich keinen, ich will Honorar. Die Kinder haben kein Brot, der Vater kein Bier.

Ihr wohlaffektionierter

F. S."

Und nach Empfang:

„In d' Haut eini gnua! Viel z'viel. Küss' b'Hand! Die andere a! Vergelt's Gott tausendmal und — schaffens ein anderesmal!

F. S."

Ferner:

> „Herr Redakteur!
>
> Wir erwarten Sie, wie arme Seelen den Weihbrunnen. Sie waren ja in Wien. Ich sehne mich nach einem Menschen, nach einem ganzen, vollen Menschen, der — genug, Sie kamen nicht. Sie sind ein steirischer Dickschädel!
>
> Ihr betrübter
>
> F. S."

Einmal mußte ihm der „Heimgarten" besonders schlecht bekommen haben, er schrieb auf offener Karte:

> „Lieber Peterl, ich habe Angst, daß ein Verdruß herauskommt, und daß ich meinen verehrtesten Freund verlieren werde, wenn ich sage, daß der löbliche Redakteur des „Heimgartens" ein Ochs ist.
>
> F. S."

Derlei Zuschriften hat er gerne verschickt an seine Freunde. Manchen soll's verdrossen haben; ich fand dazu keine Ursache.

Als der „Heimgarten" seinerzeit den abscheulichen Kultus rügte, den die Wiener (natürlich nicht alle) mit dem Briefträgermörder Francesconi trieben, schrieb mir Schlögl:

> „Ich lese den „Heimgarten" und fahre entsetzt in die Höhe. Hat Sie der Teufel geritten, daß Sie eine ganze Stadt beleidigen? Das wird Ihnen bittere Frucht tragen. Ich liebe Sie bis zum letzten Atemzug, doch über Wien sagen Sie mir so etwas nie mehr. Gott bessere Sie.
>
> F. S."

Nicht gar lange nachher kam von ihm ein Zettel folgenden Inhaltes:

> „Verehrter!
>
> Erlauben Sie mir, daß ich vor $^{99}/_{100}$stel meiner geehrten Zeitgenossen und namentlich meiner (neuen) „engeren" Landsleute ausspucke . . .
>
> Ihr treuer
>
> F. S."

Schrullen! — Wenn andere Leute, mit denen wir uns auch abfinden müssen, keine größeren Fehler hätten! Wie oft stand diese grundehrliche Haut sich selber vorm Lichte! Doch, was anderen so überaus begehrenswert erscheint, daß sie sich Füße und Ehre danach ablaufen, Schlögl hat's — ohne darüber ein Wort weiter zu verlieren — verschmäht. Sein Heim in der Gumpendorferstraße Nr. 10, in welchem er vierundvierzig Jahre lang gewohnt, war enge und ärmlich. Den größten Raum desselben nahmen die Bücher und Zeitungsstöße ein. Er bewohnte es mit seinem Weibe; seine beiden Söhne waren längst selbstständig geworden, waren seine Freude und sein Stolz. Seine treue Lebensgefährtin nannte er nie Frau, er hatte eine schönere Bezeichnung, nannte sie sein herrliches Weib. Sie war der Kamerad seiner Seele, hatte Verständnis für seine Interessen und geistigen Angelegenheiten, er teilte ihr alles mit und wenn er auf Reisen war, schrieb er täglich wiederholt Kärtchen und Liebesbriefchen an sein Weib. Sein Ideal und sein Stolz in den ersteren Jahren unserer Bekanntschaft war die „Tripel-Allianz." Damit meinte er das Freundschaftsbündnis zwischen Anzengruber, ihm und meiner Wenigkeit. „Wir gehören zusammen," hatte Anzengruber eines Tages gesagt, und das war für Schlögl die Besiegelung der „Tripel-Allianz." Anzengruber betete er an; aber auch ihm gegenüber wog er kein Wort, und obzwar der „Kirchfelder" (Anzengruber) sich von Freunden gerne etwas gefallen ließ, manchmal schien ihm der Freimut des ältesten unter uns doch ein wenig in die Nase zu rauchen. Wenigstens schnupperte er bisweilen stark, wenn Schlögl zum Beispiel über Derbheiten und Gewagtheiten in neuen Anzengruber-Stücken manches Bedenken rund und grob heraussagte. Trotzdem stand die Tripel-Allianz jahrelang fest. Es waren unver-

geßliche Abende, da wir drei und nur wir drei beisammen
in irgendeinem lauschigen Gaststübchen über alles Interessante plauderten, was diese Welt und des Poeten Phantasie zustande bringt. — Anders wurde es, als Schlögl
in seiner Warmherzigkeit anfing, fremde Elemente, spezielle
Bekannte von sich, in unseren bisher streng geschlossenen
Kreis zu ziehen. Er wollte ja jedermann mit Anzengruber
bekannt machen, auch den „Almpeterl" hielt er für wesentlich genug, um ihn aufzuzeigen, und uns wieder mochte er
von den Vorzügen seiner Privatfreunde profitieren lassen.
Das behagte nun für die Länge dem „Kirchfelder" nicht,
und er fing an — auszubleiben. Damit fühlte Schlögl
sich ins Herz getroffen, er bildete sich ein, der „Kirchfelder
habe etwas gegen ihn", aus lauter Liebe zu dem Dichter
wurde er trotzig, fremde Einflüsse mochten auch mit im
Spiele gewesen sein, kurz, die Tripel-Allianz bekam einen
Schaden, der sich nie mehr ganz geheilt hat. Ich habe es
Anzengruber oft gesagt, einen treueren Kameraden hätte
er nicht, als Schlögl; ich habe es diesem gesagt: der Kirchfelder schätze ihn wie immer, nur seien ihm manche Wunderlichkeiten zuwider — es war überflüssig, daß ich's sagte,
sie wußten es ohnehin, sie fanden sich ja wieder, aber zu
der ausschließenden Allianz ist es nicht mehr gekommen.
Wie ein Mollton geht es durch zweihundert Briefe und
Karten, die ich von Schlögl besitze: Der Kirchfelder hat was
gegen mich! — Vielleicht ist er mit dieser Empfindung dem
Sarge des großen Dramatikers gefolgt, vielleicht ist er mit
dieser Empfindung gestorben. — Ich glaube, es war zwischen
beiden Männern nichts, als ein und das andere Mißverständnis und ein bißchen Trotz. Denn sie ersetzten sich einander:
zwei Volksdichter, der eine im Land-, der andere im Stadt-
volke stehend: Beide waren armen Kreisen entsprossen,

jeder hatte sich selber gebildet, aus eigener Kraft zur Höhe geschwungen; sie hatten die gleichen ethischen Grundsätze und
Ziele und, was wichtig war, jeder bewunderte die Werke
des anderen.

Unserm Schlögl ging es, wie es den meisten seines-
gleichen geht, er fühlte, daß die Anerkennung seiner Zeitgenossen mit seinen Leistungen nicht im richtigen Verhältnisse
stand. Er sah andere leben und streben und niemand
kümmerte sich darum, oder sie wurden mit Scheelsucht behandelt! Er sah sie sterben, und siehe, alle Zeitungen waren
des Lobes voll, mit dem Todestage wurde jeder ein bedeutender, hochverdienstlicher Mann. Ihm selbst ist es genau
so ergangen. Hätte er am ersten Tag nach seinem Tode nur
für eine Stunde noch einmal aufwachen können, um die
wunderschönen Nachrufe zu lesen! — Er war der bedeutendste
Kenner und Schilderer des Wiener Volkes, er steht uner-
reicht da, sein Humor ist von köstlichster Eigenart! Er war
ein gediegener Charakter, ein prächtiger Mensch! und so
weiter. — Alles ganz richtig, aber gerade um ein paar
Tage zu spät . . . .

Schlögl war zwar ein Philosoph, aber nicht von der
Art, daß er von den ihn angehenden Zeitungsstimmen un-
berührt geblieben wäre. Kindlich dankbar war er für jede
öffentliche Anerkennung, ja die flüchtigste Erwähnung in
irgendeinem Blatte machte ihm Freude. Ich gebe ein paar
kleine, sich darauf beziehende Zuschriften. Auf eine freundliche Besprechung eines seiner Bücher von Rullmann in
der Grazer „Tagespost" schrieb er mir:

„Augenblicklich laufen's zur Tagespost und sagen's, daß ich
mich allerschönstens bedanken laß'! Hörn's? Wern's gleich geh'n?
Sollen schon am Weg sein! Brave Leut' das, in Graz. Sö, das ist
wunderschön!"

Auf die Besprechung seines Werkes „Wienerisches" im „Heimgarten," Jännerheft 1883, schrieb er mir:

Allerliebster und Lieblichster!
Wunderbarster aller Zeitgenossen!

Tausend und einen Dank! Also doch noch erlebt! Wenn man die Sache doch plakatieren lassen könnte! Oder einer Million Menschen ins Haus schicken, wie ich jede Woche den Spielplan einer Hamburger Lotterie oder anderes Teufelszeug erhalte. Diesen Aufsatz sollte man von den Kanzeln herab oder den Kindern in der Schule vorlesen; in jedes Steuerbüchel sollte er eingeklebt, in jeden Tornister eingepackt sein, alle Malefiz-Hausierer sollten statt des verdammten „Handbl." täglich diesen Artikel ausschreien. Alle Verbrechen, die Sie an mir verübt, oder etwa noch verüben wollen, seien Ihnen verziehen. Aus voller Brust rufe ich Glück und Segen in Ihr Haus!

Bis nach der Ewigkeit der Ihrige

F. S."

Und ein andermal gelegentlich meines Aufsatzes „Wien" im „Heimgarten" 1890:

„Wien, 9. April 1890, abends.

Lieber, teurer Freund!

Ich hätte bald Exfreund geschrieben, aber ich glaube, daß Sie trotz einzelner (steirischer) Schrullen doch der alte geblieben, wie ja auch ich es bin und wohl bleiben werde.

Also zur Sache.

Man macht mich auf das Aprilheft des (löblichen) „Heimgarten" und speziell auf Artikel „Wien" aufmerksam.

Ich eile also in ein Café (seit Jahren besuche ich keines mehr), wo man die (löbliche) Monatschrift aus der ewig grünen Steiermark hält, lasse mir (das Billigste) ein Glas Slivovitz (à 12 Kreuzer und 3 Kreuzer Trinkgeld) geben und warte drei Viertelstunden auf das Blatt, weil es „in der Hand" ist und von dem momentanen Besitzer von der ersten bis zur letzten Zeile aufmerksamst (es gibt auch solche Käuze in Wien) gelesen wird.

Endlich erhalte ich das Heft; — es ist $^3/_4$9 Uhr abends (der geschichtliche Moment muß festgehalten werden) und vergrabe mich in die Blätter.

Freund: In der besten Beziehung des viel mißbrauchten und übelverstandenen Wortes: Ich danke Ihnen vom ganzen Herzen! Damit für heute genug. Ich ging, aufs tiefste bewegt und der Erinnerungen voll, hinaus ins Freie und schlenderte durch die Straßen, zwischen eilenden und sich drängenden Menschen. Aber ich sah und hörte nichts und niemanden, ich dachte nur vergangener Tage, unvergeßlicher Stunden und einzelner lieben Freunde und Genossen, die nun auch schon der kalte Rasen deckt. Vor allem an Anzengruber, durch dessen Hinscheiden, obwohl wir uns in den letzten zwei Jahren nur selten sahen und sprachen, ich viel verloren. Unersetzliches.

Und die Trias ist gesprengt: die drei Alliierten, die immer zusammenhielten, sind auf zwei reduziert, bald wird nur mehr einer übrig bleiben, der „Almpeterl", denn mit mir geht's rasch bergab. Dann schreiben Sie halt auch meinen Nekrolog...

F. S."

Mit diesen Beispielen ist das bewegsame und dankeswarme Gemüt des „herben Mannes" ein wenig gekennzeichnet. Und wenn er nun erst seine Nachrufe hätte lesen können! Es wird mancher dabei gewesen sein, der wirklich ernst zu nehmen war. So unumwunden wie gegenwärtiger ist freilich keiner gewesen. Mir kommt's darauf an, den Menschen zu zeigen, wie er war, und Schönheitspflästerchen stünden dem Mann wahrlich nicht gut.

Zu bewundern ist das Interesse, mit welchem dieser Schriftsteller, der doch bessere Literaturepochen gesehen, der ein wirklicher und geistiger Zeitgenosse Stifters, Lenaus, Grillparzers und Raimunds gewesen, sich den jüngeren Dichtern zuwendete, mit jugendlicher Wärme sie las und ihre persönlichen wie literarischen Schicksale wohlwollenden Herzens verfolgte. Er gehörte zu den wenigen meiner Freunde, die mit ihrem entschiedenen Urteile nicht zurückhielten, wenn sie etwas anzuerkennen oder zu tadeln fanden. Er verstand anzuregen und zu fördern. Und wem er gut war, dem war

er's gründlich. Auch andere des österreichischen Poetennach-
wuchses werden erzählen können von dem guten Kameraden
Friedrich Schlögl.

In den siebziger Jahren war es eines schönen Herbst-
tages, daß unser vier Poeten unter der Anführung Anzengrubers von Wien hinausmarschierten nach Gabliß. Dort
wohnte Freund Schlögl auf Sommerfrische, und den
wollten wir besuchen. Schlögl war unser begeistertster Verehrer. Jede Zeile, die von uns oder über uns geschrieben
oder gedruckt wurde, die sammelte er und ordnete sie in
Mappen ein. Einen wahren Kultus trieb er mit seinen
„Lieblingsdichtern", und ein Fest war ihm die Zusammenkunft
mit uns. Also gedachten wir, ihn diesmal zu überraschen, um
einen lustigen Nachmittag und wohl auch Abend mit ihm
zuzubringen. Der Mann mußte ja vergehen in der Einsamkeit seines Landwinkels. „Der fallt um, wenn er uns
sieht!" sagten wir und freuten uns auf seinen Tigersprung
und wie er uns mit heftigen Armen an die Brust reißen
und erdrücken würde.

Als wir in Gabliß seine Wohnung erfahren hatten,
schlichen wir sie an: zu Hause, wurde uns gesagt, sei er.
Anfangs hatte der Plan bestanden, als Bettelsänger ver-
kleidet bei ihm einzudringen und vor seiner Tür als Hunger-
ständchen eines seiner Tagblatt=Feuilletons abzusingen. Wegen Kostümmangels hat sich dieses Vorhaben zerschlagen.
Nun standen wir bloß als die schlichten Freunde da und
klopften höflich an die Tür. Nach dem zweiten Klopfen
drinnen ein kurzes Knurren. Wir traten ein, in ein fast
kahles Zimmer; er saß am Schreibtisch, in Arbeit vertieft. „Nicht allzu fleißig!" Mit diesem Wort begrüßte ihn
Anzengruber, während wir uns in schöner Gruppe nahten.
Schlögl schaute auf, etwas verblüfft; dann sagte er kühl:

„Oh, gute Bekannte! Wieso versteigt ihr euch denn in dieses Wienerwaldnest?"

„Stören wir?" fragte ich launig.

Er überhörte es und fragte: „Wir haben hundsschlechte Wege da herum, nicht wahr?"

„Wenn wir ungelegen kommen sollten?" sagte Anzengruber.

„Ah, das nit, das nit," entgegnete Schlögl, „ich werd' schon noch fertig. Ein Feuilleton fürs Tagblatt, aber das eilt nicht so."

„Entschuldigung, dann wollen wir sogleich wieder abkratzen."

„Einen Augenblick werdet ihr doch Platz nehmen — daß ihr mir den Schlaf nit austragt. Ein bissel hab' ich schon Zeit. Oder geht ihr wirklich schon wieder? Na, also auf frohes Wiedersehen in Wien!"

Unsere Bestürzung über diesen Empfang war nicht gering. Aber da bemerkte ich das Zucken in seinen Gesichtsmuskeln, das bei Schlögl ja immer eine Schalkheit anzeigte. Und jetzt kam's. Er stand auf, breitete die Arme aus und sprach mit vor Rührung gedämpfter Stimme: „Kinder, ich danke euch! Man geht ja zugrunde in dieser abgrundtiefen Langweile. Der Arzt besteht auf Vollendung der Kur, sonst wäre ich schon durchgegangen. Weder lesen noch schreiben kann man in dieser eingefrorenen Ewigkeit. Freunde, ich danke es euch bis an mein Lebensende, daß ihr gekommen seid. — Wie ihr seht, mangeln hier die Fauteuils und die Sofas. Einer hat ja auf diesem zerzausten Strohsessel Platz, die anderen könnten sich dort auf den Koffer setzen; aber ich denke, wir gehen ins Wirtshaus."

Und das taten wir. Es hat sich gezeigt, daß wir nicht umsonst nach Gablitz gekommen waren. Und daß der alte

Friedrich Schlögl uns Schelmen an Schalkheit voraus war,
davon ist diese Empfangsszene ein Beispiel. Vom Fenster
aus das Nahen der Gäste bemerkend, hat er uns ein kleines
Merks geben wollen, daß für selbstgefällige Freunde ein
Gutaufgenommenwerden nicht allemal selbstverständlich ist.

Eine schwere Kränkung wurde ihm von den sogenannten
Antisemiten bereitet. Schlögl hatte in einem Reisefeuilleton
der „Deutschen Zeitung" aus Innsbruck berichtet, daß
der dortige Verschönerungsverein auf einer Tafel die Namen
der berühmten Männer eingraben ließ, welche einst, vor der
Eisenbahnzeit, durch Innsbruck gereist waren, wohl auch dort
übernachtet hatten. Schlögl vermißte auf jener Tafel den
Namen Heinrich Heine. „Den Heine will er protegieren! Der
Judenknecht!" so hierauf mehrere Antisemitenblätter gegen
Schlögl. Er nicht träge und gibt es den Anremplern in
einem gesalzenen Eingesendet zurück. Dann ging die Hetze
los. Schlögl war einfältig genug zu erwarten, daß die
Presse für ihn eintreten würde. „Keine Feder rührt sich,
wenn ein ehrlicher alter Mann mit Kot beworfen wird..."
O altes Kind Gottes, wie naiv! — Wehe tat ihm nur, daß
auch ein Teil der Studentenschaft es für nötig fand, in
einer direkten Zuschrift ihm ihre Verachtung kundzugeben.
Wem es bekannt ist, mit welcher Liebe er an den Studenten
hing, wie er in ihren Kreisen sich stets gehoben und begeistert gefühlt hat, wie beglückt er war bei dem Kommerse,
welchen die Studentenschaft einige Zeit früher auch ihm
zu Ehren gegeben hatte, der wußte, wie nahe es ihm ging.
Den jungen Leuten hat er's übrigens bald verziehen, war
er doch selber der unversöhnlichste Feind der Korruption
in Handel und Wandel und in der Presse. Ging er als
alter Achtundvierziger mit der heutigen Studentenschaft schon
nicht immer die gleichen Wege, so strebte er doch die glei-

chen Ziele an. Für das famose Wiener Krakeelertum aber, welches den gesunden Kern der Bewegung so schmachvoll verdorben hat, hegte er den ehrlichsten Haß.

Er zog sich zurück in seine Bücherhöhle und lebte den Erinnerungen an ein gemütlicheres, glücklicheres Wien. Aber losreißen konnte er sich doch nicht von seinem Tage; täglich verschlang er die Zeitungen, aus denen er unzählige Aufsätze und Notizen zog, die er sammelte und ordnete. Für jeden seiner Freunde und Bekannten hatte er seine besondere Sammlung von Zeitungssachen, die sich auf diesen bezogen.

Die Abendstunden verbrachte er in den letzteren Jahren mit wenigen Freunden in der Restauration, ich glaube, „zum blauen Hause" genannt (Gumpendorferstraße). Da ward sein Geist wieder rege, sein Herz frisch, trotzdem die tückische Krankheit nagte an seinem Organismus. „Nierenleiden, Herzleiden, Asthma und sonst noch ein Dutzend Todes= krankheiten säuge ich groß, und das Gemüse, welches die Magd vom Markte bringt, ist das einzige Grün, welches ich in diesem Sommer gesehen habe. Beten Sie ein Vater= unserchen für mich, wenn Sie noch ein bißchen Einfluß haben beim Herrgott.

Ihr Jammermensch   F. S."

So schrieb er mir noch im September seines Sterbe= jahres.

In den letzten Jahren seines Lebens dachte er viel an eine Gesamtausgabe seiner Werke. Ein Freund sah sich da= für nach einem tüchtigen Verleger um, worüber er ihm schrieb:

„Lieber, Guter, Teuerer!

Ich danke herzlichst. Sie sind noch einer! Kommt die Sache (meiner Gesamtausgabe) zustande, dann schließe ich meine Augen gerne, habe wohl sonst nichts Erfreuliches mehr zu erwarten."

Bei den Verlegern aber, da hieß es: Schlögl macht

nichts mehr, seine Sachen sind zu herb, zu ungemütlich, zu rücksichtslos. Mit anderen Worten, man hört die Wahrheit nicht gern. — Niemand kümmerte sich um den alten Schlögl. „Ein wunderlicher Mann!" hieß es, und damit war er abgetan. Aber schon einen Tag nach seinem Tode begannen die Anfragen einzulaufen, was es mit Schlögls Werken sei? Man sei bereit, die Gesamtausgabe zu veranstalten, wolle sie schön ausstatten usw. — Auch gerade wieder um einen Tag zu spät.

Ja, was bedeutet denn das, du mein liebes deutsches Volk? Ist es denn wirklich buchstäblich wahr, daß du dich für deine bedeutenden Männer erst zu interessieren beginnst, wenn sie gestorben sind? Ist dir denn ein lebendiger Dichter gar so unangenehm? Ist es nicht der Genius, ist es erst der Tod, der dir deine Dichter weiht? Kann der Verleger sein Süpplein denn wirklich nur mehr am Strohfeuer der Nekrologe kochen? — Eines ist aber wahr, bequemer ist der tote Dichter, als der lebendige; er ist genügsam im Honorar, er redet nichts mehr drein, in welcher Form und Weise immer man seine Werke herzurichten beliebt. Auch braucht der Verleger sich nicht zu fürchten, daß die Kritik ungnädig wird, denn der Mann ist ja tot. — Ich bitte um Verzeihung für diese harten Bemerkungen, allein einige Fälle der letzten Jahre (1893 geschrieben) waren doch gar zu drastisch. Und schließlich muß man ja noch froh sein, daß ein Poet wenigstens nach dem Tode etwas gilt.

Edel und vornehm war es, daß die Stadt Wien ihren berühmten toten Bürger Friedrich Schlögl mit einer Kranzspende ehrte, das Begräbnis besorgte und sich durch die Anwesenheit des Bürgermeisters bei der Begräbnisfeierlichkeit beteiligte. (Vornehm wäre das freilich gewesen, aber es ist nur erdichtet.)

Unser Schlögl pflegte — und das war eine Quelle seiner häufigen Verstimmungen — vieles für ernst zu nehmen, was nicht ernst zu nehmen war. Hingegen stand er souverän über manches, was andere schon höllisch geniert, zum Beispiel über den Tod. Auf seinem Lehnstuhle sitzend, erwartete er seit Jahren den Tod. Auch diesem schaute er entgegen mit seinem sarkastischen Schmunzeln. „Fatal", meinte er, „daß man bei seinem Sterben bis zum letzten Augenblicke dabei sein muß. Könnte man das Examen für die Ewigkeit nicht auch in Absentia machen? Seit sechs Jahren bringe ich nun jede Nacht in diesem Lehnstuhle zu. Was habe ich denn getan, um so viel leiden zu müssen?" Und am Vorabende seines Todestages! Da sagte er zu seinem Freund Chiavacci: „Sie gehen morgen doch zur Sitzung des Anzengruber-Kuratoriums? Bitte, entschuldigen Sie mich bei den Herren. Sagen Sie, ich bin durch eine dringende Berufsangelegenheit verhindert, zu erscheinen. Ich muß morgen sterben..."

Dann wartete er noch eine qualvolle Nacht, und als das Licht des aufgehenden Tages in sein Auge fiel, vollbrachte er die Berufsangelegenheit, zu welcher unser ganzes Leben und Streben — eine Vorbereitung ist.

Konrad Deubler.

(1814—1884.)

„Mein lieber Freund Deubler!
— — — Wenn Diogenes, nach Menschen
suchend, Sie gefunden hätte, er würde
seine Laterne ausgelöscht haben!
Jena, 24. November 1874.
Ernst Häckel.“

Da hat der Draht plötzlich (1884) die Nachricht in alle
Welt getragen: im Salzkammergut wäre ein Bauer
gestorben. Was muß das für ein seltsamer Bauer gewesen
sein, dem die Kupfersaiten das Sterbelied spielen!

Ein seltsamer Bauer, vielleicht der einzige in dieser Art
auf der ganzen Welt — ja, das war er, der Bauer Konrad
Deubler in Goisern. In der Bauernschaft rentiert sich ein
Philosoph nicht so gut wie in der Stadt, in der man seine
Philosophie zu Papier bringen und für Geld verkaufen kann.
In der Bauernschaft wird das vorurteilslose Denken und
Suchen nach Wahrheit dem Denker zum Verhängnis. Ein
Heldenherz, das nicht daran zugrunde geht!

Eines armen Salzbergwerkers Kind, das nichts als
seine schlechte Dorfschule durchgemacht hat in kurzen Jahren,
ein schlichter Bauer, der sein Lebtag haften geblieben ist in
seinem engen Alpentale, dem harte Arbeit die Glieder ver-
knorrt und gewettert hat, an Gewandung, Gehaben und
Sprache nicht zu unterscheiden von seinen ärmlichen Dorf-
genossen im Hochgebirge, und andererseits ein Duzbruder
von Ludwig Feuerbach, ein persönlicher Freund von Heinrich
Zschokke, David Strauß, Ernst Haeckel, E. A. Roßmäßler,
Ludwig Büchner, B. Carneri, J. C. Fischer, Brehm, Dodel-
Port, Joh. Scherr, L. Anzengruber, F. Kinkel, F. Schlögl
und vielen anderen Größen der Wissenschaft und der Lite-

ratur. Solche Männer schauen sich ihren Gesellen an, ehe
sie die Bruderhand bieten.

Deubler war die Verkörperung eines wohl vorhandenen,
aber stets unterdrückten und oft sich selbst kaum bewußten
Volksgefühles. Eines Volksgefühles aber, dem die gegenwärtige Weltordnung widerhaarig entgegensteht, das sich
durch alle Klassen und Kasten der Gesellschaft herb und
auch verschmitzt durchringen muß, bis es auf der Höhe
bei den wenigen starken und weisen Männern, die ein Herz für
die Menschheit haben, Verständnis und Genossenschaft findet.

Vor Jahren hat mich eine Bergwanderung das erste-
und das letztemal an sein Haus geführt auf den Primesberg bei Goisern, wo man über das grüne Hochalpental
der Traun hin die Felswände des Ramsauergebirges sieht
und den Hallstättersee und die Eisfelder des Dachstein. Es
war nicht leicht, den alten Bauer zu Hause zu finden, die
leidige Neugierde der Reisenden und der Sommerfrischler
des nahen Ischl und Aussee hatten ihn menschenscheuer
gemacht als die jahrelange Kerkerhaft, mit der die dankbare
Menschheit ihn, wie so manchen ihrer kühnen Bahnbrecher,
ausgezeichnet hat. Deubler war, wenn Fremde nach ihm
fragten, stets „im Weinkeller, und ist's ungewiß, wann
er heimkommt.“ In Deubler's Weinkeller sah es aber wunderlich aus, seine Fässer band der Buchbinder, sein Wein
wuchs im sonnigen Haupte großer Männer, es ist jener
echte, in dem die Wahrheit liegt.

Als ich mich jedoch anschickte, das Haus zu belagern,
und mir die Zeit zu vertreiben mit den stimmungsvollen
Sprüchen, die an der Wand stehen, kroch er aus seinem
Versteck, der Bücherei, hervor. Wir erkannten uns bald, ich
merkte hinter seiner Lodenjoppe den Philosophen, er hinter
meinem Stadtrock den Bauer.

Zuerst stellte er mir seinen „Kameraden" vor — es war schon sein zweiter — sein treues Weib, die „Nandl". Der erste, die Eleonore (welche er schon in seinem achtzehnten Jahre geheiratet hatte, „weil ein kluger Mann seine dummen Streiche schon in der frühen Jugend macht"), war ihm nach zweiundvierzigjähriger guter Kameradschaft längst „hinter den Kulissen, die man Grab nennt," verschwunden.

Deubler führte mich in seine schöne Stube, wie der Bauersmann das nennen mag, was bei Städtern der „Salon" heißt. Aber einen so vornehmen habt Ihr nicht als der alte Bauer auf dem Primesberg besessen. Das „Atelier" nannte er diese merkwürdigste aller Bauernstuben; den Namen „Atelier" habe er einmal leckershalber auf die Zunge genommen, und jetzt bringe er ihn nicht mehr herab. Dieser Raum war allerdings eine Art von Atelier, aber auch Bücherei, Museum und Tempel. Bücherkästen mit vielen Hauptwerken der Wissenschaften aller Zeiten; Tische mit Zeitschriften, Karten, Briefen aus allen Literaturfächern, mit Mineralien, getrockneten Pflanzenexemplaren; Staffelein mit Ölgemälden. Unter diesen eine Berglandschaft, deren Schöpfer der junge Maler Josef Winkler aus München, welcher bei Deubler gewohnt hatte und eines Tages fortgegangen war, um sich am fernen Strande der Isar eine Kugel durch den Kopf zu jagen. Die Berglandschaft war unvollendet geblieben, was ihm sein Gastwirt freilich leichter verzeihen konnte als die mutwillige Zerstörung eines unvollendeten Lebens. Ferner war ein Klavier da. An den hohen Wänden, die ein geschmackvoll gezimmerter Plafond abschloß, waren Kunststatuen aus der griechischen Myte, Porträts, Bronze- und Gipsfiguren von Naturforschern, Philosophen und Dichtern, auf dem Ehrenplatz, hoch wie auf einem Altare, die Bronzebüste Ludwig Feuerbachs mit der Inschrift: „Homo

homini Deus est". Ferner sanden sich hier als Reliquien
Alpenstöcke hervorragender Botaniker, Schlaghämmer be-
rühmter Mineralogen, das Mikroskop Roßmäßlers, die
Tabakspfeise Feuerbach's und endlich auch der Schädel von
Deubler's erstem Weibe.

Das war die „schöne Stuben" des alten Bauers Konrad zu Goisern, von ihm selbst, dem unbemittelten, hart den
Kampf ums Dasein ringenden Bauer, errichtet und im Laufe
der Jahre mit angedeuteten Schätzen gefüllt! Das hatte er
sich einst als Müller am Hallstättersee und als Bäcker und
Bauernwirt unten im Dorse Goisern gesagt: „Arbeitest,
hausest, bis du sechzig Jahre alt bist; nachher wirst Herrgott
aus Menschenfleisch und lassest dir wohl sein."

Zehn Jahre lang war er's nun gewesen in seinem sich
neugegründeten Heim auf dem Primesberg, gleichwohl mit
seinem häuslichen Weibe immer noch sorgend, arbeitend
in der kleinen Bauernwirtschaft, denn das „Menschenfleisch
am Herrgott" wollte sich nicht ganz zurücksetzen lassen. Häufig
waren Gäste zu bedienen, Gelehrte und Künstler aus Deutschland, Freunde, die bei ihm auf der Sommerfrische wohnten,
Dichter, Schriftsteller, Schauspieler aus Berlin, Dresden,
Stuttgart, Wien, Linz, Salzburg, Graz usw. Trotzdem
sand er Zeit für seine Studien. Im Gespräche wußte er
gelegentlich Aussprüche alter Griechen und Römer in ihren
klassischen Sprachen zu zitieren, was in seiner rauhen unge-
fügen Bauerntonart gar seltsam zu hören war. Die fremd-
artigen Dinge waren nicht zufällig da oder etwa aus Koketterie zusammengetragen; ihr Besitzer stand zu jedem derselben in einer besonderen Beziehung, die meisten Gegenstände waren Spenden berühmter Personen mit Widmungs-
worten an Deubler. Die Bücher trugen in ihren Rand-
glossen von Deubler's schwerfälliger und unorthographischer

Hand Spuren von Studien und dem Verständnisse des Lesers. Ludwig Pfau hat Konrad Deubler den Wunderbauer genannt.

Als wir zwei nun an jenem Tage meines Besuches schon nach einer halben Stunde alte Bekannte geworden waren, fragte ich Deubler, wie denn das alles so mit ihm gekommen?

Wir gingen über die Matten des Berghanges hin; es war schon Dämmerung, nur die Spitze des Sarsteines ragte noch in den Sonnenäther auf. Konrad Deubler erzählte mir seine Geschichte. —

Er müsse sich in acht nehmen — so begann er bedächtig —, daß er nicht etwa das erzähle, was andere über ihn geschrieben, anstatt das, was er selber erlebt. Es sei so viel über ihn zusammengeschrieben worden, daß man mit dem Geschriebenen alle Schweine von Goisern füttern könne, wenn sie es fräßen. Vor allem vertraute er mir, wie glücklich er sei, daß die großen Naturforscher und Dichter seine Heiligen seien, daß er Festtage habe, sooft er mit Gleichgesinnten zusammenkomme, und daß er nichts wünsche, als er möge noch etliche Jährlein aufgelegt sein, sich mancherlei zu wünschen. Ein wünscheloses Leben sei ohne Salz, was ihm, dem alten Salzarbeiter von Hallstatt, nicht gefallen könne.

Wie sein Vater, so war auch er in der Jugend Salzmann gewesen. Später hatte er eine Mühle oberhalb Hallstatt übernommen, noch später hatte er sich in Goisern ein Wirtshaus erworben, in welchem er viele Jahre lang der „Wartburgwirt" gewesen. — Nach dieser Einleitung schweift seine Erinnerung zurück in die Kindheit. Noch ist er Knabe, da stirbt ihm seine Großmutter. Jetzt erwacht in ihm die Frage: Was ist's mit der Unsterblichkeit? Er ist Protestant, geht zum Pastor und fragt an, ob er hoffen könne, seine Ahne in einer anderen Welt wiederzusehen. Ganz sicherlich! sagte der Pastor und borgt ihm Bücher, die das Versprechen bestätigen sollen. Wie gern möchte Konrad überzeugt sein! Aber es geht nicht — er hat, wie ihm eine alte Nachbarin sagt, die Gnade Gottes verloren. Je mehr er in Büchern liest, je wirrer wird's in seinem Kopf, banger in seinem Herzen. Er verschafft sich hierauf andere Bücher, die in die Art schlagen — und aus der Art. Die „Stunden der Andacht" von Zschokke, „Jung Stilling's Schriften," „Das Leben Jesu" von David Strauß und weitere religiöse, philosophische, naturwissenschaftliche und sozialpolitische Werke. Wie er sonst den Trost im Glauben gesucht hat, so findet er jetzt den Trost im Zweifel. Hierauf denkt er: Was mir gut tut, wird auch anderen nicht schaden! und läßt seine Bücher die Nachbarn lesen. In die Leute kommt eine Begierde, viele dergleichen Schriften kennen zu lernen, vor denen die Obrigkeit zu warnen pflegt und die sowohl der katholische als auch der protestantische Pfarrer von Goisern verdammt. Konrad vermittelt die Schriften. Die Dörfler kommen zusammen und lesen und tauschen ihre Meinungen aus. Konrad wirft sie auf, erörtert sie oder bestreitet sie, ordnet sie, verbreitet sie und ist so der Mittelpunkt einer geistigen Bewegung, bevor er es selber ahnt. Schon zu dieser Zeit korrespondiert er mit Zschokke, Roßmäßler und anderen. Er muß mit seinen Lieblingsautoren persönlich verkehren, er hat zu fragen, in einzelnen Punkten um besondere Auslegung zu bitten, die ihm nicht versagt wird, und der einfache Bauer sagt den großen Forschern und Philosophen frei seine Meinung heraus, wo er mit ihnen nicht einverstanden ist. Die Schriftsteller und Gelehrten lassen sich mit dem Alpenbauer in wichtige Auseinandersetzun-

gen ein und kommen bald dahinter, daß die Ansichten
dieses Bauers zu respektieren seien. Deublers Seele wächst,
erst macht er kleinere, dann größere Reisen, strebt in seiner
Heimat volkswirtschaftliche Verbesserungen an, streitet gegen
die in der Gegend herrschende Branntweinpest und belehrt
die Leute, wie es sein Wissen und Gewissen ihm eingibt. Zu
gleicher Zeit verlegt er sich auf das Pflanzensammeln im
Hochgebirge, legt kleine Alpenherbarien an, um solche an
fremde Besucher des Salzkammergutes zu verkaufen. Mit
dem Ertrage verschafft er sich die Bücher. Gesinnungsgenossen steuern auch bei, und so sind in jener Zeit — es
war in den Fünfzigerjahren — von einer Linzer Buchhand-
lung um 1800 Gulden Bücher nach Goisern geliefert worden.
Eines Tages schreibt Deubler einen Brief an seinen Pfarrer
in Goisern, in welchem er scharf tadelt, daß jener an Sonntagen die Leute mit Gendarmen in die Kirche treiben läßt.
Auch hält er dem Pastor vor, daß die meisten Geistlichen
ihre „von Gott anvertraute Herde" zu verlassen pflegen,
wenn ihnen anderswo eine „einträglichere Pfründe" winkt.
Zum Freunde macht dieses gleichwohl höflich gehaltene
Schreiben den Pastor nicht. Und die Feinde lauern.

In einer stürmischen Nacht klopft es an der Tür des
Wirtshauses zur „Wartburg". Deubler öffnet und läßt einen
wildfremden Menschen ein, der von Unwetter überrascht um
Nachtherberge bittet. Deubler nimmt ihn gastlich auf, es ist
der Wiener Humorist Saphir. Dem behagt es im freundlichen
Bauernhause, er unterhält sich mit dem munteren, intelligen-
ten und wohl auch grübelnden Konrad. Er bleibt mehrere
Tage und durchstöbert staunend die Bücherschätze seines Gast-
herrn. Nach Wien zurückgekehrt, veröffentlicht Saphir einen
Aufsatz über den merkwürdigen Bauer Konrad Deubler in
Goisern und seine Bücher.

Der Würfel ist gefallen. Nicht lange hernach sprechen fremde Herrschaften zu — hohe Herrschaften aus Ischl! Allerhöchste Herrschaften! Auch eine Erzherzogin ist dabei! — und verlangen Deubler's Bücher zu sehen. „Mein Mann ist nit daheim," sagt die Deublerin, „ihm möcht's nit recht sein, wenn ich den Kastenschlüssel hergeb'!" Das macht aber nichts, der Bücherkasten hat eine gläserne Tür und die Bücher zeigen ihre Rücken heraus mit den Titeln. Etliche der freiliegenden Bücher nehmen die Herrschaften mit sich. Als das Weib dem heimkehrenden Mann vom Besuch erzählt und was fortgetragen sei, sagt Deubler: „Diese Bücher können ihnen nicht schaden."

Ihnen nicht, mein lieber Wartburgwirt, aber dir! Bald sind die Gendarmen da und führen den Deubler mit elf anderen „politischen Verbrechern" die Salzstraße entlang drei Tagereisen weit, bis Graz. Der von der Ortsgeistlichkeit in Goisern ausgestellte Leumund lautet selbstverständlich schlimm, Konrad Deubler ist als Irrlehrer und Volksaufwiegler des Hochverrates angeklagt. Sie sollen ihn richten! Aber das Grazer Gericht tut wie Pontius Pilatus und sagt: Wir finden keine Schuld an ihm. Es sind zwar keine zweckmäßigen, aber es sind auch keine verbotenen Bücher, die er verbreitet hat. Mit solchem Bescheid schickt das Gericht unseren Angeklagten nebst einigen seiner Genossen — mehrere von diesen sind verurteilt worden, einer ist während der Untersuchungshaft an Heimweh gestorben — wieder nach Hause.

Höheren Orts aber ist man gegen die Freilassung. Zwischen dem Ankläger und dem Verteidiger entwickelt sich ein glühender Streit, den Deubler daheim ohne Bangen verfolgt. Und eines Tages — die Familie Deubler ist eben beim Abendessen — treten die Häscher ein, wünschten guten

Appetit und zeigen den Verhaftsbefehl vor. Das Weib hebt
an zu jammern. „Hilft alles nicht,“ sagt Deubler, „sie sind
die Stärkeren.“ Er macht den Abschied kurz, muß Mutter
und Weib zurücklassen in Kummer und Not.

Sie führen ihn in weite flache Gegenden hinaus und
über die Donau ins slawische Land hinein. Wie einen Mord-
brenner, auf einen Leiterkarren gefesselt, führen sie ihn auf
die Festung Iglau in Mähren. Von dort bringen sie ihn
nach einiger Zeit verurteilt auf die Festung Brünn. Warum?
Auf wie lange? Das weiß ihm keiner zu sagen. Sein Platz
ist bei den finstersten Verbrechern. Aber der Vorstand der
Strafanstalt hält mit ihm eine kleine Unterredung: „Deubler, ich weiß es so gut wie Ihr, Ihr seid so unschuldig wie
ich. Kann aber nichts für Euch tun. Hart ist’s, daß ich
Euch Sonntags gefesselt zur Kirche führen lassen muß; nur
die Katholiken gehen bei uns mit freien Armen. Deubler,
macht mit Eurem Gewissen, was Ihr wollt, aber tut mir
den Gefallen und gebt Euch für einen Katholiken aus.
Bis morgen bedenkt es.“

Worauf Deubler antwortet: „Schönen Dank, zu bedenken ist nichts. Lutherisch hin, katholisch her. Aber in
der Kirche irrt mich das Handschloß am allerwenigsten,
da hält man ohnehin die Hände zusammen.“

Er hat die Wahl, dem deutschen oder böhmischen Gottes-
dienste beizuwohnen, und entscheidet sich für letzteren, weil
er sich bei der böhmischen Predigt, die er nicht versteht,
einbilden kann, sie handle von der Liebe und Gerechtigkeit
der Menschen zueinander.

Deubler bleibt nun, weil er sich beikommen ließ, den geistigen Gütern der Menschheit nachzuhängen, eingekerkert bei
Räubern und Mördern. Von jedem läßt er sich erzählen,
auf welchem Wege selbiger hierhergekommen; dem seinen ist

keiner gleich. Fast jeder unselige Lebenslauf armer Leute
hebt damit an: Mir sind frühzeitig meine Eltern gestorben.
Unter fremden Leuten ohne Liebe bin ich verkümmert —
das ist die erste Stufe zum Galgen. Und dann die Reihen-
folge: Verirrung, Arrest: Elementarschule des Lasters; Verbrechen, Kriminal: Hochschule des Lasters, Untergang. Dieselben menschlichen Eigenschaften, die den weise Geleiteten
emporführten zu Tugend und Ehren, reißen den Haltlosen,
Irregeführten von Stufe zu Stufe in den Abgrund nieder.
In solcher Schule, in der nun Deubler saß, verlieren viele
die Achtung vor dem Echten, den Abscheu vor dem Schlechten. Unser Alpenbauer aber hütet sich, und daß seine Richter
einen Unschuldigen verurteilt haben sollen, das ist seine
süße Rache. Endlich öffnet sich das Gefängnistor zu Brünn,
Deublers Weib ist aus der fernen Heimat gekommen, um den
Freigelassenen nach Hause zu führen — da wird Deubler
nach Olmütz gebracht und dort interniert auf unbestimmte
Zeit. Nun will die Philosophie des Pilosophen schier zur
Rüste gehen und der Verzweiflung weichen; da kommt endlich, endlich nach vier Jahren, nach vier Ewigkeiten banger
Gefangenschaft die Begnadigung vom Kaiser. Er darf nach
Hause gehen, aber nur auf Probe! Strenge bewacht! Das
geringste Regen jener irreligiösen aufrührerischen Neigung
brächte ihm lebenslängliche Haft.

Auf dem Heimweg ins Salzkammergut wird sich Deubler
vielleicht bewußt, was er in der Gefangenschaft gelernt hat.
Er sucht das Unbegreifliche zu ergründen und sich in die
Lage anderer zu versetzen. Jeder tut, wie er muß. Nun be-
greift er die Lehre, den Feinden zu verzeihen. Jeder Gegner
handelt nach seinen Verhältnissen, nach der Pflicht seines
Amtes. Hätten sie ihn frei umhergehen lassen, den in ihren
Augen religions- und staatsgefährlichen Mann, sie wür-

ben vor ihrem Gewissen gefehlt haben. Zu hassen und zu verachten ist nur der, welcher gegen seine Überzeugung handelt — und wäre seine Tat auch zehnmal zum Guten.

Daheim findet er alles in bester Ordnung. Sein braver „Kamerad" hat gut gehaust, hat Schulden bezahlt und das Geschäft, das Wirtshaus gehoben. Die Nachbarn hatten sich zusammengetan: „Er leidet für uns. Wer heiratet und seine Hochzeit und seine Kindstaufe nicht bei der Deublerin hält, der ist ein Spitzbub!"

Mit Jubel empfangen sie den Heimkehrenden. Bald gelingt es ihm, die Abneigung einiger Widersacher „gegen den ausgelassenen Sträfling" zu zerstreuen. Einmal wenden sich die Goiserer und Hallstätter wegen einer Gefahr, die ihrem Salzwerke droht, an den Kaiser; zur Bittdeputation wird auch Deubler gewählt, und er macht in dem Augenblick, wo den anderen das Herz in die Hosen fällt, den Sprechwart. Die Angelegenheit wird zu ihren Gunsten erledigt. Später machen ihn die Goiserer zu ihrem Bürgermeister und Obmann des Ortsschulrates. Österreich hat mittlerweile eine freisinnige Verfassung bekommen. Jetzt führt Deubler ein Ideal seines Lebens aus und bringt es dahin, daß in Goisern die katholische und die protestantische Schule vereinigt wird zu einer konfessionslosen.

Die größte Genugtuung aber folgt erst. David Strauß hört von den Schicksalen des Salzburger Bauers, zu denen sein „Leben Jesu" der erste Anstoß war. Er macht schon früher briefliche Bekanntschaft mit Deubler, der sich gern finden läßt, führt ihn nun in Gelehrtenkreise ein, und bald regnet es für den Wartburgwirt zu Goisern die interessantesten Besucher und Freunde. Ein lebhafter Briefwechsel entwickelt sich zwischen Deubler und seinen Gesinnungsgenossen. Bezeichnend für Deubler ist, daß er manchen berühmten

Duzfreund auf offenen Postkarten mit „Sie" anspricht, weil er fürchtet, der Empfänger könne sich des bäuerlichen Bruders mit der ungelenken und unorthographischen Handschrift schämen. Ludwig Feuerbach wohnte einmal wochenlang bei Deubler und das Freundschaftsverhältnis zwischen dem berühmten Philosophen und dem Alpenbauer war in seiner Innigkeit und Treue ein rührendes. „Deubler ist Feuerbach's philosophisches Idyll", dieses treffliche Wort hat Karl Grün aufgebracht. Deubler hat aus den Naturwissenschaften modernen Geistes eine praktische Philosophie zu schöpfen gewußt, so weltfreudig und versöhnend, daß der Gelehrte seine Freude daran haben muß. — Die neue Verfassung in Österreich sichert Freiheit, aber Deubler ist vorsichtig in seinen Äußerungen und macht sein Herz nur unter Gleichgesinnten auf. Alljährlich am Karfreitag geht er „der Leute halber" zur Kommunion, weil er mit Feuerbach der Ansicht ist, die religiösen Gebräuche seien so sehr entmarkt und kreditlos geworden, daß es ganz gleichgültig wäre, ob man sie mitmache oder nicht. In seiner Bücherei hat Deubler einige verbotene und verdächtige Bücher, die er vor einer etwaigen polizeilichen Beschlagnahme dadurch sichert, daß er ihnen falsche Titelblätter beibinden läßt. So finden wir z: B. Balzer's „Vorträge, Lieder und Gesänge der freien Gemeinde zu Nordhausen" unter dem Titel: „Der Badeort Gastein und seine malerische Umgebung."

Nachdem viele Jahre in solchem nun ungestörten Glück dahingegangen sind, stirbt ihm sein Weib. Er ist fast vernichtet. Da kommt der Pastor: „Na, Deubler, du hast dich viel auf den Philosophen hinausgespielt, jetzt probier's, ob deine Philosophie was nutz ist. Jetzt zeige, Freigeist wie macht man's?" Worte vermag Deubler auf diese bittere Äußerung nicht zu sagen, er antwortet durch die Tat. Nahe auf dem Primesberge baut er ein Haus, ladet sich damit eine Last von Arbeit und Sorge auf, muß sich ein ganzes Jahr lang herumschlagen mit Plänen, ärgern mit den Arbeitern, hat am neuen Bau Verdruß und Vergnügen. Und als das Haus fertig ist, fühlt er sich gesund, heiratet seine Dienstmagd, geht zum Pastor und sagt: „Herr Pfarrer, so macht man's." —

Das ist's, was mir Konrad Deubler bei jenem Abendspaziergang erzählt hat. Gern und vielleicht nicht ganz ohne Selbstgefälligkeit erwähnte er in seinem Gespräch, wie auch in seinen Briefen, daß er ein ungebildeter Bauer, „ein einfaches Wirbeltier" sei. Mit seiner Unbildung kokettieren nimmt sich gerade so putzig aus, wie wenn's einer mit seiner Gelehrsamkeit tut. Daß Deubler sich seines „Bauernphilosophen" sehr bewußt war und damit gern ein wenig Staat machte, daß er bisweilen Männern gegenüber, deren Freundschaft ihm schmeichelte, ein bißchen wohlrednerisch wurde, daß er auch von Heuchelei nicht frei war, wo er sie zur Kriegslist gegen seine Feinde machen konnte, das soll der Wahrheit zuliebe gesagt werden. Im ganzen aber muß man Respekt haben vor einem Manne, der nach getanem Bauerntagwerk mit seinem Moleschott, Roßmäßler, Buckle in der Heuscheune gerade so gut oder besser fertig wird als andere am Studiertisch.

Nachdem Deubler, der kinderlos war, sein Wirtshaus zur „Wartburg" einer verheirateten Pflegetochter abgetreten hatte, zog er mit dem Weibel, der „dicken Nandl", wie er seinen neuen „Kameraden" auch nannte, in das Nest auf dem Primesberg, wo er, geehrt von nahen und fernen, von kleinen und großen Menschen, einen zufriedenen, stillheiteren Nachsommer verlebt hat. Deubler blieb gastfreundlich, heiter und rührend dankbar für die Freundschaft, welche

bedeutende Menschen ihm schenkten, und er blieb als wahrer
Philosoph innig zufrieden und glücklich, bis im März 1884
der Föhn seines siebzigsten Frühlings. dieses merkwürdige
Leben ausgeblasen hat.

Vor mir liegt die Photographie des Konrad Deubler
zu Goisern. Da sitzt er in seiner älplerischen Tracht, mit
Lodenjoppe, Knieleberhose und eisenbeschlagenen Bundschuhen.
In der einen Hand hat er die Tabakspfeife, in der anderen
ein offenes Buch, das auf dem Oberschenkel liegt. Ein stattlicher kerngesunder Mann mit kleinen schalkhaften Aug-
lein, kräftiger Nase und dem rechtschaffenen Schnurrbart
drunter. Wie ein Dorfrichter sieht er aus, der über einen
Paragraphen des bürgerlichen Gesetzbuches nachdenkt. Sein
Gesetzbuch ist die Naturgeschichte und die Menschengeschichte.
Sein Leben, Denken und Wirken ist danach ausgefallen
und wird von einigen modernen Philosophen genützt als
ein Beweis von der moralischen Kraft und Größe des
Materialismus.

Deubler führte ein sehr regel- und naturgemäßes Leben;
er hatte sich die Normalwollkleidung angeeignet, war ein
Feind des Trinkens und des Kartenspieles, welches er für
einen Beweis einer geistig bankerott gewordenen Gesellschaft erklärt. Er spricht von geistigen Epidemien und nennt
den Antisemitismus, den Anarchismus eine solche. Seine
Weltanschauung drückt sich weniger in Worten als in Taten
aus; was er geworden, das ward er trotz seines Standes
und der Zeit Ungunst aus sich selbst. In der Kunst glücklich
zu leben, war er Meister.

Deubler wurde ein „Materialist" genannt, und er selbst
hielt sich für einen solchen, obwohl ihm Karl Grün einmal
schrieb: „Hören Sie auf, sich Materialist zu nennen, Sie
sind es nicht." Der Weise von Goisern hat trotz des ma-

16*

teriellen Druckes seiner Zeit und seines Standes Idealem
zugestrebt. Und gerade diese Gläubigkeit an den Fortschritt der Menschheit, das unverbrüchliche Festhalten an
den Leuchten der Freiheit, des Rechtes, das begeisterte Zu-
streben den geistigen, nicht den materiellen Gütern — diese
Eigenschaften haben mir den Konrad Deubler so wert gemacht.

Gottfried von Leitner.

(1800—1890.)

Im Vergleiche zu anderer Dichter Erdenwallen war Gottfried Ritter von Leitner's Leben eine wahre Idylle.
Freilich, dornig war auch sein Pfad, wessen Pfad wäre
das nicht! Und besonders Dichter haben ein wehleidiges
Herz, und die Rosen, das Morgenrot, wovon sie singen,
malen sie gleichsam mit Blutstropfen, welche die Dornen
des Lebens an ihnen vergossen haben.

Leitners größtes Glück und tiefstes Leid fiel in seine
frühen Mannesjahre. Mit seiner jungen innigst geliebten
kranken Gattin Karoline reiste er nach Italien, doch anstatt
Gesundheit fand sie dort den Tod und der Dichter führte
die tote Geliebte auf weiten Wegen der Heimat zu, „wo
nordwärts am Strande der schönen Abria, am grünen
Rande der Alpen, ihr gelobtes Land gelegen. Dort deckt
im Frieden sie des deutschen Vaterlandes heilige Erde."

Seitdem lebte Leitner einsam in Graz. Zurückgezogen,
aber nicht weltscheu, kränklich, aber nicht klagend, so
lebte er still dahin. Sein erstes Buch, die „Gedichte," das
seinen Ruf begründete, erschien in frühen Jahren. Die
Zeit seiner amtlichen Arbeit, welche er als Kurator des
Joanneums unter Erzherzog Johann dem Wohle des Landes weihte, war nun vorüber, er war in den Ruhestand
getreten, um sich der Beschaulichkeit und der Literatur zu
widmen. Die Glut des lärmenden Ruhmes hat Leitner nie
erfahren, auch von literarischen Anfeindungen und Kämpfen war er stets verschont geblieben. Unangefochten und
unbeneidet hatte der steierische Uhland seinen ruhigen Platz

inne auf deutschem Parnaß; Leitner's Lorbeer brannte nicht
die Dichterstirn, er kühlte sie. Manches Jahr verging, daß
in allen Wipfeln Ruh war und Leitners Name nicht genannt ward in deutschen Landen. Vergessen werden ist
ein herbes Geschick für den Dichter, der seines Wertes sich
bewußt ist; es hatte manchmal den Anschein, als wäre
unserem Poeten, einem Meister deutscher Balladendichtung,
solches Los beschieden, aber er klagte nicht, immer bewahrte er seine freundliche, heitere Ruhe der Seele, von
Verbitterung gegen die undankbare Welt, oder gar von
Mißgunst gegen jüngere Sangesgenossen war bei ihm nichts
zu spüren.

In meinen ersten Grazer Jahren habe ich Leitner
kennen gelernt. Schon zu jener Zeit war sein schlichtes
Haar und sein buschiger Schnurrbart ein wenig grau. „Es
freut mich," sagte er damals, „daß ich, der sangesmüde
Greis, dem sangesfrohen Jüngling die Hand drücken darf,
daß die vaterländische Poesie frischen Nachwuchs hat." Ich
dankte ihm manches. Als Vorstand der Zweig-Schillerstiftung in Graz erwirkte er mir in kritischer Zeit ganz aus
eigenem Antriebe ein Stipendium, das im richtigen Augenblicke mir sehr gute Dienste geleistet hat.

Leitner wohnte damals in einem alten Hause der
Schmiedgasse in Graz, später hat er die düstere Wohnung
verwechselt für eine sehr freundliche am Karl Ludwigs-
ring, deren Fenster ins Grüne gingen und viel Sonne
hereinließen. Die drei Stock, welche der siebzig-, achtzig-
und endlich fast neunzigjährige Greis hinaufsteigen mußte,
taten ihm nicht viel, und daß seine Freunde diesen steilen
Weg nicht etwa manchmal umsonst machen mußten, dafür
hatte er ein Mittel erfunden. Wenn an seinem Fenster das
weiße Tüchlein flatterte, so stieg man nicht hinauf, dann

war er nicht zu Hause. Viele Sommer hindurch verbrachte er in Römerbad, wo er sich stets erholte. In den letzten Jahren aber ward ihm das Reisen mühesam und da meinte er, es wäre auch in Graz schön und gesund, und er blieb, von der fürsorglichen Haushälterin treu gewartet, in seinem freundlichen und ruhigen Heim. Der Hauptzug seines Wesens in den letzten Jahrzehnten war Resignation. Wohl freute er sich noch des Lebens, sein Geist war wunderbar frisch, sein Gedächtniß gut, sein Herz dichterisch schaffend geblieben, aber — „ich bin zu jeder Stunde bereit," sagte er, „es sind sehr viele Anzeichen und sie mehren sich von Tag zu Tag, daß meines Bleibens nicht mehr lange ist."

Etliche Male im Jahre war für mich besondere Gelegenheit, den alten Herrn zu sehen. Als Obmann der Zweig-Schillerstiftung pflegte er die Vorstandssitzungen in seiner Wohnung zu veranstalten und die Mitglieder des Vorstandes dahin einzuladen. Da waren seinerzeit Moriz Ritter von Kaiserfeld, Doktor Rechbauer, Graf Gleispach, Professor Karajan, Professor Fritz Pichler, Bureaudirektor Dr. Feill, Peter von Reininghaus, Universitäts-Buchhändler Lubensky und meine Wenigkeit. Es ging an dem mit vielen Lichtern feierlich beleuchteten Tische allemal recht ernst und würdig her und Leitner betrieb die Sache mit Eifer und der strengsten Genauigkeit; ihm vor allem war es zu verdanken, daß die in Graz einst von Karl von Holtei gegründete Zweig-Schillerstiftung zu einer schönen Blüte gelangte, und bei dem in ganz Deutschland verbreiteten Verein eine gewichtige Stimme hatte.

Bei der Gründung des Anastasius Grün-Denkmales in Graz beteiligte Leitner sich lebhaft und sprach manches scharfe Wort. Es wollte ihm nicht recht gefallen, als für das Denkmal eine Inschrift vorgeschlagen ward, die in erster

Linie den Grafen, in zweiter den Politiker und in dritter
Linie erst den Dichter betonte. Ich habe auch guten Grund
zu bezweifeln, daß er Beifall zollte, als in späterer Zeit bei
der Geldsammlung für das Denkmal Hamerlings der Aufruf
fast nur den nationalpolitischen Gelegenheitsdichter betonte,
wodurch die größten Werke Hamerlings in den Hintergrund
geschoben wurden. Damit soll gewiß nicht gesagt sein, als
ob Leitner dem nationalen Gedanken ferne stand, im Gegenteil, herrliche Gedichte hat er geschrieben zu nationalem
Trutz und Ruhm, und oft brachte er in Gesprächen seine
bange Sorge für die Deutschen in Österreich zum Ausdruck.

Ich besuchte den Dichtergreis in den letzten Jahren nur
selten, und zwar aus Besorgnis, daß in seinem hohen Alter
Besuche ihn ermüden könnten. War man aber einmal bei
ihm, so kam man sobald nicht wieder fort. Er sprach, einmal
angeregt, sehr gerne und sein Gespräch ging gleichmäßig wie
ein geruhigter Fluß. Gottfried Ritter von Leitner, der fast
ein Menschenleben lang der Zeitgenosse Goethes gewesen
und seither eine gewaltige Epoche der Entwickelung durchge-
lebt, hatte für die öffentlichen Vorgänge der Zeit, die er
mit klarem Auge verfolgte, seine sichere Meinung, und wo
er eine solche sich nicht gebildet, da ließ er sich gerne
unterrichten. Der Grundzug seiner Weltanschauung war
etwa das, was man den josefinischen Geist nennt. Freiheit, Toleranz, Wohlwollen, Gewissenhaftigkeit waren die
Hauptleiter seines Lebens. Gerne erging der alte Grazer
sich in Erinnerungen an seine Jugendzeiten. Er pflegte
zu erzählen von dem Einbruche der Franzosen in Steiermark, wie er als neunjähriger Knabe vom Grazer Rat-
hausbalkon aus den einziehenden Welschen die Faust wies;
er wußte zu sagen von der geistestoten Epoche Metternichs,
von der Zensur, die jeden Dichter lähmte, von den Kämpfen

der Revolution, von den patriotischen Bestrebungen Erzherzog Johanns. Bei solchen Erinnerungen waren seine Züge bewegt und verklärt.

Sein Kopf mit der ziemlich starken Nase und dem buschigen Schnurrbart konnte zwar nicht als schön gelten, aber in seinem Antlitze lag die Schönheit der Seele, das Vergeistigte und Liebreiche. Man mußte Zutrauen zu ihm haben. Seine Augen, von denen er in später Zeit oft behauptete, daß sie ihn verlassen wollten, blickten freundlich und energisch zugleich, seine Ausdrucksweise war stets mild und bedachtsam, sein ganzes Wesen schlicht und bescheiden. Seine Wohnung, aus ein paar Zimmern bestehend, wies keinen Luxus auf, hatte nur Einrichtungsstücke und Gegenstände, die zu seiner Vergangenheit in Beziehung standen. An der Wand hingen die Bilder seiner Eltern, seiner Frau und auch sein eigenes aus jungen Jahren.

Einmal teilte Leitner mir mit, daß er durchaus nicht so einsam sei, als man etwa glaube. Er verkehre sooft er wollte mit seiner Frau Karoline, die er rufe, die ihm erscheine und die ihn weise, wenn er unsicher sei und sich keinen Rat wisse. — Das war nun wohl nicht der gewöhnliche abergläubische Spiritismus, der mit Kleinem, Sinnfälligem zu spielen pflegt, sondern die innige Gläubigkeit und Sehergabe, die jedem echten Dichter gegeben ist.

So selten Leitner seit vielen Jahren in die Öffentlichkeit trat, die Steiermark vergaß seiner nicht. Nur drei Bücher hatte er geschrieben, aber das waren vollwichtige, einen Dichter offenbarende.

Im Spätherbste 1870 mußte der Dichter ein Fest über sich ergehen lassen. Er war siebzig Jahre alt geworden und noch jugendlich frisch und munter; zu gleicher Zeit waren seine „Herbstblumen" erschienen, das gab Anlaß genug zu einer frohen und erhebenden Feier, die mit einem Festessen endigte, an welchem der schlichte Jubilar froh erregt teilnahm.

Und als das Jahr 1880 war, lebte der Dichter immer noch unter uns. Der Achtzigjährige brachte uns die „Novellen" und manch andres mit, wovon er aber in seiner Bescheidenheit sagte, daß es keinen anderen Wert habe als den des Andenkens. Wir begingen ein Gedenkfest, welches ernst und weihevoll war, der Gefeierte konnte „der vorgerückten Jahre wegen" persönlich nicht mehr daran teilnehmen. Jene aber, die zu ihm gingen, um den Ausdruck der Verehrung ihm zu bringen, erzählten von der Rüstigkeit und Frische, welcher der Jubilar sich noch erfreute. Doch wunderte er sich fast ob der Feier. „Es ist doch die lange Zeit her gar so still um mich gewesen," sagte er, „und nun mit einemmal bricht's los — wie soll ich das verstehen?"

Darauf verfloß wieder ein Dezennium. Und als Gottfried von Leitner in sein 90. Lebensjahr trat, fanden unter Bildhauer Brandstetters Anregung die Künstler, Schriftsteller und Dichter der Steiermark sich zusammen, um dem Greise ein Zeichen ihrer Liebe zu geben. Der Nestor war immer noch soweit aufrecht, aber uns schwante, als dürfte die Vollendung der neunzig Jahre mit unserer Kundgebung nicht mehr abgewartet werden. Als ihm die Adresse am 18. November 1889 übergeben wurde, sagte er: „Ich danke Ihnen, meine Herren, daß sie des alten Einsiedlers nicht vergessen. Ein wenig zu früh gratulieren Sie mir zu meinen neunzig Jahren. Nun, es ist schon recht so."

Ach freilich war es recht so. Sieben Monate später und fünf Monate, bevor die neunzig Jahre voll geworden, standen wir an seiner Bahre.

Am längsten Tage des Jahres, da das Licht nicht auslöschen will auf der blühenden Erde, haben wir ihn hinabgesenkt in die Nacht des Grabes. Es geschah unter Sturm, Blitz und Donner, als wollte die Natur dem Sänger ihren Trauerchoral weihen.

Und also waren es damals innerhalb Jahresfrist drei Lieblinge, die von uns gingen: Robert Hamerling, Ludwig Anzengruber, Gottfried Ritter von Leitner. Wenn wir bei dem Tode des ersten erfüllt waren von Trauer, wenn bei dem jähen Sterben des zweiten ein Schrei des Schreckens über unsere Lippen sprang: an der Ruhestätte Gottfried Leitners war es ein Gefühl sanfter Wehmut, das uns bewegte. Er hat als Dichter und Mensch sein Leben erfüllt, keine Anklage und keine Bitterkeit entweiht sein Andenken.

Franz Stelzhamer.

(1802—1874.)

Ich erzähle von jenem Tage, da ich Kindsmädchen war. Die junge Mutter hatte einen Ausgang, ich weiß nicht mehr, wohin und weswegen, aber es muß was Wichtiges gewesen sein, denn es war das einzige Mal, daß sie das Kind mir in Obhut gab. Ich hatte strenge Weisungen, hatte Unterricht für alle Fälle. Aber ich nahm ein Buch und sagte zum kaum einjährigen Knäblein: „Das brauchen wir alles nicht, wir sind ein junger Mann, ein noch recht junger, aber immerhin einer, der's mit dem Vater hält und nicht kindisch ist. Was meinst du zur französischen Revolution? Siehst du, das ist er, dieser wilde Robespierre."

Abgelehnt. Mit einem flinken Hiebe seines Ärmchens schlug mir der Kleine die ganze französische Revolution aus der Hand. Nach dieser Tat verlangte er Milch.

„Ich wollte dir doch raten, mein Sohn, dich einstweilen mit diesen Bilderbüchern zu ergötzen, bis die Magd kommt."

Ist angenommen. Das rauscht so prächtig, wenn man die Blätter entzweireißt. Dann will er aber die Milch.

„Sieh' einmal diese Farben, mein Junge! Nicht wahr, das ist sehr merkwürdig mit der Spektralanalyse. Ich bestimme dir damit die Materie der Himmelskörper, auch ist es unterhaltsam durch dieses Prisma die Brechung der Lichtstrahlen zu beobachten. Alles, alles, nur verlange nicht, daß ich dir die Milch abkoche — denn, offen gesagt —"

Vergebens, er blieb bei seinem Entschlusse — er wolle die Milch.

„Wohlan, du sollst sie haben. Ich sage dir nur: gut stehe ich für nichts."

So setzte ich das Kind auf den Teppich des Fußbodens, begab mich in die Küche und hier begannen die Konflikte. In welchem Topfe ist die Kaffeemilch? In welchem die Kindermilch? Ob sie in der Pfanne gekocht wird, oder in einem Schälchen? Salz? Ich glaube, das kommt nicht dazu. — Ich erinnerte mich zwar dunkel, daß ich darüber Instruktionen erhalten hatte, aber das war zur Zeit Karls des Großen, das heißt, ich war zur Stunde vertieft gewesen in die Geschichte der Karolinger und hatte dem Vortrage des Weibchens nicht die genügende Aufmerksamkeit geschenkt. Trotzdem kam ich nun mit meiner Aufgabe fast zur Rüste, und es war auch die höchste Zeit, denn ich hörte es durch zwei Türen, wie der Kleine im Zimmer seiner Ungeduld Ausdruck verlieh. Plötzlich aber wurde er still, so daß ich mein Werk mit Muße vollenden konnte. Als ich dann aber ins Zimmer trat, sah ich etwas, worüber ich sehr erstaunte.

Will der Herr Erzähler hier vielleicht abzwicken? „Fortsetzung folgt." — Denn die Geschichte beginnt interessant zu werden. — Nicht? Wohlan.

Der Knabe saß, als ich ins Zimmer trat, nicht mehr auf dem Fußboden, er war in der Hand eines weltfremden Menschen. Ein Mann in grauen Kleidern, mit blonden, nach rückwärts wallenden Locken und langem lichtfalben Barte, der sehr ungeordnet war, stand mitten im Zimmer. Aus dem geröteten Gesichte ragte eine ganz gewaltige Nase und über den grauen, sehr buschigen Augenbrauen türmte sich eine schmale, sehr hohe Stirn. Wenn man das Gesicht suchte, so sah man vor allem diese Nase und diese Stirne, alles andere stak mehr oder weniger in der grauen Wildnis von Haar und Bart.

Dieser Mensch hielt mein Knäblein in den Armen und
wiegte es und trillerte dabei mit einer fürchterlich rauhen
Stimme — und der Kleine lachte.

Als mich der Fremde durch die Nebentür kommen sah,
rief er: „Ah, da ist er schon. Ich ergötze mich just an
deinem neuen Werke.“

„Schön,“ murmelte ich, „aber —“

„Du bist doch der Zither- und Hackbrettmann und das
ist dein Bub'?“

„Allerdings —“

„So grüß' Gott, grüß' Gott allzween. — Hopp, hopp,
Kindel, hopp! — Ja, Bursch, spiel' nur zu mit meinem
grauen Schopf; wenn dein Vater einmal einen solchen Bart
hat, schlagst du dich zu Leuten, die keinen haben. Hopp,
hopp!“

Ich muß mit dem Milchtöpfchen ungeschickt dagestan-
den sein, denn der Fremde lachte, und sein Lachen war
wie das Niedergehen einer Berglawine. Der Mann sah überhaupt fast so aus, wie man den Kindern die Berggeister
beschreibt.

„Der Große fürchtet sich vor mir, der Kleine nicht,“
sagte er nun und wollte den Knaben wieder auf seinen Platz
stellen. Dieser hielt sich aber mit beiden Händchen an seinem
falben Bartsträhn fest, was mich höchlich wunderte, denn
Fremden war er sonst nicht zugetan.

„Er kennt mich,“ schmunzelte der Alte, in dem eine
seltsame Lustigkeit war, mir zu, „du kennst mich nicht und
ich bin doch einer von deinem Handwerk. Schau mich an,
Steirer, wie ich dastehe. Nun? — Der Franzel! — Der
Piesenhamer Franzel!“

„Stelzhamer?“ rief ich aus.

„Siehst du, daß du mich kennst!“

„Ich habe ja erst gestern Ihre Königin Not gelesen!"

„Königin Nout," sagte er, „sie ist lange Zeit meine
Frau gewesen. Ich hätte mit ihr schon bald die goldene
Hochzeit halten können, aber der Franzel hat sie umgebracht
— — ertränkt im Wein. Nachher hab' ich mir eine andere
genommen — ein ganz wahrhaftiges Mädel — als Bursch
von dreiundsechzig Jahren. Zu spat, meinst? Ich sag' dir
aber, daß ich heute daheim einen Buben hab', wie du da,
und ein Dirndl dazu! Freilich, mein Freund, hätt' ich die
gut' Sach früher haben können und du bist gescheiter, du
hast dir jungheit ein warmes Nest gebaut. Ich wünsch'
dir's."

Jetzt erst hatte er den Kleinen von sich gebracht und
mir seine beiden, knochigen Hände hergehalten. Und so habe
ich Franz Stelzhamer das erstemal gesehen. Es war zu Graz
im Jahre 1874.

Daß er — wie es schon so oft seine Art war — gleich
mit dem „Du" angefangen, hat uns viel Zeit erspart. Er
mußte geahnt haben, daß die seine nur mehr kurz gemessen
war. —

„Hast nichts dagegen, junger Kamerad, so bleibe ich
heute bei dir," sagte er.

Ich bedauerte, daß meine Frau nicht zu Hause wäre,
da fuhr er mich an, er wäre nicht zu meiner Frau, er wäre
zu mir gekommen, und nun möge ich trachten, daß der Kleine
endlich zu seiner Milch käme. Jetzt stellte es sich bald heraus,
daß die Milch einen bösen Beigeschmack hatte; es war leider
die Speckpfanne gewesen, in der ich sie aufgekocht. Und war
es Tatsache, daß wir beiden Dichter, der alte wie der
jüngere, jetzt in die Küche gingen und dem Geheimnisse nach-
forschten, wie man Kindermilch aufkocht.

Glücklicherweise wurden wir durch das heimkehrende

Fräuchen abgelöst und wir zogen uns in die Stube zurück,
wo er mir von seiner in Henndorf lebenden Familie erzählte,
und zwar mit einer Wärme für Weib und Kind und für das
kleine Heim, die ich dem alten Vagabunden nicht zugetraut
hätte.

Er erzählte von seinem so späten Freien: „Packt mich
jäh was Menschliches, lauf' ich schnurgerade hin zu ihr —
gekannt habe ich sie schon lange: Dirndl, ich möchte dich
heiraten. Willst mich? Acht Täg Bedenkzeit. — Sie braucht
keine Bedenkzeit, sie fällt mir um den Hals. Brav, sage ich,
sollst sehen, was der Franzel noch wert ist. — Bei der
Trauung nur kurz machen, habe ich zum Pfarrer gesagt, der
Piesenhamer steht nicht mehr auf seinen ersten Füßen. Hat
aber doch seine Bandelei gehabt, so daß ich dem Küster wink',
er sollt' mir einen Sessel rücken. Gut bin ich gesessen, und
jetzt, Pfarrer, hab' ich mir gedacht, kann's bauern, so lang's
will. Und hernach daheim beim Weibel' — aber du, ich
muß aufhören, sonst luig ich dich an! Bin der Fabelhans.
Wenn ich für den Augenblick Rede stehen muß, sage ich die
Wahrheit; wer mir fünf Minuten Zeit läßt, den luig ich
an. — Was hat mein Vater vor fünfzig Jahren gesagt?
Alle Untugenden hat er — sagt mein Vater über mich —
rauchen, trinken, umflankieren tut er, aber luigen tut er
nit. — Jetzt, jetzt luigt er auch," setzte der alte Volksdichter leise hinzu. „Und weißt du, wo ich das Ding gelernt
hab'? Bei der heiligen Beicht. Als Student dahier zu Graz,
woher mich mein Vater gegeben, daß sie aus dem mißratenen
Franzel einen geistlichen Herrn machen sollten. Wenn ich bei
meinem Beichten allemal die Wahrheit hätte sagen wollen —
Herr Jesseles! nicht einmal wäre ich losgesprochen worden.
Nachher bin ich Dichter worden, und ein Dichter, der nit luigt,
verdient das Salz in der Suppe nit."

Man hätte den Alten hören müssen, wie ausdrucksvoll, leidenschaftlich er alles sagte. Weil er sah, daß ich ihm fröhlich zuhörte, so fuhr er fort.

„Unser sind Zwei!" rief er und klopfte mit dem Zeigefinger auf seine breite Brust. „Da ist fürs erste der studierte Stelzhamer, der alte Grübler und Spintisierer, der dem Herrgott das Material für die Weltschöpfung klafterweise verrechnet; und da ist fürs zweite der Franzel, der kecklustige Piesenhamer Franzel, dem die Ob-der-Ennser das Mosthäfen schon von weitem entgegenrecken: Komm', Franzel, setz' dich zu uns, luig uns was vor! — Den studierten Stelzhamer haben sie im vorigen Jahr brav jubeliert zu Linz und Wien, aber der Franzel ist am liebsten im Innviertel verblieben oder bei den Hausruckviertler Bauern im Wirtshaus gesessen, wo ich ihnen erst letzlich vom Talhamer Toni (ich glaube, so hieß Stelzhamer den Mann) erzählt hab'. — Ja wohl, Kamerad, der Talhamer Toni ist einmal auf der Straßen seiner Herzliebsten begegnet, die mit einem andern geht, mit ihrem Bräutigam, der auswendig weit schöner und reicher ist, als der arme Talhamer Bursch! Da ist dem Toni bang worden bis zum Versterben; ein Bauer fährt mit ein Paar Ochsen daher, den bittet der Toni, er möchte ihn auf den Wagen sitzen lassen, er wäre marterkrank. Gern, Toni, sagt der Bauer, setz' dich auf, wie du willst. Aber wie der Toni auf dem Wagen ist gesessen, da haben die Ochsen nicht mehr weiter können und die Räder haben geächzt. Was ist denn das? sagt der Bauer, bist denn so schwar? — Ich nicht, sagt der Toni, aber mein Herz."

Als Stelzhamer so sprach, da trat die Kraft der Poesie aus ihm hervor, er sprach's in der Innviertler Mundart, sprach's mit Leidenschaft. — Erdichtet war's, was ich da zu hören bekam, und doch mußte ich, wie einst sein Vater sagen: luigen tut er nicht. — Es war eigen, den Alten mit dem ausdrucksvollen Greisenhaupte in der Begeisterung zu sehen. Ein Kernmensch.

Er blieb bei mir bis in den Abend hinein, ich habe ihn lieb gewonnen und bin nachher mit ihm in schriftlichem Verkehr geblieben. Es war einer der seltsamsten Menschen, denen ich begegnet bin. Sein armes, tolles, heimatloses Leben war tief und reich, und er ist immer ein altes Kind gewesen. Sein Leben lang hat er die Bauernjoppe getragen, selbst, als sie schon zerrissen war. Er hätte können den feineren Stadtrock haben, er hat vor Fürsten seine Lieder gesungen; er, ein Stelzhamer, allein konnte sich in der Bauernschänke verweilen und darüber der gnädigen Einladung des Königs von Bayern vergessen. Von den Heutigen kann das keiner. — Und seine Lieder sind, wie ihr Sänger war. Wer wird denn diesen wunderlichen Mann beschreiben?

Ich habe Stelzhamer an jenem Tage, da er ins Zimmer tretend, meinen schreienden Knaben aufnahm und wiegte, das erste- und tags darauf das letztemal gesehen. Der Hochzeitsbitter und der Totengräber sind zwei Brüder. Den Mann, der damals als junger Gatte und Vater bei mir war — ihn haben sie etliche Monate später auf dem Kirchhof zu Henndorf bei Salzburg zur Ruh' gelegt — als zweiundsiebzigjährigen Greis.

Berthold Auerbach.

(1812—1882.)

I.

Es gibt Menschen, die jedem, dem sie auf der Welt und wenn auch nur flüchtig begegnen, etwas Gutes erweisen, sei es durch eine freundliche Tat, sei es auch nur durch ein schönes Wort, das fruchtend nachwirkt.

Ein solcher Mensch war Berthold Auerbach. Ich rede nicht von den Lesern. Ich denke an solche, die den Dichter persönlich kannten und mit denen er verkehrte. — Zu diesen gehöre auch ich. Und so bin ich vielleicht in der Lage, eine wenn auch noch so flüchtige Skizze von seiner Persönlichkeit zu bieten.

Einmal — da war ich noch kindisch — tat ich, was manche tun, die sich neben einen bedeutenden Geist nicht stellen können — sie stellen sich über ihn. Auerbach schuf und ich war sein Rezensent. Das war damals, als er die Fortsetzung einiger seiner Dorfgeschichten unter dem Titel: „Nach dreißig Jahren" herausgab. Nahm ich denn auch meine bedauernde und mitleidige Miene an darüber, daß die neuen Geschichten lange nicht an die alten reichten, daß die Gestaltungskraft von den Reflexionen viel zu sehr überwogen werde, daß die Auerbachschen Bauern verkleidete Spinozisten seien, und daß der Dichter seit dreißig Jahren eben alt geworden wäre; nichtsdestoweniger war, als ich diese großen Aussprüche hingeschrieben und drucken lassen hatte, meine Verehrung die alte und ehrliche. Aber so ist es ja, wenn man sich in den Strom der Tagesmeinung hineinwagt, wie das der Herausgeber einer Zeitschrift („Heimgarten") tun muß, so kann man nicht gewichtig oder behenbig genug

17*

sein, um nicht dann und wann wenigstens auf kleine Strecken mitgerissen zu werden. Auf jeden Fall habe ich die Genugtuung, einmal über Berthold Auerbach gestanden zu sein.

Ein paar Jahre später machte ich eine Reise nach Deutschland, um den Leuten, die es hören wollten, allerlei Geschichten in steierischer Mundart vorzulesen. Ich hatte nicht die Absicht, dort die hohen Herren des Schrifttums zu besuchen, denn ich fürchtete mich vor ihrer Weisheit; ich hatte gehört, daß die Berliner Herren so unmenschlich gelehrt und gescheit und vornehm wären. Man sagte mir zwar in Berlin, Karl Frenzel, Paul Lindau, Berthold Auerbach, Robert Schweichel, Friedrich Spielhagen, Julius Rodenberg, Fritz Mauthner und Oskar Blumenthal würden dem steierischen Poeten nicht die Tür weisen. Ich besuchte ein paar: Am ersten Tage Bekannte, am zweiten Freunde.

Berthold Auerbach wohnte in der Hohenzollernstraße. Ich gab in seiner Wohnung meine Karte ab und wartete auf den Bescheid. Bald hörte ich von innen durch die halboffene Tür laut sagen: „Wir kennen uns schon, wir kennen uns schon! Aber begierig bin ich doch, wie er aussieht."

Als ich eintrat, stand er schon an der Tür, der untersetzte, breitschulterige Mann mit dem großen Haupte, dem halbkurzgeschnittenen, grauenden, welligen Haar und Vollbart, und mit den runden, muntern Augen. In schlichtem Hauskleide — ich erinnere mich noch an die graue Bluse mit, ich glaube steirisch-grünen Aufschlägen — stand er da und breitete die Arme aus. Er verbarg seine Überraschung nicht, als er mich sah. „Sie schauen ja aus wie ein Dorfkaplan!" rief er, „ich habe mir Sie als einen starken, derben, großbärtigen Älpler gedacht. Sie sind noch jung, Gott zum Gruß!"

Mit beiden Händen schüttelte er die meinen. Nun stand

ich vor dem Manne, den ich sooft im Geiste gegrüßt hatte, gegrüßt im steierischen Walde, wenn ich seinen „Ivo den Hajrle" las, oder das „Barfüßele", oder das „Edelweiß", oder den großen Roman „Auf der Höhe", und wenn ich meiner Bewunderung für den Dichter kein Ende wußte.

„Und was sagen Sie zu mir?" rief er nun und stellte sich wieder in seiner ganzen Behäbigkeit vor mich hin, „bin ich so, wie Sie mich gedacht haben?"

„Fast", sagte ich, „nur nicht wie einer, der — der in der Stadt Berlin lebt, sondern —"

„Nun?"

„— im Bergwald oben, bei den Bauern und Jägern."

„Etwa so wie ein Förster, nicht wahr? Sehen Sie, lieber R., ich meine, Förster sind wir Dichter alle, Förster und Heger im großen Menschenwalde."

„Nur kann es einem so ergehen, wie dem Erbförster von Otto Ludwig," entgegnete ich, „der wollte den Wald schützen, aber der Waldherr sagte, es wird gerodet!"

„Ich verstehe," sagte Auerbach, „und ich glaube, bei euch in Österreich wird jetzt auch gerodet!"

Es war im Jahre der bosnischen Okkupation, bei der viele Menschen zugrunde gingen.

„Ja, lieber R.!" sagte Auerbach und faßte wieder meine Hand, „nun sind wir zwei zusammengekommen. Ich bin schon seit Jahren mit Ihnen gewesen, Sie haben einen guten Lebenslauf. Der Weg, der vom Wald in die Stadt führt, ist für den Dichter der beste Weg, weil an demselben die größten Freuden und Schmerzen der Menschheit stehen."

„Wunderlich ist's mir aber," so meine Antwort, „daß ich von der Stadt nichts gelernt und vom Walde nichts vergessen habe."

„Nichts gelernt!" sagte er, „lieber Freund, daß

Sie schreiben gelernt haben, das weiß ich, ob Sie auch lesen gelernt haben, davon werde ich mich heute abends überzeugen."

Also er wollte zu meiner Vorlesung kommen.

„Ich habe mir einen guten Platz besorgt und werde Sie verstehen," sagte er, „ich bin auch in Steiermark gewesen und habe das Land durchwandert. Ich kann Ihnen Stellen in meinen Büchern zeigen, die sich darauf beziehen. Es ist ein schönes Land und ein deutsches Land! Mir hat einmal ein alter Pfarrer im Schwarzwald gesagt: Deutschland ist wie eine Pyramide, der oberste Teil, die Spitze, das ist Berlin; der breite Grund, den man nicht weithin sieht, aber auf dem alles ruht, das ist das Volk von Alemannien bis Steiermark. Auch die deutsche Kunst und Poesie und Weltanschauung, habe ich darauf dem Pfarrer geantwortet, fußt in ihrer Ursprünglichkeit und Unmittelbarkeit in unserem Süden; gegen Norden hin spitzt sich das alles zu, wird feiner und schärfer, klüger und kälter. Ich gehe noch weiter und sage: Süddeutschland ist unsere Kindheit und Jugend, Norddeutschland unsere Männlichkeit und unser Alter. Ist es nicht so? Ich muß häufig nach Süden ziehen, um mir Jugend zu holen, ich brauche sie gerade jetzt für meinen „Forstmeister", an dem ich eben arbeite."

So plauderte er, sein Wesen hatte starke Anziehung auf mich, seine Worte schienen so schlicht und absichtslos gesprochen und waren voll Seele.

Als ich seine Wohnung hinter mir hatte, konnte ich mir sagen: Seine Werke lügen nicht, sie harmonieren mit seiner Person.

Wenn ich am Vorlesetisch sitze, so sehe ich das Publikum, aber sonst nichts. Den einzelnen sehe ich nicht, und das ist gut, denn jeder einzelne kann störend auf den der Ganzheit gewidmeten Vortrag wirken. Diesmal war's anders, in der ersten Reihe saß Berthold Auerbach, ich sah ihn augenblicklich, er nickte mir freundlich zu wie einem alten Bekannten.

Ich las mit Lust, und die Wärme des Publikums wirkte auf mich zurück. Nach dem Schlusse meines Programmes, während im Saale der Beifall andauerte, kam Auerbach in mein Kabinet, verlangte, daß ich was dazugebe und führte mich nochmals vor die Menge.

Ich war erfreut, dem berühmten Volksdichter mit meinen steierischen Geschichten, Schwänken und Liedern Aufmerksamkeit eingeflößt zu haben. Zum Abschied sagte er: „Ja, wir gehören zusammen und werden uns nicht mehr fremd."

Am nächsten Morgen kam eine Karte, durch die mich Auerbach einlud, den Abend mit ihm in seiner Familie zuzubringen. „Ist's recht so?" war der Schluß seiner Einladung.

Es war mir recht so, ich habe in seinem Hause einen guten, langen Abend zugebracht. Er, der gemütliche Hausherr, der durch seine Natürlichkeit und heitere Schlichtheit den Platz neben ihm so behaglich machte, die regsame Hausfrau, die erwachsene Tochter und ich — so saßen wir bei Tisch und bei Humor. Wir sprachen über seine Werke, und er, den die deutsche Nation verehrt, er war dankbar für jedes Lob des einzelnen und nahm es mit freudestrahlendem Gesichte hin. So wie seine Werke voll Zuversicht und idealer Gläubigkeit sind, in denen sich die ganze Hochherzigkeit eines ganzen Menschen offenbart, so beherrschte auch das warme Dichterherz sein Leben, seine Persönlichkeit, und es war, wie einer seiner Biographen sagte: er liebte es so sehr, geliebt zu sein.

Nach dem Nachtmahl brachte er ein Manuskript und las mir die ersten Kapitel des „Forstmeisters" vor, soweit dieses Werk zur Zeit fertig war. Er las nicht schlecht. Begeisterung war in seinem Wesen und ich mußte mir gestehen, daß sich jener Rezensent geirrt hatte. Mein böses Gewissen ließ mir keine Ruhe, und als die Handschrift erschöpft war und ich um mein Urteil befragt wurde, kam mein Geständnis, daß ich ihn einmal in einer meiner schwachen Stunden des geistigen Alterns geziehen hätte.

„Ich weiß es, lieber R.," sagte Auerbach und klopfte mir auf die Achsel, „ich weiß es. Sie haben es den Rezensenten nachgesprochen, und die Herren haben es mir nachgesprochen. Daß ich alt werde, muß ich wohl gestehen, aber ich sage, daß auch die Leserwelt nicht mehr so jung ist, als zur Zeit, da ich meine ersten Dorfgeschichten veröffentlicht habe. Damals war ich neu, heute bin ich ein Nachahmer von — Auerbach. Das geht jedem eigenartigen Talente so — es wird sein eigener Widersacher. Ja, wenn jedes neue Werk auch seine neuen oder wenigstens jungen Leser hätte!"

Auerbach war keine moderne Natur, er war kein Anhänger der atheistischen Sekte, die ihren Kultus mit dem Unglauben treibt, kein Anhänger des Skeptizismus und der Pessimisten, die sich nur in den Gedanken, unglücklich zu sein, wohlfühlen können. Er durchgeistigte seine Gestalten mit einer schicksalumfassenden, versöhnenden Philosophie, und seines Philosophen welterlösenden Ideen gab er durch poëtische Gestalten die Wesenheit.

Ich konnte ihm solches Lob allerdings nicht ins Gesicht sagen, weil ich an seinem Tische soupiert hatte, im Gegenteile fand ich Gelegenheit zu bemerken, daß die späteren Kapitel des „Forstmeisters" gewiß noch besser sein würden, als die gelesenen, die ihren Zweck, auf das Weitere gespannt zu machen, auch erreichten.

Erst gegen Mitternacht verabschiedete ich mich — wie ich damals glaubte, für einige Jahre, wie ich nun weiß — für immer.

„Jetzt segne ich Sie," sagte er und küßte mich auf die
Stirne, „und jetzt, lieber R., gebe ich Ihnen noch ein gutes
Wort mit: bleiben Sie tapfer."

Nach Graz zurückgekehrt fand ich dort von ihm die
Zeilen:

„Ja, lieber R., seit lange hat mich nichts so gefreut,
wie die persönliche Begegnung mit Ihnen. Die Wahrhaftigkeit ist es, die uns verbindet. — Wie gerne möchte ich Ihnen
zeigen, daß ich zu Ihnen stehe! Wir haben die gleiche Arbeit
und das gleiche Ziel."

II.

Wenn von einem Dichter aus vergangener oder halbvergangener Zeit die Rede ist, so kann man oft hören: der
ist abgetan! oder: der hat sich überlebt! Und man sagt
das nicht etwa im Tone des Bedauerns, als vielmehr in
einer Art von Genugtuung und Befriedigung, in einer gewissen Gereiztheit gegen den, der abgetan ist, der sich überlebt hat. Die Welt ist undankbar, aber gegen niemanden
undankbarer, als gegen ihre Dichter. Ich spreche hier nicht
von den Ausnahmen, sondern von der Regel.

Einmal hörte ich eine Dame folgende Worte sagen:
„Ach, der N. N. war mein Lieblingsdichter, wie habe ich
ihn verehrt, vergöttert! Ich konnte nichts lesen, als nur ihn.
Aber seit er sein neuestes Buch geschrieben hat, mag ich ihn
nicht mehr. Ich will nichts mehr von ihm hören, er ist mir
unausstehlich geworden." — Und was war denn enthalten
im „neuesten Buche"? In einer Humoreske behandelt der
Dichter satirisch die falschen Haare der Frauen, und — o
weh! — die betreffende Dame trug einen Chignon. — So
geht's. Und so ist es nicht bloß bei Frauen, sondern auch
bei Männern, bei Koterien und Parteien — so lange ein

Schriftsteller in ihrem Sinne, nach ihren Passionen schreibt, ist er groß, sobald er einmal widerhaarig ist und sie zaust, wird die Verehrung, die Liebe für ihn zum Hasse. Alles ist vergessen, was er ihnen früher gewesen, es ist vergessen, wie er sie unterhalten, ergötzt, belehrt, erbaut hat, wie er sie gefördert hat an Geist und Gemüt, und sachte wird die Neigung wach, von ihm Ungutes zu reden, ihm zu schaden, ihn abzutun.

Zu bedauern ist daher ein Dichter, der seine Karte auf die Gunst der Menge setzt, der dem Geschmack der Menge huldigt und der sein Glück von dem Beifall der großen Masse abhängig sein läßt. Der echte Poet dichtet, als ob es keine Leser gebe und keinen Lorbeer auf Erden, und auch keine Dornen und kein Darben! Er dichtet, weil er muß, für sich selbst, ohne an Erfolg zu denken, ohne Absicht, auf die Menge zu wirken. Die Odyssee, das Nibelungenlied ist gedichtet worden, als die Presse noch nicht erfunden war. Wer sie gedichtet, die losen Sagen in eine Gestalt gebracht, der erfüllte damit ein Verlangen seiner Natur, und heute ist der Dichter mythischer als das Gedicht. An Ruhm hat er nicht gedacht, und hat er ihn nun, so nützt er ihm nichts. Der Dichter hat sein Teil dahin, hat sein Gedicht gelebt, geschaffen, genossen; daß auch andere daran Anteil nehmen, ist Zufall. Für den Dichter gibt es nur zwei vernünftige Gründe, sein fertiggewordenes Werk durch Vortrag oder Presse oder Bühne der Welt zugänglich zu machen; erstens die wohlwollende Absicht, auch andere des Genusses teilhaftig zu machen, dessen er an dem Werke sich selbst erfreute; zweitens um durch ein mit der Veröffentlichung erzieltes Einkommen sein Leben zu fristen. Wer es aus dem dritten Grunde tut, um Ehre und Ruhm einzuheimen, der spekuliert schlecht. Ja gewiß, er kann mit Ehre überschüttet werden, er kann in der

weiten Welt berühmt sein — aber auf wie lange? In
wenigen Jahrzehnten ist zumeist alles verrauscht, und der
Vergessene ist dann um so unglücklicher, je mehr er früher
in dem Genusse des Beifalles und Ruhmes geschwelgt hat.
Denn wie er sich früher viel zu sehr gejagt hat nach guter
Nachrede, so kümmert er sich nun viel zu sehr um die schlechte;
er hat seine Ruhe, sein Heil auf den Wankelmut der Leute
gebaut und ist verloren.

Aber solches vor Augen müßte der Dichter ja Menschen=
feind werden! Warum? Die Leute sind wie sie sind, und er
gehört auch dazu. Er selbst macht's gelegentlich gerade so.

Wenn ich meine eigene Erinnerung frage: Recht viele
Dichter weiß ich, die in meiner Jugend noch in weitesten
Schichten mit Begeisterung gepflegt wurden, jetzt aber „ab=
getan" sind, darunter Namen, wie Walter Scott, Jean Paul,
Heinrich Heine, Berthold Auerbach.

Bei letzterem will ich mich aufhalten. Berthold Auer=
bach ist ein Geist, der in den vierziger, fünfziger und
sechziger Jahren im deutschen Volke, ja selbst in fremden
Kulturvölkern, sehr Wesentliches gewirkt hat. Heute sagt man,
in seinen Dorfgeschichten wären lauter unwahre, idealisierte,
spinozistische Bauern, und glaubt ihn damit zu richten. Ja,
weiß man denn nicht, daß jede Zeit nur solche Dichter trägt,
die sie brauchen kann, die ihr notwendig sind! Wie hätte sich
denn der Übergang vom romantisch angehauchten Idealismus
des philosophischen Jahrhunderts, der Humanistenzeit, zum
Realismus unserer Tage vollziehen sollen, als durch Dichter,
die mit dem einen Fuße noch dort, mit dem anderen schon
hier standen? Und betrachtet man das unvertilgbare Be=
dürfnis der Volksseele, in der Literatur höhere Bereiche als
die des Alltagslebens zu finden, bedeutendere Menschen mit
seltener Tatkraft, sei es zum Guten oder zum Schlechten, hoch=

gemute, opferfähige Herzen — so wird man begreifen, daß auch Auerbach seine Sendung hatte und erfüllte.

Auerbach war jedoch kein naiver, sondern ein Tendenz-, dichter, er wollte nicht allein ästhetisch wirken, sondern vielmehr lehrhaft, und er hat mit seinen außerordentlich verbreiteten Schriften viel Gutes gestiftet, er hat Zucht und deutsche Sitte geprebigt, er hat die Humanität gefeiert, er war Miterwecker des deutschen Patriotismus. Sein immer wiederkehrendes Sehnen und Rufen nach einem einigen Deutschland sind echte Herztöne und seine Menschengläubigkeit hat diese Tugend auch in anderen erweckt.

Man ist heute geneigt zu sagen, bei Auerbach sei alles gemacht, berechnet, und seine Natur sei eine ganz andere gewesen, als die von ihm zur Schau getragene.

Wer in dieser Sache Wahrheit haben will, der lese Berthold Auerbachs Briefe an seinen Freund Jakob Auerbach. Diese Briefe umfassen einen Zeitraum von mehr als fünfzig Jahren (1830 bis 1882), sind reine Privatbriefe, in welchen sich der Dichter vollkommen offenherzig gibt mit seinen Vorzügen und seinen Fehlern. Zu seinen Vorzügen gehört das unverwüstliche Wohlwollen, das Auerbach allen Menschen, auch seinen Gegnern entgegenbrachte. Hunderte von Personen führt er in den Briefen vor, an jeder weiß er die beste Seite zu beleuchten, so daß man glauben könnte, es gibt nur lauter gute, edle, weise, hochbedeutende Menschen auf der Welt. Und wo er tadeln, rügen, sich wehren muß, da tut er es in jener vornehmen Weise, die in unserer mit Zaunstecken polemisierenden Zeit kaum mehr verständlich ist. Wenn ihm manchmal gegen jemanden ein strengeres, tadelndes Wort entfuhr, so war schon am nächsten Tage sein Bestreben, es wieder zu verwischen; vor dem Unrechttun fürchtete er sich noch mehr, als vor dem Unrechtleiden. Er wollte gute Kamerad-

ſchaft mit aller Welt, verſtand es, jeden anderen nach deſſen
Eignung, Artung und Standpunkt voll gelten zu laſſen, auch
wenn es ſeiner Natur nicht immer entſprach. Als Auerbachs
größte Schwäche bezeichne ich unbedenklich ſeine perſönliche
Eitelkeit. Er weiß es, daß man ihn für eitel hält, verwahrt ſich
dagegen, aber ich kann ihm nicht helfen, er iſt es. Allein dieſe
Eitelkeit iſt eine ſo harmloſe, kindliche, treuherzige, daß ſie
manchmal eher anmutet, als abſtößt. Und ſie entſpringt
ſeiner Menſchenachtung. Er war für ſich ſehr zaghaft, er war
keiner jener Stolzen, die wohl wiſſen, was ſie bedeuten und
den Beifall der Menſchen verſchmähen. Er hatte die Leute
ſo lieb, daß er ohne Gegenliebe nicht leben konnte, daß er
jeden Tag das Bedürfnis hatte, von irgendeinem Menſchen
irgendein Lob einzuheimen. Und wie dankbar war er für
jede Auszeichnung, wie glückſelig machte es ihn, wenn man
ihm eines ſeiner Bücher pries, ihm ein Ständchen brachte,
wenn er unter dem Volke als der Auerbach erkannt und be-
ſtaunt wurde! Und wie zugänglich war er andererſeits wieder
für Ratſchläge, Änderungsvorſchläge, ſeine Werke betreffend!
Kurz, eine weiche, biegſame, liebesburſtige Natur. Auerbach
hat Auszeichnungen erfahren, wie ſelten ein deutſcher Dichter.
Zahllos waren die Widmungen aller Art, die von allen
Ständen ihm gemacht wurden. Man benannte Plätze, Bergeshöhen, Bäume nach ſeinem Namen, man veranſtaltete ihm
Feſte, Bankette, wohin er kam. Die Berliner Arbeiterſtände
umjubelten ſeine Reden, während die Miniſter und Fürſten
ihn zu Tiſche luden. In mehreren deutſchen Höfen war er
wie ein Hausfreund gehalten, am Berliner Hof wurde er
beſonders ausgezeichnet, von vielen regierenden Fürſten mit
Orden geſchmückt. Seine Werke wurden überſetzt in das Eng-
liſche, Franzöſiſche, Italieniſche, Ungariſche uſw. In Hol-
land gab es Wandkalender mit dem Bilde Auerbachs, un-

zählige Bilder und Büsten wurden von ihm gemacht, ja in
einem Wachsfigurenkabinet stand er lebensgroß in Wachs
geformt neben Bismarck und Napoleon. Und über solche
Popularität schrieb er dann an seinen Freund: Lieber Jakob!
Ich bin doch glücklich, ich lebe nicht umsonst, ich meine, ich
hätte nie mehr das Recht, unzufrieden zu sein, da ich solches
erfahre.

So unzufrieden Auerbach oft mit seinen Werken war,
und er gestand das stets, so hatte er doch manchmal Träume
von seiner literarischen Nachhaltigkeit im deutschen Volke für
künftige Zeiten. Wohl dreißig Jahre ist er nun tot und es
ist gut, daß er nicht mehr sehen kann, welche Richtungen
das deutsche Schrifttum seither genommen, und was aus
seinem Andenken geworden. Das geht rasch. Berthold Auerbach, der den Zeitgenossen seiner Dorfgeschichten als literarischer Revolutionär, als ein Plebsdichter erschien, wird
von den heutigen Realisten, Materialisten und Naturalisten
als romantischer „Idyllenhäusler" — belächelt.

Aber sein Totenlied ist noch nicht gepfiffen. Ein Mann,
der je einmal seinem Volke etwas bedeutet hat, der ist und
bleibt ein Baustein in dem Gebäude dieses Volkes; wenn
man ihn auch nicht mehr sieht, er ist da, und nicht zu be-
seitigen, und wer ihn ausbrechen wollte, weil er nicht die
weithinleuchtende Giebelrose, sondern bloß ein verborgen liegen-
der Grundstein ist, der würde dem stattlichen Hause keinen
guten Dienst leisten.

Verschiedene Aussprüche, die mir in seinen Briefen besonders aufgefallen sind, die seine Art zu denken und zu
empfinden bezeichnen und die auch für sich allein recht gut
verständlich sind, will ich hier anmerken. Also sagte er unter
der Klage, daß er, auf dem Höhepunkt seiner Individualität
stehend, nichts mehr an sich ändern könne, zu Jakob: Ich

habe vielleicht unrecht, aber du weißt, ich habe mich sehr
gern, und hätte ich das nicht, so wäre ich schon längst total
zugrunde gegangen. — Wenn ich nur das machen könnte,
was mir im Geiste ruht, ich meine: die Naturwahrheit stili-
sieren, die Realistik folgerichtig in reine Kunsthaltung bringen.
— Ich erfahre, daß meine beherrschende Kraft in der Ausführung nicht fest genug ist, jedes Werk wird mir unter der
Feder größtenteils ein anderes, als ich anfangs gewollt. Mir
fehlt es in meinem Schaffen wie in meinem Leben an strenger
Methode. — Mir ist nie im Leben etwas ganz gelungen,
im Schaffen nicht und im Sein nicht. — Ich war oft glücklich oder unglücklich, aber nie zufrieden. Ich bin nie so heuch-
lerisch gewesen, daß ich mir und anderen eingeredet hätte,
Lob und Tadel wäre mir gleichgültig. — Eben weil ich oft
so verzagt bin, an mir selber rüttle, bedarf ich eines ermun-
ternden Zurufes von außen. Und warum soll ich der Wirkung
meiner Werke nicht nachgehen? Jeder Schütze sieht an der
Scheibe nach, ob sein Schuß getroffen. Mir fehlt es an der
Klugheit, die auch Tugend ist, so gut wie Güte. — Sich
feindselig von den Menschen abwenden heißt, sich besiegen
lassen. Wer bist du denn, der du der Beste sein willst, um
ein Menschenfeind sein zu dürfen?

Das klingt liebenswürdig, bescheiden, und erklärt seine
Eitelkeit auf das menschlichste.

Rührend ist mir sein Geständnis, mit welcher Glücks-
empfindung er schuf. Während der Arbeit stand es in ihm
fest: das wird gut; das wird bedeutsam; das kann ein großes
Werk werden. Der Optimismus trug ihn manchmal empor
über die Wolken. War das Werk fertig, kamen die Kritiken,
dann kam auch die Abkühlung, er fand den Tadel sehr oft
für gerechtfertigt und hielt nicht viel auf sein Werk, bis
es die Begeisterung des Volkes wieder emporhob. In ver-

schiedenen Lebensepochen versuchte er es mit dem Drama, und wiederholt mußte er schwere Enttäuschungen erleben, bis er zur endgültigen Überzeugung kam, daß dramatisierendes Talent ihm versagt war. — So sind die Dichter, und nur ein Poet versteht solche Bekenntnisse des Poeten im vollsten Maße.

Auerbach war eine pathetische, lehrhafte Natur, und doch erkannte er, daß die meisten Leute von Erhebung und Andacht nichts wissen wollen, daß sie den Dichter nur nach ästhetischem Schulmeisterstabe beurteilen, oder nach dem, wie er den Philister unterhält. „Die Welt," so rief er trotz seiner außerordentlichen Erfolge einmal aus, „tut immer so schön und entzückt, aber sie läßt mich verdorren wie jeden Poeten."

In mehrfacher Hinsicht interessant war sein Verhältnis zum Fürstenhof, über welches hier ein bezeichnendes Schreiben an Jakob vom 26. März 1881 Platz finden mag.

Ich muß dir von gestern erzählen. Ich lege dir einen Brief des Großherzogs von Baden bei, den er mir durch einen Lakaien schickte, der auf Antwort wartete. Das ist ganz gegen Hofform, fragen, ob man kommen wolle, und so selbst schreiben. Ich fuhr also vor sieben Uhr nach dem niederländischen Palais, wo der Großherzog wohnt. Er war noch bei Tafel beim Kaiser, kam aber bald. Und nun beglückwünschte ich ihn nochmals zur Verlobung seiner Tochter, und er dankte mir herzlich für den Gratulationsbrief, den ich ihm geschrieben hatte. Natürlich sprachen wir auch viel von dem Ungeheuerlichen, der Ermordung des Kaisers Alexander. Ich sagte, daß die Art, wie die Judenhetze fort und fort inszeniert wird, auch ein Werfen von Dynamitbomben ist. Aber der Großherzog hofft, daß das bald wieder vorüber sei, obgleich er die tiefe Schädigung, die das Volk damit erleide, vollkommen erkenne. Die freie reine Seele des Großherzogs leuchtete immer durch, und er freute sich, mich wieder frischer zu finden als vor drei Wochen, als ich damals bei ihm war. Ich war damals sehr bedrückt, und der Großherzog sagte, er könne mir eine besondere Freude machen, denn er habe veranlaßt, daß meine Volksbücher in allen Schulbibliotheken des badischen Landes angeschafft werden, er hoffe, daß sich das auch in den Nachbarländern und weiter hinaus werde bewirken lassen.

Die Stunde verstrich, und nach seiner lieben, wahrhaft innigen Art, mich als den alten Herrn betrachtend, ging er mit in das Vorzimmer und gab mir einen Lakai mit, der mich durch die bedeckte Halle hinüber in das Palais der Großherzogin führen sollte. Dort traf ich die Großherzogin, natürlich in Trauer um den russischen Kaiser, und sie dankte mir ebenfalls für meinen Glückwunsch, den ich geschrieben. Sie sagte mir, Sie habe „Brigitta" wieder gelesen, und wenn ich es nicht übel nehme, so müsse sie mir sagen es sei ihr das liebste meiner Bücher. „Ja," sagte sie, „die Brigitta quält sich, daß sie das Gebot: Liebet eure Feinde! nicht erfüllen konnte, und sie erfüllte es doch, denn was man den Feinden Gutes tun kann, das tut sie ja, und das ist doch die Liebe, die verlangt wird, denn die Liebe als Neigung kann man sich nicht gebieten, aber die Tat."

Ich konnte natürlich in voller Wahrhaftigkeit sagen, wie warm und schön diese Auffassung. Als wir uns eben gesetzt hatten, kam die Kaiserin. Sie erzählte dann der Großherzogin, wie sie mich Anno 1845 in Weimar kennen gelernt, und die Großherzogin fügte hinzu: „Und meine Schwiegermutter kannte Sie ja auch gut." Die Kaiserin fragte mich, was ich arbeite; ich sagte, daß ich eine Erzählung schreibe, auf die ich eigentlich nichts Rechtes halte. „Da lassen Sie sie ja nicht drucken," fiel die Großherzogin ein. Sie sind gewiß

Ihr bester Kritiker. Tun sie das ja nicht! Sie dürfen nichts herausgeben, was man tadeln kann." Ich sagte, daß man immer getadelt werde, und sie entgegnete sehr freundlich: „Dann kann man den Tadel gut ertragen, wenn man weiß, man verdient ihn nicht." Ich legte nun dar, wie tief ich im Gemüt gestört sei durch die Judenhetze; es ist kein Geringes, daß man sich sagen lassen muß, man gehöre nicht zu den Deutschen und sei ohne Vaterland. Das muß ich noch miterleben, der ich bereits sechsundvierzig Jahre nach bester Kraft für das deutsche Volk arbeite und im Patriotismus niemand nachstehe. — Das wurde mir bestätigt, und die Großherzogin sagte: „Glauben Sie mir, diese häßliche Sache ist nur in Berlin." „Und auch hier ist sie nur vorübergehend," fiel die Kaiserin ein. „Berlin treibt über Nacht, man weiß nicht woher, eine Pflanze auf, am anderen Tag ist sie wieder vergangen und hat keine Wurzel. Und Sie sehen ja, die Sache ist eigentlich schon vorüber, aber ganz gewiß im Verschwinden." Ich mußte das bestreiten und wiederholte, daß man am Hofe wahrscheinlich von dieser Verwüstung der Gemüter und der Verkehrung alles geraden Sinnes nicht genugsam unterrichtet sei. Die Kaiserin sagte mir: „Wir haben unsere alten Beziehungen zu den alten Freunden — ich sehe von Ihnen ab, denn Sie sind nicht nur ein Freund, sondern auch ein Dichter — immer aufrecht erhalten und werden es auch immer so zeigen." Die Kaiserin wiederholte, wie unablässig wohltätig die Juden sich bewähren, und wie sie selber vor kurzem das jüdische Altersversorgungshaus besucht habe, wie sie nächstens das jüdische Krankenhaus besuchen wolle, und so solle ich nur ruhig sein, es würde sich alles wieder schön ausgleichen. Die Großherzogin lenkte über und erzählte mir, daß sie und der Großherzog meiner gedachten und, wenn ihnen etwas begegnete, oft sagten: „Da soll der Auerbach dabei sein, er muß es wissen." Sie erzählte mir von einem alten Töpfer in Kandern, den ich kennen lernen müsse, das sei so ein glücklicher und arbeitsamer Mensch, bald achtzig Jahre alt, und er mache jetzt durch die Anstalten des Kunstgewerbes Majolica; sie sagte mir, sie werde mir die Adresse des Mannes aufschreiben. Dann sagte sie: „Da hätten Sie auch dabei sein sollen; aber ich habe mir's für Sie gemerkt. Wir waren in Rippoldsau und frühstückten unter den Tannen. Da waren zwei alte Weiber, die jede Woche zweimal kommen, um Sauerwasser zu holen. Man sagte ihnen, daß das der Landesvater und die Landesmutter seien, und sie kamen herbei; sie wurden dann auf unser Zimmer bestellt, und der Großherzog gab ihnen eine Gabe, indem er sagte: „Sie haben doch schwer zu tragen an den vielen Krügen über die Berge." — „Ja," sagte die eine Frau, „aber wir haben's noch gut, wir können doch manchmal unsere Last ablegen. Aber der Regent kann seine Last nie ablegen!" — Da haben wir dann bald gesagt, das ist etwas für Auerbach."

Gerne mischte sich Auerbach manchmal in das soziale und politische Leben, denn das Geschick seines Volkes geht jedem Dichter nahe, und er möchte mitraten, mittaten nach bestem Wissen und Können. Allein, da konnte er manchmal hören: Auerbach, davon verstehst du nichts. Bleibe du bei deinen Dorfgeschichten und anderen Dichterwerken und kümmere du dich nicht um Politik. — Das waren dieselben Stimmen, die anderen Poeten wieder zurufen: Tretet heraus aus eueren Idyllen, aus den Geleisen einer vaterlandslosen Ästhetik, dichtet Kampfgesänge, Streitrufe für euer Volk. — Ein Tor, der auf die Stimmen des Publikums hört, das Publikum weiß selbst nicht, was es will, der Dichter muß es besser wissen, was den Leuten frommt, als sie selber.

Unserem Dichter ist es verhängnisvoll geworden, daß er
der Menge doch zu viel zuliebe getan hat. „Ich vermag es
nicht," sagte er, „mich von der Welt zurückzuziehen." Dann
ist er manchmal wohlrednerisch geworden, wollte es allen
recht tun, und sein literarischer Charakter versandete sich in die
tausend Gedanken des Kollaborators. Aber selbst, als er diese
herausgab, bangte er, daß man ihn damit mißverstehen, ihm
Eitelkeit vorwerfen würde, als halte er sich für einen Welt-
weisen, während es doch nur flüchtige Gedanken wären, die er
gebe, und die nicht die Prätension hätten, für so wichtig gehalten werden zu wollen.

Im ganzen war Berthold Auerbach stets so klug, um
die Eitelkeit seines eigenen Strebens zu erkennen. Er über-
hob sich nie. Gegen alle, die ihm nahten, war er wohlwollend; er nützte zahllosen jungen Schriftstellern in Rat
und Tat, und wohl keiner dürfte sein, der es ins Land
rufen könnte: mir hat er absichtlich geschadet. Er war ein
guter Mensch, und auf diesem Grunde leistete sein Talent
Hochersprießliches für das deutsche Volk.

Gegen Ende seines Lebens ist Auerbachs Menschen-
innigkeit — wie wir bemerkten — stark getrübt worden durch
den in Deutschland einreißenden reaktionären, brutal unduld-
samen Geist. Auerbach war einer jener Juden, die bei der
antisemitischen Bewegung unschuldig leiden. Aber nicht allein
das, ihm ging das Schicksal all seiner Stammesgenossen zu
Herzen. Er hielt Großes von dem Judentum, dessen Vorzüge
er besaß und dessen Schattenseiten er nicht sah, weil er überhaupt bei allem und jedem nur das Beste herausfand. Er
hat nie ein Hehl daraus gemacht, daß er ein Jude war, immer
aber auch den Christen begriffen, und war tief dankbar für
alle Toleranz, die ihm oft von katholischen Geistlichen ent-
gegengebracht wurde. Den Katholiken traute er überhaupt

mehr Duldsamkeit zu als den Protestanten, deren christliches
Gefühl seit dem Kriege verroht wäre. — „Vergebens gelebt
und gearbeitet", schreibt der siebzigjährige Greis am 29.
November 1880, „es bleibt die entsetzliche Tatsache, daß solche
Roheit, solche Verlogenheit, solcher Haß noch möglich ist.
Und da soll man wieder Tag und Nacht darauf sinnen, um
Reines und Schönes zu gestalten!"

Er hat von dieser Zeit an auch nichts mehr gestaltet;
ein Jahr und zwei Monate noch, dann ist er ins Grab
gestiegen.

Emil Vacano.

(1841—1892.)

Und wenn du bald hören solltest, daß ich dorthin gegangen bin, woher die Kindlein kommen, nämlich
in das Land, das niemand kennt, so schreib' mir einen
freundlichen Nekrolog. Gelt, das versprichst mir? 's tät mir
wohl, das zu wissen."

Also schrieb der Schriftsteller Emil Mario Vacano mir
vor vielen Jahren. Er fühlte sich krank, herzleidend. —
Nun ist aber das Nekrologschreiben für gute Freunde keine
angenehme Arbeit. Um so schwerer wird sie, wo ein unde-
finierbarer Charakter darzustellen ist, wie es hier der Fall.
Und bitter wird sie, wo man es mit einem lieben guten Kerl
zu tun hat, wie es wieder hier der Fall.

Der starke Mann mit dem bräunlich geröteten, treu-
herzigen Gesichte und dem schönen blonden Barte soll in
seiner Jugend — Kunstreiterin gewesen sein! So geht die
Mär, die man noch obendrein mit anderen romantischen
Zügen auszuschmücken pflegt. Ich lebte mit Vacano lange
Jahre in guter Freundschaft, aber von seiner Kunstreiter-
epoche ist zwischen uns nie die Rede gewesen. Daß er im
Kloster war, auch daß er viel mit fahrenden Künstlerleuten
zu tun gehabt, hat er mir wohl angedeutet, auf weiteres
habe ich nicht gefragt. Bei seiner sprunghaft und grotesk
angelegten Natur mag es wohl sein, daß er sich gelegentlich
einmal auf den Spaß einließ, als eine Kunstreiterin ver-
kleidet zu fungieren; es mag auch sein, daß mancher 'rein-
gefallen ist und vielleicht gar Versuche machte, die geheimnisvolle, seltsam schöne Akrobatin zu erobern. Eingebildet hat

wurde es mir zuwider, denn eigentlich hatte er unrecht; ich
kam vor allem aus dem Grunde, um den Dichter Ferdinand
Kürnberger zu grüßen. Viele seiner Schriften hatten mir's
angetan. Und ich teilte damals noch die allgemein verbreitete Meinung, daß man einen Dichter zu Dank für die
schönen Werke, die er geschrieben, persönlich belästigen dürfe.

„Es würde vollkommen unnütz sein," sagte der Mann
fast schläfrig mit zartem Stimmlein, die, wie weich sie auch
war, an Kälte nichts zu wünschen übrig ließ. „Vollkommen
unnütz, Kürnberger arbeitet nicht für zweifelhafte Unter-
nehmungen; zudem ist er ein Honorar gewohnt, das Ihr
Hausgarten oder Gartenheim, oder wie das Journalchen
heißen soll, kaum zahlen dürfte."

„Ist der Herr Doktor zu sprechen?" fragte ich ungeduldig.

„Gewiß," sagte der Mann, „er spricht ja eben mit ihnen.
Ich bin Kürnberger. Was wünschen Sie?"

„Daß Sie Mitarbeiter des ‚Heimgarten' werden,
wünsche ich nicht," war meine Entgegnung, denn ich kann
unter Umständen unangenehm werden. „Ihre Schriften habe
ich gelesen, haben mir nicht übel gefallen, passen aber nicht
für ein Familienblatt. Ich habe nur den Wunsch, den Verfasser persönlich kennen zu lernen."

„Schon so alt und noch so neugierig!" rief er, im
Innern wahrscheinlich empört.

„Die Neugierde ist bereits gestillt. Ich kenne Sie nun."

Indem ich mich wendete, um davonzugehen, fragte er:
„Haben Sie denn so Eile?"

Nun fiel mir ein, man könnte an diesem hochmütigen
Genie ja eine kleine Bosheit verüben. „Allerdings," sagte
ich zögernd, „hätte ich einen besonderen Wunsch gehabt, aber
nun ist die Kurasch beim Teufel, ihn auszusprechen."

„Ein Autograph?"

„Bewahre, wozu solche Geschichten! Einen Aufsatz brauche ich für den „Heimgarten", einen Aufsatz nicht von, sondern über unseren Kürnberger und seine Werke. Und da . . ."

„Sollte unter Ihren Mitarbeitern einer fähig dazu sein?"

„Der Gegenstand wird ihn fähig machen."

„Ach, daß wir immer noch an der Tür stehen!" rief er aus. „Kommen Sie doch herein. Links halten, nicht anstoßen, da steht ein Kasten. So. Also schreiben wollen Sie über mich. Setzen Sie sich nieder."

Wir waren im Zimmer, er war liebenswürdig, kehrte interessante Seiten hervor, tat geistreiche Aussprüche. Seine Körpergestalt ist meinem Gedächtnisse schier erhalten; eine gedrungene Gestalt hatte er, ein beinahe viereckiges Gesicht mit stumpfer Nase, die etwas gerötet war, eine hohe, breite Stirn und ein graues, unwirsches Auge, so viel sehe ich noch. Alles, was er sprach, war Geist und Lauge. Da sagte er unter anderem folgendes: „Sie sind ein unerfahrener Mensch; man hat Ihnen ein paar Büchein gedruckt und Ihre Freunde sagen, Sie wären ein Dichter. Glauben Sie das nicht, ich bitte Sie! Für jeden Deutschen ein Unglück, der sich für einen Dichter hält. Wir haben geistiges Proletariat genug. Lernen Sie ein Handwerk."

„Ist bereits geschehen!" rief ich lustig. „Bin gelernter Schneider!"

„So? Ei, dann dichten Sie nur immerhin zu. Aber verlieren Sie Nadel und Schere nicht!"

Schon dieses einen Rates wegen, dachte ich, ist es der Mühe wert, daß man in den vierten Stock emporsteigt. Der Mann ist sehr aufrichtig.

„Und nun wollen Sie also eine Zeitschrift herausgeben, natürlich!" fuhr Kürnberger fort.

„Seit drei Monaten erscheint sie."

„Wenn Sie den Jahrgang vollenden, wollen wir von Glück sagen. Daß Sie als junger Literat eine Zeitschrift herausgeben, ist selbstverständlich, daß die Zeitschrift eingeht, ist's auch. Dann glaubt man's. Aber Geld kostet's. Wollten die einfältigen Leute den Klugen glauben, es käme billiger zu stehen. Ihr jungen Bursche bildet euch überhaupt zu viel darauf ein, daß ihr eine Weisheit besitzet, die andere für Geld kaufen. Darf ein Genie für Geld arbeiten? Nein, es muß den Krösus ehren, indem es bei ihm speist, bei ihm wohnt, sich von ihm die Schale des Lebens reichen läßt. Sind wir Genies gleichwohl geldarm, so geben wir doch Almosen. Die Gedanken, die Kürnberger Ihnen mitgeteilt hat, können Sie behalten."

So und ähnlich sprach er und während des Sprechens zeichnete er fortwährend mit dem Bleistift auf ein vor ihm liegendes Blättchen Papier Striche in die Kreuz und Quer, gleichsam als wollte er mir die Richtigkeit seiner Behauptungen geometrisch beweisen. Manchmal, wenn er mich besonders gut getroffen zu haben glaubte, nahm sein Gesicht einen Ausdruck säuerlicher Freude an. Ich vermute, es war wirklich Wohlwollen, daß er mich so strenge belehrte, denn von anderer Seite habe ich oft gehört, daß Kürnberger Gemüt und Güte in sich barg, die er freilich mit allen Mitteln eines unwirtlichen Äußern zu verleugnen suchte. Seine Grobheit war so unerhört, daß sie fast ergötzte. Dennoch nahm ich die erste Gelegenheit wahr, um mich artig zu verabschieden.

„Sie können den Besuch bei Kürnberger beschreiben, wenn Sie wollen," rief er mir nach. Ich habe es getan. Gesehen und gesprochen hatte ich ihn damals das erste- und das letztemal, mit Ausnahme eines Momentes beim Buch-

händler Roßner unter den Tuchlauben, wo ich, dem Pulte
zugehend, über ein Bein stolperte. Es gehörte dem Ferdinand
Kürnberger, der auf einem Haufen sehr gelehrter Bücher saß
und also dem ungeschulten Naturburschen leicht ein Bein
stellen konnte. Übrigens haben wir nachher eine Zeitlang
einen kleinen Briefwechsel gepflegt. In den Briefen war seine
Grobheit nicht so arg zu spüren, vielmehr durchwehte dieselben
ein Hauch von Schwermut. Von den übrigen Leuten hatte
er nicht eine so gute Meinung als von sich selbst, dadurch
geriet er in eine schiefe Stellung, und einmal schrieb er mir
auf der Postkarte: „Weiß selbst nicht, welcher Ochse einen
stößt, daß man manchmal nach Anerkennung von Geschöpfen
buhlt, die man gleichwohl längst gezwungen ist, zu verachten."
Rügen konnte er nicht wohl ertragen. Lauteres Lob in land-
läufiger Form soll ihn ebenso angewidert haben, und also
war das Unglück fertig. Nichts, gar nichts ist so gefährlich
für den Dichter und sein inneres Wohlbefinden als zu
kühne Selbstüberhebung. Auch Auerbach hat ja viel von
sich gehalten, aber wie liebenswürdig war sein Stolz, wie
glücklich hat er den Dichter gemacht. Kürnberger wurde
durch das Bewußtsein seiner Größe nur verbittert. Hamerling
sagte über diesen Schriftsteller einmal: „Er gehört zur Klasse
der Nervösen. Ihm werden Verstandessachen zu Herzens-
sachen und er macht Herzenssache zur Verstandessache. Er
will nicht so sehr durch Tatsachen, sondern vielmehr durch
rhetorische Beweisführungen überzeugen; aber die Beweis-
führung ist hier und da forciert oder in einer Weise zugespitzt,
daß zuletzt die Spitze abbricht. Sein Meinungsausdruck ist
ein kleines, fein ziseliertes Kunstwerk, das die Existenzberechti-
gung in seiner Form hat." — Ich meine, daß der Mann
als Kritiker damit trefflich charakterisiert ist. Dem Erzähler
lassen sich größere Eigenschaften nachsagen. Dem Menschen

am Ende wohl ebenfalls, der trotz mancherlei, Manchem ein
guter Kamerad gewesen ist.

Kürnbergers Leben war bekanntlich ein hübsch abenteuer-
liches, auf Rechnung seines Genies hat er sich manches
erlaubt, was unsereiner nicht tun möchte. Auf Erden fühlte
er sich als Frembling, bei jedem guten Freunde aber daheim.
Daheim vom Tisch bis zum Bette, von der Geldbörse bis
zu den Stiefeln. Er lud sich beliebig ein, blieb wochenlang,
jahrelang als Gast, beherrschte das Haus — kurz, ehrte den
Krösus, auch wenn es manchmal kein solcher war, bei dem
er wohnte.

Sterben ging er nach München, um als Unsterblicher
nach Österreich zurückzureisen und in Mödling am Saume
des Wienerwaldes die letzte Rast zu nehmen.

Ferdinand Kürnberger.

(1823—1879.)

Im Jahre 1876 gründete ich den „Heimgarten". Ich warb Mitarbeiter unter den Allerbesten und wurde auch nirgends abgewiesen, außer in einem einzigen Fall, den ich hier erzählen will.

Bog ich eines Tages zu Wien in die Wollzeile ein und ging bis zur Hausnummer 12. Dort trat ich ein und irrte über dunkle Treppen bis in den vierten Stock hinauf. Im vierten Stock schellte ich an einer Tür. Nach drei- oder viermaligem Klingeln kam ein Mensch in lässiger Hauskleidung hervor, blieb hinter der Gittertür — soviel ich mich erinnere, war's so etwas — im dunklen Raume stehen und fragte, was ich wolle?

„Ich suche Doktor Kürnberger," war meine Antwort.

„Wieso?" fragte er in einem langsam gezogenen Fisteltone.

„Er soll hier wohnen," sagte ich.

„Wenn der Mann aber nicht zu sprechen ist!"

„Das wollte ich eben fragen."

„Wer sind Sie denn?"

Ich nannte meinen Namen.

„Ah!" rief der Mann hinter der Gittertür. „Und Sie glauben, daß man Sie kennt? Allerdings, Sie machen ja jetzt von sich sprechen. Sie wollen ja eine Zeitschrift oder dergleichen herausgeben. Wie soll das Ding nur gleich heißen?"

„Heimgarten," antwortete ich und dachte, nun wäre es doch bald Zeit, daß er aufmache.

„Ich rate, Sie kommen aus eigennützigen Gründen," sagte der Mann in einer wunderlich wegwerfenden Art. Jetzt

er sich aber späterhin nichts darauf, denn sonst hätte er sicherlich davon gesprochen.

Klug wurde man übrigens aus der Persönlichkeit Vacanos nicht. Er trug einen Mosesbart und eine Lorgnette; „Patriarch und Gigerl" unterschrieb er sich einmal, und ein anderes Mal sagte er von sich selbst, er sei eine Kokette und ein Betbruder in einer Person — und gerade untreffend fand ich diesen Ausspruch nicht. In den Nächten fast frivol für das Orpheum schwärmend, am Tage im gothischen Dome in verzückter Gläubigkeit vor dem Altar kniend — so habe ich ihn selber gesehen. Ich besitze ein von ihm selbst gezeichnetes Bild seiner Person. Er hatte einen Christuskopf, auf diesem Bilde arbeitete er ihn noch mehr nach dieser Seite hin aus und gab dem Haupte mit dem wallenden Haar einen Heiligenschein. In den über die Brust gefalteten Händen sind die Wundmale zu sehen. Auf der Christusnase saß — ein Zwicker.

Treffender als durch dieses Bild kann Emil Mario Vacano wohl kaum gezeichnet werden. Wenn er sich im Mönchshabit abbilden ließ, und das Bild einer Angebeteten widmete, wenn er in einem Sarg liegend die Zigarette rauchte, so war das nicht gerade Blasphemie bei ihm, sondern nur das Vergnügen am Extremen und Wunderlichen. Er konnte im Tingel=Tangel jauchzen vor Vergnügen und in der Messe weinen über seine Sünden. Er war wirklich von innerer Gläubigkeit erfüllt, gleichzeitig sich freilich seiner modernen Weltlichkeit bewußt. Vacano war ganz Herz, und wie das Herz sächlich ist, so konnte man auch von ihm sagen: er ist in seinen Empfindungen weder Mann noch Frau. Die Liebe, die er in seinen Erzählungen oft und glühend beschrieb, will er nicht gekannt haben, wenigstens nicht konzentriert. Er war immer der Liebende, auch wenn er mit dem Freunde sprach, scherzte, betete oder an ihn schrieb.

„Vor fremden Leuten," so sagte er einmal, „schminkt man sich manchmal sein Herz und seine Briefe, wie man seine Wange schminkt (er soll dies bisweilen getan haben), aber bei Freunden, mit denen man kost und ei ei macht, hätte das Schminken keinen Sinn." — Wen er ins Herz geschlossen, dem war er ein treuer Knabe.

Seine Werke sagten mir nur zum Teile zu. „Die modernen Vagabunden", „Der Baum der Erkenntnis", „Die Kirchenräuber", „Bilder aus dem Harem", „Die Töchter Babels", „Leichtes Blut" hat das Weltkind Vacano geschrieben in leichter französischer Manier. Merkwürdiger waren mir die philosophischen Plaubereien, die er in seinen Werken „Die Gottesmörder" und „Die Heiligen" herausgegeben hat. Seinen Namen setzte er nicht auf den Titel dieser Werke und bei dem fast aszetischen Geiste, der in den beiden Büchern weht, wäre kein Mensch auf die Vermutung gekommen, wer der Verfasser ist. Einen lauteren Schrei der überraschung habe ich wohl mein Lebtag nicht ausgestoßen als damals, als der Verleger Gustav Heckenast in Pest mir mitgeteilt, das Werk „Die Gottesmörder" habe Vacano geschrieben. Es ist ein wunderliches Buch, eigentlich schade, daß es nie recht in die Lesewelt gedrungen, oder daß es so schnell vergessen worden.

Persönlich kennen gelernt hatte ich Vacano gelegentlich eines Besuches bei unserem gemeinsamen Verleger Heckenast. Wir sahen uns darauf häufig in Wien; seine oft kindliche Art, sein volkstümlicher Humor, der nicht in seinen Büchern, wohl aber in seiner Person war, seine oft drollige Koketterie und seine Wunderlichkeit in religiösen Dingen interessierten mich, ich gewann ihn lieb, und er auch mich, obwohl mein Wesen ihm viel zu frostig vorkam. Mit einem eiskalten Engländer verglich er mich einmal, trotzdem harmonierten wir miteinander. Ein bißchen eifersüchtig war er nur auf andere

meiner Freunde, und einmal gestand er mir, daß er sich oft
sehr im Zaum halten müsse, um in meiner Gegenwart nicht
anzuheben, meine Freunde heftig zu beschimpfen. Eines Tages
ging er weiter und machte seinem Ärger Luft darüber, daß
manche Zeitungen meine Bücher lobten. „Ich will dich
tausendmal mehr loben!" rief er aus, „nur andere sollen es
nicht tun, das kann ich nicht vertragen, das ist abscheulich.
Deine Dichtungen verstehen sie gar nicht, aber sie loben
dich, weil sie dich in ihrer Koterie haben wollen." — „Sie
haben mich aber nicht und sie kriegen mich auch nicht und
du bist ein lächerlicher Mensch!" So meine Antwort. Von
diesem Tage an ist unser Verhältnis ein kühleres geworden.
Wir blieben zwar in freundschaftlichem Verkehr, er war ein
gern gesehener Mitarbeiter des „Heimgarten" und stellte sich
auch gerne ein, aber die alte Schwärmerei wurde nicht mehr
so laut. Meine herbe Antwort hatte ihm offenbar weh getan,
aber in dem berühmten Punkte Koterie verstehe ich so schwer
Spaß. Übrigens hatte er sich als Beleidiger gefühlt. Jahre
später schrieb er mir: „Wennst mich nur einmal recht beleidigen möchtest, so einen rechten Stoß ins Herz. Sonst
schäme ich mich zu Tode, daß ich dir damals so unrecht getan habe."

Später schrieb er mir, ob ich ihm nicht eine Stelle verschaffen könnte, irgendeine, in einer Zeitung, in einem Kontor,
als Lohnschreiber, was immer, nur daß er leben könne. —
Er war sehr arm und sehr einsam geworden. Bisher hatte
er seit Jahren still in St. Pölten gewohnt. Sein Mütterl,
bei dem er gelebt und das er zärtlich geliebt, war ihm dann
gestorben. Für Kinder armer Verwandter hatte er gesorgt,
das war nun ebenfalls vorbei. Schriftstellerisch vermochte er
sich wenig mehr zu erwerben. Körperlich war er krank, ge-
brochen. Während seine österreichischen Freunde noch bemüht

waren, ihm im Vaterlande eine entsprechende Stellung zu verschaffen, nahm er den Ruf eines Freundes nach Karlsruhe an. Ich glaube, bei einer Zeitung war er dort tätig. Noch manch kurze, aber herzliche Karte kam von ihm. Ich schämte mich, daß ich nichts für ihn hatte tun können, und suchte nachzutragen, aber er schrieb, es ginge ihm wohl, nur gesund sei er noch immer nicht.

Dann kam die Nachricht, daß er am 9. Juni 1892 in Karlsruhe gestorben sei, in einem Alter von einundfünfzig Jahren.

In der letzten Zeit hatte er ganz zurückgezogen gelebt, und mit Recht. Ein Mensch wie er kann von der Welt unmöglich verstanden werden. Das wäre ja nicht so schlimm, aber mißverstanden, mißdeutet werden, den Gegenstand von wohlfeilem Spott und frivolen Witzen bilden, das war freilich seine Sache nicht. Vacano gehörte zu jenen Personen, in welchen eine launische Natur die extremsten Anlagen und Neigungen gleichsam versuchsweise zusammenzutragen liebt. Daß er solch loses Spiel wohl durchschaute, daß er sich nach den gegebenen Richtungen hin auszuleben suchte, daß er sein dadurch entstandenes Mißverhältnis mit anderen fühlte, daß er aber trotzdem seine Artung nicht verleugnete, sondern ihr unbekümmert freien Lauf ließ, das war sein Glück, seine Bravheit, sein Leiden — seine Tragik.

„Ich bin ein sehr ausgesprochener Charakter, ohne aber einer zu sein", sagte er einmal, vielleicht doch zu strenge urteilend. Ich fand, daß er ein liebenswürdiger Charakter war und habe während der zwanzig Jahre unserer Bekanntschaft nichts Gegenteiliges erfahren. Daß er ganz anders war als andere Leute, konnte nur dazu beitragen, mein Gefallen für ihn zu erhöhen. Sprudelte sein heißes Herz hervor, so mußte man ihn lieb haben, gefiel er sich in übertreibungen, in Schwärmereien und Verzückungen, so brauchte man ihn ja nicht ernst zu nehmen. 's ist schade um ihn.

Von seinen vielen Briefen an mich will ich einige mitteilen, sie werden die beste Beleuchtung zu dem Gesagten sein. Mit Vorliebe nannte er mich in den Briefen Lex, in Anspielung auf meine Erzählung: „Der Lex von Gutenhag." Die Briefe sind in frischer Stimmung und Laune leicht hingeworfen und entbehren stets der Angabe des Datums und des Ortes, wo sie geschrieben wurden. Sie stammen aus seinem Wiener Aufenthalt in den siebziger Jahren. Wo er in der Mehrzahl redet, da meint er seinen Freund Karl B., der damals bei ihm wohnte. Wo er in schwungvollster Begeisterung von mir spricht, da ist es nicht meiner Vorzüge, sondern seines Temperaments wegen.

Vielleicht ist manchmal auch ein bißchen Ironie dabei.

Lieber guter Lex!

Ich wollt' Dich ja recht ausschimpfen, Du verlotterter und verdorbener Mensch! Also verliebt bist Du! So ein Schlucker, so ein Milchbart, so ein kaum aus den Windeln entschlüpfter Rutschipeter denkt ans Heiraten! O Gott, o Gott, is doch die Welt verdorben! Pech und Schwefel soll's regnen, wenn's nach der Gerechtigkeit ging! Aber unsern Herrgott muß rein der Schlag troffen haben auf beiden Arm, vor lauter Schrecken und Entsetzen über Euch elendigs, in Grund und Boden verdorbenes Burschngschmaß! Verliebt sein! heiraten bevorst no a Glatzen hast! Und gar a so a unschuldigs Maderl von sechzehn Jahren zum Traualtar verführen wollen, und zu allen privilegierten nachfolgenden Zweideutigkeiten! J, Du! Don Juan, Du Hottentott, Du Schlaraff, Du Sybarit', Du Lüstling, Du — — Aber was nutzt das alles. Wenn d'Liab amal ba is, da nutzt der größte Tugendeifer des wohlmeinenden und tugendsamen väterlichen Freundes nix mehr, und es bleibt mir nur übrig, still die Hände zu ringen, dreimal zu seufzen wie's in den alten Betbücheln vorgeschrieben is nach jedem Leiden, und — Dir Glück zu wünschen. Glück zu wünschen, daß Dich der liebe Gott so reich gesegnet hat: daß er Deinem liebevollen Herzen das Wesen gezeigt hat, welches Du recht aus ganzer Seel' und fürs ganze Leben lieben kannst, grenzenlos und treu, und daß das Wesen noch ein braves, unverdorbenes ist, welches Dir die gleiche Liab entgegenbringt. Und also Glück auf, von Herzen, liebs Lexl! Und greif' zu, sobald Du kannst — denn je eher man sein Glück ins eigene Stüberl nimmt, desto sicherer hat man's: 's Glück wart' nit gern lang, wird leicht ungeduldig. Also überrasch' uns bald mit der Nachricht, daß die Ausstattung schon ang'fangt wird, und der Tischler sein Hobel ansetzt zur Wiegn. Ich hoff, Du wirst uns nit verschmähn als Kranzelführer.

Mit inniger Freundschaft Dein

Emil,
sonst genannt Miltschi.

Du, weißt, was ein recht's Trankl wär' für mein Zustand? Geh', mach' mir amal a klein's G'stanzl, an Emil-Vierzeiler, den ich mir in mein Betbüchel legen könnt', und der Frieden macht zwischen den Heiligen und den Hanswursteln, die sich da b'rin balgen um mein armes Herz, wie einst Engel und Teufel um die arme Seel' Moses!

Lieber, einziger Lex!

Dank für Deinen guten, freundlichen Brief.

Was Du uns von dem allerneuesten weisen Rate über Dein zersplittertes Talent erzählst, hat mich recht lachen gemacht. Was soll denn der echte und rechte Volksdichter mit seinem Talente anders machen, als es „zersplittern", das heißt so viel Perlen als möglich heraufholen aus dem Grunde seines Herzens, das heißt echte Perlen! Sollst Du vielleicht all' die prächtigen und echten Sachen ungeschrieben lassen, um eine große Land-Idylle zu schreiben à la Luise von Voß, die Dir Deine Wohlmeiner am Ende doch ganz „gutmeinend" herunterschimpfen würden? Sei überzeugt, Lex, Herzensbuberl, wenn Dir Dein Inneres sagt: jetzt, Rosegger, schreib' was Langes, überwältigendes, dann wirst Du lange an kein Feuilleton denken. Aber die Feuilletons sind darum nicht schlechter, weil sie kurz sind. Im Gegenteil vielleicht. Ich meine, die Iliade müßte jeder Mensch lieben, wenn sie kein Heldengedicht wäre. So aber bewundert man sie nur, und die einzelnen wunderprächtigen Naturbilder darinnen werden von dem Embonpoint des Ganzen erstidt. Also schreib' Deine G'schichteln ohne Zwang, recht aus Deinem Genius heraus, und zwing' Dich nicht zu dicken Büchern, ehe Du selber dick geworden bist, Du Poet meines Herzens!

Ich war in den letzten Tagen recht traurig, weil das „Tagblatt" so infam schimpft über mich. Was habe ich denn diesen Leuten getan? — Na, ich hoffe, das Holzhacken im Sommer, das wird mir wieder ein frohes, vertrauensvolles Herz machen! Bleibt's dabei? — Ich schick' Dir hier mein Bildel mit. Meine Wange freut sich schon auf Dein Patschhanderl — ich bin jetzt so blaß, daß ich wirklich ein bisserl Röthel brauch'. Und so umarm' ich Dich herzinnig und bin mit echter Freundschaft und aufrichtiger Bewunderung

Dein Miltschi.

Lieber, abscheulicher Lex!

So lang nit schreiben?! Ich könnt' Dir die Augen auskratzen und hass' Dich, ich kann Dich nit mehr ausstehen! Fauler Ding übereinander, treuloser, garstiger!

Miltschi.

Mein lieber guter Freund!

Mit großer Freude habe ich die neuliche Sendung lieber grüner Bändchen erhalten — und dank' Dir und Deinem Herrn Verleger vom Herzen für dieselben! Wenn Du wüßtest, wie erfrischend, wie blumenwürzig mich solche Lektüre anmutet in meiner Abgeschlossenheit von der Welt, vom Leben, von Kunst und Literatur! Nun möchte ich aber auch einmal wacker darüber schreiben.

Dabei, mein Großer, Teurer! möchte ich Dir aber auch ein Gefühl gestehen, das ich eben den „Leuten" nicht sagen mag — es ist kein Tadel, denn wer mag tadeln, was man so hoch hält? — es ist nur Ehrlichkeit des Liebenden — denn ich liebe Deinen Genius unaussprechlich! Und das ist: wenn ich Deine Geschichten lese, dann habe ich oft das Gefühl, daß Du zu — literarisch bist. Ich weiß kaum, wie ich das präzisieren soll? Dein Genius war frisch, voll und ganz schon als „Kind", er war in Dir fertig von Deinem ersten Liede an, wie Minerva fertig mit Panzer und Schild aus Jupiters Kopf sprang. Dann wardst Du gebildet, gedrillt, gehobelt, verfeinert von allen; Du lasest Stifter und dergleichen und hast Deinem ehrlichen Ich ein feines, wenn auch bäuerliches Sonntags-

19*

gewand angezogen „für die Leſer". Es iſt manchmal, als ſchriebſt
Du mehr fürs Ausland als für uns; ſo ſehr mühſt Du Dich, rein
und aller Welt ſchriftſprachverſtänblich zu ſein in Form und Wort.
Die Jargonworte, die doch der Grundſtock ſein ſollten, erſcheinen bann
wie Aufputz. Bei Dir, dem Steirerrebner! Möchte doch in Proſa
von Dir Geſchichten leſen, geſchrieben ſo ganz, wie Dir der Schnabel
gewachſen iſt! — Dann kommſt Du ins Zagen, weil Du fühlſt,
daß Du zu literariſch (ich finde eben keinen Ausbruck!) biſt. Oft
hab' ich mir gebacht: wenn der Roſegger nur nie etwas gelernt
hätte, bann wären auch ſeine Erzählungen unvergänglich, wie ſein
Geiſt. Du ſollteſt ſchreiben wie das Volkslied, und nicht wie
Stifter, Auerbach in ſeinen ſpäteren Sachen; ober Anzengruber, wenn
er einen Bühneneffekt ſucht. Schreib' einmal ein paar Geſchichten
ohne „Stil", ohne „Gemütlichtuerei", ſo wie das Volkslied ſingt,
und Du wirſt unübertrefflich, weil echt ſein! —

Ich weiß nicht zu ſagen, was ich ſagen will, das ſpür' ich
— aber verſucht habe ich's doch. Und daß ich Dich ahne und ver-
ſtehe und liebe, viel echter als hundert andere, die Dich bewundern, das glaubſt Du mir wohl?!

Haſt mich noch immer lieb? Biſt nicht harb auf mich? Fühlſt,
wie gern ich Dich habe und das, was Du ſein kannſt und — ſein
wirſt?

Dein bankbarer

Emil.

Eben fällt mir ein, daß ich früher Anzengruber als Effekt-
bramatiker zitiert hab'. Glaube nicht, daß ich ihn beswegen unter-
ſchätze. Aber ich liebe ihn eben am meiſten in dem, was das
Publikum nicht zu ſchätzen weiß: ſein „Doppelſelbſtmorb" zum
Beiſpiel, iſt vom Anfang bis zum Schluſſe ein Meiſterwerk — echt,
einfach, unvergleichlich und ſo herrlich wie ein Raimund-Stück.

Beſter aller Poeten!

Gelt, Alter, meine literariſchen Jugendſünden wirf mir nit
mehr vor — verſprich mir das. Es waren Reiterreklamen, denen
nicht ich das cachet verlieh. Was dafür zu büßen war, das habe
ich — weiß Gott! — gebüßt; ärger, ſchmerzlicher, härter, als
ich es in Worten ſchildern kann! Du weißt nicht, friedlicher Poet,
wie elend ich bin, und wie ſchulblos.

Also nicht wahr, was meine ersten Federn verschuldeten, das sei begraben zwischen uns. Du stehst mir so hoch, und ich habe Dich so gerne, daß mir ein leisester Vorwurf aus Deinem Munde bitter weh tut — und ich bin krank, rettungslos krank im Herzen — das geringste Leid, die leiseste Aufregung kosten mich Tage der schrecklichsten Leiden. Also antworte mir nicht auf den Inhalt dieses Briefes. Aber sende uns bald wieder ein freundliches Wörtchen, welches von Wohlsein und Hoffnungen Deines eigenen Selbst erzählt.

Wir grüßen Dich innigst.

Gott schütze Dich für und für, Dich und die Deinen, und leite Dich weiter Deine Bahn.

Emil.

Mein lieber guter Freund!

Wir hatten uns' immer so gut verstanden über alles. Ich glaub' nur in einem Punkt nicht: über'n Anzengruber. Nun, und der ist ja fast nie zwischen uns zur Sprach' gekommen. Der Anzengruber, das ist einer, vielleicht der einzige Schriftsteller auf der Welt, der mir „weh tut". Ich rede hier natürlich nur von seinen Schriften, da er mir persönlich ganz fremd ist! Nicht, daß ich an seinen Stücken etwas zu tadeln fände, daß ich etwas aussetzen könnt', daß mir seine Werke nicht als die eines Hochbegabten und Berufenen erschienen: aber er sieht alles so gallig: er läßt die Menschen so verzagen, so verwildern, und so viel bittern Schmerz ertragen und wieder so viel Bosheit und Falschheit kochen im Herzen. Bös oder unglücklich oder lächerlich, schauerlich oder elend zum Vergeh'n ist ihm der Mensch; wenn ich ein Stück von ihm gesehen hab', oder wenn ich ein G'setzel von ihm gelesen hab', das sind Augenblicke, wo mir die Welt mißfällt, wo mir der Mensch kein feindlicher Bruder mehr ist, sondern ein erbarmungsloser oder verstockter Feind anderer Wesenheit. Meine eigenste innerste Natur bildet eine so schreckliche Dissonanz mit eben der Anzengruberschen. Halt' aber nicht dafür, daß ich ihn, den Du so hoch hältst, nicht nach seinem vollen Verdienste schätze.

Und nun mit Gruß, Handschlag und Dank Dein alter

Emil.

So, jetzt wird man sich nicht einmal mehr 's Herz ausschütten dürfen vor einem guten Freund, wird nicht einmal „in seinen vier

Wänden" ein bissel seine Meinung sagen dürfen über die unkollegialen Kollegen? „Ihr verschimpfiert einander!" sagst Du. Na, mein Schimpfen hört kein Mensch als Du. Aber die anderen „geistvollen Wiener Poeten", die lasseten sich ja lieber die Zungen ausreißen, als daß sie dem „Vacano" nur ein bissel Gerechtigkeit widerfahren lasseten, was doch alle ausländischen echten und wirklich bedeutenden Schriftsteller tun und getan haben! Warum kann ich denn den Rodenbergs, Heyses, Heigels, Hackländers, Mühlbachs, Freytags was sein, und nur diesen neugebackenen Feuilletonlern nicht, deren Name über die Wiener Ringstraße nicht hinausklingt? Warum können mich denn Franzosen, Italiener, Ungarn, Holländer übersetzen und nur diese Wiener Genies von eigenen Gnaden wissen gar nicht, daß ich überhaupt die Feder führen kann? Nicht an ihrem Lobe liegt mir, aber bezeichnend genug ist es doch, und ein Beweis, daß eine Wiener Clique existiert! Und zu einem guten Freunde kann ich doch von dieser Clique reden, und sie auf den Glanz herstellen, in dem sie sich mir zeigt?

So, und jetzt lassen wir alle die Herren Schriftsteller liegen, wo sie sich selber hinlegen. Zwischen mir und Dir sollen sie abgetan sein für alle Zeiten, und keiner von allen diesen Kerln soll unser schriftliches oder mündliches Gespräch mehr verschandeln und stören. Basta. Ich streich' sie aus zwischen uns.

Emil.

Lieber Peter!

Ich schrieb Dir gestern auf Deine freundliche Karte ein paar Zeilen in der Hast meiner Ankunst. Heut' hab' ich nun die Absicht, zu einem längeren „Schwatz" zu kommen.

Von Dir kann ich nichts reden, da Du mir nichts erzählst von Deinem jetzigen Leben — so muß ich wohl ein bißchen von mir sprechen.

Mit meinem Leiden will's, obwohl ich wieder den Mutvollen spiele, noch immer nicht recht werden; der Doktor weiß keinen Namen dafür als: „Herzfehler" — und seine Medikamente nehmen die Müdigkeit nicht von mir — sie geben mir auch den verlorenen Lebensmut nicht wieder. Armer alter Doktor — das von ihm zu verlangen!...

Noch immer herrscht hier das süße, laue Wetter, ich habe diesen schmerzlichen Herbstton in der Natur zu lieb — die Erde erscheint

mir wie eine sterbende junge Braut, sich geliebt wissend, und selbst
liebend. Mit dem alten, süßen Lächeln auf dem müden und blasser
werdenden Gesichte sucht sie die Umgebung über die Nähe des Ab-
schiedes zu täuschen — und kämpft mit dem zwingenden Gesetz der
Natur bis zur Unmöglichkeit — und sie fassen's erst alle, nachdem
es geschehen! Sie haben sich einwiegen lassen in die alte Ruhe —
und glauben an das Scheiden erst, wenn ihnen die Glöcklein das
dumpfe „Vorbei" ins Herz läuten.

Das ist aber eine triste Reverie.

Sehr fleißig will ich in dem Winter sein, wenn's die Kräfte zulassen; auch studieren — ein bißchen Theologisches, ein bißchen
Sternkunde, ein bißchen dies und ein bißchen das — und viel spazieren gehen, und versuchen, gar nicht launisch zu sein und keine
Grillen zu fangen. Mit so viel und noch mehr guten Vorsätzen
geht der Emil in den Winter hinein. Qui vivra —?

So, nun schließe ich für heute mein Plauderbrieferl. Ich bin
doch so sterbensmüde, wie kein Wort es sagen kann — und so ruhe-
sehnsüchtig wie nach langem, langem Pilgern nach einem heiligen
Gnadenort, wo man alle Kirchentüren verschlossen gefunden hat.
Ich wünschte nur einmal „ausschlafen" zu können — dürfen wir
das hier unten wohl jemals?   Emil.

Josefine Gallmeyer.

(1838—1884.)

Anfangs Dezember des Jahres 1883 war's, als ich bei einem Besuche, den ich im Hotel „Stadt Triest" zu Graz der Künstlerin machte, von derselben lebhaft aufgefordert ward, eine ländliche Szene zu schreiben, welche sie und ich bei irgendeiner guten Gelegenheit zum Vortrage bringen sollten. Sie hätte allerhand Ideen, meinte sie, „Jesses, wann i schreib'n kunnt!" In dem geplanten Stücklein sollte ich z. B. einen obersteierischen Bauern geben und sie wäre ein Bauernmädel, das nach Wien gegangen, wo sie sich als Dienstmagd eine Weile fortgeschliffen hätte und dann zum Theater gekommen wäre. Als Komödiantin hätte sie allerlei getrieben, aber wie ihre Schönheit nachgelassen, sei es auch aus gewesen mit ihrem Erfolge. Da habe sie die Welt verdrossen und sie sei wieder zurückgegangen in ihre Heimat. „Das Weltleben g'freut's nit mehr, sie will in der stillen Natur Frieden haben."

Der Stoff lag mir, ich schrieb das Stückchen „Komödianten"*) und unbewußt damit eine Art Epilog auf das Leben dieser merkwürdigen Schauspielerin.

Daß wir es nach ihrer Absicht gemeinsam zum Vortrage brachten, dazu kam es nicht, ich hatte nicht den Mut, mich mit der Gallmeyer hören zu lassen.

Mitte Januar 1884 ging Josefine Gallmeyer nach Wien „auf eine Gastrolle", wie sie sagte; denn seit man ihr in Wien das Alter zum Vorwurf zu machen begann, fühlte sie sich dort nicht mehr daheim. Die Großstadt ist diesem Genius

---

*) Enthalten in „Stoansteirisch". Graz, Leykam.

überhaupt niemals vollkommen gerecht geworden. Man ließ
sich nur von der Soubrette Gallmeyer entzücken, dieser
Soubrette zulieb schrieb man Possen, Operetten u. dgl.; eine
flache Kritik behauptete länger als zwanzig Jahre jeden Tag
mit den gleichen Phrasen, der Hauptreiz, das Genie dieser
Schauspielerin liege in ihrer Ungebundenheit auf der Bühne,
in ihren lustigen Extempores, in ihrem sprudelnden übermute usw., ihre höchste Vollendung finde sie in der Burleske.
Und so war sie in den engen, undankbaren Kreis der Lokal-
komikerin gebannt, und ihr Temperament, ihre Routine und
Keckheit zusammen gab das, was man unter der „feschen
Pepi" verstand.

Allerdings die kleinen Szenen und Charakterskizzen, die
sie mit den einst berühmten Gallmeyer-Couplets in allen ihren
Rollen so gerne zum besten gab, brachte sie mit einer Laune
und Wahrheit zur Darstellung, wie es vor ihr keine gekonnt
und nach ihr keine können wird. Unübertrefflich auch war
ihre Satire, mit der sie die Schwächen und Lächerlichkeiten
ihrer Zeitgenossen von der Bühne herab geißelte.

Aber einer Künstlernatur, die sie war, ist das nicht
genug Gallmeyer machte kein Hehl daraus, daß sie es der
Presse und dem Publikum lange Zeit selbst geglaubt habe,
ihr Künstlertum liege in der Ungeniertheit und dem rücksichts-
losen Hervorkehren ihrer Launen, und sie gefiel sich darin
und wurde maniert. Als aber endlich eine Zeit kam, wo ihr
unsere Operettentexte so sehr zum Greuel wurden, daß sie —
wie sie einmal äußerte — die Worte gar nicht mehr aussprechen mochte, wo sie sich mit gehaltvolleren Stücken,
besonders mit Anzengruberschen Rollen bekannt machen wollte,
wurde sie mit Schrecken gewahr, daß sie keinen Charakter
künstlerisch ausführen könne, und in der inneren Trostlosigkeit
darüber soll sie ihren bisherigen Lehrmeistern, dem Vorstadt-

theaterpublikum und den Journalisten wenig schmeichelhafte Benennungen gegeben haben.

Dann ging's an ernsteres Studium, und nun erst offenbarte sich ihr Genius in seiner vollen Größe. Aber der Großstadt gefiel das nicht, die wollte von ihr nichts sehen als nur die Gallmeyer, und alle Rollen, die für sie geschrieben wurden, stellten die Gallmeyer dar — die sesche, kecke, lustig-leichtsinnige, goldherzige Pepi. Trotzdem arbeitete sie rastlos daran, als Künstlerin ihre Person abzustreifen und sich in fremde Charaktere hineinzuleben. Es gelang ihr, aber damit war ihr Wirkungskreis — die Provinz geworden.

Seit ihrer Rückkehr aus Amerika, wo hinüber sie Geldnot gehetzt hatte, lebte sie die meiste Zeit in Graz.

Den Grazern wird Josefine Gallmeyer besonders unvergeßlich sein als Rosel („Verschwender"), als Frau Meier („Familie Schneck"), als Liesel („Trutzige"), als Josefa („Kreuzelschreiber") und als Horlacherlies („G'wissenswurm"). Kaum jemals soll sie so urfrisch gespielt haben als in ihren letzten Monaten; so behaupteten Leute, die sie seit zwanzig Jahren gekannt. Dabei war ihr Spiel einheitlicher und maßvoller geworden, ihr Übermut war gemütlicher, ihr Humor innerlicher; ihre Heiterkeit war weniger sarkastisch, aber mehr herzerquickend, und die Gemütstöne, die sie anschlug, drangen uns in die Seele. — Das wäre der rechte Weg gewesen zur höchsten Potenzierung ihres Talentes und auch der rechte Weg zu ihrer Aussöhnung mit der Welt, mit der sie zerfallen zu sein schien. Wer die Gallmeyer als Horlacherlies gesehen hat, der pflichtet mir bei, wenn ich sage, daß die Darstellung dieses naiven, lebfrischen, herzigen Bauernmädchens nicht vollendeter denkbar ist, als sie uns diese Künstlerin gebracht. Da ist alles Jugend, Leben und Lust, mit den scheinbar einfachsten Mitteln

wird unser Herz hingerissen zum Jubel über das schöne
Leben, zum Mitleid mit dem unter Gewissenslasten wimmern-
den Bauer, und der Aufschrei, mit dem sie dem wieder-
gefundenen Vater um den Hals fällt: „Also du hast mir's
Leben 'geben! Na, vergelt's Gott! Es g'fallt mir recht gut
auf der Welt!" wird wohl jedem, der ihn von der Gallmeyer gehört, im Gedächtnis bleiben. Man vergaß, daß man
im Theater saß, man glaubte ihr — sie spielte nicht, sie lebte
die Rolle.

Einmal sagte sie mir, ihre besten Rollen — die wirklichen Charakterrollen — spiele sie nur für die Galerien.
Die Herrschaften im Parterre und in den Logen säßen hierbei
auf ihren Händen, damit sie nicht applaudieren müßten.
Dieser seinen Leute Beifall sei nur zu haben, wenn sie ein
leckes Extempore mache, oder ihre Augen recht auf sie hinaus-
kugeln ließe, oder vollends, wenn sie ein Bein etwas höher
hebe als nötig.

In den Provinzialstädten reicht das wirklich kunstsinnige
Publikum — ich meine jenes, das nicht der Schauspieler,
sondern der Schauspiele wegen ins Theater geht — noch bis
tief ins Parterre herab. Wir Grazer haben die Gallmeyer
angesehen für das, was sie war, für eine gottbegnadete
Künstlerin, und dafür war sie uns dankbar wie ein gutes
Kind. Als man hier b'ranging, zur Verschönerung des
reizenden Stadtparkes eine von einem heimischen Bildhauer
geschaffene Statue aufzustellen, bot sie zur Beschaffung der
nötigen Summe ihre Mitwirkung an und wollte zu diesem
Zwecke einen großen Theaterabend veranstalten. „Ich möchte
den lieben Grazern zeigen, wie gerne ich sie habe," sagte sie,
„ich möchte ihnen ein Andenken von mir hinterlassen." Zu
diesem Theaterabend kam es nicht mehr. Als Josefine Gallmeyer, wie bemerkt, damals, Mitte Jänner, nach Wien „auf

ein Gastspiel" ging, hat sie ihr liebes Graz für immer verlassen.

Die Wiener Bühne verhielt sich ihr gegenüber eigen-
tümlich reserviert; ihre ganze „Gastrolle" in Wien bestand
in einer Vorlesung im Vereine der Literaturfreunde und —
in ihrem Leichenbegängnisse. Als letztes Stück bei der Vorlesung las sie die nach ihren Ideen von mir verfaßte ländliche Idylle „Komödianten" — wie das Mädchen aus dem
Volke „weltsatt zur Natur zurückgekehrt".

Am übernächsten Tage warf sie ein schweres Leiden aufs
Sterbebett, auf welchem Josefine Gallmeyer — die zweite
Therese Krones — am 3. Februar 1884 ihr reiches Leben
beschloß. — Im Angesicht des Todes sang sie mit leiser
Stimme eines ihrer Bühnenliedchen:

> „Mein Büaberl, da bin i,
> Da hast mi, hiaz nimm mi!"

* * *

Zur letzten Erinnerung an diese Künstlerin, der die Nach-
welt keine Kränze flicht, noch folgende gesammelte Berichte:
Josefine Gallmeyer erblickte am 17. Februar 1838 in
Leipzig das Licht der Welt und bald auch das Licht der
Lampen, da ihre Mutter, die Schauspielerin Tomaselli, die
kleine Josefine schon wenige Wochen nach ihrer Geburt hinter
die Kulissen brachte. Gerne erzählte sie von der „strengen
Erziehung", die sie genossen, und daß ihr schon in früher
Jugend der Abscheu vor Lüge und Heuchelei beigebracht
worden. Später stets in Kreisen solcher Laster lebend, sei sie
vielleicht nach der anderen Seite hin extrem geworden —
meinte sie selbst — und habe in ihrer Geradheit oft gesagt
und getan, was der Welt nicht gefiel. — Die ersten Jahre
ihrer schauspielerischen Laufbahn verlebte sie zumeist in Ungarn

1857 begab sie sich über Budapest zum ersten Male nach Wien, wo sie unter Nestroy am Carltheater engagiert wurde. Nestroy entließ sie wegen ihrer Häßlichkeit. Sie verließ die Residenz und wendete sich nach Temesvar, wo sie bei Strampfer, der dort die Direktion führte, ein Egagement fand.

Als Strampfer im Jahre 1862 die Direktion des Theaters an der Wien übernahm, berief er Josefine Gallmeyer nach Wien. In ihrer ersten Rolle fiel sie ab. Ende September ging die Pohlsche Posse „Der Goldonkel" zum ersten Male in Szene. Die Gallmeyer spielte die weibliche Hauptrolle, welche ein Couplet „Die vier Jahreszeiten" enthielt, in dem sie ihre Begabung zeigen konnte. Von da begann ihre eigentliche künstlerische Tätigkeit in Wien.

Zur Charakterisierung dieser merkwürdigen Wesenheit seien hier von den unzähligen Gallmeyeriaden einige angeführt.

Eines Tages erzählte sie, wie der Hang zu Exzentrizitäten in ihr künstlich geweckt wurde. „Bald nachdem ich in Wien den ersten großen Erfolg hatte, las ich in einer Zeitung eine ganze Räubergeschichte über mich. Ich soll mir in einem Chambre séparée einen Rausch angetrunken und dann auf der Gassen mit ein' Fiaker und ein' Wachmann einen Standal ang'fangen haben. Versuchte Arretierung, großer Auflauf, 's Volk befreit mich und führt mich im Triumph nach Haus. Die G'schicht' hat kolossales Aufsehen g'macht, zwei Tag' hat man in Wien von nix anderem g'redt. Natürlich war das Ganze derlogen. Ich stürz' mit Tränen in den Augen in b' Kanzlei vom Strampfer, hau alles z'samm', verlang' Berichtigung, Klage usw., sonst geh' ich in die Donau! Strampfer hat nix dergleichen tan und sagt ruhig: „Das ist Reklame, mein Kind, Reklame!" Wie ich nachträglich erfahren hab', hat der Strampfer die ganze — Reklame selber angezettelt." Seit jener Zeit kamen die Gallmeyer-Anekdoten in die Mode. Dreimal beschäftigte sich die Theaterwelt mit den Heiratsgeschichten der Gallmeyer. Das erstemal verheiratete sie sich in Budapest mit einem alten unbedeutenden Schauspieler namens Kern. Es war das eine Ehe auf Kündigung. Die Gallmeyer brauchte auf ein paar Tage einen Mann, um nämlich auf Grund eines Ehevertrages einen sonst unkündbaren Kontrakt lösen zu können. Zwei Tage nach der Trauung wurde die Scheidung eingeleitet. Ein zweites Mal verlobte sich die Pepi mit dem Schauspieler Tewele, und zwar unter ganz seltsamen Umständen. An dem Weihnachtsabend 1871 war eine lustige Gesellschaft im „Hotel Lamm" beisammen. Die Gallmeyer, Tewele, Anton Langer u. a. befanden sich unter den Anwesenden. Tewele machte der Künstlerin in seinem Übermute auf Tod und Leben den Hof, die Pepi tat so, als ob sie darauf einginge. Schließlich erhob sich Langer gerührt und sagte: „Kinder, ihr seid ein schönes Paar!, liebet euch und seid glücklich miteinander!" Man stieß mit den Gläsern an und tags darauf erhielten sämtliche Freunde und Bekannte die gedruckte Verlobungsanzeige. Kurz darauf wurde selbstverständlich die Verlobung rückgängig gemacht. Die dritte Heiratsaffaire war ernsterer Art. Im Jahre 1876 heiratete die Künstlerin den Hamburger Schauspieler Siegmann. Es war eine zweijährige Ehe.

Zweimal hat die Gallmeyer schlecht spekuliert. Das eine Mal, als sie das Theater unter den Tuchlauben in Wien übernahm, das andere Mal, als sie eine Kunstreise nach Amerika antrat. — Aber mehr noch kostete ihr der verschwenderische Wohltätigkeitssinn, der sie für die alten Tage ins Armenhaus gebracht haben würde.

Die Pepi war der Schrecken der Theaterdirektoren.

Ihr bekanntester Handstreich war die Ohrfeige, die sie ihrem Direktor Strampfer applizierte. Es handelte sich damals um die durch den Direktor angeordnete Ersetzung einer Flasche Bühnenchampagner durch gewöhnlichen Tischwein. Strampfer ließ sich den Schlag ruhig gefallen und murmelte etwas von Reklame. Eine zweite Ohrfeige empfing ein Komiker in Budapest, die dritte ihre Gesellschafterin in Neuyork; diese kostete der Pepi hundert Dollars Strafe.

In den letzten Jahren war sie viel ruhiger und in der allerletzten Zeit bemächtigte sich ihrer Weltmüdigkeit und Weltverachtung. Einen kleinen Pintsch hatte sie, den nannte sie ihr braves Hunderl, wenn er sich anständig aufführte, pflegte ihn aber mit dem Ausrufe: „Du Mensch, du!" zu strafen, wenn er unartig war.

Gallmeyer hatte, wie alle Künstlernaturen, mehr oder weniger ein religiöses Gemüt; in der Wallfahrtskirche zu Mariazell findet sich mehr als eine Opfergabe von der lustigen Soubrette. Unter anderem auch im Rahmen ein vierblättriges Kleeblatt, zwischen dessen Blättern in Photographie die schalkhaften Rundaugen der „Pepi" hervorlugen. Eines Tages lernte sie mit der Schauspielerin Müller in Graz eine lustig-tolle Possenrolle. Es ward viel dabei gelacht und Übermut getrieben; plötzlich sprang die Gallmeyer auf, eilte ans Fenster, schaute eine Weile hinaus, wandte sich um und rief scharf: „Müller! Sagen Sie mir einmal, aber sagen Sie mir's aufrichtig! Glauben Sie an ein Wiedersehen jenseits?"

Die verblüffte Kollegin konnte erst nach einer Weile antworten: „Ich für meinen Teil — gewiß."

„Also kann man, wenn man halt doch einmal vor wem die Augen niederschlagen muß, kann man was abbüßen auf der Welt? So mit Wohltun — nit?"

„Wohltun und Wohltun ist zweierlei,“ sagte die Müller, „ob ich's aus Liebe zum Armen tue oder aus Launenhaftigkeit und vielleicht aus Furcht vor dem Gericht Gottes! Es ist zweierlei!“

„Gut ist's und jetzt wollen wir wieder Komödie spielen.“

Ein merkwürdiges Gespräch zweier Schauspielerinnen, aber es ist verbürgt.

Am liebsten war sie mitten im Volke.

Im Spätherbste ihres letzten Lebensjahres machte sie eines Tages von Graz aus in Begleitung von Freunden einen Ausflug nach dem lieblich gelegenen Gösting. Im Wirtshause daselbst war eine fröhliche Gesellschaft von Handwerkern. Als diese wahrnahmen, wer draußen im Garten angekommen war, schickten sie eine Karte hinaus mit den Worten: „Der feschen Pepi ein steierisches Hoch!“ Sofort zog sich die Gallmeyer mit ihrer Begleitung in die Wirtsstube, ließ Wein auftragen und hob mit den Handwerkern an, lustige Volkslieder zu singen und zu jodeln. Plötzlich brach sie ab und sagte: „Meine Herrschaften! aufs Jahr um die Zeit seht's mich nimmer!“

In einem Testamente hatte die Künstlerin verordnet, daß sie ohne Ehren und jeglichen Schmuck, arm wie eine Bettlerin, begraben werden wollte in der stillen Morgenfrühe. Es war ein bescheidener Wunsch! Sie wollte nicht auch noch ihr Leichenbegängnis für die Menge zu einer Komödie machen; und jenen Massen, die für all derlei wohlfeile Trauerbelustigungen immer zu haben sind, wäre der Spaß diesmal verdorben gewesen, wenn die „Testamentsvollstrecker“ den letzten Willen der Künstlerin hätten respektieren mögen. Aber sie mochten fühlen, daß hier einiges gut zu machen sei und gaben Gelegenheit, die tote Gallmeyer mit Ehren zu überhäufen, die der lebenden in den letzten Jahren vorenthalten worden. „Die Gallmeyer hat sich überlebt,“ konnte man

hören. Ja, wenn sie sich doch wenigstens so lange überlebt
hätte, daß sie ihre Nachrufe lesen, ihr eigenes Leichenbegängnis
sehen hätte können, sie würde mit dem Bewußtsein heim-
gegangen sein, daß sie vielen viel wert gewesen.

Die Gallmeyer hatte den Wienern auch noch im Tode
einen anmutigen Dienst erwiesen. Es waren die Mord-
wochen, und die Journale der Residenz überboten. sich Tag
für Tag in der Schilderung und Ausmalung der blutigen
Greuel, die sich zutrugen, so daß die Erregung des Volkes eine
geradezu unheimliche wurde. Eines der Lokaljournale soll sogar
mit der Idee umgegangen sein, die Raub- und Mordberichte
mit blutigen Lettern drucken zu lassen. Da starb die Gallmeyer. Die Schauerberichte waren wie abgeschnitten, und an
ihrer Stelle reigten den Totentanz die lustigsten Anekdoten
allerart aus dem Leben der „feschen Pepi". Heiter war's
wieder — die Gallmeyer war wieder da!

Ich habe diese interessante Frau wenige Wochen vor
ihrem Tode —. eben in Graz — persönlich kennen gelernt.
Nach dem, was man von der Gallmeyer in Umlauf hielt,
hatte ich vor dem Besuch bei ihr eine gewisse Angst, die
jedoch ganz ungerechtfertigt war. Ich fand an ihr eine gemütlich heitere Dame, artig, ohne viel Umstände zu machen, hie
und da ein wenig in Hyperbeln sprechend, stets warm bei
der Sache, von der gesprochen wurde, gerne aus ihrem Leben
erzählend, bei den lustigen Stellen mit übermütiger Heiterkeit, bei den traurigen mit hellen Tränen in den Augen,
d'runter durch in Ton und Gebärde gerne ein wenig Komödie
spielend. Eher spiele sie im Privatverkehr mit Menschen ein.
bißchen Komödie, sagte sie mir einmal, als auf der Bühne,
wo es stets ihr Ernst sei. Ich gestehe, daß mich anfangs ihre
künstlichen roten Haare stark genierten, die einem fast die
Freude an ihren herrlichen Augen vergällen konnten. übrigens

erschienen mir diese berühmten Gallmeyer-Augen lange nicht so groß und feurig wie auf der Bühne; sie hatten etwas Müdes; sie waren eben schon im Erlöschen.

Ihr Haupt war trotzdem auch damals noch stets voll von Plänen für neue dramatische Szenen, Stücke, ja sogar für Novellen und Gedichte, und so fand ich diese Künstlerin stets anregend und fort und fort mit vollen Händen Gaben ausstreuend von dem Schatze ihrer reichen Individualität.

Etliche Tage vor Weihnachten kam ich bei ihr zurecht, wie sie zahlreiche Pakete und Schachteln transportieren ließ hinaus aufs Land, zur Christgabe für Kinder armer Familien in Krain, von denen sie durch ihre alte Kollegin, die Grazer Schauspielerin Frau Müller, vernommen, und für Bauern-familien im Salzkammergute, die sie auf ihrer Sommerfrische kennen gelernt hatte. Und einige Tage nach Weihnachten war sie in der Lage, ihren Besuchern mit Freude und Rührung die Geschenke zu zeigen, die sie von ihren Salzburger Bauers-leuten erhalten. „Sehen Sie, das ist mein diesjähriges Weih-nachtsgeschenk,“ sagte sie. Es war eitel Sterbegeräte: ein altes, bleiernes Weihbrunngefäßchen, ein stark verbogenes Kruzifix-lein vom gleichen Material und auch ein Fichtenzweig und Äpflein von dem durch sie gestifteten Christbaum in der Bauernhütte. Dieses Weihwassergefäß und dieses Kruzifix waren wohl eine der letzten Gaben, wenn nicht die allerletzte, so der einst mit den prunkvollsten und wunderlichsten Spenden überhäuften Schauspielerin geworden.

Ihre schauspielerische Laufbahn hat Josefine Gallmeyer auf der Grazer Bühne abgeschlossen, wie 26 Jahre früher Nestroy. Am 13. Jänner 1884 spielte sie im Stadttheater im „Verschwender“ die Rosel. Es war ihre letzte Rolle, ihr letzter Theaterabend.

Das der leben- und witzsprühenden Künstlerin zujubelnde Publikum hatte keine Ahnung von den Qualen, die ihr die schon wütende Krankheit verursachte, keine Ahnung, daß diese jugendliche „fesche Pepi" voll ungezügelter Lustigkeit bei sich sehr gut wußte, sie hätte nur kurze Zeit mehr zu leben. „Da setzt der Tod den Hobel an und hobelt alles gleich!" sang Valentin.

Ein paar Wochen nach jenem stürmischen Beifallsgebrause im „Verschwender" zu Graz wehten von den Zinnen der Schauspielhäuser die Trauerfahnen um Josefine Gallmeyer.

———

Karl Morre.

(1832—1897.)

I.

Bei Poeten und Künstlern pflegt das Sprichwort „Gleich
und gleich gesellt sich gern" nicht zuzutreffen, solche
Leute suchen — unter dem Banne eines allerdings merkwürdigen Geschmackes — gerne jeder für sich ihre Kreise von Laien,
in denen sie Vorsitz und Vorwort haben und Huldigungen
entgegennehmen. Wenn aber doch einmal ihrer zwei alte
Poeten gemütlich beisammenhocken und plaudern, so bedeutet
solches, daß sie sich besonders gut verstehen müssen. Und so
geschieht es manchmal, daß zwei heimische Poeten beim Glase
Wein zusammensitzen und munter miteinander plaudern.

Die beiden Poeten sind der Verfasser des „Nullerl" und
meine Wenigkeit. Wir regen uns gegenseitig an und mir tut
es wohl, die Gedanken auszutauschen mit Einem, der das
Landvolk so gründlich versteht und so herzhaft lieb hat, wie
Morre. In städtischen Kreisen kommt ein richtiges Verständnis
für den Bauernstand selten genug vor, und fast noch seltener
eine treue Neigung zu ihm, sooft auch mit diesen Dingen ge-
flunkert wird. Wenn wir beide vom Landvolk sprechen, so
betont Morre gewöhnlich die praktische und ich die ideale
Seite desselben, derart vervollständigen wir uns gegenseitig.
Man müßte aber, wenn Morre da ist, den Sack voll Stiften
bei sich haben, um die zahllosen köstlichen Ideen, die in seinen
guten Stunden fortwährend aus seinem Haupte sprudeln,
festzuhageln. Man könnte ihm gelegentlich mit seinen eigenen
Früchten ein großes Geschenk machen, denn die Gedanken
verflüchtigen sich bei ihm so rasch als sie entstehen, und
sich etwelches aufzunotieren, wie es einem haushälterischen

Geiste anstünde, das kommt ihm nicht im entferntesten bei. Es ist ein Verdienst (dieses Verdienstes rühme ich mich um den Freund), ihn auf manche Perle aufmerksam gemacht zu haben, die er leichtfertig verstreut, bis er sie dann doch beachtete und seinem Schatze beigab. In der Tat, von den Ideen, die Morre täglich verschwendet, könnte ein Dutzend bramatischer Volksdichter und Librettenschreiber leben. Wie Karl Morre mit dem lieben Herrgott auf gleich kommen wird, wenn ihn der am Jüngsten Tage nach der Ausnützung seiner anvertrauten Talente fragt, das weiß ich nicht. Das Beste, was der Herr vorläufig für ihn tun kann, ist, daß er ihm von Zeit zu Zeit eine Sintflut schickt; geht dem Dichter das Wasser an den Hals, dann erinnert er sich der Schätze, die in ihm stecken, und er schreibt prächtige Volksstücke. Die „Familie Schneck", die „Frau Rätin", die „Statuten der Ehe", das „Nullerl", der „Regimentsarzt" sind lauter durch Sintfluten hervorgeschwemmte Perlen.

Es ist ja seltsam, daß Morre nach einem wandelbaren Leben, in welchem er alle Kreise des Volkes kennen gelernt, in die Offentlichkeit trat, erst als er ein halbes Jahrhundert hinter sich hatte, und seither in aufsteigender Kraft literarisch tätig ist. Man bezeichnet das „Nullerl" als sein bestes Stück; in bezug auf den Gehalt ist es das gewiß.

Seine Liebe zu der arbeitenden Klasse und zu den Opfern der Arbeit, die uns besonders in den Landarmen, den „Einlegern", vor Augen leben und darben, wußte das Volk zu würdigen; man hat Morre in den steiermärkischen Landtag und bald darauf in den Reichstag gewählt. Auch dort trat er lebhaft für die Landarmen ein und schlug eine neue Armenversorgung vor. Jeder bäuerliche Dienstbote sollte dazu verhalten werden, alljährlich einen gewissen kleinen Betrag einzuzahlen, um im Alter oder im Falle der Arbeits-

unfähigkeit eine entsprechende Pension beziehen zu können.
So viele Stände haben ähnliche Einrichtungen, aber der
Landtag, in dem freilich kein Einleger sitzt, verhielt sich
Morres Antrag gegenüber frostig wie ein Allerseelentag. —
Da mögen wohl Augenblicke gewesen sein, in welchen der
Mann Heimweh hatte nach der Bühne, auf der er besser
Bescheid wüßte als im Parlamente, wo der naive Volksredner
vielleicht einmal einen hübschen Effekt erzielt, das Feld aber
doch den Diplomaten gehört. Da hatte freilich das „Nullerl“
auf der Bühne ein dankbareres Publikum, obwohl es in den
Fauteuils und Logen immerhin auch Leute gibt, die im Null-
Annerl keinen anderen Zweck sehen, als daß er durch seine
Armut und Demut die Herrschaften belustige.

Wie Morre die Leute belustigen kann, das steht auf
einem anderen Blatte. Vor einigen Jahren war es, als an
einem schönen Sommertage Morre und ich in meine Wald-
heimat Alpel fuhren. Nach zweistündiger Fahrt hatten wir
einen steilen Berg zu Fuße zu bewältigen, was meinem
Freunde gerade nicht zu behagen schien. Ich hatte den steilen
Hang dem ebeneren, aber viel weiteren Umweg vorgezogen,
was meinem Genossen zuwider war. Als wir zum Hause
kamen, war er sehr erschöpft und ließ sich in der Stube sofort
auf eine Bank nieder, mit Atemnot ringend. Sein Puls
schlug heftig, an der Stirne standen ihm Schweißtropfen.
„Ich weiß nicht,“ bemerkte er endlich, „ich weiß nicht, was das
ist, mir schwumerlt's vor den Augen, blau ist alles. Und
meine Finger der rechten Hand hier —“

„Was ist's damit,“ war meine besorgte Frage.

„Ich fühle sie nicht, nur so bremseln tun sie und kalt
werden sie. Und — blau ist alles. Wasser!“

Ich eilte hinaus zum Brunnen um frisches Wasser.
Während der Krug unter der Quelle stand, hörte ich hinter

dem Hause ein helles Jauchzen. Wer da so schreit, wenn man keinen Augenblick sicher ist vor einem Unglück! dachte ich. Als ich hernach mit vollem Kruge dem Hause zulief, um den armen Freund zu laben, nahm ich wahr, daß das hellklingende Jauchzen und Jodeln aus dem Stubenfenster kam, und daß es mein lieber Sterbender war, der seine Lust so voll und frisch hinausklingen ließ in die Gotteswelt.

Noch schlug freilich mir der Puls heftiger als ihm, aber ich verzieh ihm gern sein Komödiantenstückel, um so mehr, als er dabei ja selbst eingestanden: blau wäre alles. — So hatte er sich für den steilen Berg gerächt, den ich ihm mutwillig angetan.

Das Jauchzen und Jodeln währte nun mit wenigen Unterbrechungen den ganzen Abend und am nächsten Tage. Er ging in den Wäldern herum und sang, er ging auf den Höhen dahin und jauchzte. Die wenigen Leute, die noch in der Gegend sind, wunderten sich baß darüber und fragten einander, wer denn in solchen Zeitläuften noch so lustig sein könne auf dieser Welt? — Mit allen Rindern und Kindern, denen mein Freund unterwegs begegnete, band er an und an letztere vertat er sein ganzes Taschengeld. Nach Hirschen und Hasen lugte er aus und meinte, sich einfältig stellend, die Jäger hätten ganz recht, daß sie Jagd hielten nach solchen Tieren, die dem Bauer die Felder abgraseten! An den Bäumen kletterte er empor und schaukelte auf denselben und trällerte und sang dabei. Seit vielen Jahren war ein so lustiger Mensch nicht mehr umgegangen in der Gegend.

An demselben Tage war's, daß ein Herr aus Norddeutschland nach Krieglach kam, um mich zu besuchen. Mein Knabe begleitete ihn nach Alpel, wo er mich im Waldhause fand. Er war entzückt über die Berge, über die Wälder und

Wiesen und Bäche, über die weidenden Herden und barfüßigen Hirten und vor allem über das Singen und Jauchzen, das von dem gegenüberliegenden Berge herabklang.

„Ach, dieses Waldleben, dieses idyllische Waldleben!" rief der nordische Gast ein um's andere Mal, „und so munter singt bei uns im Plattland kein Bauer als hier!"

„Wen Sie da jobeln hören —"

„Jobeln!" rief er, mich unterbrechend, „jobeln ist das! Ach, du lieber Himmel, das Jobeln! Wie schön! Wie schön!"

„Wen Sie da jobeln hören," fuhr ich fort, „das ist kein Bauer."

„Also eine Bäuerin!" rief er, „wohl gar eine Sennerin! Ach Gott, wie nett!"

„Wen Sie da jobeln hören, das ist ein Dichter."

„Ein Dichter?" fragte der Norddeutsche überrascht, „jobeln hier auch die Dichter?"

„Eigentlich nur mehr die allein," war meine Antwort.

„Na, hören Sie!" lachte er auf. „Das tun sie bei uns nun eben nicht. Es jobelt Paul Lindau nicht, es jobelt Oskar Blumenthal nicht, es jobelt Friedrich Spielhagen nicht, ja nicht einmal Klaus Groth oder Theodor Storm. — Es ist das wohl so 'n Schnaderhüpfel-Dichter?"

„Nicht eigentlich. Es ist unser dramatischer Dichter Karl Morre, der z. B. das „Nullerl" geschrieben hat."

Jetzt machte mein Gast einen Sprung in die Luft — vor lauter Überraschung. Das „Nullerl" hatte ihn erst vor kurzem in Dresden entzückt und er war außer sich vor Vergnügen, als er nun im Waldgebirge den Verfasser persönlich kennen lernte.

„In diesem Lande wachsen also die Dichter auf den Bäumen!" bemerkte er, als er die kräftige Figur des Poeten auf einer schlanken jungen Fichte sich schaukeln sah.

„Werd' bald unten liegen!" rief dieser oben, „und wenn's der Schiller oder der Goethe ist, der da unten steht, wenn ich auf ihn b'rauffall', so schlag' ich ihn tot!"

„Ob der kleine Oskar Blumenthal in Berlin auch so anmaßend wäre?" fragte ich den deutschen Bruder.

Der Dichter des „Nullerl" wollte die Waldnatur nicht viel durch gesellschaftliche Formen kompromittieren und so kam an ihm wohl einmal die ganze kernige Bauernnatur heraus.

Wir trieben auch ernsthafte Sachen.

Da war es eines Abends in der Plauderstunde, daß wir zu sprechen kamen über unsere Volksschule. Diese liegt uns beiden am Herzen.

Einer Meinung sind wir darüber, daß eine Hauptsache bei dem Lehrer und Erzieher die Würde ist, der ruhige Ernst, die gemessene Überlegenheit.

Da erzählte Morre folgende Geschichte:

Zur Zeit, als Kaiser Josef II. noch auf Erden wandelte, wurde ihm gelegentlich erwähnt, daß weit drinnen im Gebirge, in einem sehr entlegenen Dorfe, eine Schule sei, die geradezu musterhaft genannt werden müsse. Da er wiederholt und wiederholt von dieser Schule und dem trefflichen Lehrer hörte und seine Reise ihn einmal in die Gegend führte, so beschloß er eines Tages, das Gebirgsdorf aufzusuchen, um sich von der rühmlichen Wahrheit selbst zu überzeugen.

Kaiser Josef kam in das Dorf, allein und schlicht wie er war, trat er in die Schule. Die Bänke waren gleichmäßig besetzt von Kindern; vorn an einem Tische saß ein altes, hageres Männlein mit weißen Haaren, auf dem Scheitel ein schwarzes Samtkäppchen, weil er vielleicht empfindlich sein mochte gegen Erkältung des Hauptes.

Als der Kaiser, der sich nicht erkannt wähnte, zur Tür hereintrat, stand der alte Schulmeister auf, zog sein Käppchen vom Haupte und verneigte sich ruhig vor dem Eintretenden. Dann wendete er sich gegen die Jugend und sagte: „Kinder, stehet auf. Den Mann, der jetzt zu uns hereingekommen ist, müsset ihr verehren. Es ist unser Kaiser Josef. Neigt euch!"

Die Kinder standen auf, und als sie sich vor dem Eingetretenen verneigt hatten, winkte er mit der Hand: „Nun setzet euch!"

Als das geschehen war, ließ sich auch er selbst nieder auf seinen Stuhl und setzte das Käppchen wieder auf.

„Da Eure Majestät zu uns gekommen sind," sagte der Lehrer nun, „so ist es vielleicht recht, wenn ich jetzt die Kinder ausfrage."

„Ja, das wünsche ich," sagte der Kaiser.

„Kinder," sprach der Lehrer, „wer heute gefragt wird, für den ist es eine große Ehre auf sein Leben lang und er wird sich wohl die Frage merken, die er vor dem Kaiser Josef beantworten durfte. Also, kleiner Steg-Barthel, sage uns einmal, wieviel ist acht und drei?"

„Acht und drei ist eilf," antwortete der Knabe.

„Recht gut. Und nun Du, Michel," sagte der Lehrer und winkte einem noch kleineren, „wieviel ist sieben und sieben?"

Der Kleine erhob sich verzagt: „Sieben und sieben" — stotterte er, „sieben und sieben — ist, ist —"

„Sieben und sieben ist — vierzehne," sagte der Lehrer freundlich.

„— ist vierzehne," wiederholte der Knabe.

„Brav, Micherl," lobte ihn der Lehrer, „ja, ganz richtig, sieben und sieben ist vierzehne."

So fuhr er fort, und wo eins stecken blieb, da half er ihm weiter, weil er die Kinder vor dem Fremden nicht beschämen wollte.

Als der Kaiser so eine Weile dem Unterrichte beigewohnt und gesehen hatte, daß in allem die Ordnung eine genaue, das Benehmen ein sehr anständiges, die Achtung vor dem Lehrer eine überaus hohe und sein Verkehr mit den Kindern ein so zartsinniger war, sprach er zu diesem: „Nun habe ich mich überzeugt, daß der gute Ruf, der mir von dieser Schule zu Ohren gekommen, ein gerechtfertigter ist. Ich spreche Ihnen, lieber Herr Lehrer, meine volle Zufriedenheit aus. Leben Sie recht wohl!"

Als der Kaiser sich nun anschickte zu gehen, standen auf des Lehrers Wink die Kinder wieder auf; der Lehrer lüftete das Käppchen und begleitete den Scheidenden bis zur Tür und durch dieselbe hinaus. Im Vorgange fiel er vor dem Kaiser auf die Knie.

„Euere Majestät!" flehte er mit gerungenen Händen, „ich bitte um Gnade, daß ich die Ehrerbietung, die ich meinem allergnädigsten Kaiser schuldig bin, drinnen nicht geleistet habe. Allein, ich bin das meinem Ansehen als Lehrer schuldig. Wenn die Kinder sehen, daß ich — und wäre es selbst vor dem Kaiser — ein demütiger Knecht bin, dann ist ein großer Teil meines Ansehens weg. Ich bitte um Gnade und Verzeihung!"

Jetzt beugte sich Kaiser Josef, hob den alten Mann vom Boden auf und sagte: „Lieber Freund, ich verstehe Sie. Ihre Würde als Lehrer ist vor den Kindern so groß, wie die meine als Kaiser vor den Untertanen. Sie sind ein tüchtiger Schulmann. Wünschen Sie nicht einen besseren Posten?"

„Euere Majestät," entgegnete der Greis und hatte noch immer die Hände auf der Brust. „Jeder Schulmeister wünscht einen besseren Posten. Allein ich bin ein alter Mann und mit meinen Kindern so sehr zusammengewachsen, daß es besser sein wird, wenn ich dableibe. Die Eltern der Kinder, welche Euere Majestät soeben beglückt haben, sind fast alle auch meine Schüler gewesen. Jetzt lebe ich so mit ihnen in Fried und Freundschaft dahin. Untertänigst dank' ich, aber es wird wohl für mich das Schicksamste sein, wenn ich hier aushalte, bis mir der liebe Gott den besseren Posten gibt, den er uns allen verheißen hat."

Mit Rührung hatte Kaiser Josef den alten Mann verlassen — und (so schloß der Dichter Morre) dieses Beispiel aus der josefinischen Schule ist lehrreich für Lehrer aller Zeiten. —

So weit schrieb ich noch zu Morres Lebzeiten. Und nun ein Nachtrag.

II.

Die Welt ist ein Narrenhaus! Das war sein Sprichwort.

Freilich war auch er selber ein Inwohner dieses Narrenhauses gewesen, freilich war er so närrisch gewesen, er, der heiße Mensch, der Dichter, unter die Politiker zu gehen. —

Ihm, der das „Nullerl" geschrieben, war die Welt nicht Null, er konnte nicht gleichgültig bleiben gegen all das unverschuldete Elend und gegen all die prunkende Lumperei der Welt! Und so beging er im Jahre 1886 den Narrenstreich. Er wollte die Welt verbessern und stieg von der Volksbühne herab. Er wollte die Welt verbessern und ging ins Parlament! Das waren zwei ausgiebige Narrheiten auf einmal. Morre war einer jener Humoristen, die von der Welt ernstgenommen werden, solange sie die Welt nicht ernstnehmen. Morre war weise, solange er in der Welt ein Narrenhaus sah, und war eben ein Mitnarr, sobald er sie gescheit machen wollte. Narren werden anders geheilt als dadurch, daß man ihnen sagt, man wolle sie klug machen. Klug dünkt der Narr sich ohnehin, darin besteht ja eben seine Narrheit. Am liebsten nimmt er noch Vernunft an vom freiwilligen Narren, vom Phantasten, vom Seher, vom Dichter. Ein Dichter, der das Buch, der die Bühne hat, wirkt still und fruchtbar fort in allen Kreisen, in vielen Ländern, durch lange Zeiten. Sein Lauf wird, unter Ausnahme vielleicht von einigen Kritikastern, nicht angefochten, nicht verwirrt, nicht gehemmt, und nach hundert Jahren ist das Wort Fleisch geworden. — Diesen vorteilhaften Posten hatte Morre aufgegeben. Ins Parlament ließ er sich schicken, wo der Streit des Tages wütet, wo der Eigennutz der Mächtigen schreit, wo bar der Menschenwürde und Vernunft die Parteien sich balgen im wüsten Rausche des Erfolges oder im haßerfüllten Knirschen der Ohnmacht! Wo bisweilen eine meutenhafte Hetze sich entfaltet zu einem öffentlichen Hohn der Gesittung.

Und dahinein ließ sich der Dichter schicken!

Wir haben das Schauspiel erlebt, wie er von leidenschaftlicher Überzeugung durchdrungen auftrat für die Rechte der Armen, für die Rechte des arbeitenden Volkes — und wie er dafür ausgelacht wurde. Wenn Morre von einer Altersversorgung der ländlichen Dienstboten sprach, wurden sogar die „Bauernfreunde" schwerhörig. Wir haben es gehört, wie Morre gegen den Sportsübermut der Reichen, gegen das Jagdunwesen, gegen das tolle Pferderennen, überhaupt gegen den Luxus der Bevorzugten und gegen die systematische Niederdrückung des Bauernstandes wetterte — und wie er dafür verhöhnt wurde! Das haben wir gehört und werden es nie vergessen. Wir haben vernommen, wie Abgeordnete aus derselben Bank sich geringschätzig äußerten über dieses „Nullerl" und mit Achselzucken sagten: Er ist kein Diplomat! — Wahrlich, das war er nicht. Aber ein redlicher Kerl war er, der sich in dem, was er vertrat, nicht verhandeln sollte und wollte mit Klubs und Fraktionen.

Solange es ging, wollte man ihn also nicht ernst nehmen; daß man ihn schließlich aber ganz kurios ernst genommen hat, das zeigt das Wachsen seiner Gegnerschaft und ihre Wut gegen ihn. Es ist vielleicht ein wenig pathetisch gesprochen, wenn ich sage, seine Gegner haben ihn in den Tod gehetzt! Aber es ist daran Wahres. Der Humor blieb unserem Morre treu, solange es möglich war, aber endlich mußte der Hetze pariert werden, und hierin mutete er sich zu viel zu. Die Anstrengungen der Wahlagitation, die Anfeindungen, die Aufregungen waren zu groß, er brach unter ihnen zusammen, sank aufs Krankenbett.

Auf dem Krankenbette nun wäre Zeit gewesen, einen Rückblick in die bunte frohe Vergangenheit zu werfen, aber die Erfahrungen der letzten Zeit hatten sein Gemüt zu arg mitgenommen, um noch beschaulich sein zu können.

„Trachte nur, daß du aus diesen Geschichten wieder herauskommst!" sagte zu ihm ein Freund.

„Ich werde bald heraus sein aus diesen Geschichten," antwortete er mit einer wehmütigen Lustigkeit, „zu Weihnachten bin ich schon beim Christkindl." Damals auch war's, daß er mich an der Hand nahm: „Das geht schon über den Spaß, wie ich leiden muß! Im Wald ist es finster, aber um mich wird's bald noch finsterer sein. Oder ganz licht: Der Himmelvater wird doch sein Wort halten. Lebe wohl, Freund! Lebe den Deinen und denke: die Welt ist ein Narrenhaus!"

Es war ein Abschiednehmen, so fühlte er den Tod im Herzen. Doch der Himmel war ihm einige Wochen des Glückes noch schuldig. Als die Weihnachten kamen, lebte er noch, gepflegt von seiner guten Madleine. Als das Neujahr kam, und die ganze Zeit über, strömte ihm eine Flut von Teilnahme, von Beweisen der Freundschaft und Verehrung zu aus aller Welt. Als der Jänner war, sand sein Volksstück „Der

Glückselige" in Wien einen großen Erfolg. Damals schrieb er an den Direktor des Raimundtheaters, der besonders durch Fröbens Darstellung der Titelrolle eine gute Einnahme erzielt hatte: „Am Samstag war Fröben der Glückselige, gestern waren Sie es, und heute bin ich es." — In dieser Glücksstimmung habe ich ihn bei meinem letzten Besuch gefunden. Er lehnte im Sofa, er wollte mir zeigen, daß er auch schon wieder durch das Zimmer gehen könne; allerdings wies er mir auch die weite Weste vor, die an seinem eingefallenen Leib schlotterte: „Siehst du, zwei Morres hätten jetzt drinnen Platz, und selbst wenn sie noch größere Narren wären, als ich es gewesen."

„Ich habe," so fuhr er fort, „den Himmelvater die großen Schmerzen schier für übelnehmen wollen, aber er hat nur das wilde Fleisch herausgebrannt. Jetzt danke ich ihm für die Krankheit, sie hat mir wieder sonnenklar gezeigt, was ich für ein braves Weib habe, und wie viele treue Freunde!"

„Und denke dir," so erzählte er, „was mir vor einiger Zeit passiert ist. Madeleine! sage ich zu meinem Weib, jetzt kannst mich im Feldhof (Irrenanstalt) anmelden, jetzt bin ich wirklich verrückt geworden. Kommt's mir vor, es hätte mir jemand jetzt zehntausend Gulden geschenkt für arme ländliche Dienstboten! Nein, das ist nicht, so was gibt's ja nicht!" — Es war wohl doch so, es geschehen noch Wunder, wenn ein Dichterwort ans rechte Herz klopft. Das eine „Nullerl" hatte es erwirkt, daß ein tapferer Einser mit seinen vier Nullen fröhlich heranrollte. Ein hochherziger Edelmann hatte dem Freunde der Armen die genannte Summe wirklich bar zur Verfügung gestellt, und Morre hat sie noch vor seiner Erkrankung ihrem Zwecke sichern können.

Und auf diesem meinen letzten Besuche bei Morre (es war im Winter 1897) erzählte er mir auch noch sehr angelegentlich einen Traum, der ihn in einer seiner Fiebernächte geängstigt hatte. „Willst du ihn merken?" sagte er, „den kannst ja in den ‚Heimgarten' hineindrucken, er ist närrisch genug. — Höre zu. Ich ging den Hafen entlang spazieren, vor mir lag das Meer, lag auch ein großes Schiff. Da kam aus dem Schiffe ein Herr im Jagdanzug und fragte mich, ob ich den Bauernknecht Michel kenne? Er sei dem Michel sechs Gulden schuldig, und ob ich so gut sein wollte, sie ihm zu übermitteln. — Ja, das wolle ich gerne tun, er solle mir das Geld nur geben. — Dann möchte ich die Freundlichkeit haben, ihn auf das Schiff zu begleiten, dort würde er mir das Geld einhändigen. — Ich ging mit auf das Schiff und sagte zu dem Herrn, er solle schnell machen, die Glocke habe schon das zweitemal zur Abfahrt geläutet. Ich möge doch nicht so ungeduldig sein! sagte der Herr und suchte in seinen Säcken, in seinen Truhen und überall herum nach dem Gelde. Endlich habe ich die sechs Gulden in der Hand, aber wie ich zurück aufs Land will, schwimmt das Schiff schon auf der hohen See. Ich bin überlistet, denke an mein verlassenes Weib, stürme wie rasend umher und sehe, von welcher Gattung das Schiff ist, auf das ich geraten bin. Endlich komme ich zum Kapitän, das ist ein brauner, rotbärtiger Kerl und hat einen großen Mund mit blinkweißen Zähnen. Herr Kapitän! rufe ich ihm zu, ich bin auf das Schiff gelockt worden, Sie müssen mich zurückführen aufs Land! — Sagt der Kapitän: Wer bist du denn, daß du so keck auftrittst? — Sage ich: Reichsratsabgeordneter bin ich! — Sagt der Kapitän: Na, da bist du auch was rechtes! Dann wird dir eine kleine Luftveränderung nicht schaden. Wir fahren nach Neuseeland. — Sage ich: Um Gottes willen, nächsten Samstag geht das ‚Nullerl' neu in Szene und da muß ich dabei sein. — Sagt er: was geht dich das ‚Nullerl' an! — Sage ich: Das geht mich viel an,

Herr Kapitän, weil ich's geschrieben habe! — Was? ruft der
Braune aus, du bist der Dichter des ‚Nullerl'? Na, warum
haft du das nicht gleich gesagt! Beim ‚Nullerl' habe ich mich
schon oft sehr gut unterhalten. Alsogleich sollst du zurückge-
führt werden an dein Land. — Hat darauf zwei Matrosen
befohlen, mich auf einen Kahn zu nehmen und ans Land
zu rudern. Mir gab der brave Kapitän noch einen ganzen
Schinken mit und eine Flasche Wein. — Die Matrosen ruder-
ten mich schnell hinaus, und als sie vom großen Schiffe so
weit entfernt waren, daß man es nur wie einen schwarzen
Punkt sah und den Rauch darüber, da nahmen sie mir Schinken und Flasche weg, und dieweilen ich mich drum wehrte,
wollten sie mich ins Meer werfen. In schrecklicher Not ringe
ich mit den beiden Kerlen, schon biegen sie mich über den
Rand hinaus, da höre ich eine traute Stimme: Karl! —
Ich erwache. — Mein Zimmer, mein Weib! — Du hast schwer
geträumt, sagt meine Madeleine. Ich war am ganzen Leib wie
übergossen vor Schweiß.“

So hat er erzählt, und das war die letzte Phantasie,
die ich aus diesem reichen Dichterhaupte vernommen. Und
wenn man in die letzten Worte eines Menschen tieferen Sinn
zu legen gewohnt ist, dann ahne ich wohl, was hier dahinter-
steckt. — Ob das große Schiff, auf das er wegen des armen
Bauernknechtes gelockt wurde, nicht am Ende die — Politik
ist? Ob der Kapitän nicht das Volk sein soll und die beiden
Matrosen — die Parteien?

Mit keinem Worte hat Morre mich daraufgeführt,
möglich, daß er sich selbst der Bedeutung unbewußt war,
die seine Fieberphantasie ihm vorgedichtet!

Weil er bei der Traumerzählung erregter geworden war,
als das bei einem Kranken zu wünschen ist, so wendete
ich das Gespräch auf den Champagner, den wir im vorigen

Sommer gewettet: er baraufhin, baß er fich nicht mehr
wählen laffen werbe, ich baraufhin, baß er boch wieber kan-
bibieren wirb! Die Tatfache hatte mir recht gegeben.

„Gib dem Perikles den Abfchieb und halte bich wieber
an den Homer. Was macht bein Volksftück: Pater Jakob?"

„Mein Pater Jakob!" antwortete er mit einiger Wehmut. „Du haft recht, mit biefer Komöbie hätte ich jeben-
falls mehr ausgerichtet, als in — ber anberen."

„Du wirft es nachholen, Karl!"

Mit folcher Zuverficht haben wir uns fröhlich bie Hand
gefchüttelt — das letztemal.

Sein Volksftück ift Fragment geblieben, ein Schwarm
prächtiger Ibeen ift unausgeführt, ein reich talentiertes Leben
ift ungenützt geblieben. Was das Volk im großen ift, das warb
ber Volksmann im kleinen — ein Opfer ber Politik.

Hans Grasberger.
(1836—1898.)

Folgende Aufzeichnung ist noch bei seinen Lebzeiten gemacht worden, anläßlich des 60. Geburtstages. Da seither auch dieser Freund heimgefahren ist, so bekommt er seine Gedenktafel. Also schrieb ich im Jahre 1896:

Mit den Bürgern von Krieglach sitze ich ruhig beisammen im Lesezimmer des Hauses Höbenreich. Gelesen wird wenig, aber auch nicht gerade leidenschaftlich gesprochen. In den Jahren unseres Beisammenseins haben sich die Ideenfluten und entgegengesetzten Meinungen hübsch ausgeglichen. Das Gespräch rieselt über Alltägliches gelassen dahin. Da kommt das Fräulein Grete zur Tür herein, aber nicht in der gewöhnlichen Behendigkeit der umsichtigen, für alles freundlich sorgenden Hauswirtin, als die sie weitum bekannt ist, nein, in diesem Augenblicke nimmt sie eine gar würdige Miene an, öffnet weit die Tür und ruft heiter: „Da sehen Sie, wer jetzt kommt!"

In der Dämmerung des Vorhauses steht eine Gestalt. Langsam tritt sie über die Schwelle, da schreit alles auf: „Grasberger!" Es ist ein Jauchzen. Der Eingetretene, ein behaglich breitgestellter Mann mit frischrotem Gesicht, leuchtenden Augen, wallender Mähne und langem, silberig schimmerndem Barte, steht schmunzelnd da und breitet langsam die Arme aus. Wer hinein will, der soll kommen! Einer ist da, der eilt ihm an die Brust, dem Treuen, dem Ersehnten. Alle Hände strecken sich ihm entgegen, jeder hascht nach einem Ankunftswörtlein von ihm, nach einem guten Blicke. Jeden kennt er ja, und von allen ist er gekannt. Und wie der Mann vielleicht einen Tag vorher in der Kaiserstadt im Rate hochangesehener Würdenträger, berühmter Künstler und Schrift-

steller gesessen, so sitzt er nun zwischen den schlichten Dorf-
leuten und plaudert mit ihnen wie einer der ihren. Das
Gespräch hält sich nicht lange bei dem Wetter auf, bald sind
reiche Geistesfelder angepflügt, es wird heiter in der Stube,
wärmer in den Herzen, als es die liebe gute Dorfwoche hindurch der Fall gewesen.

Grasberger ist da! Am nächsten Morgen weiß man's im
ganzen Orte. Man hat ihn ja auch schon vor Sonnenaufgang
hinwandeln sehen zwischen den tauigen Wiesen, hat ihn gegrüßt und ein gutes Wort eingeheimt. Man hat ihn stehen
gesehen beim ackernden Landmanne und bei der sichelnden
Schnitterin. Sinnend stand er am schattigen Walbrande und
am glitzernden Bache, und wie er sonst in der Kunst den Ge-
heimnissen der Natur nachtrachtet, so sucht er nun in der
Natur die Geheimnisse der Kunst. Dann setzt er sich wohl
auch hin an eine Lindenbank und liest aus einem Büchlein
ober er —. Nein, schreiben hat ihn noch niemand gesehen.
Beten und Dichten soll man im verschlossenen Kämmerlein.

Wenn jemand nun fragen sollte: Wer ist Grasberger?
so ist das keiner, der sich umgesehen hat im vaterländischen
Schrifttum. Er ist auch fremd in Künstlerkreisen. Seit langem
wird kein Literatur- und Kunstbeflissener mehr fragen: Wer
ist Grasberger? Aber wenn eines verdienten Mannes sechzig-
ster Geburtstag kommt, da gibt man ungefragt Antwort und
Auskunft, und sie ist allen lieb. Nicht daß es des Herkommens
wegen wäre, vielmehr unsere Seele verlangt's, unsere Zunei-
gung, unser Hang, ein Zurückerinnern festlich mitzubegehen,
und das um so freudiger, je strammer und frischer der Jubilar
noch mitten im Leben steht.

Hans Grasberger stieg aus den Alpen herab. Er ist ein
Steiermärker, geboren zu Obdach 1836. Sein Vater, Weiß-
gerber, war durch der Zeiten Ungunst verarmt, doch wurde es

dem kleinen Hans möglich gemacht, in die „Studie" zu gehen.
Und fuhren im Spätherbste 1849 eines Morgens auf dem
klappernden Steirerwäglein zwei Knaben hinaus gegen das
Stift Sankt Lambrecht. Dieselben hießen Hans Grasberger
und Rudolf Falb, ebenfalls ein Obbacher. Sie haben im
alten ehrwürdigen Stifte als Schüler und Sängerknaben ihre
erste und grundlegende Ausbildung gefunden. Grasberger
spricht heute noch mit warmherziger Dankbarkeit vom Stifte
und nennt es sein zweites Heimatshaus. Hätte er diesem auch
äußerlich treu bleiben können, so möchte Hans heute leicht
Prälat von Sankt Lambrecht sein. Er betrat jedoch einen
anderen Weg, und der ist auch kein schlimmer gewesen. War
zeitweilig gleichwohl Frau Kummer seine Begleiterin, so
schritt er doch beherzt fürbaß. Nach vierjährigem Verbleibe
im Kloster kam unser Hans nach Klagenfurt und später nach
Wien an die Universität. Durch die Verwendung eines
Freundes war es ihm als dreiundzwanzigjährigen Jüngling
möglich eine Pilgerreise nach dem Orient mitzumachen. Damals fuhr man noch nicht auf der Eisenbahn nach Jerusalem
hinein, sondern es mußten die Steinberge Palästinas noch auf
dem Maultiere überschritten werden. Und dürfte es der
sechzigjährige Grasberger kaum vergessen haben, wie damals
unterwegs durch Judäa der junge Hans die Reisekasse der
Gesellschaft verlor, über die er zum Hüter gestellt worden
war. Die Not währte nicht lange, ein entschlossenes Zurück-
reiten, ein kluges Zurechtfinden im Wüstensande, und die
Tasche war wiedergefunden. Über die Erlebnisse, Gedanken
und Stimmungen jener Reise hat der junge Poet getreulich
Buch geführt und seine „Sonette aus dem Orient" sind ein
Denkmal dieser Reise. Der fröhliche, sinnige, fromme Dichter
taucht unter in die Welt und steigt empor zu Gott. Ein
wahres Sonntagsbuch.

Nach jener Heimkehr aus dem Oriente fing freilich die Prosa an. Hans mußte sich zu Wien ins Zeitungsjoch einspannen lassen, dem er aber bald die erträglichste Seite abgewann. Er wurde Feuilletonist und Kunstreferent. Als solcher ward er wiederholt nach Italien entsendet. Von da brachte er manches Schöne mit heim, so Nachdichtungen von M. Angelo und eigene Poesien, die in „Singen und Sagen", „Aus dem Karneval der Liebe" mit enthalten sein mögen. Dann erschienen die Gedichtsammlungen „Licht und Liebe" und „Ein Triptychon", in denen klassische Schule mit moderner Art eine glückliche Ehe geschlossen haben.

Daß Hans in den Weiten nicht der Heimat vergaß, ja daß er mit dem Herzen ein kerniger Alpler geblieben, das bewies er drastisch und klassisch durch seine Gedichte in steierischer Mundart. Die Sammlungen „Zan Mitnehm", „Nix für ungut", „Plobersam" sind an Wahrheit der Volksseele, an Knappheit und Richtigkeit der Form kaum übertroffen. Grasbergers Vierzeilige sind nicht mehr Nachahmung des älplerischen Schnaderhüpfels, sie sind das Schnaderhüpfel selbst; die Lebensweisheit in ihnen entstammt nicht etwa literarischer oder philosophischer Klügelei, sondern unmittelbarer Erfahrung eines regen Gemütes. Man könnte unseren Dichter vielleicht den Mirza Schaffy in der Lodenjoppe nennen. Einmal hörte ich Grasberger — er ist schwer genug dazu herumzukriegen — etwelches aus seinen „Geistlinggeschichten" lesen. Die Leute hielten den Atem ein, lauschten und lachten auch, aber der anwesende Ortspfarrer erhob sich und ging davon. In harmlos heiterer Weise hat der arglose Dichter einen Leutpriester charakterisiert, durchaus nicht allzumenschlich, bloß menschlich — aber das verträgt mancher nicht. Unsere Mundart ist in solchen Sachen doch so gutmütig und treuherzig, sie pflegt auch kleine Fehler und Schwächen anmutig zu machen und beklemmende Seelenzustände mit einem guten Spaß zu lösen. Die Herren sollten uns Volkspoeten das nicht so schwer aufmessen.

Bezeichnend nach dieser Richtung hin ist die Einleitung zu Grasbergers „Plodersam. Geistlinggeschichten":

> „Ich breche nicht, Hochwürden,
> Als Wolf in Eure Hürden,
> Der ich von Ketzerei
> Mich fühle frei.
>
> Ich weiß, was Eures Amtes,
> Der Bürden angestammtes,
> Sowie, wo noch dazu
> Euch drückt der Schuh.
>
> Ich ziel' auf Euer Keinen,
> Doch sitzt, so darf ich meinen,
> Der ein' und and're Zug,
> Das ist gnug.

> Mein Volk ist mir zu teuer,
> Ich lieb' der Wahrheit Steuer,
> Drum weder finst'ren Haß,
> Noch seichten Spaß!

Vielleicht hält es der Dichter, heimlich schmunzelnd, ein klein bißchen mit jenen Leuten, von denen er sagte:

> „Hätt's aniabs gern prowiert,
> Wia ma Wort halt't in Herrgott,
> Und 'n Pfarrer anschmiert."

Grasberger dürfte zu jenen langsam wachsenden Naturen gehören, die erst in späteren Jahren jung werden. Bei unserem Hans kommt zuerst der Philosoph, dann der Dichter und dann der Bräutigam! Heute mit sechzig Jahren erfreut er sich eines jungen glücklichen Familienlebens.

Als Geschichtenerzähler hat Grasberger etwas lange auf sich warten lassen. Die ersten Erzählungen des Dichters kamen in einem hübsch schwerfälligen Schritte daher, die Sprache war zu gesättigt mit Gedanken, zu tiefgründig und würdevoll. Man kam beim Lesen nicht weiter, jeder Satz gab zu denken, und das will heute die Lesewelt nicht mehr so, wie zu Jean Pauls Zeiten. Doch ist Grasbergers Philosophenfeder bald künstlerisch geworden und ich tue Paul Heyse nicht weh, Gottfried Keller nicht und auch Theodor Storm nicht, wenn ich manche Novelle Grasbergers, was förmliche Vollendung angeht, diesen Klassikern des Stiles an die Seite setze. Das Bereich unseres Dichters geht von Orient zu Okzident. Die Novellen „Aus der ewigen Stadt" bieten den Sonnen- und Künstlerhimmel Italiens, während die Erzählungen „Auf heimatlichem Boden" und „Ein neues Novellenbuch" frische Alpengeschichten enthalten. Der Dichter beherrscht zwei Volksherzen, das italische wie das deutsche, er beherrscht zwei Welten, die des Salons und die der Hütte. Und im Bürgerhause, in der Gelehrtenstube, in der Künstlerwerkstatt ist er erst recht daheim. Die reizendste aller Grasbergergeschichten betitelt sich „Maler und Modell". Es ist eine Barockgeschichte, so zierlich, so leuchtend und so herzig, wie unsere vaterländische Literatur ähnliche kaum aufzuweisen hat.

Und nun fällt mir das Wort eines Krieglacher Sommerfrischlers ein. „Grasbergers Sonette, seine Mundartschriften, seine Novellen sind reizend, aber wissen Sie, was mir von ihm noch das liebste ist?" — Nun! — „Er selbst."

Er selbst! das stimmt. „Wir freuen uns schon allemal," fuhr jener fort, „wenn es heißt, der Hans kommt. Überall, wo er sich zeigt, gibt's Anregung und Frohsinn. Sein Wesen ist die Gemütlichkeit, die Reinheit, die Güte. Er ist selber ein Gedicht."

Ja, aber sein Auge kann auch in Kampflust leuchten, wenn er ein Ideales verteidigt mit beredtem Munde, mit deutsamen Sätzen, die sich gerne in Gleichnissen ergehen, dann gleichsam mit einem Gedankenstriche abzucken, dem Hörer noch etwas zum eigenen Ausdenken übrig lassend. Den Mann als Festredner zu hören! Das ist mehr als rhetorischer Erguß, es ist das volle, warme Ausleuchten einer Persönlichkeit. Einst hörte ich ihn sprechen gegen die Korruption in der Kunst. Ich habe einmal bei nächtlicher Stunde den Ausbruch des Vesuvs gesehen, diese Rede hat mich daran erinnert.

Aber auch dort, wo es sich um vaterländische Interessen, um gemeinnütziges Wohltun handelt, reißt die Beredsamkeit des sechzigjährigen Feuergeistes andere mit sich, und der Idealist wird zum praktischen Rater und Tater. — Unentschlossen, säumig zurückstehend und schließlich gelassen verzichtend ist unser Hans nur dort, wo es sich um seine persönlichen Vorteile handelt oder um Anerkennung seiner Schöpfungen. Aber gerade durch diese Schlichtheit seines Wesens, durch die opferfrohe Selbstbescheidung, durch die Freude an anderen ist er das geworden, was jener meinte mit dem Ausspruch: Mir das liebste an seinen Werken ist er selbst. —

Hans Graßberger hat seinen sechzigsten Geburtstag nur um ein Jahr überlebt. Er hat sterben müssen ohne seine poetischen Werke literarisch geborgen zu sehen. Zukünftige Forscher dürften sich wundern, daß er so rasch vergessen werden konnte.

Friedrich von Haußegger.

Vor ungefähr vierzig Jahren sah ich ihn das erstemal
in der Herrengasse zu Graz. Er fiel auf durch sein
reiches, langes Haargelocke, das über Nacken und Schulter
wogte, und durch sein leidendes Aussehen, vor allem aber
durch sein scharf durchgeistigtes Gesicht. Wer er sei? Ein
Doktor der Rechte und Musikkritiker der „Tagespost". Aber
er würde weder das eine, noch das andere lange mehr sein
— es sitzt ihm der Tod in der Brust. Wer seine kurzatmige,
umflorte Stimme vernahm, der glaubte es willig, das Todes-
urteil, das hinter seinem Rücken damals über ihn gefällt
worden war.

Der erste Anlaß meiner Bekanntschaft mit ihm ist mir
nicht mehr erinnerlich; eines Tages wurde ich zu einer
Abendunterhaltung bei ihm eingeladen. Da gab es Wagnermusik und eine vegetabilische Mahlzeit. In beiden Fächern
galt er bei Eingeweihten als Autorität, bei Fernerstehenden
und Flachlingen als „Narr". Das war noch zur Zeit, da in
Graz jeder Verehrer der Richard Wagnerschen „Zukunftsmusik" für einen Menschen angesehen wurde, der weiter
nicht gefährlich war, den man aber insgeheim belächeln und
öffentlich verspotten durfte. Wir hatten deren damals so
ein halb Dutzend. Der weitaus schlimmste jedoch war mein
Doktor mit den langen Locken, denn er verehrte die Wagnermusik nicht bloß, er förderte sie auch, er verschaffte ihr Ein-
gang in die Konzerte, in die Oper, er arbeitete in Wort und
Schrift unermüdlich, um ihr im Publikum Verständnis zu
verschaffen, und wenn heute Graz eine bedeutende Musikstadt
ist, wenn sie besonders die besten und besuchtesten und bejubelt-

ſten Wagneraufführungen bietet weitum, ſo iſt das hauptſäch-
lich jenem muſikaliſchen Doktor zuzuſchreiben.

Die Wagnermuſik hatte mir an jenem Abende durchaus
nicht geſchmeckt, wohl aber die köſtlichen Gemüſe, Eier, das
Obſt, vor allem Apfelſtrudel, Käſe und das Gefrorene. Allerdings war auch Braten vorhanden geweſen, aber jeder hielt
ſich an das Seltenere, das man kaum irgendwo anders ſo
gut zubereitet finden konnte. — Es wurde zu jener Zeit
umhergetragen, daß der echte Wagnerianer auch Vegetarier
ſein müſſe. Unſer damaliger Gaſtherr war es aber nicht darum,
ſondern weil er ſeiner Kränklichkeit wegen ganz und gar die
Lebensweiſe hatte ändern müſſen.

Wer nach wenigen Jahren den Mann wieder begegnete,
der hielt ihn leicht für einen anderen. Er ſchritt ſtramm
aufrecht, elaſtiſch und raſch dahin. Seine Wangen waren
voll, ſein Auge klar und munter. Er hatte ſich verjüngt,
er war geneſen — und das hatte wohl die veränderte
Nahrung, die überaus mäßige Lebensweiſe getan, an der er
ſtrenge feſthielt. Dezennien lang erfreute er ſich völliger
Geſundheit, bis mit zweiundſechzig Jahren in dem ſcheinbar
geſunden Körper ſein Leben faſt plötzlich verloſch.

Ein Grazer müßte es ſchon erraten haben, daß hier von
Friedrich von Hauſegger die Rede iſt, einem Manne,
deſſen körperliche Erſcheinung allen, die ihn kannten, in
Erinnerung haftet, deſſen geiſtige Perſönlichkeit freilich in der
Ferne mehr erkannt und geſchätzt wurde, als in der Nähe.
Seltſam bei hohen Menſchen und Bergen, wenn es anders
wäre! Ich will aber nicht ſprechen von ſeinen philoſophiſchen
Schriften, die den Geiſt eines originellen Denkers, eines tief
und groß angelegten Menſchen ſpiegeln, nicht von ſeiner Tätig-
keit als Muſikreferenten, nicht von ſeinem Lehramte an der
Univerſität in Graz, zu deren allerbedeutendſten Männern

dieſer ſchlichte „Privatdozent" gehört hat. Die Profeſſur
haben ſie ihm verſagt; dazu war er — wie einer der
Luſtigſten dieſer Hochſchule bemerkte — nicht unbedeutend
genug. Seine Eigenſchaften ſind ja weithin geſehen worden.
— Einige perſönliche Erinnerungen will ich hervorrufen.
Denn mir iſt dieſer Mann wie ein Schickſalsgeſchenk in mein
Leben getreten und zum Segen geworden.

Er war in vielfacher Weiſe mein Herzensvertrauter und
Ratgeber.

Gleich ein an und für ſich geringes Beiſpiel von der
Art ſeiner Einflußnahme. Als damals giftige Federſeelen
mich verdächtigten, eilte ich in kindiſcher Aufregung auch zum
Advokaten Hausegger und fragte ihn, ob er ſo etwas glauben
könne? Er lachte mich aus und meinte: „Laß es gut ſein.
Wenn man ſeine Gegner ruhig laufen läßt, und ſie ſind im
Unrecht, dann tappen ſie ſelber in die Blamage. Der deine
läuft ja ſchon, ſcheint mir, ſchnurſtracks darauflos."

Im ganzen war er durchaus nicht dafür, daß der
Menſch von ſeinen Gegnern ſich alles gefallen laſſen ſolle.
Das ſei unmoraliſch. „Je bereitwilliger du Unrecht leideſt,
je mehr gibſt du andern Anlaß, Unrecht zu tun," pflegte er
zu ſagen. In einer Verlagsrechtsangelegenheit, die er mir
leitete und in der ich, des Haders müde, ſchon immer nachgeben wollte, mußte er mich ſtandhaft zu halten und führte
ſie mit ſolcher Klugheit durch, daß ich zum Rechte kam. Da
konnte man ſehen, daß ſelbſt mit dem größten Idealismus
ſich praktiſcher Sinn und Weltklugheit recht gut vereinen
läßt.

Seit vielen Jahren verſammelten wir mehrere Freunde
uns mit Hausegger jeden Freitag beim „Krug im grünen
Kranze" zu einer Tiſchgeſellſchaft. Da gab es Muſiker,
Bildhauer, Maler, Architekten, Poeten, Schulmänner, Schau-

spieler, deren Weltanschauungen miteinander oft in muntere Wortgefechte kamen, die — falls sie zu temperamentvoll werden wollten — durch Hausegger in gutes Gleichgewicht gestellt zu werden pflegten. In den ersteren Jahren haftete das Gespräch der Majorität vorwiegend an Musik, dadurch entstand eine kleine Oppositionspartei, die allmählich anhub, frevelhaft ihre antimusikalischen Gefühle auszulassen. Zu dieser gehörte auch ich, mich besonders über die Wagnersche Musik ereifernd, die, schlecht zu Gehör gebracht, einen auf Gassen und Straßen, in Haus und Konzertsaal verfolge, ohne daß man sich vor ihr schützen könne. Einer der anwesenden Wagnerjünger glühendster Gattung wurde durch solchen Frevel ins Herz getroffen. Entrüstet verließ er die Tischgesellschaft und ist jahrelang nicht wieder erschienen. Anders Hausegger. Er bestrebte sich mit aller Milde und Güte, mit allen bildlichen und geistigen Mitteln zur Belehrung, mich dem Verständnisse Richard Wagners näher zu bringen. Ich wurde ungeduldig, unwirsch, und was ich dafür könnte, daß mein Ohr anders geartet sei, als das seine? Und daß mir die Wagnersche Musik nur allzuoft in den Ohren weh tue. Er ließ sich nicht anfechten, arbeitete Woche für Woche, Jahr für Jahr gelassen an meiner Belehrung und behauptete, meiner ganzen Natur nach stünde ich Wagner weit näher, als ich selber wisse oder zugestehen wolle; mancher glaube weit von ihm entfernt zu sein, bloß weil er ihn nicht sähe, es sei aber nur eine papierene Scheidewand dazwischen und plötzlich könne sie fallen. — Ja, und plötzlich war sie gefallen. Bei einer ausgezeichneten Aufführung der „Meistersinger" ging mir das Licht auf. Als ich noch am selben Abende an Hausegger schrieb: „Das Loch ist offen, ich sehe in den Himmel hinein!" kam er zu mir und dankte freudig, als wäre ihm eine große Wohltat erwiesen worden.

Seit dieser Zeit war die Herzlichkeit, die er mir stets geschenkt, zur völligen Zärtlichkeit geworden und er meinte, auch meine frühere Abneigung gegen Wagnermusik sei reiner Wagnerianismus gewesen — es hätte mich einfach die schlechte Wiedergabe empört. Immer verdächtig seien ihm jene Leute, die bei jedem Musikstück verzückt die Augen aufschlügen, nur weil sie wüßten, es wäre von Richard Wagner. Vollkommen könne man Wagner nur in Bayreuth kennen lernen. — Trotzdem mir meines Brustleidens wegen das Reisen und die Anstrengung des Verkehrs mit Leuten in der Hochsommerhitze schier unmöglich ist, hatte ich doch die Absicht, Hausegger zuliebe Bayreuth einmal zu besuchen, schon um so sein Belehrungswerk an mir zu besiegeln. Dazu gekommen ist es freilich nicht.

Seine Anregungen und Gespräche beim „Krug im grünen Kranze", sowie auch in seinen Briefen waren oft köstlich. In allen Windrichtungen und Wissenschaften der Philosophie wußte er Bescheid, ging aber nirgends ausgefahrene Straßen, stets nur seine eigenen Wege, die er sich kühn und frei gebahnt hatte. Die allerhöchste Achtung — sei es im Leben oder in der Kunst — hatte er vor der Persönlichkeit. Der freien, sich selbst auslebenden Persönlichkeit, und vor dem Werke, in dem eine solche Persönlichkeit zum Ausdrucke kam. Er war ein Gegner der Theorie und dessen, was man in der Kunst Schule nennt. Ihm allein maßgebend war das Können. Allerdings war er in seiner Art selbst Theoretiker von strengster Logik. Er war durchaus Künstlernatur, aber nicht schöpferisch, nur verstehend und deutend. Das Schöpferische kommt in seinem genialen Sohne Sigmund zur Geltung. Und doch löste sich auch sein Leben völlig in Musik auf. Man könnte sagen, er genoß eine Marmorstatue musikalisch, er empfand eine Dichtung musikalisch und wo er irgendeinen künstlerischen

Eindruck zu erklären suchte, tat er's mit Beispielen aus der
Musik. So hatte sich die Musik zur Harmonie seines Lebens,
seiner Weltanschauung gestaltet, und von diesem Brennpunkte
aus blickte er in die Geheimnisse des Daseins. Scharf
brachen sich die Lichtstrahlen des Lebens im Prisma seiner
Seele, und heller kamen sie hervor.

Ich beklagte mich einmal über unsere unruhige, alles
zersetzende, aus allen Geleisen brechende Zeit, die mir gar
nicht gefalle.

„Doch, doch!" antwortete er, „es ist ja ganz köstlich,
jetzt zu leben. Alles regt sich, alte Formen platzen, die Geister
befreien sich, halten frische Turniere, setzen sich neue Auf-
gaben, neue Ziele. Denke dir, wenn alles tot wäre, wie noch
vor sechzig Jahren! Nicht wahr, du erschrickst?"

Ich erschrak wirklich.

„Ja," fuhr er fort. „Dann wären wir beide nicht.
Keine geistige Persönlichkeit wäre möglich, alles verstumpft
und versumpft. Eine Kirchhofsruhe. Sie könnte dir gewiß
nicht gefallen. Jetzt geht Frühlingsluft, es ist ein neues
Werden."

Oft muß ich seither an diese Worte denken. Es ist ja
wahr, alles regt sich, als sei ein noch nie dagewesener
Weltfrühling angebrochen, und doch wie wenige gibt es,
die mit solchem Optimismus in die geheimnisvolle Zukunft
blicken können, als Hausegger es konnte.

Am wohlsten fühlte er sich in der Mystik. Das ist ein
dunkles Bereich, doch seine Geistesblitze warfen oft so helles
Licht hinein, daß auch wir andern zu Sehern wurden.
Viel beschäftigte ihn die menschliche Traumwelt, in der er ein
Leben für sich erblicken konnte, ein Doppelleben, in welchem
gerade jene seelischen Kräfte sich entfalten, die von der
Wirklichkeit nicht aufgebraucht werden. Einen reichen Ge-

bankenschatz wußte er uns zu eröffnen über die Beziehungen zwischen Genie und Wahnsinn; er konnte es prächtig begründen, daß ein schöpferisches Genie und die Phantasie eines Wahnsinnigen vielfach eins und dasselbe wären.

Manchmal schien mir diese Persönlichkeit, als lebe sie am liebsten entkörpert in einer übersinnlichen Welt, die eben nur in der Musik ihren Ausdruck findet. Und da konnte Hausegger behaupten und beweisen, daß nicht das Körperliche und nicht das Sinnliche das Wirkliche sei, vielmehr das, was der Mensch sich einbildet, die Idee, die, allen Fährlichkeiten entrückt, ein unzerstörbares Leben für sich ist. Einmal sprach er die Vermutung aus, daß der Mensch immer das Bewußtsein seines Daseins habe, auch im Schlafe, nur vergesse er das beim Erwachen; auch in dem Zustande, wo er für andere tot gilt, habe er irgendwie das Bewußtsein von sich und es gebe keine Zeit und keine Ewigkeit, in der er sich nicht fühle oder wisse. — In diesem Punkte verstanden wir uns allein. Die übrige Tafelgesellschaft war ratlos. — Dann beschäftigte er sich gerne mit sinnfälligen spiritistischen Dingen und Kräften, deren Existenz er nicht bestritt, die ihm aber so ziemlich als die niederste Stufe der großen Geisteswelt galten. „Je weiter etwas den menschlichen Sinnen entrückt, je größer und göttlicher ist es!" — Er ließ für eine solche Welt die Bezeichnung „vierte Dimension" recht gerne passieren, weil eben eine bessere Bezeichnung nicht vorhanden wäre und weil man sich doch schon einmal gewöhnt hätte, unter dem Worte sich etwas Unfaßbares, Unbegreifliches vorzustellen. Es müsse deshalb, weil es unbegreiflich sei, nicht auch unnatürlich sein.

Wären solche Dinge in dozierendem Tone vorgebracht worden, so hätte er uns wahrscheinlich bald verscheucht. Nein, er sprach stets in schlichter, bescheidener Weise, stets auf Ein-

wände gefaßt, nie einen Einwand ignorierend. Er hatte es
nicht wie eingelernt fertig in sich; in der Anregung der Gegenseitigkeit entwickelten sich spontan seine Gedanken und wuchsen
oft zu ungeahnten Geistesbauten. Im Wortgefechte persönlich,
oder gar verletzend zu werden, das konnte man sich bei Hausegger gar nicht vorstellen, es lag außerhalb seiner Natur.
Er verstand auch zuzuhören. Manchen Abend saß er bei
seinem Eiersalat, oder seinem Pfannenkuchen, oder seiner
Limonade behaglich da und er schwieg uns sein reiches Innen-
leben zu, während wir anderen laute Weisheiten sprachen.
Gab es Spaß, so tat er auch mit und hatte Bemerkungen, die
ebenso lustig als geistreich waren. Es gibt kaum einen Gipfel,
kaum einen Abgrund des Lebens, den wir nicht zusammen
betrachtet hätten, und kaum einen Ulk, an dem wir uns nicht
nebenbei ergötzten. — Diese Freitagsabende im „Krug"
werden uns wohl unvergeßlich bleiben. Sie waren uns zum
Bedürfnis geworden, wir hatten uns im Laufe der Zeit an-
einandergelebt und in freimütiger Kernhaftigkeit zusammen-
gestritten, und Hausegger, der nie fehlte, wenn nicht ein
wichtiges Abhalten war, gab mitten unter Stürmen, oder bei
Gefahr der Versandung den milden leuchtenden Pharus ab.
— Und einmal vertraute er mir, daß er über die Tischgesellschaft, ihre Gespräche und Absonderlichkeiten nachher fleißig
Buch führe.

Und dann nahte bei Hausegger das Ende mit seinen
vorauseilenden Schatten.

An einem Dezembersonntage des Jahres 1898 war's,
als Hausegger zu mir kam. Ich las augenblicklich in seinem
Gesichte, daß etwas Besonderes war.

„Grasberger geht's nicht gut," sagte er. Ich wußte
wohl, daß unser gemeinsamer Freund in Wien krank lag.

„Also nicht gut?" fragte ich entgegen.

„Doch," antwortete er leise, „es geht ihm ganz gut. Ich habe dir die Nachricht zu überbringen. Heute nachts ist er gestorben."

Als er fortging, blickte ich ihm durch das Fenster nach. Ernst und aufrecht schritt er die Gasse entlang. Daß mir Gott die wenigen Freunde erhalte, die noch da sind! so dachte es in mir. — Dann kamen zwei Freitagsabende, die sehr heiter waren. „Naturvölker kennen keine Todestrauer," sagte Hausegger, „je degenerierter die Menschen sind, je größer der Schmerz um Verstorbene." Er kam wieder auf sein Lieblingsthema, das überirdische, die freien Seelen. „Wenn sie vom Leibe abgelöst sind, so treiben sie wohl gerne manchmal noch ein bißchen Allotria bei ihren Bekannten auf Erden." Der so heitere Todesgedanken hegte, war unter uns der Frischeste. Der Vegetarismus — so behauptete er stets — habe ihn gesund gemacht. Gesund, arbeitsstark und lebensfroh. Auf körperliche Nahrung legte er ja nie viel Gewicht; ihm schien geistige Speise auch für den Körper nahrhaft zu sein. Während er manchmal noch um zwei Uhr mittags nüchtern war, nahm er schon vom frühen Morgen an schwere, tiefsinnige Lektüre in sich auf, und sein Tag war bis in die späte Nacht hinein eine strenge, ununterbrochene Geistesarbeit. So war es seine starke Seele, die den Körper aufrecht hielt, und dann sagte er: „Unter normalen Verhältnissen stirbt der Mensch nicht, so lange er leben will. Erst wenn durch Krankheit oder Alter, oder eine moralische Depression die Lebensenergie aufhört, dann wird's aus."

Der Mann, der so sprach, ein gesunder Sechziger, konnte bei seiner glühenden Lebensenergie hundert Jahre alt werden. — Zwei Monate später war er tot.

„Ich bin ein glücklicher Mensch, wenn's nur so bleibt! Laß dich an mein Herz drücken, du weißt ja auch, was das heißt, glücklich sein, und daß, wer so recht unglücklich sein kann, auch das Talent hat, glücklich zu sein." — Aus Anlaß verständnisvoller Anerkennung seiner Schriften, die ihm geworden, besonders aber der künstlerischen Erfolge seines geliebten Sohnes Sigmund wegen, hatte er diese Worte mir geschrieben am heiligen Abend 1898, ein paar Stunden, bevor er sich zu Bette legte, von dem er nicht mehr aufstand. Das letzte helle Aufflackern war es gewesen der Flamme, die, des Öles bar, dann „ohne Willen zum Leben" (?) jählings verlosch. An Vergeistigung ist er gestorben, hieß es in einem der Nekrologe.

Bei den allermeisten Leuten kann ich mir's recht wohl denken, daß ihre Seele mit dem Leibe dahin ist, bei Friedrich von Hausegger kann ich mir das nicht denken. Ich fühle zu oft, wie sein Geist mich umweht. Es ist zu oft, daß meine Gedanken seinen Aussprüchen, seiner Weltanschauung begegnen und je abstoßender mir der Alltag erscheint, je heimlicher fühle ich mich in dem, worin er lebte, im Reiche der Ideale, — der „vierten Dimension".

———

Adolf Pichler.

(1819—1900.)

Es gibt Männer, hinter denen nichts als ein Buch steht, aber es gibt Bücher, hinter denen ein Mann steht. Das Buch will überreden, der Mann überzeugt. So ein überzeugender war's, von dem ich hier sage. Das Buch war gut und der Mann noch besser.

Man muß diesen Mann persönlich gekannt haben, um manche seiner Schriften so zu verstehen, wie sie gemeint sind. Ich wäre beinahe um diesen Vorteil gekommen. So viele Brieschen und Kärtchen im Laufe der Jahre auch hin und her flogen zwischen Steiermark und Tirol, so oft wir uns auch Stelldichein gaben, persönlich begegnet sind wir uns doch nur dreimal. Das erstemal in den Achtzigerjahren zu München. In ein Kaffeehaus hatten wir uns zusammenbestellt, beide trafen wir genau zur Stunde ein, fanden und erkannten uns aber lange nicht. Ich hatte mir den Professor als greisen Stadtherrn gedacht und er sich den Waldpoeten als bärtigen Bauernkerl. In der Tat: den Verfasser der „Hymnen", der „Tarquinier", der „Marksteine" usw., der in den Revolutionszeiten die Freiheitsfahne schwang, der dann solange als Naturforscher in den Bergen umherhämmerte und in den Lehrsälen dozierte, und dessen Name mir seit Kindheit bekannt als Halbvergangener erschien, — diesen Mann stellte ich mir vor als gebrechliches Greislein mit weißem Haar und eingekniffenem Mund. — Aber der Recke, der dort am Pfeiler saß, wo die Mäntel hingen, den breiten Schlapphut auf dem Kopf, das Gesicht oft nach dem Eingange wendend — er kam mir doch nicht recht vor. Das braune Gewand, mehr Bauernloden als Herrentuch, war

winden konnte. Baumbach schlug mir lachend die Hand auf
den Rücken, bis ich mich erfing.

„Freilich wohl wird er kratzen," sagte er, „weil Sie zu
wenig getrunken haben. Der kleine Schluck reizt, der große
gleicht's aus. Trinken Sie nur ritterlich, es wird schon gut
werden."

Und der Mann hatte recht. Beim zweiten Krug war's
schon leidlich, beim dritten wäre es sein gewesen. Das ist der
berüchtigte Ostraner, auch Terraner, der jeden festnagelt, so er
nach dem ersten Zuge nicht auskneist. Und so saßen wir, tranken
und — schwiegen. Baumbach verstand so geistreich zu schweigen. Wenn einen sein schönes ernstkluges Auge anschaute,
da dichtete es ordentlich daraus hervor. Und war einem:
wenn er jetzt den Mund aufmacht, so springen die Verse fix
und fertig auf den Tisch. Aber er machte ihn nicht auf. Als
ich einer Einladung zum Mittagessen wegen fortgehen mußte,
stießen wir an, dann schüttelte er mir derb die Hand und
blieb sitzen.

Später habe ich schnöden Undank verlauten lassen.
„Nimm eine Maß gute Gallapfeltinte und eine Maß echte
Essigessenz, menge das gut durcheinander und du hast zwei
Maß Terraner."

Das konnte Baumbach auf seinem Lieblingstrank nicht
sitzen lassen. Zu mir kam der folgende Sang:

> Ihr habt meinen Terran geschmäht,
> Dafür werdet Ihr angekräht.

> Sitzt am Meer ein Liederschmied,
> Durstig wie ein Hummer.
> Der vertreibt mit Wein und Lied
> Sich des Lebens Kummer,
> Singt wie Spatz und Ammerling
> Auf dem Kirschbaum droben;
> Selbst Herr Robert Hamerling
> Tät ihn einst beloben.

Diesen jüngst ein Frembling traf,
Gleichfalls ein Poete,
Ruhmbekannt bei Fürst und Graf
Wie bei Hans und Grete.
Und der erste freudenreich
Zog vom Haupt die Kappe;
Vorzulesen griff er gleich
Nach der Dichtermappe.

Sprach der Gast mit ernstem Ton:
„Fort mit den Gedichten!
Eure Lieder kenn' ich schon,
Euren Wein mit nichten.
Nach des Malvasiers Genuß
Bin ich längst schon lüstern,
Den Ihr Eurem Pegasus
Träufelt in die Nüstern."

Nach der Schenke im Verein
Zogen sie von dannen,
Wo des Karstgebirges Wein
Schäumt in irbnen Kannen.
Dunkelrot, rubinenklar
Rann er aus den Spunden. —
Nach dem ersten Krüglein war
Jäh der Gast verschwunden.

Nordwärts ihn das Heimweh trieb,
Denn es ward ihm graulich.
Was er von dem Karstwein schrieb,
Klingt nicht sehr erbaulich;
Und im stillen spricht er so:
„Sagt nicht ein Genie wo:
Tales versus facio,
Quale vinum bibo?"

Solches schreibt er freilich nicht,
Denn er will nicht kränken
Einen, der beim Karstwein dicht't,
Doch er tut sich's denken.

Seine Feder spritzt er aus,
Putzt sich klar die Brille,
Und zu einem andern Haus
Zieht der Dichter stille.

Zu dem Krug im grünen Kranz
Trägt er seinen Ärger,
Seinen Groll versenkt er ganz
In den Luttenberger,
Und vergißt den Karstweinkrug
„Bei dem Kleinoschegger —
Wohl bekomm' Euch jeder Zug,
Wackrer Rosegger!

Triest, 12. Jänner 1885.   Rudolf Baumbach.

In diesen Versen fand ich eine persönliche Ehren-
beleibigung. Es wird dreist gedichtet, daß „nach dem ersten
Krüglein war jäh der Gast verschwunden". Das hat der
Mann wider besseres Wissen geschrieben, denn beim zweiten
Krug hat er mit mir angestoßen, schweigend aber klingend.
Da war ich doch tapfer dabei! Mißlich ist es schon, daß ich erst
jetzt, da der Gegner nicht mehr lebt, meine Rechtfertigung
vorbringe, um so mehr, als die Tischgesellschaft beim „Krug
im grünen Kranze" zu Graz, wo ich wöchentlich einmal
Tiroler trinke, sich nicht zu erinnern weiß, wie ich je einmal
zwei Krüge hintereinander überwältigt hätte.

Baumbach selbst ist später seinem „Terraner" untreu
geworden. Der Dichter übersiedelte nach Meiningen, wo er an
dem Herzog einen kunst- und literaturfrohen Gönner
gefunden hatte. Ich glaube, er hat am Meininger Hofe die
Bibliothek verwaltet und war des edlen Fürsten wohlberatener
Hausliterat. Seine weltheiteren Dichtungen, wovon jedes
Jahr ein Bändchen erschien, waren mittlerweile so allgemein
beliebt geworden, daß jene Mächte, die es sich zur Aufgabe
gemacht, keinen Baum in den Himmel wachsen zu lassen,

emsig einsetzten, um den beliebten Dichter möglichst nieder-
zuarbeiten. Da sich über die lebensfrischen, jauchzenden Lieder
nichts anderes sagen ließ, so sagten sie, es sei „Butzenscheiben-
lyrik". Man wollte damit wohl das künstlich Gemachte der
modernen „altdeutschen" Poesie bezeichnen, womit man freilich gerade bei Baumbach nicht das Richtige getroffen hat.
Ich wäre vielmehr geneigt, die Butzenscheiben der Ähnlichkeit
wegen auf die Bodenscheiben der Weinflaschen zu beziehen.
Und daß bei einem echten Deutschen die Trinklieder nicht
künstlich gemacht, sondern tief empfunden sind, das unter-
liegt keinem Zweifel. Auch mit den Liebes- und Wander-
liedern dürfte es so sein.

Meine zweite Begegnung mit Baumbach war in Thü-
ringen. Ich hatte in Meiningen eine Vorlesung zu halten.
Auf der Hinreise kam mir in Koburg ein Brief Baumbachs
entgegen. Er sei vom Herzog beauftragt, mich am Tage
meiner Vorlesung bei Hof zu Tische zu laden. Nun stand ich
wieder einmal dort, wo ich mein Lebtag so manchmal gestanden. Ich besitze kein höfisches Kleid. Und weiß, wie schwer
der Verstoß ist, wenn man ohne Frack und weiße Krawatte
in den Salon tritt. Ich berichtete dem Baumbach sofort
zurück, in Ermangelung eines Frackes könne ich die Einladung
nicht annehmen. Aber der Bescheid ließ nicht lange warten:
der Herzog habe nicht den Frack zu Tische geladen, sondern den Rosegger, und der werde um fünf Uhr desselben
Tages auf dem Schlosse erwartet. Auf dem Bahnhofe in
Meiningen angekommen, war schon Rudolf Baumbach da,
dessen behaglich rundliche Gestalt mir rasch entgegenkam. Er
geleitete mich ins Hotel und half mir dort — die Stunde
drängte — Toilette machen. Den schwarzen „deutschen Rock"
fand er ja ganz gut, auch das übrige; nur der Bürste
bedurfte es. Auch eine weiße Krawatte hatte er in Bereit-

schaft, die er mir eigenhändig umband. „So! Und jetzt noch
das Haar ein bißchen glatt. Sie haben noch eins. Und nun,
Jüngling, voran! An den Fürstenhof!"

Wir marschierten zu Fuß die Höhe hinan. Durch das
erste Tor tretend, begann mein Begleiter einen weißen Handschuh anzustreifen, und als er merkte, daß ich nichts dergleichen hätte, blieb er stehen. „Handschuh haben sie auch
keinen? Das ist nun ein bißchen fatal. Warten Sie, dafür
habe ich ihrer zwei. Genehmigen Sie gütigst meinen rechten;
die hohen Herrschaften werden uns hoffentlich mehr ins
Auge schauen als auf die Hände. Verzeihen Sie mal!" Er
streifte mir den Handschuh an. „Sehen Sie, Bruder in
Apollo, das geht ja spielend leicht. Aber wo ist denn —? Sie
haben ja keinen kleinen Finger!"

„Hau," rief ich erschrocken, „der ist ja beim Ringfinger
brinnen!"

„Nein, es geht nicht," sagte er resigniert. „Es geht nicht.
Das Futteral ist ungefähr um das zweifache zu groß," und
nahm den Handschuh wieder an sich.

Es ist auch ohne gegangen. Und zwar sehr gut. Es
hätte mir leid getan, wenn des Herzogs markiger Händedruck durch Katzenleder abgeschwächt worden wäre. Der Kreis
war ein kleiner: Der Herzog, seine Gemahlin, die Baronin
Heldburg, die Prinzessin Marie, Baumbach und Peter ohne
Frack. Gesprochen wurde von der Kunstwandertruppe „Die
Meininger", ein für die deutsche Bühne so bedeutungsvolles
Institut, das bekanntlich das herzogliche Paar ins Leben
gerufen hatte. Die „Meininger" waren kurz zuvor in Graz
gewesen und der Herzog äußerte seine Freude über den
großen Erfolg, den sie in der steierischen Hauptstadt gehabt
hatten. Dann kam bei Tische das Gespräch auf Vorlesereisen,
auf Literatur und endlich auf den Deutsch-Französischen Krieg,

aus welchem der Herzog manche packende Episode, manch heiteres Geschichtchen zum besten gab. Baumbach schwieg die ganze Zeit, nur wenn er um irgendeine Auskunft befragt wurde, gab er kipp und klar wie ein Konversationslexikon Antwort. Sein Gesicht blieb ein stets ruhig ernsthaftes, das sich auch bei den lustigen Anekdoten zu keinem Lächeln verzog. Baronin Helbburg bemerkte scherzend, daß der Doktor sicherlich wieder an einem Schelmenliedchen dichte, weil er ein gar so ernsthaftes Gesicht mache.

Am Abende dann, nach der Vorlesung, gab es lustige Tafelrunde im Künstlerkreise. Baumbach blieb schweigsam, war schließlich aber der, so am längsten beim Becher saß. Erst auf dem Wege in mein Hotel wurde er heiter plaudersam. Mir scheint, er war einer, „der sich nur gab zu zweien, weil mehrere Gemüt und Red' so leicht zerstreu'n". Auf jeden Fall hatte er gut schweigen, weil ja seine Dichtungen für ihn sprachen.

Ich habe ihn nicht wieder gesehen. Aber seine weiße Krawatte war an mir hängen geblieben, so daß sie am nächsten Tage unter Kubert und Siegel zurückgeschickt werden mußte. Er bestätigte den Empfang mit einem launigen Vers. Noch einige Jahre, dann war, wie sein Mund, auch seine Feder schweigsam geworden — für immer. Bei meiner nächsten Anwesenheit in Triest suchte ich, nach vielen Jahren, jene Osteria wieder auf; unter lärmenden Welschen die einzig deutschfühlende Brust, trank ich ein Krüglein „Terraner" und gedachte des schweigenden Sängers.

Rudolf Baumbach.

(1840—1905.)

Rudolf Baumbach lebte zur Zeit, als ich ihn kennen lernte, als schlichter Privatlehrer in Triest. Aber er war schon berühmt, hatte den „Zlatarog" schon geschrieben und sang den drei köstlichen W, dem Weibe, dem Weine und dem Wandern gar liebliche Lieder. Man besuchte ihn in seiner Weinstube um die Vormittagszeit. Es war ein schlechtbeleuchtetes, rauchiges Lokal, das eher einer geräumigen Küche ähnlich sah, als einer Wirtsstube. Es war auch schlecht besucht. Nur an einem Nebentisch saß ein Mann in schwarzer Kleidung, mit dunkelblondem Bart und einem kahlen Vorderhaupt. Es mochte wohl ein evangelischer Pastor sein, dem Aussehen nach. Er saß zurückgelehnt in den Winkel und schien behaglich vor sich hinzuträumen. Das war Rudolf Baumbach.

Bei der Vorstellung machte er nicht viel Umstände, ruhig reichte er mir seine Hand und hielt sie ein wenig fest. Da mußten die Sympathien ineinander geströmt sein, denn wir waren uns wohlgewogen von diesem Augenblicke an. Gesprochen wurde bei dieser ersten Begegnung nicht viel, bloß ein wenig über den Wein. — Welchen Wein ich mir bringen lassen sollte?

„Natürlich, diesen!" antwortete er, auf das irdene Töpfchen weisend, das vor ihm stand. Es war braun glasiert und ähnlich den Geschirren, aus welchen arme alte Frauen ihren Kaffee trinken. Als das meine kam und ich den ersten Trank tat — na, da guckte ich einmal hinein, ob das auch Wein sei. Eine dunkelrote Flüssigkeit war's, aber leicht erholte ich mich nicht von der Überraschung. Es war ein feindlicher Überfall in der Kehle, den ich lange nicht über-

gebirglerisch, das Glas Milch, das er vor sich hatte und in das er vorhin sein Brötchen getaucht, wies doch weniger auf einen Bergbauer als auf einen Poeten. Kurz, ich stand auf und ging langsam gegen seinen Tisch hin. Er faßte mich ins Auge, erhob sich ebenfalls und sagte: „Sind wir's oder nicht?"

„Ich denk', wir sind's."

Und wir waren es. Ein stattlicher, aufrechter Mann mit breiten Schultern und mächtigem Haupte, das noch dunkle Haar reich über den ein klein wenig vorgeneigten Nacken wallend, das längliche, markige Gesicht mit schlichtem Bart, das Auge buschig und mild, der Mund zart, voller Zähne, die sich bei seinem Lächeln zeigten — so stand er da, der alte Tiroler Dichter Adolf Pichler. — Er hatte sich an mir wohl in der umgekehrten Weise getäuscht. Solche Überraschung hatte uns beide einigermaßen gedämpft und wir nebelten längere Zeit mit banalen Redensarten umher, von der Reise, vom Wetter, von der Gesundheit. Dann fielen Bemerkungen über Anzengruber, den er einen Hauptkerl nannte, und über Hamerling, dem er nicht gerecht wurde. Dann kam das Gespräch auf die Ähnlichkeiten und Verschiedenheiten der Tiroler und Steirer, auf den ewigen Kampf der freisinnigen und klerikalen Elemente in Tirol, auf die Vor- und Nachteile des Fremdenzuflusses. Der Achensee, wo er bei der Scholastika die Sommer zuzubringen pflegte, war ihm bereits verleidet worden. Er gehe nicht auf Sommerfrische, um den Berliner Schöngeistern und den Wiener Juden die Honneurs zu machen oder von Dresdener Blaustrümpfen angestaunt und um Autographen angebettelt zu werden. Er gehöre zu den Tirolern, und auch da wieder nur zu den Steinschädeln, die Funken geben, wenn man auf sie schlägt. Ja, der alte Pichler war einer von denen, deren trotzige Kraft durch Anfein-

bungen geweckt wird, einer der Feuersteine, die in der weichen
Hand kalt bleiben und erst sprühen, wenn sie geschlagen
werden. Im Grunde friedfertige Menschen, aber der un-
bändigsten Opposition fähig, wenn ihre geraden Wege tückisch
durchkreuzt werden.

Nach etwa einer Stunde trennten wir uns und jeder
mochte sich nachher gesagt haben: Ich habe mir ihn anders gedacht. Die Briefe und Karten, die wir wechselten, waren seit
dieser Begegnung nicht länger geworden. Die seinen, oft mit
Bleistift auf Papierschnitzeln geschrieben, waren schwer zu
entziffern, aber es lohnte sich der Mühe. Irgendeine treffende Bemerkung über Zeitfragen, ein Kernspruch, ein Zuruf,
manchmal auch ein kräftiger Fluch über moderne Dumm-
heiten. Dem „Heimgarten" war er ein ständiger Mitarbeiter,
besonders auch als Vertreter der jungen Tiroler Poeten,
denen er ein verehrtes Vorbild und ein herzhafter Ermutiger
gewesen. „Unsere jungen Leute dürfen nicht auf Abwege
kommen," schrieb er einmal, „was wir begonnen, müssen sie
vollenden. Es ist unsere Rebe, es ist unser Gären, es wird
unser Wein." Er hat die Freude gehabt, eine junge, kräftige
Tiroler Literatur um sich erstehen zu sehen, die sich nur erst
selber bändigen mußte.

Meine zweite persönliche Begegnung mit Adolf Pichler
war 1897 in Innsbruck. Er lag auf dem Krankenbette
an einem gichtischen Leiden. Aber sein Geist, obschon nahe
dem achtzigsten Lebensjahre, kam mir frischer, munterer vor,
als damals in München. Er hörte noch gut und verstand
zu hören; sein Sprechen hatte nichts Greisenhaftes, es war
lebhaft, deutlich, klar, bestimmt. In leichter Tirolerbetonung
gab er von den Gedankenschätzen, den Erfahrungen, den über-
zeugten Meinungen, die ein langes, reiches Leben in ihm
gezeitigt hatte. Wir waren übrigens beide aufgeregt, denn es

war nach den beispiellosen Vorgängen im Abgeordnetenhause, an dem Tage nach dem Sturze Badenis. Ich war zu einer Innsbrucker Vorlesung gerade aus Graz gekommen, wo die Menge durch die Straßen tobte und wo von bosnischen Soldaten auf das Volk geschossen wurde. Österreich so weit?" murmelte Pichler. Dann richtete er sich, mit dem Ellbogen stützend, ein wenig auf, und das Donnerwetter, das aus ihm losbrach, darf ich nicht beschreiben! — Mit rücksichtsloser Schärfe bezeichnete er die Grundursachen solch politischer Katastrophen in Österreich. Niemals zuvor hatte ich an einem Greise diesen wilden Zorn gesehen. Die lodernbsten Proteste und Kraftreden seiner Gedichte, hier waren sie, ins Grandiose gesteigert, in wenigen Sätzen zum Ausdrucke gekommen! —

In dieser schlichten Poetenstube, deren einziger Schmuck die Sonne war und die Bilder des Hochgebirges, die zum Fenster hereinleuchteten, wohnte das Feuerherz, an dem die jungen Poeten des Alpenlandes sich entzündeten.

Daß er mit den Deutschen, die er so sehr liebte, gar besonders zufrieden war, kann man nicht behaupten. Auf den Absatz seiner Bücher anspielend, sagte er: „Gibt es einen schundigeren, launenhafteren Herrn als den deutschen Michel? Seine angebliche Verehrung für Poesie — nur Heuchelei, in seinem Herzen kniet er nur vor zwei Göttern: dem hohen Titel und dem Geldsack. Ich verdanke mein bescheidenes Einkommen dem Hammer des Geologen." Er hatte außerdem noch in seinen letzten Jahren schlechte Erfahrungen mit Verlegern gemacht. „Die Schriftstellerei," schrieb er mir schon früher einmal, „verleidet's mir nach und nach, man muß nur der Mode huldigen und dazu habe ich nicht das Zeug. Liegt mir auch nichts daran, ich treibe lieber geologische Allotrias." Ein anderesmal, als ich ihm vorgehalten, daß der „Heimgarten" wieder lange nichts von ihm bekommen, ant-

wortete er: „Was haben Sie denn zu klagen, Sie alter Bär!
Ich bin alt, ein Schlagfluß hat mich heimgesucht. Kommen
Sie lieber nach Tirol! Müssen Sie denn immer an der
Schürze der Mutter Styria·hängen?" — Nun, so hatte ich
ihn endlich vor mir, und in dieser einen Stunde des persönlichen Verkehrs zeigte es sich, wie traut wir uns unvermerkt
geworden waren. Seine Tochter Mathilde, die ihm das
Haus besorgte, die ihn pflegte, man merkte ihr's an, wie froh
sie war über die geistige Frische und Wärme ihres Vaters.
„Wir wollen auch was zu lachen haben," sagte er plötzlich
und zeigte mir ein klerikales Tiroler Blatt, in welchem er
heftig angegriffen war. „Solche Ergötzlichkeiten fehlen auch
mir in Steiermark nicht," darauf meine Bemerkung, „sie
können uns nur stärker und zielbewußter machen. Besonders
ich habe von Zeit zu Zeit solche Gifttraktätlein nötig, um
nicht in·Vertrauensseligkeit einzuschlafen." Er lachte und
zitierte einen bekannten Spruch Mephistos. Als ich mich
verabschiedete, sagte Pichler: „Allzulang dürfen Sie nicht
ausbleiben, wenn Sie mich noch einmal sehen wollen."

Und zwei Jahre später, da sah ich ihn noch einmal. Er
hatte die Ehren des achtzigsten Geburtstages hinter sich; das
deutsche Volk, besonders aber die Tiroler, hatten sich erinnert
an Adolf Pichler. Er hatte noch einmal die Fahne umarmt,
unter der er einst den Freiheitskampf mitgerungen, er war
begeisterter Mitarbeiter des deutschnationalen Kampfblattes
„Der Scherer" geworden — er fühlte sich wieder jung.
Schlank aufrecht im bequemen Hausrock mit lustigem Will-
kommgruß empfing er uns, als wir, der Tiroler Wallbach,
der Dichter der „Sonnenlieder", und ich, bei ihm eintraten.
Mit teils mildem, teils scharfem Humor leitete er das Gespräch, in seinem Wesen lag eine ebenmäßige überlegenheit
über Welt und weltliche Werte. Aber die Glut für das

deutſche Vaterland und ſeine Freiheit war noch vorhanden.
Mancherlei brennende Tagesfragen wurden beſprochen, darunter der Hirtenbrief gegen den „Scherer". Pichler machte
gleich ein paar Epigramme über die „Los von Rom"-Bewe-
gung und blitzenden Auges ſagte er: „Nun, nun, Freunde,
ich wollt' ſchon noch dreinſchlagen! Aber das Gerüſt iſt
morſch."

Als ich mich erhob, um wieder der Steiermark zuzu-
trachten, ſtand er hochaufgerichtet vor mir und bei dem Hände-
drucke ſagte er: „Leben Sie wohl! Wiederſehen? Auf dieſer
Welt nicht mehr — gewiß aber in einer anderen."

Die Berufung auf dieſes Stellbichein war ſein Glaubensbekenntnis. So unverſöhnlich Adolf Pichler gegen den Ul-
tramontanismus ſtand, ſo innig war er im Herzen Chriſt.
Sein Beruf als Naturforſcher hinderte ihn, wie er mir einmal
ſchrieb, nicht einen Augenblick, an ein ewiges Leben der
Menſchenſeele zu glauben.

Karl Wolf.

(1848—1912.)

Im März 1898 packte ich wieder einmal mein Handtäschel, faltete den Regenschirm und ging auf Reisen. Gen Meran, um die zurzeit von Karl Wolf veranstalteten Volksschauspiele zu sehen. Der Himmel war voller Regen, so daß ich Überschwemmungen fürchtete unterwegs. Aber die Befürchtung wurde zu Wasser, denn das Wasser wurde zu Schnee. Im Pustertal bohrte vor unsrer Maschine der Schneepflug dahin; ein paar Stunden später, in Bozen, blühte der Frühling.

Zu Meran auf dem Bahnhof hat Karl Wolf mich schon erwartet. Sein Auge leuchtete vor Befriedigung, denn das Werk war gelungen. Anfangs hatten seine Volksschauspiele gerade im Lande Gegner gehabt, weil es immer Leute gibt, die alles, was an Gutem und Schönem geschieht, zuerst ersticken wollen, und wenn es nicht umzubringen war, es nachher über den grünen Hut loben. Bald war es so, daß man die Tiroler Spiele neben den oberammergauischen nannte. Übrigens hatten sie diesen etwas voraus; es war der geschichtliche Boden, auf dem die Dramen des Tiroler Freiheitskampfes spielten; es war das geschichtliche Volk, von dem sie gespielt wurden. Karl Wolf hatte sie verfaßt und eingerichtet und dann für die Aufführung eine Truppe von nicht weniger als dreihundert Mitgliedern zusammengebracht. Gewerbsleute und Bauern der Umgebung. Zur Frühjahrs- und Herbstzeit, an Sonntagen, wenn auf dem Meraner Pulverturm die Fahne winkte, kamen sie zur Probe daher, und zum Beginnen, die beispiellosen Heldenkämpfe vor aller Welt darzutun. Mit mehreren dieser Leute bin ich vertraut geworden. Besonders mit dem Darsteller Peter Mayrs, einem

Kernmenschen, stramm wie seine Gestalt auch sein Herz, voll Begeisterung für die Geschichte seines Heimatlandes. „I spiel's nit, i leb's," sagte er mir, mit der Faust an die breite Brust pochend, „wenn ih's da drin amal nit mehr sind', nachher hör' i auf." Sie leben es uns vor und können das, weil's ihnen im Blut liegt, weil sie die Enkel und Urenkel sind der Männer von 1809, weil sie die Botschaft ererbt haben. Sie spielen ihre Natur, ihre Alltäglichkeit, ohne alltäglich zu wirken. „Aber es gibt eine Grenze," sagte mir Wolf. „Sobald ihnen das Herz matt wird, ist's aus mit ihrer Kunst. Und bei den vielen Wiederholungen kann es schon vorkommen. Dann fangen sie an zu übertreiben, zu extemporieren, Witze zu machen, und wir müssen das Stück absetzen und ein anderes anpacken." Ferner erzählte er mir, wie seine Truppe auch streiken könne. Sie verlieren ja ihre Zeit bei den Proben, versäumen Arbeit, müssen im Wirtshaus sein. „Umsunscht isch der Toad!" sagten sie und verlangten Spielhonorar. Also bekommt jeder Hauptspieler für eine Aufführung fünf Gulden, jeder Nebenspieler einen Gulden. Jener Leutpriester wird wohl das erste und das letzte Mal getadelt haben, als er zu einem Spieler sagte: „Seit du Geld nimmst, Mensch, glaub' ich dir's nit mehr, daß du mitlebst, wie du sagst;" und der andere die Antwort gab: „Han ih dih g'fragt, Pfarrerbua, was b' dir denkst, wannst deine Funfzigkreuzer-Mess' lest?" Gelobt werden diese Spieler von aller Welt, und die Kurdamen zu Meran reißen sich um die Buben und gesetzten Männer. Die aber nix! Keiner läßt sich fangen, keiner verleugnet seinen Stand. Ist vor paar Wochen, erzählte Wolf, der Hofschauspieler Sonnenthal dagewesen, und er hat den Darsteller des Andreas Hofer angesprochen: „Na, wie geht's, Herr Kollege?" Der schaut ihn eine Weile an und sagt: „Ah so — san Se ah a Schuaschter?"

Derlei wußte Wolf mir von seiner Truppe zu sagen. Ich, der ewig Brennende für den Tiroler Freiheitskrieg, konnte den nächsten Tag kaum noch erwarten, da die „Tiroler Helden", von Karl Wolf verfaßt, aufgeführt werden sollten. Meran war festlich belebt. Herrschaften waren da, hohe, höchste und allerhöchste. Aber mancher, der durch die beflaggten Gassen wandelte, sah besorgt gegen Himmel. Es ging der schlechte Wind, und wässerige Wolken krochen über die Berge herein. Und das Schauspielhaus hatte — kein Dach. Vom Fuße des Küchelberges herüber winkten uns bunte Fahnen zu. Dort war es. Das schlechte Wetter, meinte Wolf, habe ihm bisher weniger getan als die Zensur. Der Andreas Hofer hatte zu sagen: „Das hätt' ih mir nit benkt, daß uns Österreich im Stich laßt!" Dieses Wort bedrohte nicht bloß Österreich, sondern auch das Stück. Die Zensur wollte es streichen, da zeigte Wolf sich entschlossen, es gar nicht aufzuführen, wenn der Satz gestrichen würde. Darauf hat der Beamte gemeint: „Tun mer halt amal nit Weltgeschichte korrigieren. Lass'n mer'n steh'n." Peter Mayr, der Wirt an der Mahr, der sich von den Franzosen lieber erschießen ließ, als daß er log, hatte zu sagen: „Die Lug isch 's größte Unglück seit der Schlang' im Paradeis bis auf diesen Kaiser!" Es hätte geändert werden sollen: „bis auf Bonaparte". Da hat der Verfasser höflich einmal nachgeben wollen und den ganzen Satz gestrichen.

Der nächste Morgen war trüb, die Nebel hingen tief an den Bergen herab, aber auf dem Pulverturm wehte die Fahne. Da kamen die Spieler heran über Berg und Tal, in ihrer Passeirertracht. Und um ½3 Uhr nachmittags krachte auf dem Küchelberg ein Kanonenschuß, daß ganz Meran schütterte. Dann noch einer — und noch einer. Das erste Zeichen zum Beginn. Eine ganze Völkerwanderung über die Wiesen hin, dem Schauplatz zu. Die Stätte war so: Wir sitzen in den rohen Bretterbänken, in einem großen, mit Holzzaun abgegrenzten Garten. Rückwärts sind gedeckte Kammern, die Logen. Vor uns, an Stelle der Bühne, steht ein großes Tiroler Bauernhaus mit Nebengebäuden, vor und zwischen ihnen freier Raum für die Spielenden. Am diesseitigen Rande des Hofes eine Art Straßengraben, da unten sitzen die Musikanten. Alles von ungesuchter Einfachheit und Zweckmäßigkeit, nach Natur und Leben. Nichts erinnert an ein Theater. Kein Vorhang, keine Rahmenhänge, kein Einsagkasten. Für Szenen in geschlossenen Räumen geht die Wand des großen Hauses auseinander nach links und rechts.

Ich hatte einen rückwärtigen Platz gewählt, des weiten, freien Umblicks wegen. Über den Bretterverschlag herein leuchten die schneebedeckten Bergriesen. Gerade vor uns, gleichsam wie zur Dekoration, ragt oben auf grünem Berghang die uralte Burg Tirol, das geschichtliche Hauptschloß des Landes. Uns zur Rechten, nahe aufsteigend, die steilen Lehnen des Küchelberges, zu dieser Jahreszeit noch grau und kahl, und braune Felswände, von denen weiße Täfelchen herabblinken. Das sind Merkmale zur Erinnerung an jene Kämpfer, die 1809 an denselben Stellen gefallen sind. Alles natürlicher Schauplatz des großen Dramas, das sich einst zugetragen hat. Welch eine Stimmung für das dramatische Spiel, das jetzt beginnt!

Die Menschenmassen im Zuschauerraum sind ruhig geworden. Ich glaubte, es käme durch das Gehöst her verspätet noch eine ländliche Zuschauerin, die aber dort vor dem Hause stehen bleibt und laut in Versen ein „Grüaß Gott!" spricht. Dann kommen französische und bayrische Soldaten daher, auch Landsleute, Männer, Weiber und Kinder; sie beleben Straße und Platz. Bauern werden gefesselt als Geiseln vorübergeführt, weil ihre Söhne sich vor der Rekrutenaushebung geflüchtet haben. Das Geschick ist im Gange. Da — plötzlich Unruhe im Zuschauerraum. Die Leute stehen auf von den Bänken, ich sehe über die Köpfe hin, wie Karl Wolf herbei= eilt und sich geschäftig wieder verliert. Dann setzen sich die Leute gelassen wieder auf die Bretter. Was ist denn ge= schehen? — Der Erzherzog ist gekommen.

Die Spieler hatten sich nicht unterbrechen lassen. Der Mahrwirt Peter Mayr wird vor die französischen Richter geführt. Angeklagt der Empörung nach dem Friedensschluß. Den französischen General hatte der arme Mann, der doch nichts andres tat, als sein Vaterland befreien zu wollen, gedauert; dem Mahrwirt ward beigebracht, daß er freige= sprochen werden würde, wenn er sage, daß ihm bei der Revolte der Friedensschluß nicht bekannt gewesen sei. Man erwartet nun, daß er vor Gericht dieses angebe; aber Peter Mayr sagt ruhig und fest, der Friedensschluß sei ihm wohlbekannt gewesen, und mit einer Lüge verkaufe er sein Leben nicht. So wird er zum Tode verurteilt. — Ein zweiter Held des Dramas ist Peter Siegmayr. Er ist Soldatenflüchtling; weil er sich nicht stellt, so nehmen die Feinde seinen Vater ge= fangen und drohen, ihn zu erschießen, wenn er das Versteck des Sohnes nicht angeben wird. Der Alte sagt: „Lieber den Tod, als den Sohn verraten!" Der Sohn erfährt das, stellt sich selbst, um den Vater zu retten, und wird erschossen. — Diese antiken Heldenzüge hat Karl Wolf in einer dramatischen Bilderreihe dargestellt. Recht, Freiheit, Vaterlandsliebe, Lebensverachtung, Treue und Großmut, auch gegen den Feind — das sind die Grundzüge des Stückes. Nebstbei werden auch Werke des Friedens vorgeführt, Bauernleben, Hirtenleben in seiner Arbeit und Idylle, kirchliche Aufzüge und Bauernfeste, alles voll Naturwahrheit. Unter der Volks=

menge glaubte ich sogar Sixt und Hartl zu bemerken, Karl
Wolfs lustige Tiroler Buben. — Die Hauptwirkung liegt in
der Schlacht an der Mühlbacher Klause. Die Streiter in
Lodenjoppen und Hembärmeln. Die heiligsten Kriege werden
nicht in Uniform geführt. — Erst in der Ferne Trommel-
wirbel. Der Wächter aus dem Dachgiebel zeigt die Bewegung
des Feindes. Dorf und Gasse sind menschenleer, unheimliche
Ruhe. Da kracht oben am Küchelberg ein Kanonenschuß. Vom
gegenüberstehenden Felsen auch einer und ein zweiter, dritter,
vierter. An den Berglehnen Kleinfeuer. Der Schauplatz hat
sich nach außen verlegt. Über den Platz laufen einige Franzosen, von Bauern verfolgt. Von mehreren Seiten springen
sie zusammen, es entspinnt sich ein Gefecht. Von den Fenstern des Hauses wird herabgeschossen, von den Dachluken
herab. Dort und da stürzt ein Mann zusammen, wird fortgetragen. Während draußen in der Umgebung fort und fort
die Kanonen krachen, aus den Berghängen das Gewehrfeuer
knattert, daß schon das ganze Tal in Pulverdampf gehüllt
ist, kommt der Parlamentär und bittet die Bauern um
Waffenstillstand. Da legt sich allmählich der Schlachtenlärm,
Gefangene werden abgeführt und Musik fällt ein.

Die Wirkung war gewaltig. Die Entwicklung der
Schlacht, bei der plötzlich der historische Boden lebendig ward
und das ganze Meraner Tal mitspielte, war etwas so eigenartig Packendes, wie es in der Schauspielerwelt sonst wohl
nirgends vorkommt. Wenn es um Menschenrecht und Heimat
geht, da wird Kanonendonner und Gewehrgeprassel zur
Musik. In mir zuckten alle Muskeln, jauchzten alle Sinne.
Nein, das war kein Schauspiel, das war ein Erlebnis.

Der trübe Himmel war mittlerweile dunkler und dunkler
geworden, es begann sachte zu regnen. Das Schauspiel nahm
seinen Verlauf, den letzten Hochszenen entgegen. Die Zu-

schauer aber begannen fortzugehen, einer nach dem andern. Vor mir lichteten sich die Reihen. Auch ich erhob mich, ging aber nur nach vorn, um des besseren Hörens wegen in einer dort fast leer gewordenen Reihe Platz zu nehmen. Jetzt spannte ich meinen Regenschirm auf, und nun konnte es meinetwegen dauern bis Mitternacht. In derselben Reihe saß noch ein Mann, der keinen Schirm hatte; wie fröstelnd stülpte er seinen Rockkragen um den Hals auf; auch er war von dem Stück so sehr gefesselt, daß er seiner Gesundheit vergaß. Ich rückte ihm näher, um ihn unter mein breites Familiendach einzuladen, wollte schon den Schirm über ihn heben, da stand er auf und ging davon.

Zum Schlusse des Stückes waren unter dem regnenden Himmel kaum mehr zehn Zuschauer da, ich unter ihnen. Und dann gewann mein großes Parapluie doppelte Bedeutung. Unter seinem Schutz und Schirm schritt ich Arm in Arm mit Karl Wolf der Stadt zu, nachdem er das Spiel geleitet und ordnungsgemäß geschlossen hatte. Er war mißmutig wegen des Wetters, mein Herz stand in hellem Sonnenschein unter dem, was ich erlebte, was wir diesem Manne zu verdanken hatten. Mir war, als käme ich just aus südlichem Himmelsstrich des klassischen Volkes. Was tut unter so herrlichen Eindrücken das bißchen Regen einer germanischen Haut!

„Etwas verregnet, Herr Wolf!" so wurde er angesprochen unter den Lauben von einem Herrn, den mein Begleiter unter Verneigung, wie mich deucht, mit „kaiserlicher Rat" bezeichnet hatte. Es war derselbe, der vorhin in meiner Bankreihe gesessen war mit aufgestülptem Rockkragen. Er sprach jetzt, während ich etwas fröstelnd daneben stand, mit Wolf über etliche Neuerungen, die dieser bei der Vorstellung angebracht hatte; er mußte das Stück schon wiederholt gesehen haben und zeigte dafür lebhaftes Interesse. „Ich wünsche, Herr Wolf, daß es das nächste Mal bei besserem Wetter wieder so gut geht. Es hat mich gefreut."

Als der Fremde davon war, bemerkte ich meinem Begleiter, wie ein so junger Mann schon kaiserlicher Rat sein könne!

„Kaiserlicher Rat? Wer?"

„Dieser Herr, Sie haben ihn doch so angesprochen."

„Ich?" fragte Wolf auf, „ich hätte den Erzherzog . . ? Hören Sie denn schlecht? Ich habe doch wohl kaiserliche Hoheit gesagt! Sie kennen doch . . . .? Das war ja der Thronfolger Franz Ferdinand!"

„Und ich! Ich hatte mich zu ihm setzen und meinen Regenschirm mit ihm teilen wollen!"

„Hätten Sie es nur getan," sagte Wolf, „ein Volksdichter darf es sich schon erlauben, den Fürsten unter den Schirm des Volkes zu laden."

Friedrich Spielhagen.
(1829—1911.)

Persönlich habe ich ihn nur einmal gesehen, gelegentlich eines Besuches in Berlin, im Jahre 1897. Ich fand einen ruhigen, vornehm sich gebenden alten Herrn. Während des Speisens sind wir nicht arg über die Gewöhnlichkeiten eines Tischgespräches hinausgekommen. Bei der Zigarre kamen schon Funken, kam die heimliche, behagliche Wärme. Uns damals wohl noch unbewußt hatte sich in jenen drei Stunden ein seelisches Band zwischen uns gewoben, das nicht mehr riß, das im Briefwechsel von Jahr zu Jahr vertraulicher und inniger geworden ist. Von seinen Briefen an mich darf ich eine Anzahl hier mitteilen; sie kennzeichnen den Verfasser und unsere Beziehungen weit besser, als ich es mit eigenen Worten tun könnte.

Charlottenburg, 6. I. 97.

Hochgeehrter Herr!

Wie unser dahingeschiedener unvergeßlicher Freund*) Ihnen von mir, so hatte er mir von Ihnen oft und oft in liebevoller Wärme gesprochen und geschrieben. Wir haben an ihm Unersetzliches verloren. Er und ich sind Freunde gewesen über vierzig Jahre, ohne daß auch nur der Schatten eines Mißverständnisses den Himmel unserer Freundschaft getrübt hätte. Das ist nicht mein Verdienst, der ich, nicht gar gesund und nervös überreizt, ungleichmäßig in meiner Stimmung und nicht selten von schweren Launen heimgesucht bin; sondern seines, der immer, immer konziliant war, und dessen Herzensgüte nicht übertroffen werden konnte. Und war er doch noch mehr als nur ein guter Mensch — obgleich das in meinen Augen ungeheuer viel ist — ich habe nie einen verständnis-

---

*) Verlagsbuchhändler Ludwig Staackmann in Leipzig.

innigeren, feinsinnigeren Berater in poetischen Dingen gehabt. Er lobte so gern; glaubte er aber, zu finden, daß die Sache nicht in Ordnung sei, sprach er es mit schönem Freimut aus und — er hatte immer recht.

Sie haben ihn ja so sehr viel kürzere Zeit nur gekannt; aber lange genug, ihn schätzen und lieben zu lernen. So wollen wir über das, was wir an ihm verloren haben, nicht rechten. Es ist hinüber und herüber ein Unermeßliches.

Er hätte meinen Aufsatz über Ihr „Ewiges Licht" gut und gern noch lesen können. Seit Wochen schon befand sich der Artikel in Wien*); aber die Redaktion wollte ihn durchaus für die Weihnachtsnummer reservieren. Hätte ich ahnen können, das Furchtbare! Aber ich war so überzeugt, daß er mich um viele Jahre überleben würde. Und auch er dachte — im echt spinozistischen Sinne des Tapferen — an nichts weniger als den Tod.

Glücklicherweise ist ihm in seinem Sohn Alfred ein Nachfolger erwachsen, der seiner durchaus würdig zu werden verspricht. Der Zufall will, daß ich, kaum daß sich das Grab über den Heimgegangenen geschlossen, höchst wichtige Geschäftsangelegenheiten mit Alfred verhandeln mußte. Ich habe ihn so klar, besonnen, klug gefunden — ich hätte wahrlich glauben können, er habe seine Briefe nach dem Diktat des Vaters geschrieben. Das läßt mich geschäftlich ruhig in die Zukunft blicken. Ich zweifle nicht, daß Sie unserem jungen Freunde dasselbe Vertrauen entgegenbringen. Freilich, eine ungeheure Verantwortung ist auf seine Schultern gewälzt. Was an mir liegt, sie ihm tragen zu helfen, soll gewiß geschehen.

Ich höre, daß wir die Freude haben werden, Sie demnächst in Berlin zu sehen. Dann werden wir uns persönlich kennen lernen, und damit wird ein Herzenswunsch unseres herrlichen Freundes erfüllt werden.

Leben Sie inzwischen recht wohl!

In treuer Verehrung

Friedrich Spielhagen.

*) „Neue freie Presse".

Charlottenburg (Berlin), 16. II. 97.

Hochverehrter Herr!

Es ist die höchste Zeit, daß ich mir einen Bruchteil der Zeit, die Sie in Berlin verbringen werden, zu sichern suche. Um gleich mit der Sprache herauszukommen; glauben Sie es möglich machen zu können, daß Sie am 26. (am 25. sollen Sie nicht belästigt werden) bei uns zu Mittag speisen, ganz en famille (zu der ich auch Alfred und Wilhelm Staackmann rechne) zu jedweder Stunde, die Sie bestimmen wollen. Ich glaube, Ihnen Stille und Behaglichkeit garantieren zu dürfen; von Aufregung usw. keine Rede, und irgendwo zu Mittag speisen müssen Sie ja doch. „Großstadtgeister", ich versichere Sie, spuken bei uns nicht.

Muß und soll es bei einem kurzen Besuch sein Bewenden haben — was ich tief bedauern würde — so bin ich für Sie den ganzen Vormittag des 26. bis 2 Uhr zu Hause. Vorläufig halten wir an der Hoffnung fest, Sie als lieben Gast bei uns zu haben.

Das Haus wird an Ihren beiden Abenden „ausverkauft" sein. Ich habe uns und den jungen Staackmanns nur mit Mühe Billetts verschaffen können.

Mit der Bitte um eine Zeile freundlicher Zusage, Empfehlungen seitens meiner Frau und meiner Töchter

in herzlicher Verehrung

Friedrich Spielhagen.

Charlottenburg (Berlin), 14. 5. 97.

Verehrter Freund!

Ich weiß, Sie verstatten mir diese Anrede. Meine Verehrung für Sie habe ich öffentlich ausgesprochen; meine freundschaftlichen Gefühle haben Sie mir vom Gesicht abgelesen — davon wäre ich überzeugt, auch wenn es Ihr letzter Brief nicht bestätigte. Sie nennen sich und mich, literarisch genommen: „richtige Gegenpole". Ich kann das nicht unterschreiben. Mir deucht, nur unsre Stoffe sind verschieden. Aber das hat der Zufall so mit sich gebracht, der Sie im Gebirge, mich an der Meeresküste groß werden ließ. Läge die Sache umgekehrt, ich weiß nicht, ob ich nicht wie Peter Rosegger, Peter Rosegger nicht wie ich geschrieben und gedichtet hätte.

Gott, der in die Herzen sieht, würde vermutlich über die Gegen-
polarität, die Sie zwischen uns konstruieren wollen, lächeln. Auf
das Herz kommt es an. Und da will mich doch bedünken, als ob
unsere Herzen in seltener Weise auf denselben Grundton gestimmt sind:
dasselbe Mitleid mit aller leidenden Kreatur; derselbe Widerwille
gegen Gemeinheit und Niedertracht; dieselbe Andacht vor dem
Guten und Schönen. Ich suche diese Grundempfindungen in der
Behandlung der Stoffe auszudrücken, die mir bekannt und handlich
sind; Sie in den Ihren — das ist der ganze Unterschied.

Das Thema ließe sich sehr vertiefen und bis in die Einzelheiten verfolgen. Die Absicht habe ich nicht. Ich wollte nur aus
der Wahlverwandtschaft unsrer seelischen Naturen den zureichenden
Grund für meine Anrede konstruieren.

Leider daß diese Wahlverwandtschaft sich auch auf unsere phy-
sische zu erstrecken scheint. Sie hatten nach der Seite zu klagen, und
ich habe einen miserablen Winter durchgemacht. Ein Katarrh löste
den andern ab. Jetzt bin ich wieder seit drei Wochen nicht aus dem
Zimmer (resp. aus dem Bett) gekommen. Seltsam glücklich ist es,
daß diese Leiden meine Arbeitskraft kaum beeinträchtigen; freilich
nicht ohne des alten Kant Anweisung, durch die Kraft des Gemütes
über krankhafte Empfindungen Herr zu werden. Mit der und der
spartanischen Gewohnheit eines langen Lebens habe ich es fertig
gebracht, per tot discrimina rerum mir nach Faustulus bereits
wieder einen starken Einbänder zu leisten, der fix und fertig vor mir
liegt. Außerdem ist eine Reihe zum Teil längerer Gedichte entstanden, die ich in den Westermannschen abdrucken lasse und Ihnen
dann zukommen lassen werde. Ich würde viel mehr Lyrisches im
Leben produziert haben, hätte ich so viel Freiheit und freie Zeit gehabt, wie das Glückskind Goethe, das am bösen Tage ruht, um
(es an) den guten doppelt gut zu haben. Ich habe nie ruhen dürfen.

Sobald es mein Zustand erlaubt und das Wetter ein Einsehen
hat, gehe ich nach Karlsbad. Bis dahin werden wohl immer noch
1—2 Wochen ins Land gehen. Wenn mir das Glück hold ist, habe
ich inzwischen wieder einen Brief von Ihnen.

Meine Damen empfehlen sich Ihnen bestens. Ich verbleibe

Ihr treu ergebener

Friedrich Spielhagen.

Charlottenburg, 24. 12. 97.

Hochverehrter Herr und Freund!

„Wenn die frohen Weihnachten kommen" gedenkt der bessere Mensch nicht bloß seiner nahen Lieben, sondern auch der fernen Guten, die er sich wohlgesinnt weiß und an deren Wohl und Wehe er selbst herzlichen Anteil nimmt. Zu den letzteren zähle ich Sie, aber nicht in letzter Linie. Nun haben wir uns freilich unsre gegenseitige Sympathie coram publico versichert. Das kann mich aber nicht abhalten, Ihnen privatim zu sagen, wie wohl mir wieder Ihre letzten Bücher getan haben, und wie dankbar ich Ihnen für die köstliche Besprechung meines Faustulus im „Heimgarten" bin. Sie hat mich um so freudiger berührt, als das Buch sonst zwischen die Dornen gefallen zu sein scheint, von denen nicht wenige in den mir zugesandten Rezensionen hangen geblieben sind. Ich kann es nun einmal den jungen Leuten nicht recht machen. Mögen sie! wenn auch der Selbsttrost des alten Auerbach: „Sie werden schon einsehen, was sie an mir gehabt haben, wenn ich nicht mehr bin," bei mir nicht verfangen will. Ist doch seine Prophezeiung so gar nicht für ihn in Erfüllung gegangen! Woran nebenbei gewisse Leute, die ich nicht nennen will, mehr schuld sind, als sie vielleicht Wort haben möchten. Aber wer bürgt mir dafür, daß auch hinter mir andre kommen, welche die Sache besser machen, als ich?

Hat Ihnen unser Freund Alfred meine „Beiträge" geschickt? Ich wäre begierig, zu hören, wie Sie darüber denken. Nicht immer gut, vermute ich. Es dürfte da so manches sein, was Sie nicht unterschreiben können. Aber das sind Nebendinge, die den Salustschen Hauptsatz von dem „dasselbe wollen und dasselbe nicht wollen" der Freundschaft nicht aufheben.

Sie haben Ihr Zimmer so genau beschrieben. Ich weiß, es ist voll bis auf das letzte Eckchen. Aber so ein Stück vorn mit einem Sonnen-Schattenriß versehener Pappe findet am Ende doch noch einen Unterschlupf. In meinem Zimmer wenigstens wäre für so etwas noch immer reichlich Platz.

Übrigens ist das Stück Pappe beauftragt, Ihnen die herzlichsten Grüße zu überbringen von meinen Damen und

Ihrem treu ergebenen

Friedrich Spielhagen.

Charlottenburg-Berlin, den 3. I. 98.

Hochverehrter Herr und Freund!

Halten Sie mich nicht für einen Troglobyten, oder europäischer Höflichkeit unkundigen Kanadier, wenn ich mich in dumpfes Schweigen seit so langer Zeit gehüllt zu haben scheine. Ich stand im strengen Dienst, ja in der Sklaverei der Muse. Wenigstens kann kein Galeerensträfling härter zu arbeiten haben (aber es gibt hoffentlich solche arme Teufel nicht mehr), als ich vom Frühsommer bis zum letzten Tage des vergangenen Jahres mich abrackern mußte. An einem Roman, der mir seit — ich weiß nicht wie lange — auf der Seele lag. Und an den ich mich seiner ungeheueren Schwierigkeiten wegen nicht heranwagte. Es dann aber doch tat, bedenkend, daß ich mich noch im Grabe ärgern würde, hätte ich ihn nicht geschrieben, und, wenn man sich dergleichen sagt und siebzig Jahre zählt, keine Zeit zu verlieren ist. Ob die Kritik mir hinterher ein bedauerndes Si tacuisses singen wird, soll mich nicht weiter kümmern. Ich habe meine Pflicht und Schuldigkeit mir selbst gegenüber getan. Das ist im Leben doch schließlich die Hauptsache.

Natürlich haben sich inzwischen die so schon klaffenden Lücken meiner literarischen Bildung beträchtlich erweitert. Heines kranker Sohn klagt:

> Ich bin so krank, o Mutter,
> Daß ich nicht hör' und seh' —

So geht es mir mutatis mutandis, wenn ich an einem neuen Werk schaffe. Bei Ihnen wird es nicht anders sein. Es wird ja auch sonst nichts.

Hoffentlich hat Ihre Grippe das Einsehen ihrer völligen Ungehörigkeit gehabt und ist beschämt aus Ihrem edlen Leibe gefahren. So werden wir das Vergnügen haben, Sie im März hier zu sehen. Es ist ein allgemeines Gerede: die Welt sei so klein. Im Interesse von uns zwei beiden, die wir einander so viel sein könnten, kämen wir öfter und oft zusammen, ist sie viel zu groß.

Leben Sie inzwischen recht wohl und seien Sie meiner treuen Anhänglichkeit versichert.

Ihr

Friedrich Spielhagen.

Charlottenburg, Berlin, 5. III. 99.

Liebster Rosegger!*)

Doch hat man keinen guten Magen,
Sag selbst: wie soll man es vertragen:
Das Angestoße mit jedwedem
Und ach! das viele, viele Reden!
(Jedwedem-reden? Gott, gerechter,
Das ist ein Reim, ein herzlich schlechter!)
Du siehst, im Capitolium,
Da geht es mir ein wenig um.
Doch werde mal erst so gefeiert,
Wer weiß, ob's bei dir besser leyert.
Von je auch trugen Schusterleute
Die schlecht'sten Stiefel bis auf heute.
Nun aber hör' ich wirklich auf,
Sonst gibst du wahrlich mir den Lauf-
Paß bis zur allerfernsten Thule,
Stößt grausam mich vom Dichterstuhle;
Und sagst: ich kann wohl viel vertragen,
Den hab' ich gründlich nun im Magen,
Nennt er sich zehnmal auch

Spielhagen.

Berlin-Charlottenburg, 2. II. 00.

Verehrter lieber Freund.

Erwarten Sie keinen Brief, wie ich ihn sonst wohl schreibe. Zwischen Sonst und Jetzt klafft eine fürchterliche Lücke**). Mit 71 Jahren erträgt sich solcher Verlust nicht mehr. Haben Sie herzlichen Dank für Ihre warme Teilnahme! Sie haben sie ja kaum gekannt. Aber, die sie kannten! — Und ich Unseliger, der die Gattin, die Geliebte, die Freundin 40 Jahre nicht von seiner Seite gelassen, die über mich gewacht hat, wie die Mutter über ihr Kind — es ist nicht auszudenken —

---

*) Auf einen humoristischen Gruß gelegentlich seines 70. Geburtstages.

**) Der Tod seiner Frau.

Sprechen wir von der Sache, welche die Veranlassung Ihres Schreibens v. 17. v. M. war, das mir erst gestern zu Händen gekommen ist. Ich bin gern bereit, Herrn Neuber entgegenzukommen. Er möge nur die Freundlichkeit haben, mir seine Wünsche ausführlich mitzuteilen. Nur in einem Punkte kann ich Ihrem Beispiele nicht folgen: ich kann nichts verschenken. Ich darf es nicht. Ob ich auch nur einen Teil meiner Kraft wieder gewinne — ich fürchte, ich bin ein gebrochener Mann; und, da ich zeitlebens eine offene Hand hatte, habe ich nicht zurückgelegt. So muß ich auf meine alten Tage anfangen zu geizen.

Leben Sie wohl, lieber Freund, wie es in diesem grausamen Leben immer möglich ist!

Und schreiben Sie mir wieder einmal! Wer sich der Einsamkeit ergibt, ist so bald allein.

Ihr treu ergebener

Friedrich Spielhagen.

Berlin-Charlottenburg, 20. II. 00.

Lieber Freund!

Ich danke Ihnen tausendmal für Ihren letzten herzlichen Brief. Sie möchten mir so gern helfen; aber für mich gibt es keine Hilfe. Wenn man einundsiebzig ist, hat die Natur ihre Selbstheilkraft eingebüßt: man verblutet an der Wunde, langsam vielleicht, aber sicher. Als Sie die Geliebte Ihrer Jugend verloren, lebte in „Ihrem Marle noch die schaffende Gewalt, die sprossend eine Welt aus sich gebären" mußte. Sie wußten das nicht und konnten keinen Trost daraus saugen. Aber es war der Fall, und in der Arbeit, der Sie sich nicht entziehen konnten — denn sie war Ihnen bedürftig, notwendig wie das Atmen — kam der Trost. Was kann mir noch die Arbeit sein? Ich habe die, die mir das Schicksal zuwies, getan. Sie liegt hinter mir. Und ich bin müde! so müde! Wenn ich es recht bedenke, war ich es längst. Und ich arbeitete nur noch für sie, der ein äußerlich behagliches, mit einem bescheidenen Luxus umgebenes Leben zu schaffen, mein Ehrgeiz war. Jetzt, da sie dahin ist, ich durch die leeren Räume irre, an deren Ausstattung sie ihre Freude hatte — was soll mir das, was nun in meinen Augen zum Trödel geworden ist? Die Literatur aber — daß

Gott erbarm! Ich wünschte, ich brauchte von ihr nichts zu hören und nichts zu sehen. Sie widert mich an, wie eine Speise, an der man sich übersättigt hat. Mögen andre, die hungrig zum Mahle kommen, sich daran ergötzen! Ich räume ihnen gern den Platz. Und sie warten ja nur darauf; und die besonders Gierigen tuen, als ob mein Platz bereits leer sei. Ich kann's ihnen nicht verdenken. In meinen jungen Jahren habe ich es nicht anders und besser gemacht.

Dazu kommt noch eines. Wer erfahren hat, was ich jetzt erfahren mußte; wer des Daseins fürchterlichste Bitternis gekostet hat; wer endlich weiß, wie brutal kalt, wie grausam scharf das wirkliche Leben in unser zuckendes Herz schneiden, es zerreißen kann, dem kommt seine sogenannte Poesie, von der man glaubte, daß sie, alles in allem, doch ein Spiegelbild der Realität sei, vor wie ein an der Wand verhuschendes Schattenspiel. Und, endlich wissend, was das Leben wirklich ist, das Schattenspielerkunststück weiter treiben — es erscheint mir lächerlich, unwürdig, blasphemisch.

Und werd's doch weiter treiben müssen als ein geschminkter Komödiant, dem das geliebte Weib hinter der Bühne kalt und bleich und starr im Sarge liegt. Denn ich lebe ja noch und habe Kinder, die auch leben wollen, leben sollen. Aber gibt es ein elender Handwerk! Dürfte ich Steine karren, Holz sägen, Dung fahren, wie Ihr Bauernknecht in „Erbsegen" — das ginge noch. Eine Welt anerkennen, herausputzen, die einem entgöttert ist, die einem zertrümmert ist —

Und die Kinder! Ihr war ich alles; ihre Sonne; die überschwengliche Liebe zu mir hatte für die Kinder nur ein Pflichtteil übrig. Und jetzt muß ich erfahren, daß es mit mir, ohne daß ich es wußte, nicht anders stand. Die Guten, sie tun, was in ihrer Kraft steht, über ihre Kraft. Und ich Undankbarer empfinde wie einer, der aus der weichen, warmen Atmosphäre des Zimmers in die Winternacht hinausgejagt ist — hilflos, nackt.

Verzeihen Sie den Ausbruch meines Jammers! Sie ist heute erst fünf Wochen tot. Heute vor fünf Wochen um diese Stunde stand das edelste Herz für immer still — für immer!

Ihr

Fr. Spielhagen.

Charlottenburg, 27. 4. 1906.

Verehrter Freund,

auch ich kann versichern, daß ich in dieser Zeit oft und oft an Sie gedacht und die weite Entfernung beklagt habe, die uns trennt. Es ist ja vieles in meinem Leben anders geworden, und, wie das im Leben zu sein pflegt, nicht zum Besseren. Ich lebe, alles in allem, wie die Lessingsche Windmühle, zu der niemand kam und die zu niemandem kommt; die paar guten — wenigen, sehr wenigen Freunde ausgenommen, die den Weg zu mir finden. Es geht mir im ganzen leidlich, wenn ich die Gebrechen abziehe, die von dem Alter unzertrennlich zu sein scheinen. Ich gehe wenig, sehr wenig aus, mein weitester Spaziergang ist nach dem glücklicherweise nahegelegenen zoologischen Garten. Noch habe ich jedes Jahr einen Ausflug nach dem Harz gemacht, natürlich in ein Sanatorium, auf das ich ein für allemal angewiesen bin. Dahin wird mich auch in diesem Jahr mein Weg führen, trotzdem das Vergnügen, das mich dort erwartet, ein recht mäßiges zu nennen ist. Meine Kinder betreuen mich auf die liebevollste Weise und sie sind mein bester, nicht hoch genug zu schätzender Trost. Von Arbeiten ist natürlich keine Rede mehr und ich darf gestehen, daß ich das nicht beklage. Die Welt hat künftig vor mir Ruhe.

Und nun, verehrter lieber Freund, möchte ich denn doch etwas Ausführlicheres von dem hören, was Sie tun und treiben. Daß ich Ihre Schriften mit Andacht verfolgt habe, ist selbstverständlich. Ich schicke Ihnen hierbei zur Auffrischung Ihrer Erinnerung eine meiner letzten Photographien. Es ist kein großes Kunstwerk, aber den Zweck, meine Züge in Ihr Gedächtnis zurückzurufen, wird es wohl doch erfüllen.

Und nun leben Sie recht wohl und schreiben Sie bald einmal wieder an den Einsamen!

Ihr herzlich ergebener

Friedrich Spielhagen.

Charlottenburg, den 4. 6. 1906.

Lieber verehrter Freund,

es ist gar brav von Ihnen, daß Sie mir noch immer schreiben, trotzdem Sie wissen, daß ich gar wenig oder nichts zu antworten

habe. Andere sind nicht minder gütig, und so unterhalte ich denn
eine Korrespondenz, die wirklich nur von der Gnade meiner Freunde
lebt. Nicht daß mein körperliches Befinden mich so einschränkte;
ich befinde mich für meine Jahre ganz leidlich, aber der Schaffens-
trieb ist völlig verschollen. Es sind nur noch spärliche Funken, die
unter der Asche glimmen. Doch ich will nicht klagen. Es können nicht
alle so begnadigt sein, wie der Altmeister, der bis zur letzten Stunde
an seinem Faust weitergedichtet hat. Auch ich hätte es nicht für
möglich gehalten, daß meine Spannkraft jemals erlahmen könnte,
und nun ist es doch eingetreten. Manchmal ist es mir, als sei es nur
ein schwerer Traum, der mich bedrücke und den ich jederzeit ab-
schütteln könnte, so ich nur wollte. Dann aber muß ich über
meine Träumereien wieder wehmütig lächeln und weiß: meine Kraft
ist erschöpft. Ein Trost ist, zu wissen, daß, was ich etwa zu sagen
hätte oder sagen könnte, sicher nicht besser wäre, als was ich
hundertmal gesagt habe. Und damit will ich dies leidige Kapitel
für heute schließen.

Aber Sie! Sie sind noch lange nicht fertig mit Ihrer Lebens-
arbeit und dürfen es nicht sein. Im Verhältnis zu mir sind Sie
ja noch ein junger Mann, und soviel ist gewiß, daß ich in Ihrem
Alter noch nicht daran dachte, die Feder aus der Hand zu legen.
So frage ich denn ruhig an, wie steht es mit dem Roman, an dem
Sie jetzt schreiben oder den Sie geschrieben haben? Wohl das
erstere, sonst hätte mir Freund Alfred doch wohl Näheres mitgeteilt
oder das Werk geschickt.

Daß die Schar Ihrer Enkelkinder sich bereits so ansehnlich
vermehrt hat, freut mich zu hören. Auch ich habe es in dieser Beziehung nicht fehlen lassen. Mir sind bereits deren fünf erblüht,
von denen der älteste bereits einen Anflug von Bart bekommt und
die älteste zu einem gar lieblichen Mädchen herangewachsen ist.

Aber genug für diesmal! Wenn Sie von dem Geschwätz eines
alten Mannes mehr zu wissen wünschen, soll Ihr Verlangen prompt
und gern erfüllt werden.

Und nun noch alles Gute und Beste von Ihrem

Ihnen treu ergebenen

Friedrich Spielhagen.

24*

Charlottenburg, 6. III. 1909.

Verehrter Freund,

es ist mir immer sehr schmerzlich gewesen, daß unsere Lebenswege sich bis jetzt nur einmal geschnitten haben, und daß ich, der einen wahren Abscheu vor Reisen hat, Ihnen, trotzdem Sie so viel rüstiger und beweglicher sind, vielleicht nicht wieder begegnen möge. Sie verweisen mich auf die Bücher, und ich habe allerdings eifrig gelesen, aus ihnen Sie herzlich liebgewonnen, hätte unsere einmalige persönliche Begegnung dazu nicht schon hingereicht. So lassen Sie uns denn in Gedanken Freunde bleiben; und wenn unser Freund Alfred Sie einmal besuchen sollte, soll er Ihnen sagen, wie herzlich ich Sie liebe und verehre.

Ihr treu ergebener

Friedrich Spielhagen.

So viel nun der Gestalten aus dem Totenreiche, die noch einmal still an mir vorübergezogen sind. Und es wären noch andere der guten Kameraden, die mein Leben schön und reich gemacht haben.

Wie gerne möchte ich auch von denen meiner Freunde plaudern, die der Himmel mir noch dagelassen hat. Aber sie leben — da darf man sie nicht berufen.

———

Obschon meine Natur für alle Welt freundlich gestimmt ist, für Menschen und jegliche Kreatur — so habe ich kein Verlangen nach vielen persönlichen Freunden. Aber einiger bedarf ich, und die habe ich noch immer. Da geht's nur nach der Qualität. Als einer der höchsten Lebenswerte erschien mir immer der Umgang mit bedeutenden Menschen. Man kann unter den Millionen seine Freunde ja nicht wählen, sie sind ein Geschenk der Verhältnisse, des Zufalls, und ich möchte doch

beifügen, des Himmels. — Eine größere Anzahl von persönlichen Freunden würde mich zersplittern, denn an jedem
bleibt ein Teilchen von mir hängen, und dem ich mich einmal
angelebt habe, von dem komme ich nicht mehr ganz los.
Ich habe mein Lebtag einen oder den andern Kameraden besessen, zwischen dem und mir das innige Band entzweiriß.
Und doch — mit etlichen Faserchen hänge ich immer noch an
ihm. Um wieviel mehr an solchen, die zum Zeugen meines
Lebens geworden sind — Genossen meiner Freuden und
Leiden, denen ich mich in meiner Sonderart so wie in meiner
Alltäglichkeit, in meinen Unarten vertrauend hingebe, denen
ich kleine Fehler zu vergeben, an denen ich große Vorzüge
zu bewundern habe und von denen ich mir manches Gute,
das mir abgeht, anzueignen suche.

Mit heimgegangenen Freunden wandelt man noch in
segnender Erinnerung. Aber glücklicher bin ich über solche,
die mir nicht Gelegenheit geben, ihre Nekrologe zu schreiben.

Inhalt.

Lightning Source UK Ltd.
Milton Keynes UK
UKHW011852271218
334507UK00009B/346/P